Stephen Pollington

RUNES

L'ÉCRITURE DES ANCIENS GERMAINS

VOLUME I
Origines & Développement

HEIMDAL
COLLECTION ISLANDICA

COLLECTION ISLANDICA

EDITIONS HEIMDAL
Damigny BP 61350 14406 Bayeux Cedex
Tél. : 02 31 51 68 68 / Fax : 02 31 51 68 60
www.editions-heimdal.fr

ISBN : 978-2-84048-492-9

Stephen Pollington

RUNES

L'ÉCRITURE DES ANCIENS GERMAINS

VOLUME I

Origines et développement

TABLE DES MATIÈRES

REMERCIEMENTS

Je tiens à remercier tous mes amis et collègues qui ont participé à ce projet, directement ou indirectement : Brian Ansell, Alfred Becker, Charlotte Behr, Jenny Blain, Sue Brunning, Linden Currie, Dirk Faltin, Svante Fischer, Leszek Gardeta, Brett Hammond, Alan Haymes, Frands Herschend, David Huggins, Klaudia Karpińska, Lindsay Kerr, Matt Love, Andy Mercer, Paul Mortimer, Tim Pestell, Neil Price, Rig Svenson, Roger Wikell, Christopher Wren.

Des données sur les textes en futhark ancien d'une valeur inestimable se retrouvent dans la base de données en ligne Runenprojekt Kiel (*www.runenprojekt.uni-kiel.de*) qui fournit des informations sur des centaines de textes épigraphiques, ainsi que dans le projet connexe RuneS du *Runische Schriflichkeit in den Germanischen Sprachen de l'Akademie der Wissenschaften zu Göttingen.*

Tous les efforts ont été faits pour tracer les détenteurs de copyright des différentes images contenues dans ces pages. Certaines ont été commandées spécialement, alors que d'autres proviennent d'une grande variété de sources, publiées et inédites. Toute personne croyant qu'une image pour laquelle elle possède le copyright a été publiée ici sans permission devrait contacter l'éditeur immédiatement.

Je remercie particulièrement Maria Legg pour sa relecture et ses commentaires des versions précédentes. Sans son aide, cet ouvrage en serait plus pauvre. Toute erreur et omission restante sont de ma faute, et non de la sienne. Enfin, je remercie Carmen Lagares, sans qui la version française de cet ouvrage n'aurait pu voir le jour , ainsi que mon épouse Deborah pour sa patience à toute épreuve, lors des longues réunions menées en amont de ce projet. ▮ S.P.

PRÉFACE

Ce livre est une version augmentée de l'ouvrage publié en anglais en 2016. J'ai tenté de ne pas modifier le texte original autant que possible, pour éviter de le rendre confus. J'ai réorganisé certaines parties, en ai ajoutées d'autres, toutes reliées au matériel archéologique qui se trouve maintenant en France (comme le coffret de Mortain), ou qui sont plausiblement d'origine franque (comme les pommeaux d'épées du Pas-de-Calais). À la suggestion de l'éditeur, une courte discussion a été fournie sur les célèbres runes que l'on retrouve en Scandinavie (et ailleurs) qui constituent la catégorie d'éléments runiques la plus célèbre et facilement reconnaissable. Je tiens à remercier les Editions Heimdal de me donner l'opportunité de présenter mes recherches à un plus large public, et de promouvoir une meilleure compréhension nuancée de cet héritage du passé de l'Europe du Nord. ▮

Stephen Pollington
Essex, England, 2019

GLOSSAIRE

Allographe Une lettre variante qui est toujours comprise comme représentant le même caractère, par exemple A, A et A sont tous des allographes acceptables et lisibles de « A ».

AN *Abecedarium Nordmannicum.*

Angles (VA *Engle, Ængle*) un groupe linguistique, originaire du Jutland, qui s'est étendu par-delà la mer du Nord et s'est établi en Grande-Bretagne.

Anglien Langue et culture des Angles ; la langue partage certaines caractéristiques avec le germanique du nord et le germanique occidental et est parfois attribuée au sous-groupe ingvaeonique.

Áss (VN) L'un des dieux norrois, connus collectivement comme les Ǽsir.

Ǽsir (VN) Groupe de dieux du panthéon norrois. Óðinn et Þórr font partie des plus célèbres des Ǽsir.

Beowulf (VA) poème épique, qui n'a survécu que dans un manuscrit de la fin du Xe ou du XIe siècle, ayant lieu dans une vision imaginaire du monde au VIe siècle dans les régions de la mer du Nord et de la Baltique.

Boustrophédon Écriture se lisant alternativement de gauche à droite puis de droite à gauche.

Bractéate Médaillon d'or ou d'argent fin décoré d'images (souvent religieuses) et parfois de textes runiques.

Cantware (VA) peuple du Kent.

Germanique continental Langue(s) des peuples germaniques d'Europe continentale (et non scandinaves ou germaniques insulaires) ; les groupes germaniques de l'ouest et du sud.

Crémation Méthode pour disposer d'un défunt où le corps est brûlé ; dans la tradition anglo-saxonne, les cendres et les os sont souvent rassemblés et mis en terre dans une urne décorée.

Deutérothème Le second élément d'un mot composé (ex. -neige dans chasse-neige).

Dextrograde Écriture se lisant de gauche à droite.

Diphtongue Deux voyelles successives prononcées comme une semi-voyelle avec un seul accent tonique.

Ése (VA) un groupe de dieux (Ǽsir en norrois).

Fœdus (Latin) traité, entente.

Fuþark La rangée de runes germaniques courante, nommée ainsi à partir des six premiers caractères. On l'appelle également le fuþark ancien pour le différencier des séries vikings que l'on appelle le fuþark récent.

Fuþorc La rangée de runes anglo-frisonnes, d'après les six premiers caractères : fuþorc.

Germania Titre moderne d'une œuvre littéraire de l'auteur romain C. Publius Tacitus, qui décrit l'organisation politique, sociale, et religieuse des peuples germaniques de son époque, complétée en 98 ap. J.-C.

Germania Libera Territoire germanique en-dehors de l'empire romain.

Graphème Un symbole écrit comme une lettre, un chiffre, une marque de ponctuation, etc.

Hypocoristique Une forme informelle, abrégée d'un nom personnel ; un petit nom affectif.

Idéogramme Un symbole visuel représentant un concept.

Ingvaeonique Langues d'un groupe du sud de la Scandinavie, qui partage certaines caractéristiques avec le germanique occidental, et d'autres avec le germanique du nord ; parfois aussi appelées le germanique de la mer du Nord.

Inhumation Méthode pour disposer d'un défunt où le corps est enterré ; dans la tradition anglo-saxonne, le corps porte des vêtements d'intérieur et peut être accompagnée d'effets personnels.

Germanique insulaire Langue et culture des peuples germaniques des îles britanniques (plus tard appelé Anglo-Saxon).

Jutes (OE *Eote, Iutæ*) un peuple du Jutland qui s'est installé au sud de la Grande-Bretagne.

Koine Une langue littéraire utilisée en tant que moyen de communication parmi des groupes parlant des langues similaires, mais non-identiques.

Lacnunga (VA) un traité médical cataloguant des maladies et leur remède suggéré.

Laryngale Une classe de consonnes prononcées dans la gorge avec la glotte (aussi appelées « consonnes glottales ») ; les formes les plus communes en anglais sont le 'h' /h/ et le son entendu dans certains mots prononcés comme butter, avec un « coup de glotte » /bʌʔə/ souvent représenté par un apostrophe, ex. *bu'er*.

Limes (Latin) frontière de l'empire romain.

Monophtongaison Procédé par lequel une voyelle simple résulte d'une diphtongue.

Nord germanique Langues de Scandinavie, généralement divisées en deux catégories, occidental (Islandais, Norvégien) et oriental (Danois, Suédois, Gotlandais).

Germanique de la mer du Nord voir Ingvaeonique.

Onomastique Étude des noms propres, incluant les noms de lieux et les noms personnels.

Ós (VA) d'un groupe de dieux, équivalent de l'*áss* norrois.

Palindrome Un mot dont l'ordre des lettres reste le même qu'on le lise de gauche à droite ou de droite à gauche, par exemple radar.

Phonème Un son de parole pouvant véhiculer des informations linguistiques.

Pressbleche (allemand) Plaque métallique à décors anthropomorphique et zoomorphique, généralement présente sur des objets de prestiges (épée, casque, corne à boir, etc.).

Principe acrophonique Le fait d'attribuer à un caractère un nom commençant avec le son que le caractère représente, par exemple « A » comme dans avion, etc.

Protothème Le premier élément d'un mot composé (ex. chasse dans chasse-neige).

Rétrograde Inversé, placé à l'envers par rapport au reste d'un texte.

Runique primitif Langue des textes en fuþark ancien erilaz.

Maître des runes Nom moderne que l'on donne à une personne versée en fuþark par convention.

Saxons (VA *Seaxe*) un peuple de la région de l'Elbe-Weser au nord de l'Allemagne qui se sont installés et ont donné leur nom à certaines régions de Grande-Bretagne (Essex, Middlesex, Sussex, Wessex).

Scandinave Langue et cultures des peuples germaniques de la région de la Baltique, comprenant la majeure partie du Danemark, de la Norvège, de la Suède, et de la Finlande modernes.

Scop (VA) un poète ou un conteur (pluriel *scopas*).

Sémiotique La science des signes et leur relation avec la linguistique et les autres sens.

Second changement phonétique Séries de changements phonétiques qui ont séparé le haut-allemand (et le lombard) du germanique occidental.

Sinistrograde Écriture de droite à gauche.

Tamga Toute série de signes utilisée par les peuples des Steppes – y compris les Alains, Sarmates, Scytes et autres – en tant que marques de propriété, symboles héraldiques et badge clanique.

Germanique occidental Langues d'Europe continentale, comprenant le vieil haut-allemand, le vieux-saxon, le vieil haut-allemand, le vieux franconien ; l'anglien partage certaines caractéristiques avec ce groupe, ainsi qu'avec le nord germanique.

Normes de lecture et de translittération

Les mots précédés d'un astérisque sont des formes reconstruites qui n'apparaissent pas dans nos textes, ex. **þunoraz*, *thunder* (tonnerre). Par convention, les symboles mathématiques '>' et '<' sont utilisés pour noter l'évolution, donc '>' signifie « devient » et '<' signifie « dérive de », ex. le mot PGmc **ansuz* > VA *ós*, signifie que le premier devient le dernier.

La translittération de textes runiques est expliquée plus loin. Les lettres Þ, þ et Đ, ð sont utilisées de façon interchangeable dans les textes en vieil-anglais (mais pas en vieux-norrois) ; elles ont toutes la valeur attribuée au « th » en anglais. La lettre Æ, æ a la valeur du son « a » dans « patte ». En transcrivant du vieil-anglais, j'ai utilisé l'accent aigu (´) plutôt que le macron standard (¯) pour des raisons pratiques. Toutes les traductions sont les miennes sauf avis contraire. Les mots en vieil anglais proviennent généralement du dictionnaire Bosworth&Toller (B&T), le proto-germanique d'Orel, le gotique de Lehmann et le vieux norrois de Cleasby-Vigfusson. Les textes runiques sont translittérés en italique gras.

Liste des acronymes

Acronyme	Signification
MHA	Moyen Haut-Allemand (langue)
PGmc	Proto-Germanique, l'ancêtre hypothétique de toutes les langues germaniques
PIE	Proto-Indo-Européen, ancien ancêtre hypothétique de la plupart des langues modernes d'Europe et de certaines parties d'Asie
PRI	Poème Runique Islandais
PRN	Poème Runique Norvégien
PRVA	Poème Runique Vieil Anglais
SaxO	Saxon occidental, le dialecte de vieil anglais « classique »
VA	Vieil Anglais (langue)
VHA	Vieil Haut Allemand (langue)
VIs	Vieil Islandais (langue)
VN	Vieux norrois (langue)
VS	Vieux Saxon (langue)
VFr	Vieux Frison (langue)

LISTE DES FIGURES

INTRODUCTION

La première loi de l'étude des runes… « *pour chaque inscription, il y aura autant d'interprétations que de runologues qui l'analysent* », R.I. Page, *An Introduction to English Runes.*

Mon œuvre précédente sur les runes, *Rudiments of Runelore*, est toujours édité deux décennies après sa parution, et est généralement considérée comme une bonne introduction à l'étude des runes germaniques – sans tout le mysticisme qui accompagne tant d'autres ouvrages sur le sujet. *Rudiments* demeure un livre utile pour débuter. Mais tous ne sont pas satisfaits d'en rester là.

Il y a plusieurs ouvrages sur les runes déjà parus, il suffit de jeter un œil sur les étagères d'une grande librairie ou de regarder le catalogue en ligne de différents éditeurs pour le constater[1]. Puisque c'est le cas, pourquoi avons-nous besoin d'un autre ouvrage, en particulier si *Rudiments* est toujours utile ?

Rudiments est ce que son titre indique : un guide introduisant les bases du sujet. Pour comprendre les runes en détail, il faut se familiariser avec l'histoire de l'écriture, la trajectoire de son développement dans les différentes régions, et les détails des changements linguistiques qui sont reflétés dans les différents textes. Comme le dit souvent la voyante dans *Völuspá : « Vituð ér enn – eða hvat ? »* (Voulez-vous en savoir plus, et quoi ?).

À ma connaissance, il y a un malentendu élémentaire dans plusieurs (si ce n'est pas la plupart) des ouvrages sur les runes qui sont actuellement disponibles, en dehors des ouvrages spécialisés académiques. Il s'agit du traitement des « runes » comme si elles étaient un ensemble de symboles fixe avec un « sens » immuable attribué à chaque signe, que l'on peut capturer et résumer à un ou deux mots-clés. Les runes, comme elles sont le produit d'un effort intellectuel humain, sont sujettes aux mêmes procédés d'évolution que tout autre aspect de la culture matérielle et idéologique : elles ont changé et grandi, tout comme les sociétés qui les utilisaient ont changé et grandi. Ce fait fondamental semble avoir été négligé dans la majorité de la littérature populaire. J'espère l'avoir présenté dans ces pages, en séparant la discussion en phases, commençant

[1] Barnes (1994), dresse le portrait des nombreuses erreurs dans les arguments trouvés dans les travaux scientifiques de ceux travaillant dans le domaine. La majorité des travaux populaires montre encore moins de rigueur dans leur méthodologie.

par la phase « pré-runique » dans laquelle les origines sont discutées, en continuant avec les procédés d'évolution linguistiques et sociaux, pour finir en jetant un rapide coup d'œil sur le traitement médiéval de cette écriture. Il s'agit sans doute d'une version simplifiée d'une réalité sociale complexe, mais, de cette façon, les pierres runiques vikings peuvent être séparées de la tradition épigraphique anglo-saxonne, des dépôts des tourbières de l'Âge du Fer et des bractéates – tous des sujets de discussions qui méritent d'être présentés individuellement, ainsi que dans leur contexte historique plus large.

Je me souviens, pour illustrer cette méconnaissance, qu'en 2010 j'ai vu plusieurs produits destinés aux touristes en Islande arborant l'écriture locale : ᛁᛋᛚᚨᚾᛞ *island*. Il y a un problème majeur avec cette translittération : quatre des six runes appartiennent à la toute première phase de l'écriture runique, et n'étaient plus utilisées par les sociétés scandinaves de l'ouest qui ont fondé l'État islandais au IXe siècle. Un Islandais souhaitant écrire le nom du pays aurait probablement écrit ᛁᛌᛚᛆᚿᛐ ou ᛁᛌᛚᛆᛐ et n'aurait peut-être même pas été capable de lire la version aujourd'hui vendue sur les t-shirts islandais. Cet exemple peut sembler trivial, mais il montre bien le problème de la perception populaire des runes. Même en Islande, les runes sont vues comme un ensemble amorphe et indifférencié.

Les phases présentées dans cet ouvrage sont :

I. Pré-runique. La préhistoire de l'écriture

II. Le fuþark ancien. Les premiers textes définitivement runiques

**III. Les textes des bractéates et les textes anglo-frisons.
Les premières déviations**

**IV. Les textes anglo-saxons moyens
et les premières déviations scandinaves**

V. Le fuþark récent

VI. Les runes scandinaves pointillées et sans traits

De plus, des hypothèses basées sur les pratiques de l'utilisation des runes de la période Viking sont généralement appliquées à toutes les périodes d'utilisation runique, sans prendre en compte le milieu culturel particulier de la Scandinavie des VIIIe-XIe siècles. Il y avait une rupture distincte entre l'Âge du Fer et la période Viking, reflétée au niveau politique et sociétal, mais aussi au niveau linguistique et culturel. Cette rupture est aussi présente dans le système d'écriture. Le glamour de la période Viking, tel qu'il est, a relégué dans l'ombre les strates antérieures et postérieures de l'écriture runique.

Puisque le sujet de cet ouvrage est « l'alphabétisation », c'est-à-dire la capacité de coder et décoder des signes écrits, et de former des textes cohérents au niveau linguistique, une discussion sur la façon par laquelle l'écriture et la lecture ont été transmises, le contexte de cette transmission et le contenu des textes eux-mêmes. Cela nous mène dans le domaine de la sémiotique, et vers l'utilisation de l'écriture pour véhiculer non seulement les mots du texte mais aussi une déclaration symbolique faite en démontrant l'accès à l'alphabétisation par le propriétaire ou l'utilisateur. De là, le son passe au texte en tant que moyen de communication : les lecteurs prévus sont-ils vus comme des êtres humains contemporains appartenant à la communauté locale, des générations humaines successives, où des puissances de l'Au-delà ? Il n'y a aucun doute, la valeur des textes runiques varie – il y a une différence énorme entre une pierre runique de trois mètres avec une inscription gravée en gras, et quelques runes griffonnées à l'arrière d'une broche. Ces textes opèrent dans des milieux culturels et sociaux différents, mais les deux démontrent un accès et une connaissance de l'écriture.

Lorsque c'était possible, et lorsque les moyens le permettaient, j'ai étudié les textes runiques de première main (principalement à travers les vitres des musées). Cela n'est pas idéal pour une étude intensive où la lumière et l'agrandissement sont désirés, mais j'ai pu avoir l'opportunité de comparer les observations sans avoir à me fier uniquement aux dessins et aux photos[2]. Malheureusement, certains objets runiques importants ne sont plus disponibles pour étude, puisqu'ils ont été perdus ou détruits. Dans un certain nombre de cas, les dessins ont été faits à partir de rapports de fouilles ou de photos.

L'étendue du livre comprend le premier millénaire de la pratique runique, avec une emphase sur la période la plus ancienne – « l'Âge du Fer » – qui en pratique couvre l'an 100 av. J.-C. jusqu'à l'an 900 de notre ère, puisqu'après l'écriture romaine a remplacé les runes en Europe de l'Ouest, et l'influence du modèle étatique des « royaumes » a commencé à transformer les sociétés scandinaves. Les chapitres principaux se concentrent sur le matériel runique ancien – l'héritage de l'Âge du Fer et comment il s'est développé sur les rives de la mer du Nord. ▮

[2] Antonsen (2002, pp.4-5) donne un exemple qui montre que des erreurs ont parfois lieu même lorsque l'on fait une inspection personnelle. Pieper (2015), démontre le type de résultat que l'on peut atteindre avec la technologie moderne, et beaucoup d'imagination et de patience.

I. RUNOLOGIE, TRADITION RUNIQUE ET LANGUE

Les runes et les textes runiques sont importants parce qu'ils fournissent un accès direct, bien que limité, aux débuts de certaines langues germaniques, sans passer par le prisme des conventions orthographiques étrangères.

La runologie – l'étude des runes et des inscriptions runiques – manque d'une méthodologie à part entière, qui permettrait une approche constante et standardisée de la transcription et de l'étude des textes[3]. La relation entre la runologie et les autres disciplines – l'archéologie, la linguistique, la paléographie, l'histoire – est elle aussi mal définie. La méthodologie de base est toujours en développement, malgré un historique de recherche continu depuis plus de deux siècles[4] : alors qu'un consensus général a été obtenu en ce qui concerne la transcription, l'interprétation est toujours sujette aux préférences personnelles du chercheur. Cela serait moins problématique s'il n'y avait pas autant d'émotions et de spéculations sans fondement sur le sujet.

Les runes existaient en tant qu'outils disponibles aux sociétés qui les utilisaient, avec lesquelles une langue contemporaine pouvait être représentée[5]. Le plus grand intérêt des runes est qu'il représente la tentative d'une personne de représenter sa langue parlée sans un ensemble de conventions graphémiques. L'orthographe fixe ou coutumière ne semble pas avoir compté pour beaucoup dans la transmission de l'alphabétisation. Il est donc probable qu'un texte runique nous transmette

[3] Fischer, 2005, p.48 ;Barnes, 2012, p.7 ; Barnes, 2013.

[4] Barnes (2013, p.9) note que les écritures runiques ont été étudiées en Scandinavie depuis la Renaissance.

[5] Moltke, 1981, p.4.

beaucoup d'informations sur la perception des sons de la langue de son auteur au moment et à l'endroit où ce dernier est écrit – et qui ne correspond pas forcément au lieu de découverte[6]. Il est à la fois encourageant et frustrant de découvrir que la progression des changements de sonorités qui est apparue dans les livres depuis des décennies est généralement confirmée par les sources runiques, mais il y a un nombre encore plus grand de variations que ce qui était précédemment démontrable. Cela aide l'étudiant en linguistique historique, mais fournit aussi une multitude « d'anomalies » orthographiques qui nécessitent une explication.

Un exemple, qu'un étudiant rencontre très tôt dans une étude des textes de la Phase I, est la variation de la voyelle finale à la troisième personne du singulier : on retrouve *-ai* sur la boucle de Nøvling datant de 200 après J.-C., où l'on voit *Bidawarijaz talgidai* (« Bidawarijaz a gravé ») ; on retrouve *-e* sur le bouclier d'Illerup Ådal 2 (toujours en 200 de notre ère) *Niþijo tawide* (« Niþijo a fait ») ; *-a* sur la broche de Skovgårde/Udby (encore une fois d'environ 200 de notre ère) *Lamo: talgida* (« Le boiteux a fait ceci »)[7].

Ces trois textes datent de la même période et ont été retrouvés dans la même région, donc les variations régionales ou de dialectes ne devraient pas être admissibles pour expliquer les différences. L'on peut aussi assumer que chaque inscription représente la voix active plutôt que la forme médio-passive du verbe respectif.

Chaque objet est un élément ornemental d'un costume personnel, fort probablement porté par les habitants locaux et les visiteurs, et n'est donc pas *nécessairement* représentatif de la langue parlée dans la région où ils ont été découverts. Il est possible de suggérer que :

-ai et *-e* tentent tous deux de capturer la qualité d'une voyelle finale qui n'était pas accentuée dans la langue parlée ;

-a est une forme abrégée de *-ai* due au manque d'espace (l'envers de l'arc d'une broche) ;

-a est la forme à la première personne du singulier, donc *Lamo talgida* signifie « Moi, Lamo, j'ai gravé (ceci) »[8].

Sans une tradition d'orthographe établie (ou des textes existants à partir desquels recopier, puisque le IIe siècle de notre ère marque le début de l'écriture runique) chaque auteur devait être confronté à plusieurs possibilités en ce qui concerne la façon appropriée d'écrire un mot chaque fois qu'il composait un nouveau texte.

[6] Findell, 2012.

[7] Looijenga, 2003, p.163 ; Losquiño, 2015, p.32-35; Nielsen, 2015, p.48 ; Nedoma, 2015, p.303; Zimmermann, 2015, p.417. Losquiño (2015, pp.43-45) mentionne la suggestion de Herschend que *lamo* peut référer à la seule lame dans le cimetière, un étalon, utilisé comme une métaphore pour le graveur de runes.

[8] Antonsen, 1996, p.10-11.

La langue retrouvée dans les inscriptions les plus anciennes est souvent considérée comme du « scandinave » (germanique du nord), en grande partie à cause des lieux de découvertes où une langue nord-germanique – le danois – est maintenant la langue de communication officielle. Une grande partie du corpus partage des traits retrouvés dans les langues germaniques du Nord et de l'Ouest, et peut être nommée *Ingvaeonique*, « germanique du Nord-Ouest », ou « germanique de la mer du Nord »[9]. La région maintenant reconnue comme le Danemark s'est retrouvé dominée par les Danois au cours de l'histoire, mais plusieurs dialectes de la région sont fortement liés à la région située plus au sud.

La nature fugitive des textes constitue en elle-même un facteur contribuant à la confusion sur le sujet, puisque des lignes légèrement gravées peuvent facilement être négligées ou être confondues avec des marques d'abrasion. Un autre facteur est l'utilisation des runes comme idéogrammes autant que comme graphèmes et phonèmes, ce qui doit être pris en compte lorsque l'on est confronté à un texte déroutant. Un umbo de Thorsberg (Danemark) [fig. 1][10] porte une série de runes rétrogrades ansgzh dans laquelle le deuxième caractère est illustré par Engelhardt, l'excavateur, par ᚾ/n/, mais d'autres l'ont interprété par /i/ avec une égratignure transversale non reliée. La différence change la lecture du ou des mots, et donc l'interprétation du texte, qui dans tous les cas représente une série de phonèmes à peine prononçables qui nécessitent une expansion. Les suggestions avec /i/ ont dominé et incluent *aih s(i)g(i)z* (Je tiens la victoire) (von Grienberger) ; *ai s(i)giz h(libu) / h(i)* (« Sigi possède ce boulier ») (Bugge) ; *ais(a)g(aiza)z (ai)h* (« Eisgerr possède (ceci) ») (Noreen) ; *ais(i)g(a)z h(aite)* (« L'on m'appelle [celui] qui fait rage »), *ais(i)g(a)z h(agla)* (« La grêle qui fait rage ») (Krause) ; *aiskz h(agla)* (« L'adversaire de la pluie [de flèches] ») (Antonsen). Matešic a publié une photo détaillée qui montre la barre transversale très légèrement gravée, ce qui tend à soutenir l'interprétation avec ᚾ (rétrograde) plutôt que i[11]. Imer a accepté la lecture avec /n/ et a proposé *ansg (aisa)z h(anda)* (« Ansg(aisa)z [a fait ceci] main »)[12]. Le grand éventail d'interprétations d'un texte de six runes montre à quel point il y a de la place pour l'interprétation personnelle – et donc le vaste rayon de débats professionnels.

[9] Losquiño, 2015, p.11.
[10] Losquiño, 2015, p.152 ; Blankenfeldt, 2015 ; Matešic, 2015
[11] Matešic, 2015, figures 5 et 6.
[12] Imer, 215, p.112.

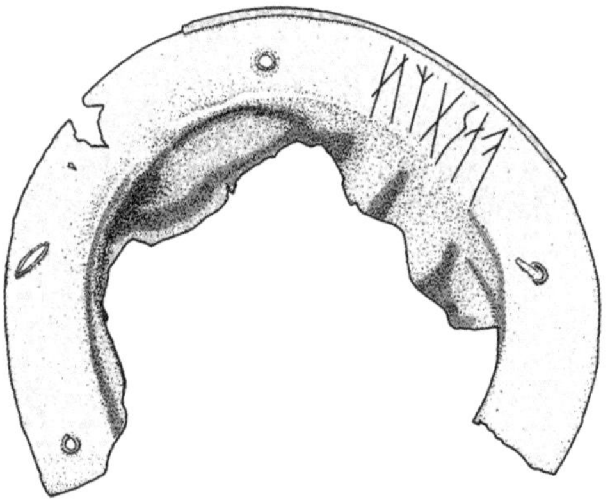

Fig. 1 L'umbo de Thorsberg avec l'inscription runique sur la bride.

Les runes apparaissent aujourd'hui très nettement imprimées. Toutes ces tentatives de standardisation du futhark impliqueraient qu'il existe une forme idéale pour chaque bâton de rune, mais cela peut être trompeur puisque les variations entre chaque exemple individuel de tous les caractères – même les formes plutôt simples (ex : ᚠ) – peuvent avoir des branches droites ou courbes (ᚠ) qui peuvent rejoindre la barre à différentes hauteurs, différents angles, et s'étendre à différentes longueurs (ᚠ, ᚠ, ᚠ)[13]. Bien que ces variations soient gênantes pour l'étude des runes anglo-saxonnes, elles sont encore plus problématiques dans l'étude des rangées de runes scandinaves plus tardives, où les liens entre les séries à branches longues et à branches courtes peuvent avoir des conséquences sur la datation et l'interprétation.

[13] Barnes, 2006.

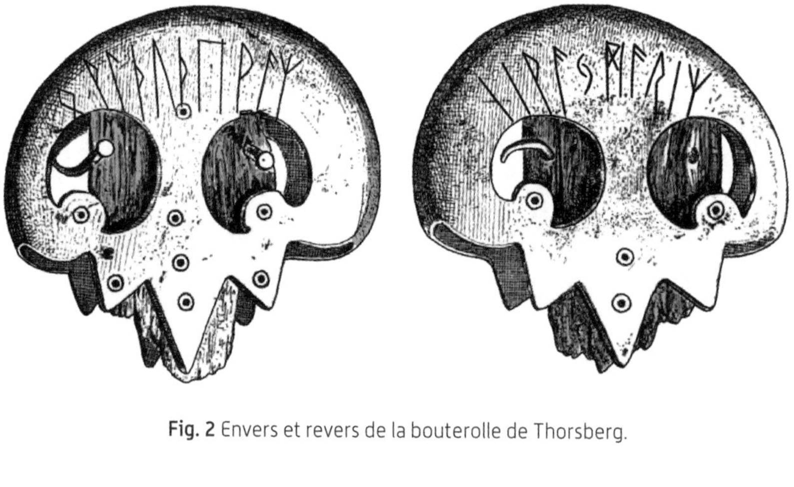

Fig. 2 Envers et revers de la bouterolle de Thorsberg.

Les runes sont une écriture alphabétique, puisqu'elles suivent le principe d'« un caractère par son », plutôt qu'une représentation syllabique, une écriture idéogrammatique, ou un *abjad*[14]. Toutefois, la séquence de caractères ne suit pas la tradition européenne (et ultimement sémitique) alpha-bêta que l'on retrouve dans les écritures latines, grecques, cyrilliques, et autres. Les runes ont leur propre ordre [*cf.* p.92], ce qui signifie que bien qu'inspirées par une écriture alphabétique, elles ne sont pas qu'une simple copie mais bien une adaptation faite pour répondre aux besoins des locuteurs d'une langue germanique.

Ce que nous connaissons de la société germanique à partir du premier siècle de notre ère indique que la vie culturelle était dominée par la tradition orale.[15] Les lois dictant leur comportement étaient transmises oralement. Les ententes, contrats, et mariages se faisaient en échangeant des vœux oralement devant témoins. Les réputations des guerriers et des hommes politiques étaient maintenues ou détruites par des prestations publiques et des chants pour les encenser ou les blâmer. Les positions des chefs – rois, chefs de guerre, prêtres, et autres – étaient basées sur une bonne réputation transmise oralement. L'adoption de l'écriture a grandement modifié ces codes – les mots d'une chanson, d'une loi, d'une énigme, d'une histoire, d'un contrat pouvaient maintenant exister au-delà de la mémoire de ceux qui les entendaient. Mais le développement d'un système d'écriture était incapable de remplacer la tradition orale dès sa création – il faut attendre des siècles avant que la valeur d'une preuve écrite pèse plus lourd qu'un témoignage oral, et qu'un code de loi soit plus important que la coutume locale. Dans une certaine mesure, ce processus n'est toujours pas terminé.

Le terme *rún* en vieil-anglais

Le vocabulaire riche du vieil-anglais (viel-anglais en abrégé) offre une opportunité d'explorer certains aspects de la signification du terme *rune*. Le mot vieil-anglais *rún* avait plusieurs sens et dérivés, donnés dans le Bosworth & Toller comme suit[16] : un murmure, une parole non destinée à être entendue, confiance, conseil, consultation. Les citations comprennent ***gesittan tó rúne*** « s'asseoir ensemble en conseil » ; ***hé... folgeras sine rúnum arétte*** « il (le Christ) parla à ses disciples des mystères (du royaume des Cieux) » *(Actes, 1,3)*.

[14] Spurkland, 2005, p.7.

[15] Le terme *germanique* ici est un terme référant aux sociétés historiques d'Europe du Nord-ouest utilisant des langues du groupe germanique. Ces sociétés étaient apparemment au courant des liens linguistiques entre eux jusqu'à un certain point, sans assumer de lien politique, social, ou émotionnel. (Roymans, 2004, p.2).

[16] *Cf.* Fell, 1991, pp.196-199 ; Page (1964), 1995, p.106 ; Barnes, 2013, p.25.

Un mystère. Les citations comprennent *baed him areccan hwaet séo rún bude* « lui dit ce que le mystère prévoyait » d'un rêve prémonitoire.

Un secret. Rúne healdan « garder des secrets, se taire ».

Ce qui est écrit, avec une intention de mystère ou de magie. *Hé him bócstafas arǽdde and arehte hwæt séo rún bude.* « Il leur lit les bâtons de runes et dit quels mystères ils contenaient » (d'une inscription mystérieuse sur un mur).

Une lettre, un signe écrit. « *Rǽd sceal mon secgan, rúne wrítan, léoþ gesingan* » « l'on doit prononcer un conseil, graver une rune, chanter un chant ».

Le Bosworth & Toller cite aussi la phrase gotique *rúna niman* « prendre conseil » comme exemple du sens premier du mot, et Elliott cite une phrase de la bible de Wulfifla « *runa þiudangardjos guþs* » « le mystère du royaume de Dieu » comme deuxième signification[17]. Le sens donné au mot viel-anglais *rún* (pluriel VN *rúnar* ou *rúnir*) comprend les mêmes définitions : mystère, connaissance secrète, conversation murmurée, signe magique, caractère runique[18].

Orel offre quatre séries de formes proto-germaniques dérivées de la racine **-rún*[19]. Elles sont :

*rúna-*stabaz* (masculin) avec les formes dérivées *rúnastafr* « lettre runique » en VN, le mot viel-anglais *rúnstaef* « lettre runique », le mot VHA *rúnstab*, « lettre, caractère » ; composé de *rúno et **stabaz* (bâton).

**rúnjan* (neutre) avec les formes dérivées *garuni* « conseil » en langue gotique, le mot VN *rýni* « examen, contemplation », le terme viel-anglais *rýne* « mystère », le terme VS *girūni* « mystère », le mot *garūni* en VHA « mystère ». (Le *-j-* cause une mutation vers le *-i-* de la voyelle /u/ vers /y/ en viel-anglais et en VN).

**rúno* (féminin) avec les formes dérivées en gotique *runa* « mystère, secret », en VN *rún* « secret, mystère, rune », en viel-anglais *rún* « murmure, mystère, secret, rune » en VS *rūna* « parole confidentielle, conseil », en VHA *rūna* « mystère ».

**rúnón* (masculin) avec des formes dérivées en VN *rúni* « conseiller, ami », en viel-anglais *gerúna* « conseiller », en VHA *girūno* « conseiller ».

Orel cite les mots hittites apparentés *ḫurtaliia* « chanter une formule magique » et *ḫarwaši* « caché, secret » de la littérature ancienne, et note également que l'on peut comparer des termes d'origine celte, comme le vieil irlandais *rún* « secret, sagesse », le gallois *rhin* « secret, mystère, sortilège », le breton *rin* « secret, sagesse »[20] Un lien avec les formes grecques telles que « demander, chercher » est aussi suggéré.

[17] Elliott, 1958, p.1.
[18] Spurkland, 2005, p.3 ; Findell, 2014, p.8.
[19] Orel, 2003, p.310.
[20] Matasovic, 2009, Hyllested, 2010, p.110.

L'utilisation du mot viel-anglais *rúnstaef* « bâton de rune » nous rappelle la distinction à faire entre les caractères physiques – les bâtons – et leur contenu conceptuel. Lorsque le texte en viel-anglais réfère à *gesittan tó rúne* cela signifie les « pensées, concepts, idées, conseils », sans nécessairement faire référence à la représentation physique de la pensée sous forme écrite.

Dans les inscriptions scandinaves, le nom *runo*, une forme singulière, apparaît souvent pour signifier « texte, écriture, message » comme dans la séquence *writuiruno* « J'ai (ou nous avons) écrit [le message] en runes » sur la fibule d'Eikeland (Norvège)[21].

Le mot viel-anglais *rún* a survécu dans le verbe *roun, round* en moyen anglais, qui signifie « murmurer, parler secrètement » et dans son nom dérivé *roun* « parole secrète murmurée »[22]. Le développement des formes avec l'orthographe *-ou-* indique que le mot viel-anglais avait une voyelle longue /ru:n/ comme le mot apparenté *rún* en norrois. Le terme *raunen* en allemand moderne signifie toujours « murmurer » et en Suisse germanophone le terme *Runen* désigne un bulletin de vote secret[23]. Ces deux termes sont empruntés à une langue scandinave et ne descendent pas directement du mot viel-anglais.

La rune « secrète »

Il existe un certain nombre d'utilisations figuratives ou poétiques du mot *rún* dans un contexte où le sens semble inclure « intention secrète ». L'exemple classique est *Beowulf* (l.499-505), où l'arrivée du héros à *Heorot* se heurte à la désapprobation du *þyle*, du roi, Hunferþ :

« *Unferð maþelode, Ecglafes bearn,*
þe æt fotum sæt frean Scyldinga,
onband beadurune wæs him Beowulfes sið,
modges merefaran, micel æfþunca,
forþon þe he ne uþe þæt ænig oðer man
æfre mærða þon ma middangeardes
gehedde under heofenum þonne he sylfa:
Eart þu se Beowulf, se þe wið Brecan wunne,
on sidne sæ ymb sund flite,

[21] Antonsen, 2002, pp.70-71 ; Looijenga, 2003, p.352 ; Findell, 2014, p.9 ; Knirk, 20015 ; contra Spurkland, 2005, pp.25-27. La bordure supérieure du texte est endommagée à certains endroits. Le texte se lit *ekwizwiwiowritu[]runoazsni* ce qui implique certaines difficultés de syntaxe : les cinq premières runes *ekwiz* peuvent signifier « Je, *Wir* (nom personnel) avec le verbe *writu* (1re personne du singulier présent actif), mais l'on peut aussi lire *writum* « nous avons écrit » avec une voyelle courte ; la rune de liaison ᛦ *az* après *runo* devrait indiquer un nom.masc.sing., mais la syntaxe demande acc.sing./plur.fem. pour l'objet dans le contexte ; si la rune de liaison est lue *za*, donc *runozasni*, le pluriel *runoz* est présent, mais la tige *asni* est mal placée peu importe comment elle est interprétée ; si *az* fait syntaxiquement partie de la séquence suivante *sni*, le mot doit être écrit *insaz* sinistrogyre, contrairement au reste du texte. D'autres solutions ont été proposées, mais aucune n'est parfaitement convaincante pour l'instant.

[22] Bishop, 2007.

[23] Krause, 1993, p.9.

ðær git for wlence wada cunnedon
ond for dolgilpe on deop wæter
aldrum neþdon? ... »

Beowulf, l.499-510

Unferth parla, le fils d'Ecglaf,
qui était assis aux pieds du seigneur des Scyldings,
il délia une rune de bataille – pour lui le voyage de Beowulf,
la grande expédition en mer du brave homme, était matière à grand mécontentement,
car il ne pouvait admettre qu'aucun homme
eût plus de gloire en terre du milieu que lui-même avait remporté sous les cieux :
« Es-tu le Beowulf qui affronta Breca
à la nage sur la vaste mer,
où vous avez tous deux testé les vagues par fierté
et avez follement dans l'eau profonde
risqué votre vie ?... »

La tournure de phrase est particulière – le poète ne dit pas qu'Unferþ ouvrit la bouche, ou qu'il s'éclaircit la gorge, ou qu'il lança un regard par-delà sa corne à boire. Il utilise plutôt la formule « délia une rune de bataille » [*bound on a battle rune* en vieil-anglais dans le texte, traduit par *unbound* en anglais] (ou « lia » une rune de bataille, car le préfixe -*on* ne signifie pas forcément la même chose que le -*un* anglais qui est un marqueur de négation) avant de parler[24]. Bien que le contexte montre clairement que cet acte marque le début d'un échange houleux entre le porte-parole et l'invité d'honneur, cela est une façon très poétique de l'indiquer, et peut avoir été une formule coutumière, disant que le þyle se dota (lia) d'un stratagème pour la victoire, un secret de l'art guerrier, d'une rune de bataille.

Des formules similaires apparaissent deux fois dans *Elene* [l.28] où l'on apprend que *wulf on wealde wælrúne ne máð* « le loup dans les bois ne cacha pas la rune de massacre » (ne cacha pas son intention de tuer) et [l.1097-1098] *Cyriacus on calvarie hléor onhylde hygerúne ne máð* « Cyriacus vers Calvary inclina la tête, ne cacha pas la rune de pensée (il ne cacha pas les intentions de son cœur). Dans *Juliana*, le sort réservé à l'héroïne est révélé [l.609-611] *siþþan héo gehyrde hæleð eahtian inwitrúne, þæt hyre endestæf of gewindagum weorþan sceolde* « une fois elle entendit le champion déclarer une rune de haine, que pour elle une fin aux jours de conflits viendrait (déclara une intention meurtrière). Dans *Maxims I* [l.84-86] les qualités d'une dame de noblesse devraient inclure être *léof mid hyre léodum, leothmód wesan rúne healdan, rúmheort béon* « chère auprès de son peuple, gaie, garder un secret, avoir

[24] Page (1964), 1995, p.110.

un bon cœur », avec une opposition nette entre garder (des secrets) et donner (soit *leothmód* et *rúmheort*). Dans tous ces exemples, le sens semble inclure à la fois un secret et un procédé mental interne. Cette notion se retrouve également dans l'énigme du livre d'Exeter :

Ic wæs be sonde, sǽwealle néah,
æt merefaroþe, mínum gewunade
frumstaþole fæst. Féaǽnig wæs
monna cynnes, þæt mínne þǽr
on anæde eard behéolde,
ac mec uhtna gehwam yð sio brune
lagufæðme beleolc. Lyt ic wende
þæt ic rǽoþþe siðǽfre sceolde
ofer meodubence múðleas sprecan,
wordum wrixlan. Þæt is wundres dǽl,
on sefan searolic þam þe swylc ne conn,
hú mec seaxes ord ond seo swíþre hond,
eorles ingeþonc ond ord somod,
þingum geþydan, þæt ic wiþ þe sceolde
for unc ánum twámǽrendspræce
abéodan bealdlice, swá hit beorna má
uncre wordcwidas widdor ne mǽnden.

Livre d'Exeter, Enigme 58 « message secret gravé sur bois »

J'étais par le son, près des digues,
Sur mon rivage je demeurais,
fermement à ma place. Il n'y avait que peu
parmi les hommes qui pouvaient voir
mon refuge dans le désert
mais chaque matin la vague sombre
me maintenait dans son étreinte humide. J'ai peu espéré
que tôt ou tard je ne doive jamais
sans bouche – parler sur le banc
échanger des mots. C'est une affaire de merveille
une ruse de l'esprit – pour ceux qui ne savent pas
comment la pointe d'un couteau et la bonne main
l'intention d'un homme et pointent ensemble
peuvent se joindre pour que pour toi je puisse créer
un message – texte – seulement pour nous deux
le faire savoir hardiment pour que les autres hommes
ne puissent pas comprendre notre propre mot-parlé.

Dans un traité continental sur les messages secrets, le terme *clopfruna* « runes frapées (ou tapées) » est utilisé pour définir des messages envoyés en tapant, probablement à la façon du code Morse. Il n'y a pas de preuve que le fuþark ait joué un rôle dans ce système de cryptage, qui portait le nom de *-rūna* en raison de la valeur secrète impliquée[25]. Comme nous le verrons, les notions de secret ont fait partie intégrante des runes à travers l'histoire.

L'écriture

L'action de créer un texte s'appelle *writing* en anglais, avec une étymologie différente des mots dans la plupart des langues européennes occidentales, où la source est le plus souvent le latin *scribere* (*écrire* en français, *schreiben* en allemand, *scrivere* en italien, etc.). Le mot anglais moderne est dérivé du mot viel-anglais *wrítan* « écrire », qui signifiait à l'origine « couper, rayer » qui s'accorde assez bien avec le procédé pour écrire des runes sur le métal, la pierre, le bois, etc.[26] Le verbe apparaît très tôt dans les textes runiques : l'inscription de la Phase I sur la pierre de Reistad se lit « *idriŋaz/ek wakraz:unnnamz/wraita* » « *Indrigaz* (issu de la noblesse), moi, *Wakraz* (vigilant) l'imprenable a écrit [les runes][27]. Le bractéate de Sievern porte le texte rétrograde *rwritu*, qui est généralement lu comme « *rúnóz wrítu* » « J'écris (les) runes »[28] Un texte de la phase III sur une plaque en os provenant du Derbyshire (Angleterre) se termine… « *haddaþiþiswrat* » et donc possiblement « *Hadda þe þis wrát* » « … Hadda qui a écrit ceci »[29]. Un tout petit texte runique sur la plaque triangulaire d'un signet de Baconsthorpe, Norfolk [fig.3], a été lu comme « *redę se Þe cuinne bęau þas runę awrat* » « puisse celui capable de lire (ceci). Bæaw a écrit ces runes » avec la rune (presque) unique pour la voyelle transcrite précédemment « ę »[30]. Cette forme apparaît dans une poignée de manuscrits tardifs qui traitent de l'alphabet runique, mais elle est par ailleurs inconnue.

Le verbe apparaît également sur le revers d'une broche du VIe ou VIIe siècle trouvée à Weingarten (Allemagne), où le propriétaire a gravé *feha i writ la* et *alirguþ* ; la forme verbale est peut-être une contraction de *writit* « écrit » (3e pers.sing) ou de *writu* « J'écris »[31].

[25] Derolez, 1991, pp.96-97 ; Ringe, 2006, p.257.

[26] Elliott, 1958, p.19 ; Morris, 1988, p.144 ; Fischer, 2005, p.63 ; Barnes, 2012, p.2.

[27] Antonsen, 1981, p.57 ; Antonsen, 2002, pp.5-8, 27 ; Looijenga, 2003, p.346 ; Barnes, 2012, p.28 et Barnes, 2013, p.15 offrent des lectures alternatives du texte qui ne sont d'accord que sur le lien de la séquence *-nam-* et de la racine verbale signifiant « prendre ». La présence de la finale en *–a* non accentué sur la 1re pers. sing. d'un verbe fort au prétérit est inhabituel et peut-être révélateur, puisque les voyelles dans cet environnement ne sont pas retrouvées dans d'autres textes germaniques (comme le *wrait* gotique, le *wrát* viel-anglais, etc.). Toutefois, le bractéate de type C de Trollhättan (IK 639, publié chez Axboe & Källström, 2013) porte le texte *ekerilaz – mariþeubazhaite – wraitalaþo* dans lequel la ligne de texte wraitalaþo peut être analysée comme **wrait alaþo* « écrit alaþo » ou **wraita laþo* « écrit laþu ».

[28] Antonsen, 2002, p.216, pp.280-282. Le verbe *Pgmc* est cité comme **faihijanan* alors qu'Orel, 2003, cite **faixjanan.*

[29] Bammesberger, 1991a, pp.131-134 ; McKinnel & Simek, 2004, p.110.

[30] Hines, 2011.

[31] Looijenga, 2003, pp.262-263 ; Schwab, 2006, pp.249-252.

Fig. 3 Le fragment de Baconsthorpe

Une activité secondaire dans la création des runes est le fait de les colorier[32], comme l'on retrouve dans des mots tels que *faihido* « J'ai peint » sur les pierres de Vetteland et d'Einang (Novège)[33] Le texte de la pierre de Noleby commence avec la séquence *runofahi* « Je peins une rune »[34]. On a détecté du rouge, du blanc, et d'autres pigments sur certaines pierres runiques scandinaves, ainsi que sur la pierre tombale du cimetière de l'église Saint-Paul, à Londres. Il est évidemment possible que le graveur ait suivi des lignes peintes avant de prendre son burin.

Un autre terme est *talgidai* « il a fait » ou « il a gravé », que l'on retrouve sur la broche de Nøvling[35]. Quelques objets runiques ne présentent pas de runes gravées sur la surface, mais apparaissent plutôt en relief comme sur le coffret d'Auzon.

L'on retrouve également le mot **werkjan* « travailler, créer, produire par l'effort » comme sur la pierre runique de Tune où le terme *worahto* apparaît « J'ai fait [la pierre] »[36]. L'acte de création est implicite dans le terme *weorc wuldorfæder* « l'œuvre du glorieux père » utilisé pour décrire la création divine du monde dans l'*Hymne de Cædmon.*

Sur la pierre de Gummarp, le verbe utilisé est « mis » dans la phrase « *hAþuwolAfA sAte stAbA þriA fff* » « Haþuwulf a mis trois bâtons » suivi par trois runes ᚠ[37].

[32] Elliott, 1958, p.19 ; Fischer, 2005, p.63.

[33] Moltke, 1981a ; Morris, 1988, pp.144-145 ; Antonsen, 2002, p.174 ; Looijenga, 2003, p.343 ; Spurkland, 2005, p.42. Le terme peut s'être étendu à l'écrit dans certains dialectes, comme il n'apparaît qu'occasionnellement sur des bractéates où il n'y a pas de traces que la peinture ait été utilisée.

[34] Antonsen, 2002, pp.180-181 ; Looijenga, 2003, p.333.

[35] Morris, 1988, p.144 ; Fischer, 2005, p.63, Antonsen, 2002, pp.10-11, 48 note que la fin du verbe en *ai* est inattendue, et devrait se lire *talgide.* Une erreur de copie est souvent l'explication retenue, mais il est possible qu'il s'agisse d'une tentative de montrer une voyelle longue /e:/ dans une syllabe non accentuée.

[36] Morris, 1988, p.144 ; Spurkland, 2005, pp.35-40 ; Fischer, 2005, p.62.

[37] Antonsen, 2002, p.184 ; McKinnell & Simek, 2004, pp.56-58).

Un bractéate de Hitsum, en Frise (IK76), affiche le texte rétrograde *fozo groba*[38]. L'interprétation est débattue, mais il est possible que le second mot soit le prétérit de **graban* « couper, creuser » à la troisième personne du singulier, en référence aux rainures des runes[39]. Bien qu'étant un texte plutôt tardif et seulement en partie runique, la bague en or de Manchester porte la légende *æDRED MEC AH EanRED MEC agROfn* « Ædred me possède, Eanred m'a gravé », qui utilise le verbe fort (Classe VI) *grafan* « creuser, rayer, graver)[40] Le texte est généralement daté du IXe siècle et mélange librement les runes et l'alphabet latin.

Bien qu'il ne s'agisse pas d'un terme écrit, la forme verbale *tawide* « fait, créé, préparé » apparaît sur plusieurs objets runiques et peut être liée à la production de l'artefact et au texte. On retrouve cette formule sur la corne de Gallehus [fig.27], et sur le coffret de bois de Stenmagle (Garbølle) on peut lire « *hagiradaz : tawide* » « Hagiradaz a fait [ceci] »[41].

Le verbe *deda* « a fait » est utilisé dans le sens « a créé, a fabriqué » sur l'os d'Oostum (Frise) dans le texte « *ælb*kabu*/deda* habuku** ». Le sens du texte a longtemps été débattu, mais la plupart des spécialistes sont d'accord sur le fait que la seconde phrase contient des mots de la même famille que le viel-anglais *dyde heafoc* « Hawk (faucon) a fait », avec *habuku* comme nom propre[42].

Les premiers textes adoptent souvent une forme avec les mots et unités de sens séparés par deux points, comme on peut le voir sur la corne de Gallehus [fig.27] et sur les bractéates[43] D'autres utilisent une méthode où les unités de sens occupent chacune une ligne de texte différente, comme sur la pierre de Kjølevik, en Norvège (voir ci-dessous). Sur certaines pierres runiques de la période Viking, les mots sont peints alternativement en rouge et en noir pour les différencier les uns des autres.

Les textes étaient généralement découpés avec soin, mais des erreurs se produisent. L'inscription de Kjølevik se lit en rétrograde[44] « *hadulaikaz / ekhagustadaz / h̲laaiwidomaguminino* »[45] Le premier mot est interprété comme un nom propre, soit **Handulaikaz* ou **Haþulaikaz* ; ce dernier étant moins probable puisque l'omission des nasales (**had* pour

[38] Losquiño, 2015, p.129ff parle du mot *fozo* comme d'un nom personnel.

[39] Looijenga, 2003, p.208 ; Losquiño, 2015, pp.128-132.

[40] Findell, 2014, p.38.

[41] Antonsen, 2002, p.11 ; Looijenga, 2003, p.153, 164 ; Barnes, 2012, p.29. Fischer, 2005, p.61 émet l'objection que nous ne savons pas si Hagiradaz a fait le coffret ou s'il a gravé le texte, mais l'utilisation parallèle du verbe avec un objet direct *horna* à Gallehus rend plus probable qu'il réfère à la création de l'objet (Losquiño, 2015, p.34).

[42] Looijenga, 2003, p.304 ; Barnes, 2012, p.52. Bammesberger, 1991b, p.307 suggère l'interprétation « il a offert » pour le mot *deda*, ce qui enlèverait cette phrase de la classe des « fabricants » et le placerait dans la classe des textes de « donation ».

[43] Makaev, 1996, pp.49-51.

[44] Insley, 1991, p.326 ; Antonsen, 2002, p.204 ; Looijenga, 2003, p.344; Spurkland, 2005, p.43 ; Barnes, 2012, pp.180-183.

[45] Looijenga, 2003, p.359 ; Barnes, 2012, p.29.

hand-) est un phénomène récurrent dans les textes de la Phase I, alors que l'utilisation incorrecte de /d/ pour /θ/ est presque sans précédent. La seconde ligne est généralement vue modifiée pour **ek hagustaldaz*, le dernier mot étant un mot commun pour un guerrier célibataire : le mot viel-anglais *hægsteald*, le colon d'une *hæg*, une parcelle de terre insuffisante pour entretenir une famille, également retrouvé dans le texte de Valsfjord « *ek hagustaldaz Þewaz godagas* » « Je (suis un) jeune guerrier, servant de Godadaz »[46]. Sur la troisième ligne, le graveur a fait une erreur en coupant ᚺᚨᚨ (*haa*) au lieu de ᚺᛚᚨ (*hla*) et a été obligé de réparer son erreur en ajoutant un petit trait au ᚺ pour former la rune de liaison *hl* en laissant le double /a/. Le texte se lit donc « *Ha(n)dulaikaz* / J(e), un jeune guerrier, ai enterré mon fils / parent ».

L'utilisation des runes était confinée à certaines communautés parlant une langue germanique. La plupart de ces communautés ont par la suite été exposées à l'alphabet latin, et ont dû choisir entre abandonner les runes pour l'écriture latine (comme chez les Mérovingiens tardifs), conserver les runes comme médium favori (comme en Scandinavie), ou utiliser les deux écritures, chacune dans un but différent (comme en Angleterre anglo-saxonne). Anderson a noté la tendance polarisante dans les études au Haut Moyen-Âge[47]. *« Certaines études récentes sur les débuts de l'Europe médiévale ont suggéré que la Scandinavie et le royaume des Francs représentaient deux pôles idéologiques opposés avec lesquels les autres populations germaniques ont pu tenter de s'aligner. Bien que ce point de vue puisse parfois être utile, il peut aussi être trop simpliste pour une situation complexe. Les Scandinaves doivent avoir reconnu les différences culturelles entre leur peuple et les Européens chrétiens, mais peuvent ne pas avoir vu ces distinctions comme emblèmes d'opposition, sauf lorsque directement confrontés à une menace politique ou militaire. En effet, les contrastes idéologiques entourant la façon dont la société était organisée et le pouvoir affirmé peut avoir traversé les frontières ethniques apparentes ».* Anderson a bien sûr raison dans l'ensemble, avec chaque régime politique prenant ses propres décisions en ce qui concerne la direction à choisir au niveau politique, religieux et commercial. Par contre, la décision d'adopter ou de rejeter l'écriture romaine semble constant avec une volonté ou une réticence à rejeter plusieurs types de valeurs traditionnelles. Les Anglo-Saxons se tenaient fermement entre deux extrémités, et tiraient des avantages en acceptant certains aspects culturels de la société médiévale post-romaine tout en maintenant leur héritage.

[46] Antonsen, 2002, p.227 ; Spurkland, 2005, p.47. Insley, 1991, p.326-7 préfère lire hagustadaz comme un nom personnel.
[47] Anderson, 1999, sommaire.

Graphèmes et allographes

Un graphème est la plus petite unité dans un langage écrit, correspondant d'une certaine façon au phonème d'un langage parlé[48]. Les graphèmes incluent les lettres alphabétiques, les chiffres, les marques de ponctuation, et les autres signes individuels d'un système d'écriture.

La tradition runique présentait toujours des *allographes* ou des « alternatives permises », des variantes de formes de lettres qui étaient reconnues et qui ne compromettrait pas sa lisibilité[49]. Par exemple, les formes ᛋ et ᛊ représentent toutes les deux le son /s/, et les variantes Π et ᛖ représentent toutes deux le son /e/. De la même façon, il y avait certainement des *allophones*, des variantes de son qui étaient acceptées comme équivalentes, comme les différentes prononciations du son /r/ que l'on retrouve à travers le monde anglophone qui ne nuisent pas à la communication.

Le besoin d'écrire des allophones se ferait seulement sentir quand les allophones sont devenus phonémiques, comme une paire de mots se distinguant uniquement par le contraste entre ces sons. Les mots *beak* (bec) et *peak* (pic) se distinguent par leur son initial /b/ et /p/ ; *peak* et *pick* (choisir) sont séparés par la longueur de la voyelle /i:/ et /i/ ; *pick* et *pig* (cochon) sont séparés par le son final /k/ et /g/. (L'orthographe coutumier n'est pas toujours une source sûre ici – « ck » et « k » représentent le même son, et « ea » ou « ee » peuvent être la façon d'écrire la version longue de la voyelle /i/.) Ce phénomène s'appelle la « distribution contrastive » et son attribution change avec le temps : peu de dialectes anglais aujourd'hui reconnaissent la distinction du son de la voyelle entre *pour* (verser) et *poor* (pauvre), bien que cela n'était pas le cas jusqu'au milieu du XXe siècle. De la même façon, la distinction entre *wear* (porter) avec /w/ et *where* (où) avec /ʍ/ ne se prononce que dans une poignée de dialectes.

Odenstedt a raison en disant que certains allographes peuvent être utilisés pour dater les textes dans lesquels ils sont retrouvés[50]. Les formes Π pour /e/, ᛃ et ᛃ pour /j/ et ᛊ pour /s/ peuvent toutes être attribuées à la période avant 400 de notre ère, et ne semblent pas faire partie de la tradition apportée en Bretagne par les Angles. De la même façon, on peut attribuer une date postérieure à 450 de notre ère pour ᛄ représentant le son /j/ et ᛦ pour /z/ ou /R/. Odenstedt voit ᚴ pour /k/ comme une forme tardive, arrivée après 450, ce qui est généralement vrai, mais il faut noter que la présence d'une rune de cette forme avec la valeur /s/ peut aussi se trouver dans un texte saxon ancien ou moyen, comme le fourreau de Chessel Down [fig.31] et le tombeau de

[48] Barnes, 2013, p.17.
[49] *Idem.*
[50] Odenstedt, 1990, p.9.

saint Cuthbert[51]. Il est donc important de prendre en compte le contexte tout autant que la forme lorsque l'on évalue un texte runique.

Puisque chaque inscription était « faite main » et réalisée par un technicien, elles étaient toutes uniques dans une certaine mesure[52]. Des variations de formes étaient donc inévitables, dépendamment des outils du graveur et de l'espace disponible. La rune **raiðo* avec la forme canonique ᚱ, par exemple, peut apparaître ailleurs un peu différemment, comme R, R, ᚢ, etc. La seule exception notable à ce principe apparaît sur les pièces de monnaie anglo-saxonnes où une série de points pré-faits était utilisée pour créer des lettres et des runes, ainsi que les différents autres marques qui formaient le style standardisé de la série de pièces.

Notes sur la translittération

Dans ce qui suit, j'ai translittéré les runes en lettres romaines par commodité. Il est important de se rappeler qu'un texte translittéré est différent de l'original, et représente la décision finale du translittérateur en ce qui concerne les graphèmes présentés[53]. Les runes en gras conservent la division originale des mots tant que possible, par exemple ***fiscflodu.*** sur le coffret d'Auzon sans séparation de *fisc* et *flodu* et suivi d'un point[54].

Une déviation de la transcription standard a été adoptée par commodité. Les runes de liaison sont soulignées (comme ga sur le bractéate d'Undley) plutôt qu'un exposant généralement utilisé. Puisqu'une rune de liaison est une combinaison de différents caractères, il y a toujours un certain doute sur l'ordre des constituants, donc ga pourrait aussi se lire ag. L'interponctuation est représentée par des groupes de points ., :, ⁝ etc. comme sur la corne de Gallehus [fig.27] bien que plusieurs textes n'utilisent aucune forme de séparation entre les mots[55].

La division entre les lignes est marquée par des barres obliques : *frifridil/du/ft/mik/ll* (la broche circulaire de Bülach)[56]. Les runes manquantes, effacées, ou indistinctes, sont marquées par un point pour chaque caractère manquant entre des crochets, comme *[.]eworf[.]e[.]u* (la bague de Cramond).

[51] Derolez, 1983, p.83 ; Page, 1994, pp.112-113 ; Hines, 1996, p.56; Barnes, 2012, p.46.

[52] Odenstedt, 1990, p.15. Odenstedt est parfois arbitraire dans ses choix d'inclusion ou d'exclusion de runes.

[53] Barnes, 2012, p.4.

[54] Odenstedt, 1990, pp.140-141 parle de la tentative de Page (1962) de réintroduire une méthode de translittération alternative pour les textes anglais, à l'origine proposée par Bruce Dickens, utilisant des conventions d'espaces et de guillemets. Je n'ai pas suivi les suggestions de Page dans ce livre, parce que, bien que potentiellement utiles, elles sont trop compliquées pour un travail tel que celui présenté dans ce livre, et elles insinuent que le matériel anglais est fondamentalement différent des textes continentaux et scandinaves (ce qui n'est généralement pas le cas). L'utilisation de deux systèmes côte à côte semble plutôt inutile dans un ouvrage général sur le sujet.

[55] Elliott, 1958, p.19 ; Morris, 1998, p.17.

[56] Looijenga, 2003, pp.234-235 ; Nedoma, 2006, p.135 ; Waldispühl, 2014.

Lorsque l'on aborde les sons représentés par les runes, j'ai choisi la convention standard de mettre le caractère entre des barres obliques, par exemple /æ/ représente la voyelle æ, et *bæt* représente la prononciation du mot en anglais standard moderne *bat* (a court, similaire au *a* de *patte* en français). La notation est uniquement phonémique et ne tente pas de capturer les nuances subtiles de prononciation dans des transcriptions phonétiques étroites, qui nous sont maintenant perdues. Deux points après une voyelle représentent une voyelle longue (/a:/) alors que, dans l'écriture romaine, ce principe s'écrit souvent par un trait (ā) ou un accent aigu (á). Les caractères suivant nécessitent une attention particulière :

– /ã/ représente une voyelle arrière nasale, comme le mot *an* ;

– /æ/ représente une voyelle avant, comme dans le mot anglais moderne *cat* (similaire au *patte* français) ;

– /β/ représente une vocalisation labiale, comme un /v/ prononcé avec les deux lèvres plutôt qu'avec les dents et la lèvre inférieure ;

– č représente un /k/ palatalisé comme dans le mot anglais moderne *chin* (correspond aux lettres *tch* en français) ;

– /ç/ représente une consonne palatale non voisée comme le *ich* allemand

– /γ/ représente une consonne vélaire voisée, comme /x/ ci-dessous mais voisée pour un son plus guttural

– /ʒ/ représente une consonne palatale voisée

– /ƕ/ représente un son aspiré avec les lèvres rondes, comme le son de *where, which, what* dans certains dialectes au nord de l'Angleterre.

– /j/ est une semi-voyelle comme le /y/ dans le mot anglais *year* (similaire au son /y/ dans iota)

– /ŋ/ est une consonne nasale, le son « ng » dans *singer*, mais l'on doit noter que certains dialectes anglais incluent automatiquement un « g » pour que *singer* et *finger* riment ; le mot *finger* serait transcrit //fiŋgə// et le mot *singer* /siŋə/ ;

– /œ/ représente une voyelle médiane avec les lèvres arrondies, comme le ö allemand

– /R/ est un « r palatal », un son développé en Scandinavie du phonème PGmc /z/, probablement prononcé /ž/ similaire au *je* français ou au son initial du nom *Zsazsa.*

– /θ/ représente la dentale non voisée « th » comme dans le mot anglais *theme* ; ce son est parfois représenté par *þ* dans les transcriptions phonétiques ;

– /ð/ représente la dentale fricative non voisée « th » comme dans le mot anglais *them* ;

– /x/ représente la consonne vélaire non voisée comme le « ch » du mot écossais *loch.*

– / ž/ voir /R/

– /ə/ représente une voyelle non accentuée, que l'on retrouve dans la seconde voyelle des mots anglais *China* et *finger* ;

– /ʔ/ représente l'arrêt glottal que l'on entend dans la prononciation londonienne des mots comme *utter*, *bitter*, etc. ■

II. ÉTENDUE DE L'ÉTUDE

RUNE(N)
« 1. Tout caractère dans plusieurs alphabets des anciens peuples germaniques du IIIe au XIIe siècle. Un caractère similaire dans un autre alphabet, parfois considéré comme doté de pouvoirs magiques. 2. Un poème ou une incantation mystérieuse, particulièrement un sortilège. » American Heritage Dictionary

R.I. Page établit les conditions nécessaires pour ceux qui étudient les runes dans une déclaration ironique[57] :

« ...le runologue a besoin de deux qualités contraires, l'imagination et le scepticisme. La première permet d'avoir une idée des sens possibles exprimés par un ensemble de lettres : la seconde restreint son interprétation aux limites du bon sens. En pratique, évidemment, les runologues penchent plus dans un sens que l'autre, certains sont plus imaginatifs, d'autres, plus sceptiques. »

Page était dans le camp des « sceptiques », ce qui est utile pour déjouer l'imagination débridée de plusieurs commentateurs sur le sujet, particulièrement chez les auteurs qui s'adressent aux marchés populaires[58]. Ebbinghaus a remarqué que *« plusieurs, peut-être même la plupart des ouvrages sur les runes germaniques ne contiennent que des envolées débridées de fantaisie de leurs auteurs respectifs. »*[59] La situation ne s'est pas améliorée au XXIe siècle et l'étude des runes s'est presque séparée en deux domaines d'intérêt : l'un rigoureux et basé sur la linguistique, l'autre libre, vague, et parfois vide.

[57] Page, 1999, p.12 ; *cf.* Page (1964), 1995.

[58] Düwel & Heizmann, 2006, p.32 suggère qu'un runologue doit prendre en compte toutes les preuves en étudiant un texte, allant du fantastique au banal.

[59] Cité dans Bammesberger, 1991, p.9.

Il ne semble pas nécessaire de mentionner que tout runologue doit être imaginatif dans une certaine mesure. Les runes ne sont pas des symboles mathématiques attachés à des concepts invariables, et toute tentative de lecture doit mettre en relation plusieurs compétences d'interprétation. La plus grande différence se trouve dans le poids relatif qu'un spécialiste est prêt à donner aux preuves linguistiques et culturelles.

Littérature active et passive

La plupart des enfants aujourd'hui en Occident apprennent à lire et à écrire assez tôt, généralement vers l'âge de cinq ans. Pour de tels enfants, l'acquisition de telles capacités vient avec l'apprentissage de l'arithmétique, et constitue l'objectif fondamental des débuts de l'apprentissage. En Grande-Bretagne, on parle souvent des trois « R » (*reading, writing* et *rithmetics*) lorsque l'on mentionne l'éducation de base.

En réalité, il y a deux compétences complètement différentes impliquées dans la lecture et l'écriture, et il est juste de dire que « l'alphabétisation passive » (la capacité à lire) est beaucoup plus répandue que « l'alphabétisation active » (la capacité à écrire). Cela est important pour contextualiser le nombre de textes qui nous sont parvenus : l'écriture était l'affaire de quelques-uns, alors que la lecture, dans une certaine mesure, était accessible à un grand nombre.

Fischer a soutenu que la consommation de textes par les lecteurs les placent dans une position forcément inférieure à ceux qui écrivent. Cela avait des conséquences sur la politique de la production de textes des mondes romains tardifs et post-romains[60]. Il y avait quatre systèmes d'écritures principaux accessibles aux germanophones au Ve siècle – romain, grec, gotique, et runique. Le choix d'un système plutôt qu'un autre peut avoir été déterminé par des facteurs historiques, mais il indique aussi aux contemporains la direction politique et religieuse de l'écrivain et du lectorat visé.

Un péril païen ?

« Il ne peut y avoir aucun doute sur le fait qu'il y avait une tradition très vivante d'écriture des runes en Angleterre au moment de l'arrivée des missionnaires, et que cette tradition est arrivée en Angleterre par le biais des Angles, Saxons et autres de leurs terres natales continentales. »

Antonsen, *Runes and Germanic Linguistics.*

L'utilisation des runes a été associée aux activités religieuses primitives que l'on qualifierait aujourd'hui de « magie », bien que les Anglo-Saxons et les autres utilisateurs de cette écriture n'auraient probablement

[60] Fischer, 2013, p.99.

pas fait cette distinction. Il y a des runes sur de nombreux bractéates en or, auxquels la plupart des scientifiques accordent une importance religieuse – des runes dans un contexte spirituel. Les bractéates sont clairement païens (pré-chrétiens) et cherchaient à canaliser le pouvoir de l'écriture pour l'élite et le clergé des sociétés qui les utilisaient, principalement en Scandinavie, mais avec des concentrations plus faibles autour de la mer du Nord en incluant l'Angleterre.

La plupart des textes qui nous sont parvenus ne sont ni magiques ni religieux dans un sens plus étroit[61]. Il est important de mentionner que les textes de la Phase I – et tous les textes connus antérieurs au VIe siècle – ne font pas référence aux dieux, sauf dans les prothothèmes de noms personnels comme *Ansugislaz* « otage des Æsir »[62]. Les textes donnent les noms propres sans cérémonie, et nous n'avons pas de raison de penser que ces éléments de noms étaient enregistrés en runes pour des raisons de culte. Il y a évidemment quelques textes qui utilisent les runes ᛏ **teiwaz*, ᚨ **ansuz*, (et ◊ **inguz?*) comme des idéogrammes, ce qui doit être pris en compte puisque les noms reconstruits pour ces graphèmes sont aussi des noms de divinités.

Lorsque les royaumes anglo-saxons se sont convertis au christianisme, au VIIe siècle, ils n'ont pas abandonné leur écriture. En fait, la majorité des textes runiques datent de la période suivant leur conversion. Le christianisme est avant tout une religion « du livre », comme les autres traditions abrahamiques, et l'écriture est devenue l'outil d'un groupe d'élite puissant – mais parmi les Anglo-Saxons, elle n'était pas restreinte à l'encre sur le vélin[63]. L'église anglo-saxonne a embrassé l'utilisation des runes comme médium pour distribuer la connaissance de leur religion, tout comme ils utilisaient des images puissantes et des démonstrations de richesse pour exercer leur pouvoir sur les populations illettrées. L'instruction de Saint Augustin du pape Grégoire était de déranger les lieux de culte des Anglais le moins possible, pour ne pas provoquer d'antagonisme ; cette notion s'est probablement étendue à plisieurs aspects de la vie quotidienne[64].

Il ne s'agit probablement pas d'une coïncidence si l'expérience des Anglo-Saxons a été adaptée chez certains Scandinaves. Parmi les premières pierres runiques au Danemark, on retrouve celle de Jelling [pierre 2, *cf.* vol.2 "le nouveau futhark"] sur laquelle le roi Háraldr établit son autorité comme le roi qui a christianisé les Danois.

Evison, le spécialiste du travail du métal de la période ancienne des Anglo-Saxons, a suggéré une notion controversée comme quoi les runes n'ont pas été introduites durant la période païenne, mais sont arrivées

[61] McKinnell & Simek, 2004, p.7 ; Barnes, 2012, p.8.
[62] Antonsen, 2002, p.14.
[63] Elliott, 1958, p.42 ; Derolez, 1983, p.72.
[64] Antonsen, 2002, pp.37-38.

aux côtés des lettres romaines avec l'introduction du christianisme[65]. Ce point de vue a évidemment été réfuté par plusieurs découvertes anciennes et récentes, et par la preuve des formes runiques, mais il montre que l'association entre l'écriture runique et romaine avec l'Église chrétienne était fermement établie dans les sociétés scientifiques du milieu du XXe siècle.

Bishop rapporte l'argument de Fell comme quoi le mot viel-anglais *rún* n'avait pas de lien non-chrétien pour les Anglo-Saxons jusqu'aux guerres danoises du IXe siècle et plus tard, par quoi une division a été faite entre les bonnes runes (chrétiennes, anglo-saxonnes) et les mauvaises (païennes, scandinaves)[66]. Ce point de vue s'accorde avec le travail d'Henry Williams, qui remet en cause le sens des runes autre que leur but pratique comme écriture[67]. Toutefois, cela ne prend pas en compte un fait fondamental, à savoir que, pour quelqu'un parlant le vieil-anglais, le mot *rún* ne voulait pas dire « écriture » dans son sens premier, mais plutôt « mystère » ou « connaissance secrète ».

Les runes ont continué d'être utilisées en Scandinavie jusqu'au-delà du XIIIe siècle, et étaient régulièrement utilisées dans un contexte chrétien alors que la nouvelle religion se répandait[68]. Toutefois, sous l'impulsion des Puritains au XVIIe siècle, des lois ont été passées en Islande pour interdire l'interdiction des runes (ce qui implique que les runes étaient toujours utilisées) et certaines personnes ont été exécutées pour avoir été en leur possession[69]. ▮

[65] Rapporté dans Hawkes & Page, 1967, p.18 ; *cf. ibid.* p.24

[66] Bishop, 2007, p.3 (source non donnée).

[67] Williams, 2004.

[68] Elliott, 1958, p.28.

[69] Elliott, 1958, p.30. Les détenteurs de runes ont été brûlés, un châtiment souvent réservé aux sorcières, sorciers, et pratiquants de magie noire. Un édit officiel de 1639 a banni l'utilisation des runes en Islande.

III. LES SOURCES D'INFORMATION

« Il y a tout de même une certaine incohérence entre les disciplines littéraires et celles orientées vers le matériel ; pas seulement au niveau de la forme, de la distribution régionale et de la quantité, mais aussi en lien avec le fait qu'un type de matériel particulier ne peut répondre qu'à certaines questions. »

Catharina Raudvere, *Fictive Rituals in Völuspá.*

Inscriptions

« La distinction professionnelle entre les "runologues de fauteuil" ou "runologues de table" et les "runologues de terrain" est à remarquer »[70]. (Svante Fischer, *Les Seigneurs des Anneaux*).

La gamme d'objets sur lesquels des textes runiques ont été détectés est en grande partie le produit d'accidents de survie, avec les objets faits de métal ou de pierre bien mieux représentés que les matériaux organiques comme la corne, l'os, le bois, le cuir ou le textile. Cette préférence pour les matériaux inorganiques sous-entend qu'un grand nombre d'objets qui n'ont pas survécu affichaient probablement des textes runiques (ou non-runiques), et que l'écriture jouait un plus grand rôle dans la culture visuelle des peuples primitifs germanophones que celui qu'on lui attribue généralement. Là où l'on retrouve de la matière organique bien conservée (comme les dépôts détrempés de York, Londres, Dublin, Bergen, et les marais du Danemark), un nombre de textes runiques peut être révélé.

[70] Fisher (dir.) *Inscriptions runiques de France*, volume 1, 2008.

Le procédé de la « création des runes » implique une variété de techniques, de matériaux, et d'outils. La gravure est la technique la plus courante sur les objets qui nous sont parvenus, utilisant un burin ou un couteau. Habituellement, les runes sont formées par des incisions rectilinéaires en surface, mais, sur certains objets, les runes sont en bas-relief, et le fond est enlevé au burin (comme sur le coffret d'Auzon). Les monnaies sont poinçonnées. La peinture semble avoir été utilisée sur les pierres runiques, et nous avons des traces de runes peintes sur le cuir.

Il y a une division fondamentale entre les textes « optionnels » ajoutés après la fabrication de l'objet, et ceux qui ont été créés durant la manufacture[71]. Dans ce dernier groupe, on retrouve des exemples de runes ajoutés à des pots en céramique (urnes funéraires) et sur des bractéates où ils faisaient partie du style original. La majorité des textes étaient néanmoins ajoutés à des objets existants à un certain moment entre la création et la perte ou le dépôt ; ils peuvent avoir été une pensée après-coup, ou des marques de possession ajoutées par un récipiendaire reconnaissant, ou dans certains cas ajoutés peu avant un enterrement (comme le fourreau de Chessell Down, p.155).

L'apparence visuelle globale des inscriptions runiques n'était évidemment pas toujours le premier souci des graveurs, qui faisaient souvent des erreurs qui auraient facilement pu être évitées. Cela suggère que l'écriture runique était plus proche du graffiti que des lettres minutieusement placées sur les monuments publics de l'empire romain. Toutefois, quelques objets affichent des textes runiques très réguliers et denses, dans lesquels les runes sont hautes et étroites, comme sur la corne de Gallehus, le coffret d'Auzon et la pierre runique de Jelling.

Une caractéristique particulière des graphèmes runiques est leur angularité. La majorité des textes utilisent des lignes droites avec des traits verticaux et des angles de 45° et de 135° perpendiculaires. Toutefois, avec l'augmentation du nombre de textes sur des matériaux organiques retrouvés dans les marais danois, l'on remarque que des formes arrondies semblent avoir été utilisées dans les débuts de cette écriture, comme ᛟ pour ᛟ et ᚹ pour ᚹ[72].

Il est important, lorsque l'on étudie la distribution des découvertes runiques, de prendre en compte non seulement les régions où les runes apparaissent, mais aussi celles où elles sont absentes. De grandes parties de la Germanie continentale n'ont pas produit de textes runiques, ce qui est aussi vrai pour certaines parties de l'Angleterre et de la Scandinavie. Lorsque l'on répertorie les découvertes runiques, la nature des objets sur lesquels ils sont retrouvés doit être prise en compte – la haute vallée de la Tamise ne présente presqu'aucun texte runique durant les ve et vi^{e} siècles (Watchfield [fig.30] étant la seule exception connue) mais,

[71] Hines, 1991, pp.62-63.

[72] Odenstedt, 1990, p.11 *cf. ibid.* p.30 ; Stoklund, 2003, p.178.

au début du VIIe siècle, on retrouve deux exemples : des pièces de monnaie qui ont très certainement été frappées dans le Kent ou à Londres, et qui se sont trouvées dans cette région par l'échange ou le commerce[73].

Pierre

En Scandinavie, les pierres monumentales (*bautasteinar*) et les dalles funéraires forment une continuité de monuments runiques de la période la plus ancienne (Phase I) jusqu'à la fin de la période Viking (Phase V), mais peu précédent l'an 900 de notre ère au Danemark et l'an 1100 en Suède[74]. Il y a de nombreuses classes d'objets runiques très visibles, et plusieurs ont des motifs frappants comme des serpents. Il y a environ 3 000 exemples connus, dont environ 2 200 se trouvent en Suède[75]. En Angleterre anglo-saxonne, les monuments de pierre sont associés de plus près à des sites chrétiens formels, comme les croix de Bewcastle et Ruthwell, et les stèles funéraires de Northumbriae[76], mais un objet en pierre – une stèle de Sandwich (Kent) – est peut-être pré-chrétien, datant du VIe siècle[77]. La grande croix de pierre d'Urswick nomme la personne qui a érigée le monument : « ***tunwini setæ æfter torotredæ bekun æfter his bæurnæ*** » (Tunwine a érigé après Torhtræd un phare en l'honneur de son fils) (ou peut-être « en l'honneur de son chef »), avec un texte supplémentaire « ***lyl þis*** *w* [...] » (Lyl [a fait] ceci) notant le graveur[78]. Que Lyl ait gravé le motif, les runes, ou les deux, le texte ne le précise pas. La stèle de Maughold I, sur l'île de Man, se démarque du corpus runique anglo-saxon avec son texte court ***blagcmon***, probablement **Blæcmon*, un nom personnel[79].

Une classe de monuments en pierre unique à l'Angleterre est la *pillow-stone* (littéralement « pierre oreiller »), une petite stèle placée dans la tombe sur laquelle reposait la tête du défunt [fig.4]. Elles sont souvent retrouvées dans des contextes monastiques, et affichent le nom du défunt soit en runes ou en lettres romaines, parfois les deux[80].

Des textes runiques apparaissent également sur des monuments de pierre déjà existants, comme sur la statue dite du « lion du Pirée » (avec des graffitis de la période Viking sur l'épaule, la poitrine et le flanc) et le pilier de Breza en Bosnie [voir Annexe II]. Au sanctuaire de Saint-Michel au Monte San Angelo sur la côte adriatique de l'Italie, quatre pèlerins anglais du VIIIe siècle ont marqué leur visite en écrivant leur nom

[73] Hines, 1996, p.54.

[74] Odenstedt, 1990, p.12 ; Fischer, 2005, pp.65-66 ; Barnes, 2012, p.67.

[75] Barnes, 2012, p.66.

[76] Barnes, 2012, p.42, 47.

[77] Odenstedt, 1990, p.12. Cette date n'est pas universellement acceptée. *Cf.* Looijenga, 2003, p.291.

[78] Derolez, 1983, p.73.

[79] Barnes, 2012, p.47. L'inscription est conjointe à une croix, et peut représenter l'enterrement d'un homme d'église.

[80] Elliott, 1958, p.75, pp.81-82.

Fig. 4 Stèle d'Hartlepool avec le nom du défunt, ***Hildigyþ***, en runes. L'on remarque l'orthographe avec deux runes ***dæg*** [***hild/digyþ***] et la correction de la faute d'orthographe en plaçant un point dans l'inscription et la rune manquante ***giefu***, rune au-dessus des lignes.

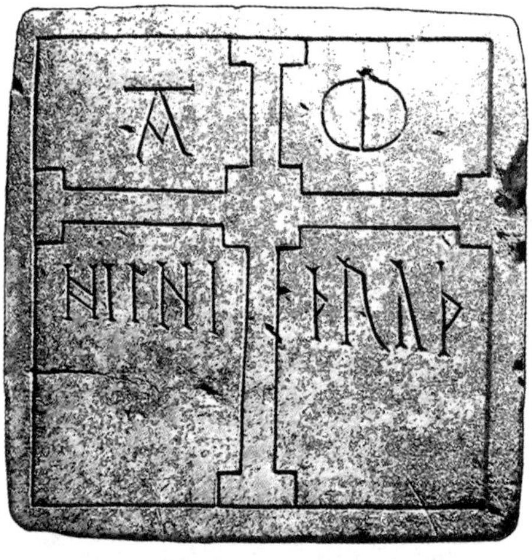

Fig. 5 Stèle d'Hartlepool avec alpha et omega dans les quadrants supérieurs, *hildi* et *þryþ* dans ceux du bas, en runes nettement gravées.

sur la façade en pierre de la galerie, parmi des douzaines d'autres graffitis similaires[81]. Ils étaient cachés derrière un mur interne jusqu'à son retrait en 1974. Les textes runiques sont tous courts : (A) *wigfus* (B) *mægu* [...] ou *mægy* [...] (C) *herræd* (D) avec des runes de liaison : *her*

[81] Derolez, 1983, p.91 ; Derolez, 1983a, p.95 et suiv. ; Schwab, 2006.

eb er eh ct [fig.6]. Deux de ces noms sont gravés ailleurs : (C) Herræd et (A) Wigfus; (D) est clairement une variante angle du Saxon occidental Herebeorht[82] ; (B) est trop dégradé pour être lu avec certitude, mais un nom avec le protothème *Mæg-* peut être suggéré avec certitude. La même église contient également un autre nom anglo-saxon en lettres romaines majuscules : *EADRHID SAXSOV(IR) H(ONESTUS)* qui ont été interprétées comme une possible erreur de copie du nom Eadfrið[83]. Ce texte apparaît sur une rampe d'escalier, dans une position d'honneur sous le nom de celui qui a commandité l'érection de ce bâtiment, Grimoald le Lombard, duc de Pavie.

Fig. 6 Le nom anglo-saxon *Hereberehct*
gravé dans l'église au Monte S. Angelo, Italie (selon Derolez).

Une autre source de runes anglo-saxonnes se trouve à Rome, où certaines églises anciennes et sites chrétiens visités par des hommes d'Église anglais affichent toujours leurs graffitis[84]. Ces runes forment pour la plupart des noms propres, comme **æþelferþ** dans le Cimitero di Marcellino e Pietro sulla dans la via Labicana et, dans les catacombes de l'église de Santi Pietro e Marcellino, on retrouve la séquence runique ᚠᚨᛡᚻᚾᛚᛞ, apparemment le nom féminin **faghild** avec un trait additionnel au -i- de *–hild*. Selon Schwab, l'utilisation de la rune ᛡ pour /g/ est symbolique, rappelant le christogramme *chi-rho*.

Bède note qu'il connaissait un monument dédié au chef Horsa, frère de Hengest, qui se tenait sur sa tombe sur laquelle son nom était écrit[85]: *Duces fuisse perhibentur eorum primi duo fratres Hengist et Horsa, e quibus Horsa postea occisus in bello a Brettonibus hactenus in orientalibus Cantiae partibus monumentem habet suo nomine insigne.* » (Bede, *Hega*, Livre I, ch.15)

L'on dit que leurs premiers chefs étaient deux frères, Hengist et Horsa, de qui Horsa fut après tué au combat par les Bretons, et toujours dans l'est du Kent il y a un monument gravé avec son nom.

Si cela est vrai (et nous ne savons pas si Bède s'est rendu dans le sud-est de l'Angleterre, ni quelles aient pu être ses sources), alors l'ins-

[82] Derolez, 1983a, pp.120-121 note plusieurs exemples de ce nom y compris Herebericht sur une stèle de pierre à Monkwearmouth.

[83] Derolez, 1983a, p.105, pp.129-30.

[84] Schwab, 2003, 2006.

[85] L'utilisation la plus récente de l'histoire de Hengest est abordée dans McKinney, 2011.

cription devrait logiquement avoir été réalisée en runes[86]. Nous avons également retrouvé en Angleterre une bague unique ornée d'une agate, qui affiche un texte magique énigmatique de la période anglo-saxonne plus tardive [fig.25 vol.2].

Céramique

Les urnes funéraires angles sont une grande catégorie d'objets, bien que les exemples avec des textes clairement runiques soient rares.[87] Le texte *alu* de Spong Hill [fig.18] en est un exemple, comme l'est le graffiti gravé à la main sur l'urne de Loveden Hill [fig.7] « *siþabæd/ þicþ/hlaw* » ou semblables.[88] Des formes runiques ou semblables à des runes peuvent être détectées dans la décoration de certaines urnes funéraires angles et saxonnes, mais bien sûr toutes les formes angulaires rectilignes ne sont pas nécessairement runiques.[89] Le ᛏ en forme de poire, le X en sautoir, le ᛟ en forme d'oméga et plusieurs autres peuvent être trouvés dans les motifs géométriques décorant ces urnes.

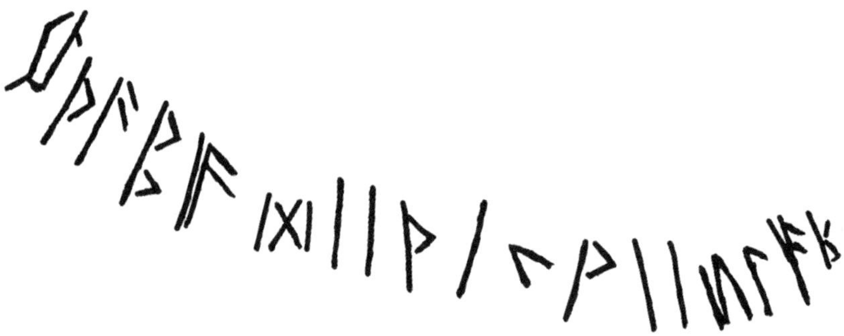

Fig. 7 L'inscription autour du col de l'urne cinéraire de Loveden Hill.

Il est important de noter qu'il y a une distribution asymétrique entre les textes runiques attribués à la crémation et à l'enterrement. Les textes de la Phase I ne sont que rarement trouvés dans des contextes de crémation en Scandinavie, ou le cas échéant sur des objets portatifs à l'intérieur du vaisseau.[90] Dans la Phase II en Angleterre, l'association devient plus forte avec les objets runiques inclus (l'astralagus de Caister p.137) et au moins une étampe runique (Spong Hill, fig.18).

[86] Page (1964) 1995, p.123.

[87] Hills & Lucy, 2013, p.297

[88] Page, 1991, pp.21-22 ; Hills, 1991, pp.49-50, 54 ; Bammesberger, 1991a, pp.125-128 ; Page (1964), 1995, p.122 ; Looijenga, 2003, p.282 ; Barnes, 2012, p.43 ; Hills & Lucy, 2013; Findell, 2014, pp.84-87. Odenstedt lit le dernier mot *hlaf* « miche, pain » et le texte complet comme **Sipbæd þicþ hlaf* « Siþbæd reçoit une miche ». Un amendement au dernier mot pour *hlaw* « tertre funéraire » semble cohérent *a priori* dans le contexte d'une urne cinéraire, mais est rejeté par Page. Bammesberger lit le mot du milieu comme *þiuw* « servante ».

[89] Kennett, 1989, p.26.

[90] Fischer, 2005, p.64.

Métal

Des objets de fer, de bronze, d'argent et d'or – ainsi que d'argent et de bronze dorés – portent des textes runiques. Le manque relatif de textes similaires sur des matériaux organiques est probablement dû à la mauvaise préservation. Les marais danois fournissent des preuves pour les deux types de matériaux, mais l'on a argumenté que l'abondance d'or aux Ve-VIIe siècles a fourni plusieurs opportunités de faire des objets d'apparence plus impressionnante avec un meilleur taux de conservation.[91]

Monnaies

Les monnaies frappées anglo-saxonnes représentent la plus grande catégorie d'objets présentant des runes.[92] Il existe plusieurs centaines de types connus, bien que l'étendue des textes soit plutôt limitée, avec les noms *epa*, *pada* et des variantes représentant la majorité des exemplaires[93]. Les séries de pièces frappées après le VIIIe siècle ne portent aucune inscription, et il est impossible de savoir si la société utilisait les runes, l'écriture romaine, ou les deux selon la monnaie.[94]

Assez tôt (vers la fin du VIe-début du VIIe siècle) la monnaie d'or anglo-saxonne était une extension des monnaies d'or frisonnes, les *solidi* et les *tremissis*[95]. Un solidus affichant le nom *skanomodu* a déjà été considéré comme le texte anglais le plus ancien (datant d'avant 610), mais l'opinion scientifique a changé et il est maintenant considéré comme un texte frison (et nous avons maintenant découvert d'autres textes anglais qui sont plus anciens)[96]. La production de monnaie a commencé dans le Kent et l'Essex (Londres), deux régions qui connaissaient des liens culturels et économiques forts avec la Frise et le royaume des Francs[97]. Des pièces d'argent appelées *sceattas* portant le nom des dif-

[91] McKinnell & Simek, 2004, p.60.

[92] Elliott, 1958, p.73 ; Blackburn, 1991, p.137.

[93] C. Wren, pers.comm. ; Looijenga, 2003, p.283 ; Abramson, 2008, Findell, 2014, p.33. Hines, 1996, p.53 associe le nom *Pada* au Kent.

[94] Blackburn, 1991, p.167.

[95] Beck, 1981 ; Blackburn, 1991, pp.140-141 ; Looijenga, 1996, pp.94-95 ; Page, 1996, p.134ff; Looijenga, 2003, p.304ff.

[96] Hines, 1996, p.47. Le texte est un nom personnel, avec le protothème *skan-* montrant la monophthongisation frisonne du **skaun* PGmc – alors que les Angles développent la diphtongue *scean-*. Le deutérothème *modu* montre un développement inhabituel dans la finale *–u*, qui n'est pas un trait partagé par les autres langues Gmc (vieux-norrois *mod*, VHG *muot*). Cet élément *–u* est trouvé sur d'autres légendes de pièces de monnaies (weladu, æniwulufu) et peut être une convention d'orthographe de ceux qui frappaient la monnaie, bien que l'on puisse remarquer que d'autres textes frisons d'un seul mot finissent souvent par cette rune (kabu, kobu, habuku) en tant que réflexion du **–az* PGmc (Beck, 1981, p.75 ; Blackburn, 1991, p.174 ; Nielsen, 1991, p.300 ; Bammesberger, 1991b ; Looijenga, 1996, pp.91-92 ; Nielsen, 1996, pp.125-129 ; *cf.* Nielsen, 2000, p.93 ; Looijenga, 2003, pp.305-306 ; Bammesberger, 2006, p.186). La finale en *–u* ailleurs (par exemple Vieux-Anglais) reflète souvent un ō et un nominatif féminin singulier.

[97] Hines, 1996, p.58. Les pièces de monnaie frisonnes étaient utilisées aux côtés des pièces franques. Il peut y avoir eu un élément d'affiliation politique ou culturelle exprimée par la préférence des pièces mérovingiennes (germaniques continentales, chrétiennes, avec l'écriture romaine) versus les types frisons (germains de la mer du Nord, païens, avec une écriture runique). [...]

férentes personnes ayant frappé la monnaie apparaissent vers la fin du VIIe siècle[98]. Les premiers noms incluent pada, epa, æpa, wigræd (et les variantes wigrd ou wigr) et tilberht (parfois écrit tilberlt ou tiber [..])[99] avec /a/ écrit ᚫ et /h/ avec le ᚻ à double barres. Les pièces peuvent aussi afficher des runes de liaisons uniques, qui n'apparaissent pas sur les autres types d'objets (comme dans le nom du fabricant eadnoþ [fig.40])[100]. Des copies continentales de qualité inférieure ont été produites au début du VIIIe siècle[101].

Un roi de l'East Anglia nommé Beonna, qui apparaît à peine dans les textes, est connu par un grand nombre de pièces de monnaies portant son nom en runes ou en lettres romaines, ou encore un mélange des deux écritures, par exemple ᛒEOᚻᚻᚫ[102]. Le mélange d'écritures romaines et runiques continue au IXe siècle, avec l'utilisation occasionnelle du ᛗ, comme dans « *EADᛗVND* », mais globalement la présence de runes sur les pièces de monnaie diminue au cours de ce siècle[103].

Bijoux

Les objets de parures personnels affichent parfois des textes runiques, de la Scandinavie à l'Italie. Cela inclut les broches, les bagues, les pendentifs (bractéates), les fibules, et les torques. Les broches mérovingiennes portent parfois un texte romain sur le revers (comme les broches de Wittislingen et d'Aschheim, Allemagne)[104], une coutume que l'on ne retrouve pas durant la période romaine et qui est peut-être liée à la pratique germanique antérieure de graver des runes sur le revers des objets personnels. La coutume est associée à la coutume franque du VIe siècle, mais elle était peut-être plus répandue[105]. La décoration du revers des broches est une pratique courante dans le sud de la Scandinavie durant l'Antiquité tardive, et plusieurs exemples montrent des motifs géométriques avec des lignes gravées en zigzags[106]. L'ajout de runes doit être vu comme une extension de cette pratique.

Les runes sur l'envers des broches sont rares, mais un exemple de Hunstanton (Norfolk) est une broche circulaire à motif solaire avec huit motifs de style runique sur le rebord[107]. L'une de ces figures res-

[97 suite] Les deux systèmes peuvent avoir été vus comme rivaux, mais ils étaient suffisamment similaires au niveau de leurs aspects principaux pour avoir été utilisés conjointement. On fabriquait probablement des pièces différentes dans le Kent et l'Essex pour différents marchés.

[98] Page, 1994, pp.108-111.

[99] Blackburn, 1991, p.155 note l'orthographe tilBeRᛇt avec la rune ᛇ utilisée pour /ç/.

[100] Blackburn, 1991, p.137, p.155, p.160.

[101] Blackburn, 1991, p.156 ; C. Wren, pers.comm.

[102] Elliott, 1958, p.42 ; Page, 1991, p.27 ; Blackburn, 1991, p.158.

[103] Barnes, 2012, pp.44-45.

[104] Effros, 2003, pp.113-114 ; Gutschmiedl-Schümann, 2010, tombe 166 item 9 ; Nedoma, 2015

[105] Hawkes & Page, 1967, pp.19-21; *cf.* discussion sur les runes sur les broches féminines dans Losquiño, 2015, pp.41-46.

[106] Przybyła, 2015, p.352 ; *cf.*Martin, 2013 ; Martin, 2014 ; Kristoffersen, 2015 ; Zimmermann, 2015.

[107] Hawkes & Page, 1967, p.23 ; Looijenga, 2003, p.295.

semble à la rune de liaison ga sur le bractéate d'Undley [fig.37], mais le texte entier n'a toujours pas été interprété.

La découverte d'Harford Farm à Caistor-by-Norwich (Norfolk) est intéressante : une broche circulaire composite du VIIe siècle avec un texte gravé sur le revers *luda:gibœtæsigilæ* « Luda a réparé [la] broche » avec S composé de cinq traits en zigzag[108].

Des boucles de ceinture avec des textes runiques ont aussi été retrouvées, comme l'exemple du VIe siècle de Borgharen (Pays-Bas) avec le texte laconique *bobo*, potentiellement l'abréviation d'un nom personnel[86]. De même, on a retrouvé une châtelaine et une pyxide de Milton Keynes (Buckinghamshire) avec une inscription mal gravée [fig.39] *mbugiatn* (ou *mbuglati*) qui défie l'interprétation[110].

L'on peut noter que, dans la phase I les textes inscrits sur le métal ont tendance à être moins bien réalisés que sur le bois et les autres matériaux. Par exemple, la fibule d'Etelhem (Gotland) affiche un court texte qui se lit *mkmrlwrta*, ce qui a été interprété comme **mik mérila worta* « Merila m'a forgé » avec les voyelles omises[111]. Toutefois, il est beaucoup plus probable qu'il s'agisse d'une tentative bâclée d'écrire un texte standard, comme « *ek erilaz worahto* » « Moi, l'erilaz, j'ai fait [ceci] » dans lequel les runes ᛖ ont été mal gravées comme des runes ᛗ et la rune de liaison ᛦ est elle aussi mal faite[112]. Cela est peut être dû aux différentes priorités des artisans du métal ou à leur manque de connaissances de l'écriture.

Objets domestiques

Les outils et l'équipement domestique portaient parfois des textes runiques à partir des débuts de la Phase I, comme la plane de Vimose (Fyn, Denmark) [fig.24] avec deux lignes de runes en grande partie non interprétées : *talijo gisaioj : wiliz[..]lao[..]/tkbis : hleuno : an[.] : regu* où le premier mot *talijo* a été lu comme étant de la même famille que le mot vieux-norrois *[tré]telgja* « hache à bois », et donc référant à la plane elle-même[113]. D'autres associent *talijo* à la racine verbale **tal-* « dire, raconter » alors que *hleuno* signifie « protection, abri »[114].

Un site moyen saxon à Brandon (Norfolk) a fourni un éventail de découvertes de haut rang, plusieurs en lien avec le clergé comme un

[108] Page, 1994, p.113 ; Looijenga, 2003, p.278 ; Hines, 2006, p.191 ; Barnes, 2012, p.42 ; Nedoma, 2015, p.313.

[109] Lauwerier & de Kort, 2014, p.21.

[110] Portable Antiquities Scheme record: *finds.org.uk/database/artefacts/record/id/395404*. Il y a une marque, peut-être une rune, à la gauche du m qui, si elle était une voyelle, rendrait au moins la séquence prononçable. Le coin droit du texte présente aussi une fissure, donc la rune après t est difficile à identifier.Il y a aussi des motifs géométriques de l'autre côté.

[111] Nedoma, 2015, p.305 ; Zimmermann, 2015, p.408.

[112] Insley, 1991, p.329 ; Antonsen, 2002, p.203 ; Looijenga, 2003, p.336.

[113] McKinnell & Simek, 2004, pp.47-48.

[114] Losquiño, 2015, p.41.

ex-libris et quelques *styli*. Une pince à épiler affichait le nom propre *+aldred* en runes très nettes[115]. Une épingle circulaire du même site porte un fuþorc incomplet sur le revers, avec la forme ᚠ pour /s/; cette rune a aussi été retrouvée sur le tombeau de saint Cuthbert et ailleurs[116].

Les trouvailles de la chambre funéraire de Prittlewell (Essex) incluent une cuillère en métal avec des runes gravées sur le cuilleron. Il peut s'agir d'un cadeau de baptême du défunt dans la tombe, mais peut tout aussi bien avoir été une offrande funéraire en signe de respect. On retrouve un exemple similaire de cuillère runique à Ichtratzheim (Suisse). Les détails de cette découverte ne sont pas encore disponibles au moment de l'écriture de ce livre.

Dans une monographie intrigante de Carl Darling Buck, l'auteur décrit un fragment de récipient en bronze qu'il a acheté à Rome, et qui affiche une séquence de runes anglo-saxonnes[117]. La séquence est alphabétique, et non *fuþarc*, il n'y a que 22 caractères, et quelques erreurs dans le texte (par exemple ᚨ pour « e » et « f »). Buck associe cet objet à la *scola* anglo-saxonne à Rome et au passage de plusieurs centaines de pèlerins anglais dans la cité.

Armes

Des textes runiques sur les armes sont mentionnés dans *Beowulf*, les sagas et les eddas, mais elles ne sont pas une découverte archéologique courante. Les marais danois contiennent la grande majorité des exemples connus, où des textes runiques courts apparaissent souvent sur le revers de l'objet[118]. Cette tradition a continué sporadiquement durant plusieurs siècles, avec les runes utilisées le plus souvent au IIIe siècle, et placées à un endroit où elles n'étaient que peu visibles, comme sur l'arrière de l'umbo de Thorsberg [fig.1][119]. Imer a suggéré que l'origine de cette coutume vient des armes romaines importées, qui équipaient plusieurs armées, et affichaient la marque du fabricant sur le revers[120]. Lorsque les runes ont commencé à être utilisées, elles apparaissent souvent dans la même position. Une connaissance secrète de l'écriture était peut-être plus attirante qu'une démonstration ouverte de la maîtrise de l'écriture[121].

Les découvertes des marais danois indiquent qu'une connaissance des runes était présente au sein de l'armée au moment des dépôts, comme celui de Thorsberg qui contient principalement des armes du IIe siècle. Un umbo [fig.1] et une bouterolle [fig.2] du site portent des

[115] Webster & Backhouse, 1991, p.85.

[116] Derolez, 1983, p.83 ; Webster & Backhouse, 1991, p.83 ; Looijenga, 2003, pp.285-287 ; McKinnell & Simek, 2004, pp.102-103 ; Page, 2006, p.219 ; Barnes, 2012, p.46.

[117] Buck, 1919.

[118] Barnes, 2012, p.35 ; Rau, 2015.

[119] Imer, 2015, p.109. Le record d'activité est entre 210 et 320.

[120] Imer, 2010, pp.59-60.

[121] Losquiño, 2015, p.147.

inscriptions runiques[122]. D'autres objets ont récemment été identifiés comme possiblement runiques:une bouterolle [M214] à deux trous en forme de virgule et une « patte d'oie » ᛉ entre les deux, que l'on pourrait interpréter comme la rune *algiz*, s'il ne s'agit pas simplement d'un motif géométrique[123]. Le dessous d'une bouterolle [M194] – son bord inférieur– porte un court texte runique qui a, sans surprise, été érodé, mais qui semble afficher ᚺ et ᛉ parmi d'autres caractères indistincts[124]. Dans une position similaire sur une autre bouterolle [M202], on retrouve possiblement la rune ᛞ **dagaz*[125]. La garde d'une épée [M23]) est décorée de deux losanges (qui pourraient se lire ◇ **inguz*) sur une face et deux motifs ᛟ, la rune **oþala*, sur le revers. Une autre garde d'épée [M25] possède des motifs géométriques similaires faits avec la même technique, et comprend la rune ᛟ **oþala*[127]. D'autres textes probables ont été retrouvés sur les objets [M275] et [M183], mais ces exemples sont moins convaincants[128].

Certains semblent avoir été ajoutés au moment du dépôt, comme le fourreau de Chessell Down (p.141, [fig.31]) et ne faisaient donc pas partie de l'équipement, alors que l'épée était en utilisation. D'autres sont légèrement incisés et peuvent être interprétés comme des rayures faites au moment de l'enchantement de l'épée pour augmenter son efficacité [*cf.* vol.2 "les armes enchantées"]. Certains textes étaient probablement déjà sur les armes au moment de leur utilisation, mais montrent un manque de préparation – comme *swart/a* sur l'umbo d'Illerup (Danemark), où son auteur a dû ajouter le *-a-* final sur une deuxième ligne et perpendiculaire au reste du texte[129].

Les objets tels que les bouterolles ne représentent que quelques exemples (Torsberg [fig.2],Vimose [fig.27 vol.2] et d'autres)[130]. La majorité des cas anglais sont localisés au sud-est – comme le Kent dominé par les Francs – et les épées sur lesquelles on les retrouve sont généralement de types trouvés partout en Europe, du Rhin à la Tamise[131]. Il est possible qu'il y ait une rune sur les pommeaux du VIIe siècle de Staffordshire Hoard, mais cela n'est pas confirmé au moment d'écrire ce texte[132].

[122] Matešic, 2015 ; Losquiño, 2015, p.147 ; Matešic, 2015a.

[123] Matešic, 2015a, p.93, fig.4.

[124] Matešic, 2015a, p.93, fig.7.

[125] Matešic, 2015a, p.93, fig.8.

[126] Matešic, 2015a, p.92, fig.1.

[127] Matešic, 2015a, p.92, fig.2.

[128] Matešic, 2015a, p.93, figs. 9 et 10.

[129] Looijenga, 2003, p.153 ; Zimmermann, 2010, p.101 ; Losquiño, 2015, pp.62-63 ; Nielsen, 2015, p.48.Le nom peut être vu comme une racine *-n* hypocoristique **swarta* « le noir, couvert de suie, crasseux » pour le forgeron, si le bouclier avait été gravé dans une région nord germanique. Il peut s'agir d'un exemple de l'effacement du *-z* des Germains occidentaux et le nom est inconnu chez les Germains du nord, mais parfois trouvé dans la région rhénane.

[130] Losquiño, 2015, pp.67-69.

[131] Hawkes & Page, 1967, p.19 ; Brunning, n.d.

[132] Fern, 2015, p.5 (K240+K1447) ; p.25 il y a deux autres objets (K112, K1003) avec des motifs linéaires qui peuvent être « significatifs ».

Épées runiques en France et au sud de l'Angleterre

Dans le nord-est de la France, et dans les parties anglo-saxonnes de l'Angleterre, les inscriptions runiques sur les armes sont restées un aspect important de la tradition aristocratique, aux côtés des symboles « rituels », bien que les grands dépôts d'armes que l'on retrouve au Jutland soient absents des Annales anglaises et françaises[133]. Ces inscriptions sont associées aux épées de type Bifrons-Gilton Type, datant du VIe siècle, et plusieurs avec des anneaux attachés au pommeau ; le lieu de production principal de ces armes semble être la vallée de la Meuse[134]. Ce type d'épée particulier est trouvé un peu partout dans le nord de l'Europe, de Snösbäck (Suède) à Dole au centre de la France, mais la plus grande concentration se trouve dans le Kent et dans la zone au nord de Paris (France)[135]. Les épées françaises forment un groupe restreint, mais cohérent, dont les exemples anglais doivent probablement être vus comme des données aberrantes. Fischer affirme que le groupe est d'origine franque, et il établit une chronologie crédible de la typologie pour soutenir cette idée[136]. Ses études ont révélé la rune jusqu'alors ignorée ᚨ sur un pommeau de King's Field, Faversham (Kent) tombe 1[137].

Fréthun

Le cimetière de Fréthun I (Pas-de-Calais, France), le site de « La Carrière-des-Morts », a fait en 1993 l'objet de fouilles de sauvetage de 272 tombes sur environ 350, dont la majorité avait été perturbée ou pillée. Fischer a identifié une inscription possible se lisant *hle[m]* sur le pommeau d'une épée de la tombe 21, une chambre funéraire avec des armes incluant une épée, une lance, une hache, un bouclier, et deux couteaux, ainsi qu'une boucle de ceinture et un bol en bronze[138]. Le mot *hlem* est peut-être vieux-anglais, signifiant « bruit de bataille, clameur » et le mot composé *wælhlem* apparaît dans *Beowulf* indiquant un « assaut mortel ». L'influence anglaise n'est pas absente dans cette région, comme le deutérothème du lieu *Fréthun* peut être lié au vieux-anglais *-tún* « ville, propriété, manoir ». L'inscription est indistincte et assez mal gravée.

Un pommeau également issu de Fréthun (cimetière 2, tombe 65 [fig.11 vol.2] affiche un sigle curieux sur une face, qui rappelle fortement la rune *ear* ᛠ; si tel est le cas, cet objet fournit un argument pour l'adoption des runes assez tôt (vers 530-540 de notre ère)[139].

[133] Hawkes & Page, 1967, p.9 ; Hines, 1991, p.68 ; Fischer, 2008, passim ; Pollington, Kerr & Hammond, 2011, McKinnell & Simek, 2004, p.14 note que les régions saxonnes (et non angles) de la Bretagne et du continent fournissent peu de preuves d'utilisation des runes.

[134] Hawkes & Page, 1967, p.10 ; Fischer & Soulat, 2009, p.75.

[135] Fischer, 2008, p.17.

[136] Fischer, 2008, pp.16-22.

[137] Fischer, 2008, p.58ff. Il est possible de lire une rune atténuée *æ* soit comme le terme germanique **ansuz* « dieu » ou comme un mot vieux-anglais, *æsc*, qui est aussi un élément de plusieurs noms de lieux du Kent (e.g. Ashford) et qui peut même avoir été le nom de l'un des fondateurs légendaires du royaume. (Pollington, 2011, pp.218-220).

[138] Fischer, 2008, p.72.

[139] Fischer, 2008, pp.75-78.

Grenay

Le cimetière de Grenay (Pas-de-Calais, France [fig.12 vol.2]) a été retrouvé en 1913 durant un chantier de construction, et comprend 160 tombes dont deux fournissent de grands exemples. La première publication a été faite en 1923, et ne comprend que deux pages écrites par Auguste de Loisne ; deux publications ont été produites par la suite, en 1979 et 1982. Une inscription rare, *alu*, apparaît sur un pommeau du cimetière auquel peu d'attention a été portée depuis 1923, bien qu'Evison ait été au courant de son existence[140]. Le graveur semble avoir fait une erreur en voulant écrire *lau*, mais la perte de clarté due à l'usure au sommet du pommeau ne peut être ignorée, et pas non plus le brouillage habituel des textes runiques.

Saint-Dizier

Un petit cimetière a été fouillé sur le site de La Tuilerie, à Saint-Dizier (Champagne-Ardennes, France), entre 2001 et 2002. Il contenait les restes de trois humains près d'un cheval : un jeune homme dans la tombe 11, flanqué d'une jeune femme et d'un homme plus âgé. Les deux hommes étaient richement parés. Un texte *alu* est visible sur le pommeau du jeune homme [fig.10 vol.2], où l'extrême usure du côté supérieur a laissé le second montant du ᚢ séparé du premier[141].

Bois

L'on supposait autrefois que les runes étaient principalement destinées à être gravées sur le bois et que pour cette raison, les traits horizontaux et les courbes étaient évités[142]. Les découvertes plus récentes, comme celles des marais, ont montré que cela n'est pas exactement le cas. L'on a argumenté que la nature angulaire des textes de la Phase I était due à ~~la~~ nécessité de graver des runes clairement sur des tablettes de bois[143]. Si l'inspiration pour l'écriture runique était les *tesserae* de l'armée romaine, alors le bois devait être le médium principal.

La survie des objets de bois ne se fait que dans des conditions très favorables, mais il est remarquable de constater le grand nombre des objets de cette matière qui portaient des inscriptions runiques. Des tourbières danoises, l'on a extrait des manches de lance et des flèches avec des inscriptions soigneusement gravées, probablement de nature magique. Un tabouret en bois, daté de 431 par la dendrochronologie et provenant de Wremen (au nord de l'Allemagne), porte les textes *ksamella* et *lguskaþiz*. Le *–a* final du mot *ksamella* est déroutant, dans la mesure où le réflexe du PGmc *–az* en VHG est généralement une fin

[140] Fischer, 2008, p.90 et les références comprises.
[141] Fischer, 2008, pp.103-109.
[142] E.g. Moltke, 1981, p.3.
[143] Spurkland, 2010, p.75.

en zéro[144]. Le mot est fort probablement un emprunt du latin *scamellus* et a peut-être été converti à une racine *–n *skamellā̃*[145]. Le tabouret est gravé d'une scène de chasse, et le second mot peut vouloir dire « nuire à l'élan, tuer un cerf ».

L'excavation des couches médiévales sous la ville moderne de Bergen (Norvège) a produit une panoplie de preuves en faveur de l'alphabétisation runique parmi les classes marchandes de la cité. Un plus petit échantillon a été retrouvé à Dublin[146]. Des armes symboliques comme des « épées » de bois et même d'os de baleine ont été découvertes dans la partie parlant un dialecte frison. L'exemple le plus connu est l'épée en if d'Arum, avec le court texte *edæ:boda*, peut-être « retour du messager ou messager du serment »[147].

Une navette de métier à tisser, ainsi qu'une « baguette » d'if ont été trouvées à Westeremden, également en Frise, chaque objet présentant un texte difficile à déchiffrer, en partie à cause de l'usure du bois[148]. La rune unique ᛞ dans ce contexte est déroutante (apparaissant deux fois sur la baguette, qui peut être un double /b/ ᛒ (or /p/), une rune-miroir, ou probablement un double /d/ ᛞ)[149].

La fréquence relative des objets runiques en if a été très commentée[150] Looijenga note que l'if se conserve bien dans des conditions humides et anaérobiques – mieux que la plupart des autres essences de bois – et que sa fréquence dans les artefacts runiques peut être due à cette résistance à l'usure[151].

Os

Les textes inscrits sur l'os sont relativement nombreux. Une amulette runique en os datant du IIe-IVe siècle [fig.17 vol.2] a été trouvée à Lindholm (Suède) en 1840 en exploitant de la tourbe ; elle porte un texte énigmatique (d'où son appellation d'amulette) exécuté en runes trilinéaires[152]. Des peignes et des étuis de peignes avec des textes courts comptent parmi les découvertes frisonnes les plus communes, souvent tirées des *terpen*[153] Un os (jeté ?) trouvé à *Hamwih*, le port anglo-saxon de Southampton (Hampshire), était marqué de l'inscription *catæ* si l'on

[144] Fischer, Graf, Fossurier, Châtelet & Soulat, 2014, p.18.

[145] Looijenga, 2003, p.240.

[146] Page, 1996, pp.131-132.

[147] Elliott, 1957 ; Elliott, 1958, p.34 ; Looijenga, 1996a, p.96 ; Nielsen, 2000, p.92 ; Looijenga, 2003, p.309 ; McKinnell & Simek, 2004, p.115.

[148] Looijenga, 1991, aborde le doute persistant quant à l'authenticité de la baguette. Elle en conclue que l'objet ne présente aucun signe d'altération.

[149] Quak, 1991, p.292 ; Looijenga, 1996a, p.97 ; Looijenga, 2003, pp.309-311.

[150] Elliott, 1957.

[151] Looijenga, 1991.

[152] McKinnell & Simek, 2004, pp.60-61.

[153] Looijenga, 1996a, pp.92-94. Le corpus frison est très petit, et les découvertes de peignes sont dues aux accidents de la survie archéologique.

considère le texte comme anglo-saxon, mais en tenant compte des liens entre le port et la Frise, il est possible que le texte soit en vieux frison ; le mot n'est pas connu en vieux-anglais, mais le Vfr comporte le mot *kate* « os de jointure »[154].

Des morceaux d'os et différents restes ont été trouvés sur plusieurs sites moyens saxons, comme durant les fouilles du London Royal Opera House[155]. Trois de ces os jetés avaient un court texte runique. Un texte porte la séquence *tatberht* pour le nom propre masculin *Tatberht*. Un autre la forme abrégée *dric* qui peut être lue comme le protothème de l'idéogramme ᛞ *dæg* « jour » et un deutérothème *–ric*, par exemple *Dægric*, un autre nom personnel masculin.

L'un des os porte une inscription énigmatique, clairement rétrograde, qui peut être un nom personnel avec le deutérothème *–ward* [fig.18 vol.2] décrit par Page comme appartenant au milieu du VIIIe siècle, bien que sans contexte permettant d'établir une datation[156]. Il est inhabituel, puisqu'il conserve la forme plus ancienne de la rune *dæg* (ᛞ) avec une forme en sautoir haute, que l'on croyait disparue à partir du VIe siècle – son dernier exemple anglais connu est le bractéate d'Undley [fig.37]. Le texte présente aussi ce qui pourrait être des runes-miroirs (ᛄ ou ᛘ), si elles ne sont pas un exemple de « runes lanternes » ᛄ /j/ trouvées dans des contextes moyens saxons. Le texte possède aussi quatre lignes verticales qui peuvent être la rune ᛁ /i/, si elles ne servent pas de divisions entre les mots ou de simple motifs de décoration.

Un astragale complet [fig.28] a été trouvé dans l'urne cinéraire N59 de Caister-by-Norwich (Norfolk) [*cf.* p.146], gravé de *raihan* interprété comme *as* « chevreuil-cerf »[157]. L'astragale provenait de la colonne d'un cerf, et peut avoir servi de pion ou de jeton dans un jeu.

Une tablette en os a été découverte à Blythburgh (Suffolk), d'un type que l'on associe généralement aux contextes monastiques : une surface plane avec une cavité peu profonde remplie de cire, sur laquelle on pouvait graver des lettres. Cet exemple présentait quelques runes très légèrement gravées, ce qui peut indiquer que celui qui l'utilisait était habitué à utiliser le fuþorc de la même façon que l'écriture romaine était utilisée ailleurs[158]. Un os découvert en 2015 à Sigtuna porte un texte sur deux faces : « *lyst kata a bein* » « Puisse Kata couper sur l'os » et « *skiftum : skiþut* » qui n'a pas encore été interprété[159].

[154] Barnes, 2012, p.52.
[155] Leary, 2004, pp.103-104.
[156] Page, 1997.
[157] Myres & Green, 1973 ; Pollington, Kerr & Hammond, 2010 item 14.08.
[158] Page, 1994, pp.111-112.
[159] Publié sur *www.k-blogg.se/2015/05/11/ett-nyfunnet-runben-fran-sigtuna/*

Dans un contexte plus macabre, un fragment de crâne humain a été retrouvé à Ribe (Danemark), sur lequel un texte à caractère amulétique a probablement été gravé (p.192, [fig.2 vol.2]).

Corne

Barnes a observé que *« les inscriptions runiques sont rares sur les cornes à boire »*, ce qui est vrai, mais qui ne prend pas en compte le taux de survie extrêmement rare des cornes à boire pré-médiévales[160]. Devant un si petit échantillon, l'absence de texte runique ne peut pas être interprété avec certitude. L'*Egilssaga* médiévale fait référence au fait de graver des runes sur une corne à boire, ce qui indique que l'idée elle-même était présente, et la corne en métal de Gallehus avec son texte runique conforte cette théorie [fig.27]. Toutefois, jusqu'à ce qu'un échantillon soit disponible pour l'étude, la corne doit être exclue de l'éventail de matériaux sur lesquels les runes ont été gravées.

Bois animal

Une ramure, utilisée comme poignée d'outil, a été trouvée à Brandon (Norfolk), avec des runes gravées sur le long[161]. Le texte se lit « *wohswildumdeoræan* » en saxon occidental standard « *wéox wildum déore on* » « [ceci] a poussé sur une bête sauvage », ce qui suggère une énigme – bien que la réponse « bois » se trouve dans le matériel sur lequel les runes ont été gravées.[162]

Cuir

Il ne faut pas oublier que les sociétés médiévales utilisaient le texte là où l'on ne s'y attend pas. Une découverte à Bergen (Norvège) a révélé des fragments de cinq chaussures de cuir, chacune brodée d'une inscription runique[163]. Les chaussures sont identifiées comme ayant été destinées à des femmes, probablement à cause de leur taille.

Les manuscrits

Bien que souvent négligées, les sources manuscrites nous éclairent sur l'utilisation des runes d'une façon qui ne serait pas possible uniquement avec les textes épigraphiques. La transmission manuscrite appartient à l'élite médiévale européenne lettrée et semble contradictoire avec la nature secrète de la tradition runique mais, sans les différentes rangées de runes couchées sur le vélin, nous ne serions même pas capables de découvrir le nom des caractères[164]. Les chercheurs ont souvent rejeté

[160] Barnes, 2012, p.193.

[161] Page, 1994, p.113.

[162] Bammesberger, 2002.

[163] Barnes, 2012, p.174. Une chaussure est publiée sur *www.unimus.no/foto/#/I=100642BM*. Merci à David Huggins de me l'avoir mentionné.

[164] Derolez, 1983, pp.76-79 ; *cf.* Page, 2006, pp.216-217.

les runes manuscrites, les considérant « tardives » et « suspectes », un médium inapproprié pour l'écriture qui serait par la suite devenu un passe-temps « intello » pour les membres du clergé. Les preuves fournies par ces sources étaient considérées au mieux comme « secondaires », et parfois même comme inventées. Toutefois, les différents poèmes runiques qui nous sont parvenus nous sont connus uniquement par ces documents. Les rangées de runes spécifiques du fuþorc anglo-saxon apparaissent dans un certain nombre de manuscrits [*cf.* p.54], généralement de nature antiquaire et dédiés à l'étude de la cryptographie, qui semble avoir été très populaire parmi les prêtres de la période médiévale. Bien que les runes manuscrites soient ultimement tirées de la même tradition que les textes épigraphiques[165], elles diffèrent sur certains points importants – notamment l'utilisation de graphèmes tels que ᛢ « q » et ᛥ « st », qui n'ont jusqu'à ce jour pas été trouvés dans un contexte épigraphique[166]. Il semble probable que les runes manuscrites soient une adaptation du fuþorc pour répondre aux besoins d'une société lisant le latin[167]. Le sud-ouest de l'Angleterre a produit le *Livre d'Exeter*, dans lequel on retrouve plusieurs runes dans les *Enigmes*, mais aucune rune épigraphique n'a été trouvée dans cette région pour l'instant, ce qui peut soutenir la théorie de deux traditions opérant dans des contextes sociaux différents[168].

Les manuscrits principaux contenant des rangées de runes sont[169] :

En ordre fuþorc

Le Codex de Vienne – un fuþorc de 28 runes avec des sons (équivalents en lettres romaines) et des noms, ainsi que du matériel orthographique supplémentaire, incluant un alphabet gotique. VIIIe-IXe siècle[170].

Le Codex de Bruxelles – un fuþorc de 30 runes avec les noms et les sons dans un dialecte franc. Début du IXe siècle.

Le Codex Saint-Gall – un fuþorc de 31 runes sans les noms ni les sons compilés par Walafrid Strabo aux côtés d'autres alphabets (grec, hébreu) et le texte de l'*AN*. Début du IXe siècle.

Le Codex Gent – un fuþorc fragmenté avec des sons, sans noms. Fin du IXe ou Xe siècle.

MS Cotton Domitian A IX – (A) un fuþorc de 28 runes avec des sons et 5 runes supplémentaires sans sons ni noms. Xe siècle (B) corrections apportées aux runes supplémentaires, influence VHA au niveau de l'orthographe ; fuþorc partiel supplémentaire. XIe-XIIe siècle.

[165] Page, 1995b, pp.2-4 suggère que la connaissance des auteurs anglo-saxons des écritures runiques et romaines peut avoir varié.

[166] Page, 1991, p.19 ; Page, 1995b, pp.4-5.

[167] Barnes, 2012, pp.153-155.

[168] Page, 1995b, p.5.

[169] Seebold, 1991, pp.519-526. Les manuscrits contiennent tous d'autre matériel. Ici, un fuþorc est distinct d'un alphabet runique dans lequel les runes sont présentées en ordre alphabétique. Les « sons » sont les équivalents alphabétiques des runes, par exemple ᚠ f.

[170] Seebold, 1991, p.519 date le manuscrit du XIe siècle, mais d'autres le datent du VIIIe siècle.

MS Cotton Otho B X – un fuþorc de 25 runes avec des noms, sans sons. Xe siècle.; détruit par un incendie en 1731, maintenant uniquement connu par l'édition imprimée de George Hickes, le PRVA.

MS Cotton Galba A – un fuþorc de 28 runes avec six variantes ; avec les noms, sans sons. XIe-XIIe siècle.

MS Oxford St. John's College 17 – une rangée de 28 runes (sans *w*) avec des variantes, avec les noms mais sans sons, parmi une séquence de différentes écritures. Début du XIIe siècle.

MS Oxford St. John's College 11 – un fuþorc de 28 runes avec les sons, sans noms.

Isruna Tract – un fuþorc de 28 runes avec les sons et les noms dans un texte cryptographique, d'influence VHA. Six manuscrits (Saint-Gall, Bruxelles, Trêves, Vatican, Salzburg, Antwerp) datant du IXe au XIIe siècle.

En ordre alphabétique

MS Bern 207 – un alphabet runique et un « alphabet fantastique » ayant un contenu runique, avec des sons, noms séparés ; VIIIe ou IXe siècle; d'une main irlandaise.

MS Leyden Codex Voss.lat. F.12 – un alphabet runique avec des noms, sans sons. Milieu du IXe siècle.

MS Munich Clm 19410 – un recueil destiné à l'enseignement, incluant un alphabet runique avec des noms, sans sons. Milieu du IXe siècle.

MS Vienne (Wien) 751 – quelques runes et une série de noms de runes. Fin du IXe siècle.

MS Harley 3017 – un alphabet runique partiel avec l'alphabet grec. IXe siècle.

Saint-Gall – un alphabet runique avec des sons et des variantes, suite de l'*Isruna Tract*. IXe siècle.

Kassel – VIIIe siècle. Un alphabet runique ajouté à un *Codex* du VIe siècle, Kassel theol.F.65.

MS Vatican Reginensis lat.338 – un alphabet runique avec des noms et des sons, parmi une série d'autres alphabets. Fin IXe siècle, écrit par un scribe anglais dans le nord de la France.

MS Cotton Domitian A IX – un alphabet runique en pointe sèche.

MS Exeter Cathedral Library 3507 – trois alphabets runiques parmi les alphabets grecs et hébreux. Xe siècle.

MS Cotton Vitellius A 12 – les trois mêmes alphabets runiques que ci-dessus. XIe-XIIe siècle.

MS Phillips 3715 – Deux des trois alphabets runiques, avec le nom des runes. XIIe siècle.

MS Paris Bibliothèque de l'Arsenal 1169 – un alphabet runique écrit en marge d'un texte en grec. Xe siècle.

MS Oxford St. John's College 12 – un alphabet runique.

MS Munich Clm 14436 – une série d'alphabets exotiques et fantastiques (« syrien », « arabe » et « alanique ») avec au moins deux alphabets runiques, des noms et des sons. Début du XIe siècle.

MS Vienne (Wien) 1761 – un alphabet runique avec les sons, sans noms. XIIe siècle.

Nemnivus – une rangée de runes alphabétiques dans un livre scolaire de Dunstan(MS Oxford Bodleian Auct.F.4.32). IXe siècle.

De Inventione – un alphabet runique dans le texte *De Inventione Litterarum*. IXe siècle.

Mandeville – un alphabet « sarrasin » dans un manuscrit de *Mandeville's Travels* (anglais, XIVe siècle.) basé sur l'alphabet runique du *MS Paris Bibliothèque de l'Arsenal 1169*

Hickes – un alphabet runique dans le *Thesaurus* de Hickes, de source inconnue mais similaire à celui de *Mandeville*.

MS Harley 1772 – runes ornementales dans la signature de l'auteur. IXe siècle.

Freising – runes ornementales dans les signatures des auteurs dans les manuscrits de Freising (MS Clm 6250, 6272, 6291). IXe siècle.

Les runes manuscrites partagent certains traits avec les textes dans lesquelles les runes sont translittérées en lettres romaines, comme les inscriptions sur le tombeau de saint Cuthbert[171]. Ces types de texte, tirés comme ils le sont d'une tradition chrétienne utilisant le latin, représentent une divergence de la tradition runique précédente, et indiquent une extension du fuþorc en tant qu'écriture officielle approuvée par l'église (et l'État ?). Cela peut suggérer une alphabétisation runique répandue chez les lecteurs visés, mais une divergence de la pratique traditionnelle peut tout aussi avoir été créée pour établir une démarcation entre les utilisations anciennes et nouvelles, et pour renforcer les frontières ecclésiastiques contre le monde séculaire. Les formes runiques sur la monnaie montrent aussi que le fuþorc pouvait être un « badge d'identité » dans certaines régions et/ou durant certaines périodes.

Les intrusions runiques dans la tradition manuscrite anglo-saxonne comprend l'addition de deux caractères, þ « þorn » et ƿ « wen » qui sont directement tirées du fuþorc[172]. Les signatures runiques du poète Cynewulf sont un cas spécial de runes insérées dans un texte manuscrit, tout comme le sont les runes insérées dans les énigmes du *Livre d'Exeter*.

[171] Derolez, 1983, p.82-3.

[172] Elliott, 1958, p.42 ; *cf.* Derolez, 1991, p.102 qui remarque qu'en Northumbrie *uu* était préféré à ƿ et *ð* à *þ* dans une région où les runes étaient fermement installées en tant qu'écriture épigraphique.

En plus de ces caractères, l'on retrouve des utilisations occasionnelles de runes en tant qu'idéogrammes [*cf.* vol.2]. Peut-être dérivée de cette tradition, dans le texte religieux VHA *Wessobruner Gebet*, la rune ᛡ est utilisée quatre fois pour représenter la syllabe « *ga* »[173]. Il y a quatre poèmes runiques principaux, le vieil-anglais, le norvégien, l'islandais, et l'*Abecedarium Nordmannicum*. Le *Poème runique suédois* (*Runtavlan*) est un texte post-médiéval qui, comme le *Galdrabók* islandais et d'autres manuscrits magiques et savoirs runiques s'étendant jusqu'au XVIIIe siècle, est d'une utilité limitée en ce qui concerne l'utilisation runique durant le premier millénaire[174].

Les pseudo-runes

Les broches, armes, et autres effets personnels peuvent présenter des textes runiques réels, ou des décorations qui ressemblent à des runes[175]. Ces objets peuvent aussi porter des textes qui sont sans aucun doute runiques, mais qui ne peuvent plus être interprétés. A Caistor-by-Norwich (Norfolk) et dans d'autres champs d'urnes angles, plusieurs des urnes cinéraires affichent des motifs rectilinéaires qui ressemblent à des runes[176]. Il peut s'agir d'un exemple d'utilisation de motifs simili-runiques imitant l'écriture, un phénomène que l'on retrouve sur d'autres urnes funéraires anglaises. On retrouve la même chose sur des bractéates du Ve siècle, où des caractères runiques ou d'apparence runique sont placés dans des régions où l'écriture romaine apparaît sur les médailles, dont les bractéates sont copiés et adaptés[177]. Toutefois, il est important de garder à l'esprit que les runes peuvent aussi apparaître isolément, comme le ᚩ du pommeau de Faversham (Kent)[178]. Des textes illisibles caractérisent les découvertes anciennes du Kent, illisibilité en partie due à une utilisation inhabituelle, et en partie à cause de l'usure et de l'abrasion, comme les pommeaux runiques de la Sarre et de Gilton [fig.14 vol.2][179]. En dépit des liens archéologiques forts avec le Jutland, et, dans une moindre mesure avec la Norvège, le matériel runique du Kent ne correspond pas étroitement avec les traditions de ces deux régions. Même les bractéates du Kent connus sont de type D sans texte runique. Il est possible que la source des runes utilisées dans le Kent – comme sur la broche de Buckland de Dover [fig.8] – était la région rhénane, ou les Pays-Bas[180].

[173] Elliott, 1958, p.72.

[174] Halsall, 1981, p.34ff ; Silva, 2010, p.116.

[175] Myres, 1969, pp.246-249 ; Lucy, 2000, p.95 ; Hines, 2006, pp.188-189 ; Nordby, 2012, p.81.

[176] Myres & Green, 1973, par exemple, l'urne N25 présente des bandes en forme de losanges qui ressemblent aux runes d et o.

[177] Stoklund, 2003, p.177 et fig.8.

[178] Fischer, 2008, p.58ff.

[179] Looijenga, 2003, p.276 ; Hines, 2006, pp.191-192.

[180] Evison, 1987, p.46 ; Looijenga, 2003, p.244, p.290 ; Findell, 2014, pp.31-32; *cf.* Hines, 2006, pp.20-22 et Findell, 2014, p.23 qui remarque la présence d'un texte alaman (du sud de l'Allemagne) sur une broche attribuée à une collection du Kent (la « broche de Bateman », accession n°1893,0618.32).

L'inscription la plus courte de Dover Buckland ne comprend que þd ou wd dans un encadré rectangulaire. Il peut être possible de lire les runes comme des idéogrammes – *dæg* + *wynn* –, et aussi un nom propre *Dægwynn* (féminin) ou *Wynndæg* (masculin), mais cela n'est que de la spéculation. Le texte le plus long se trouve lui-aussi dans un encadré rectangulaire, avec deux poches de chaque côtés, peut-être ornementales, mais il est plus probable que l'une ou les deux doivent se lire b; la symétrie de ces runes ne permet pas d'arriver à une conclusion définitive sur le sens du texte ou la nature des caractères, peut-être li ou un e mal fait, et deux runes ressemblant à Y. Si des textes runiques apparaissent sur le revers de broches du continent, toutefois peu d'exemples sont connus en Angleterre, ce qui renforce le lien perçu entre le Kent et le royaume des Francs[181]. Hines a fait un sommaire de certaines runes « non communes » retrouvées dans le Kent ; néanmoins, il est probable que certaines de ces formes apparemment inhabituelles soient le résultat d'erreurs de gravures, plutôt que le développement de nouvelles formes ([*cf.* p.139] concernant la déviation intentionnelle des pratiques runiques standard)[182].

Toutefois, des textes comme celui sur la broche de Buckland de Dover[183] soulèvent un point important : pouvons-nous légitimement rejeter un texte comme sans signification et pseudo-runique simplement parce que nous ne sommes plus capables de l'interpréter ? C'est précisément ce qui est arrivé avec les os de Weser [*cf.* p.61], qui n'ont pu être compris qu'une fois que des découvertes runiques similaires sont apparues. Notre jugement est basé sur l'état actuel de la connaissance, qui peut ne pas correspondre à la connaissance de ceux qui ont gravé ces textes.

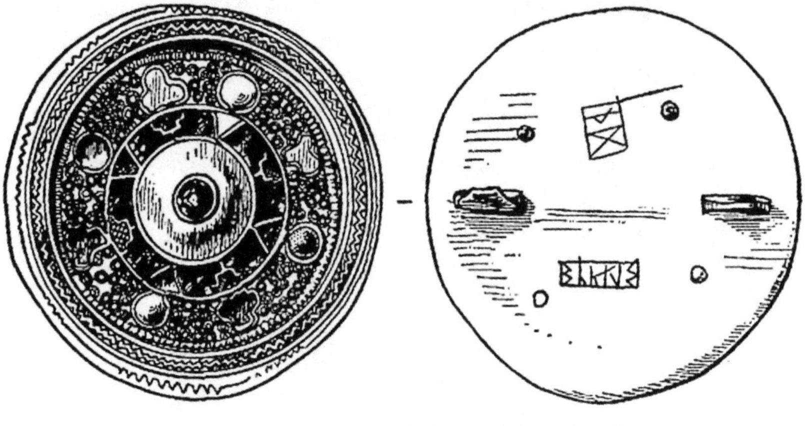

Fig. 8 Broche circulaire polychrome de la tombe 26 de Buckland Dover avec deux textes runiques sur le revers.

[181] Hines, 2006, p.192.
[182] Hines, 2006, p.199.
[183] Nedoma, 2015, p.313.

Il ne subsiste néanmoins pas de doute quant au fait, que certains de ces « textes » peuvent être intentionnellement une pseudo-écriture, un style qui a l'apparence d'une écriture mais qui ne contient pas de message textuel[184]. Un exemple de ce cas est un manche de lance gravé de Nydam, avec une série de motifs géométriques trilinéaires qui reproduisent l'apparence de runes, mais qui à ce jour ne peuvent pas être interprétés comme un texte[185]. On retrouve la même chose en observant les marques sur un manche de lance de Rozwadów (Pologne)[186]. Peut-être que de telles inscriptions étaient censées transmettre l'impression de runes sans aucun contenu textuel, comme si l'effet visuel était plus important que les mots écrits. Alternativement, on pourrait supposer que certains « maîtres des runes supposés » avaient suffisamment de connaissances des runes pour créer un pseudo-texte qui passerait pour de l'écriture parmi les personnes qui savaient à quoi elle ressemblait, en revanche pas suffisamment en détail pour la créer eux-mêmes. Une troisième possibilité est que certaines runes ont été réalisées sous l'influence de l'hydromel ou de la bière [*cf.* vol.2 "Alu"] et étaient ratées en conséquence !

Les textes pseudo-runiques ne sont pas tous runiques – et ne sont pas tous des textes. Une pierre gravée sur le site d'Uncleby (Yorkshire) [fig.9] a été trouvée dans un tumulus de l'Âge du Bronze, réutilisé ensuite comme tombe anglo-saxonne, où elle se tenait debout, à 25 cm du pied du défunt (tombe 11)[187]. L'extrémité supérieure affiche trois marques creusées séparées : la marque supérieure est un court trait droit avec un trait oblique allant vers le haut à gauche ; le second trait est long et ses bras vont dans le même sens que le premier, mais ils sont relativement courts ; la troisième marque est composée de deux lignes convergeant en un chevron. La ressemblance est frappante entre les deuxièmes et troisièmes signes et les runes ᛚ et ᚢ, et l'on a spéculé sur la possibilité que ces marques forment une inscription *alu*[188]. Ces marques étaient sur la partie exposée de la pierre, et le rapport de fouilles note une usure *« cohérente avec le fait qu'elle était tenue dans la main avec les trois marques dos au porteur »*[189]. Ayant personnellement étudié la pierre à aiguiser au Yorkshire County Museum, je suis déçu de devoir constater que les trois marques sont assez récentes (elles ne sont pas patinées) et semblent avoir été faites par accident, peut-être durant les fouilles[190].

[184] Anderson, 2005, p.9. Un cas similaire proposé est l'adoption de mots et de phrases en anglais dans le japonais moderne, écrits en lettres latines, qui n'ont pas de sens et hors contexte, mais qui représentent par leur « occidentalité » un sentiment de désirabilité à leurs utilisateurs.

[185] Stoklund, 2003, p.177, fig.7.

[186] Imer, 2010, p.55.

[187] Smith, 1912, p.2 ; Bruce-Mitford, 1978, p.363 ; Mortimer & Pollington, 2013. Il y avait deux pierres dans le cimetière. L'une a été trouvée dans la tombe 11, de 30 cm de long, en conjonction avec un couteau et d'autres découvertes. L'autre a été découverte debout dans la craie, et faisait 46 centimètres de long. (*"and was 18½" long"*). On retrouve le parallèle de cette pierre dans le grand « sceptre de pierre » du tumulus I de Sutton Hoo.

[188] Pollington, Kerr & Hammond, 2010, p.318, 470.

[189] Bruce-Mitford, 1978, p.364.

[190] Merci à Brian Ansell pour le partage de son opinion après son inspection personnelle de l'objet.

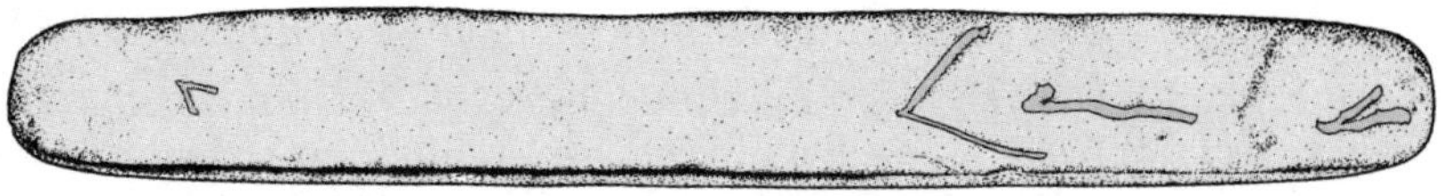

Fig. 9 Pierre gravée de la tombe II d'un cimetière angle d'Uncleby (Yorkshire) avec un possible texte runique sur une face.

Un pommeau d'épée trouvé au détecteur de métal dans le Cotswolds présente des panneaux réservés à la décoration dorée de style I[191]. Parmi les triangles perforés et l'abrasion superficielle, on pense qu'un texte runique de trois lignes a été gravé, dont la première rune serait « o » « œ »ou « œðel » – « patrie, terre natale ». Les autres caractères sont toujours présents sous les produits de corrosion ferreux.

Parfois, les textes longs vus comme des faux (ou du moins non-runiques) sont réétudiés à la lumière des nouvelles données et sont accueillis plus favorablement. L'exemple le plus célèbre inclurait les « os de Weser »,une série d'objets en os avec des textes « runiques » retrouvés dans la Weser (Allemagne) durant une opération de dragage en 1927-1928[192]. Les os ont été remis au musée local avec quelques outils en silex, qui ont été rejetés comme des faux, et les os ont été condamnés au même sort par association. Pieper a réexaminé les os avec un microscope puissant, et a suivi les conseils de plusieurs spécialistes ; il a finalement estimé que les textes étaient peut-être authentiques, datant possiblement du IVe ou du Ve siècle. Nielsen suit Antonsen, en datant ces textes d'environ 400, c'est à dire un peu trop anciens pour partager les traits communs du germanique de la mer du Nord[193]. La langue des textes est identifiée comme du « pré-vieux saxon », un dialecte germanique occidental avec des caractéristiques qui apparaissent plus tard dans le vieux saxon. Les runes ne montrent aucune trace des développements typiques anglo-frisons, et portent un /h/ à barre unique[194].

Descriptions dans les textes

« Nous ne savons absolument rien de l'étendue de l'alphabétisation dans le monde germanique ancien, mais suffisamment de personnes étaient certainement lettrées pour qu'il vaille la peine d'inscrire des runes sur des monuments et des objets. »

Antonsen, *Runes and Germanic Linguistics*

[191] PAS database, record GLO-67083F.

[192] Looijenga, 2003, pp.267-268 ; Nielsen, 2000a ; Antonsen, 2002, pp.315-328 dispute la lecture des textes de Pieper en détail.

[193] Nielsen, 2000, p.95.

[194] Nielsen, 2000, pp.93-95.

Une référence très ancienne dans le *Germania* de Tacite mentionne l'utilisation de signes gravés, *notae*, qui peuvent être runiques ou non[195].

"Auspicia sortesque ut qui maxime observant. sortium consuetudo simplex. virgam frugiferae arbori decisam in surculos amputant eosque notis quibusdam discretos super candidam vestem temere ac fortuito spargunt. mox, si publice consultetur, sacerdos civitatis, sin privatim, ipse pater familiae, precatus deos caelumque suspiciens ter singulos tollit, sublatos secundum inpressam ante notam interpretatur. si prohibuerunt, nulla de eadem re in eundem diem consultatio; sin permissum, auspiciorum adhuc fides exigitur." (*Germania*, ch.10).

« *Ils ont le plus grand respect pour les auspices et la divination. Leur méthode habituelle de divination est simple. Ils coupent une branche d'un arbre fruitier en petits morceaux et les lances, marqués de certains signes, sur un linge blanc. Puis, le prêtre de l'état, s'il s'agit d'une consultation publique, ou, s'il s'agit d'une consultation privée, le père de famille, après avoir invoqué les dieux et observé le ciel,* [en] *prend trois, un à la fois, et les interprète par les signes qui ont été inscrits auparavant. Si* [le sort] *les interdit, on ne consulte plus du tout le jour sur la même affaire ; mais si l'on a obtenu la permission, le soutien du sort est encore nécessaire.* »

Tacite appelle les marques *notae,* « marques, signes », et non *littoras,* « lettres », ce qui implique qu'elles n'étaient pas lisibles dans le sens romain[196]. Que ces marques n'aient pas été alphabétiques mais simplement des symboles graphiques (comme sur les cartes à jouer), ou que Tacite évoquait prudemment un sens de mystère barbare à jamais perdu pour les gens civilisés de Rome, cela n'est pas clair ; nous ne savons pas qui était sa source dans cette affaire. Son texte n'était pas une œuvre moderne de description ethnographique, mais plutôt une tentative de montrer aux Romains contemporains à quel point ils s'étaient éloignées de leurs idéaux d'avant – des idéaux toujours maintenus par des nations moins « avancées » (ou tenues pour décadentes).

Une partie de la communauté scientique a estimé que lorsque Tacite faisait référence aux « arbres fruitiers » il fallait s'étendre pour inclure les arbres produisant des noix, pour qu'un lien puisse être fait au hêtre. Cela est potentiellement important, puisque les mots VA *bóc* « un livre » et *béc* « hêtre (arbre) » sont de la même famille: tout s'imbrique parfaitement si l'association entre l'écriture et le hêtre peut remonter à la fin du Ier siècle de notre ère. Cela permet d'expliquer certaines expressions telles que le mot allemand *Buchstab*, VA *bócstæf 'book-stave'* (livre-bâton) pour « lettre »[197].

[195] Elliott, 1958, p.11 ; Rives, 1999 ; Bishop, 2007, p.19.
[196] Stoklund, 2003, p.173.
[197] Green, 1998 ; Bishop, 2007, p.20.

Si les « bâtons » sont perçus comme des morceaux de bois, cela nous éclaire aussi sur l'utilisation scandinave plus tardive (e.x. *Völuspá* ci-dessous, [*cf.* vol.2 "usage runique"]). L'utilisation des runes comme système d'écriture a été commentée par Venantius Fortunatus, un poète italien qui a passé un moment dans le royaume des Francs au VIe siècle[198]. Dans un poème, il suggère différentes formes d'écriture avec lesquoelles il peut avoir communiqué avec le destinataire, Flavius, et mentionne : *barbara fraxineis pingatur rhuna tabellis* (« des tablettes de frêne peuvent être peintes avec une rune barbare »). L'on pense qu'il s'agit de l'utilisation du mot *rune* la plus ancienne dans un contexte littéraire, bien qu'écrite avec un *-h-* intrusif, peut-être pour appuyer sur son caractère « étrange » ou « barbare ».

On retrouve une référence intrigante dans *Beowulf*, plus exactement dans un passage décrivant une épée célèbre:

Swá wæs on ðǽm scennum scíran goldes
þurh rúnstafas rihte gemearcod,
geseted ond ges dǽhwám þæt sweord geworht,
írena cyst, ǽrest wǽre,
wreoþenhilt ond wyrmfáh.

Beowulf, l.1694-8

Ainsi sur les « plaques de la garde » d'or brillant
A juste titre marquées par des bâtons de runes,
posées et dit pour qui cette épée,
la plus fine des lames, en premier fut faite,
à la garde torsadée et ornée de serpent.

Cela se rapproche d'une classe d'épées anglo-saxonnes et franques (le type Bifrons-Gilton) qui porte des textes runiques sur leur pommeau[199]. Toutefois, il faut remarquer qu'il n'y a pas de place sur le pommeau (ou n'importe quelle autre partie d'une épée, à l'exception de la lame) pour insérer un texte runique, ou alors très court[200]. Peut-être que la *scenna* sur laquelle les runes apparaissaient étaient les parements en cuir du fourreau, bien que le poète soit très spécifique en les définissant d'« or brillant ».

Un échantillon représentatif ?

Nous n'avons pas beaucoup de textes runiques d'une seule région ou de la même période, bien que certains se portent mieux que d'autres. Il

[195] Elliott, 1958, p.11 ; Rives, 1999 ; Bishop, 2007, p.19.
[196] Stoklund, 2003, p.173.
[197] Green, 1998 ; Bishop, 2007, p.20.
[198] Elliott, 1958, p.73 ; Anderson, 2005, p.9 ; Mees, 2006, p.201, 212 ; Düwel, 2015, p.273.
[199] Fischer, 2008, p.18.
[200] Hines, 2010, suggère que les runes augmentent le pouvoir de l'épée de façon surnaturelle, ce qui était le seul moyen efficace de vaincre l'invincible mère de Grendel.

est donc important de se rappeler que les textes qui nous sont parvenus ne sont pas nécessairement typiques de l'utilisation de leur période[201].

Une évaluation de la survie textuelle runique a été faite par Derolez, qui a calculé que s'il n'y avait pas plus d'une douzaine de maîtres des runes vivants à un moment donné pendant les trois premiers siècles d'usage runique commun (par exemple 150 à 450 apr. J.-C.) et que chacun ne produisait qu'un texte par mois, il devrait y avoir plus de 40 000 textes runiques de cette période ; il y en a environ quarante[202].

Le nombre d'inscriptions anglo-saxonnes a augmenté récemment, mais il ne représente toujours qu'une partie infime de la production totale – si un minimum de dix maîtres des runes en Angleterre ont produit deux textes par an, sur plus de cinq siècles, cela signifierait 10 000 textes, alors que nous en connaissons une centaine. La grande stabilité de l'usage runique anglo-saxon suggère que les runes étaient en fait utilisées très fréquemment (si elles ne l'étaient pas nécessairement par les graveurs) et nos données actuelles représentent moins – peut-être beaucoup moins – d'un pour cent du corpus original.

Stoklund a noté, concernant les inscriptions des dépôts des marais danois, que *« l'un des plus grands mystères dans l'étude runologique est comment la tradition runique s'est préservée, s'il y avait aussi peu d'individus qui maîtrisaient les runes que le suggère nos impressions selon la répartition en pourcentage des objets avec et sans runes »*[203].

On peut interpréter ce problème de deux façons : (i) les quantités d'objets runiques tirées des dépôts des marais ne sont pas représentatives du niveau d'alphabétisation en runes de la société entière ; ou (ii) la connaissance des lettres runiques était restreinte à une élite sociale (que ce soit des « prêtres » ou des rois) qui étaient précieusement transmise de génération en génération, et qui est demeurée un pré-requis pour l'élite.

Cette idée s'accorde avec d'autres preuves de la transmission des runes. Norr a noté que les individus mentionnés dans les monuments runiques qui nous sont parvenus tendent à provenir des échelons supérieurs de la société[204]. Bien que cela ne tienne pas compte des inscriptions plus humbles telles que les textes trouvés à Illerup, le fait demeure que ce sont les propriétaires terriens et leur suite, plutôt que des personnes que l'on peut identifier comme des artisans, comme des menuisiers, des tanneurs, ou des laboureurs, qui avaient accès à l'alphabétisation. La syntaxe des textes qui nous sont parvenus n'est peut-être pas représentative de la langue vernaculaire, parlée tous les jours[205].

[201] Nielsen, 2000, p.27 ; Herschend, 2009, pp.407-409.
[202] Derolez, 1983 ; Page, 1991, pp.16-17.
[203] Stoklund, 2003, p.176.
[204] Norr, 2008, p.172.
[205] Lehmann, 1972 ; Hopper, 1975 ; Eythorsson, 2011.

Spécifiquement, dans le groupe de langues germaniques, l'adjectif descriptif se place normalement devant le nom, mais dans le corpus des textes runiques les plus anciens (Phases I et II) , nous n'avons aucun exemple sûr de ce genre de construction. La situation est brouillée par les différentes interprétations, et par le manque de distinction entre la morphologie et les déclinaisons des noms et des adjectifs en germain[206].

Par exemple, le texte de la pierre d'Opedal se lit *leubu mez ... boro swestar minu* avec l'adjectif *leubu* « cher » dans la position initiale, mais cela peut être interprété comme un usage prédicatif avec le verbe **ist*, enlevé, donc « chère à moi... (est) Boro ma sœur »[207]. Les deux textes de la Phase I les plus longs, qui promettent de nous éclairer – la corne de Gallehus [p.126] et la pierre à aiguiser de Strøm [p.246] – sont composés dans la langue artificielle et mémorable du verset allitératif, qui peut avoir été pensé comme approprié pour un texte rendu permanent par la gravure des runes. L'on a aussi suggéré que les textes très publics sur les pierres runiques (comme les deux exemples de Jelling) ont été réalisés dans un style très formel et archaïque pour des raisons de prestige.[208]

Les analyses textuelles du corpus runique sont aussi entravées par la nature généralement laconique des expressions[209]. Eythórsson a résumé certaines des informations syntaxiques dérivables du corpus des premières Phases (Phases I et II). Les textes comportant un verbe final sont étonnamment rares (Gallehus, Einang), la forme dominante est celle plaçant le verbe en deuxième position. Dans le matériel des Phases I à III, des affirmations avec un verbe initial pouvaient parfois incorporer le pronom *-eka* ou *-ka*, la variante clitique de *ek* « Je », comme sur le bractéate 2 de Sjælland *haitika* « Je suis appellé » (<**haiti eka*) ou sur les pierres d'Ellestad *rAisidokA* « J'ai érigé ».

En somme, il est peu probable que la quantité des textes runiques connue aujourd'hui puisse être plus qu'une infime partie de ceux créés à l'origine. Des suppositions sur le vocabulaire et la syntaxe, ainsi que les analyses statistiques d'usage basées sur un si petit échantillon, sont donc clairement provisoires ou douteuses. ▮

[206] Antonsen, 2002, p.290.

[207] Antonsen, 1981, p.52 ; Antonsen, 2002, p.287 tous deux citent la proposition de Hopper (Hopper, 1975) comme quoi les adjectifs utilisés postpositivement sont distinctifs ou restrictifs, alors que ceux utilisés prépositivement sont non-restrictifs. L'utilisation de déclinaisons adjectivales fortes ou faibles est également pertinente. *Cf.* Looijenga, 2003, p.346.

[208] Pedersen, 2006 ; Antonsen, 2002, pp.297-298 rejette cette notion comme due à une mauvaise analyse des runes.

[209] Robertson, 2011 ; Eythórsson, 2011.

IV. LE CONTEXTE GERMANIQUE

« ...l'étude des runes n'a pas réussi à identifier avec certitude un alphabet méditerranéen spécifique comme la source possible de l'origine du futhark. »
Elmer H. Antonsen, *Runes and Germanic Linguistics.*

« Les runes sont ultimement dérivées des cultures lettrées méditerranéennes. Le développement intellectuel germanique et son entrée dans la modernité alphabétisée sont donc dépendants des réalisations culturelles des cultures sémitiques, helléniques, et latines. Cela a eu de grandes conséquences pour l'étude du passage de l'oralité à l'écrit du monde germanique et au-delà. »
Svante Fischer, *Roman Imperialism and Runic Literacy.*

L'histoire et la préhistoire du futhark pourraient remplir un livre, comme cela a déjà été fait plusieurs fois. Malgré la quantité d'encre utilisée sur le sujet, plusieurs aspects de la recherche des runes demeurent nébuleux. Une des raisons de cette méconnaissance est le manque de matériel, et une autre est l'amour des spécialistes pour le débat. Peu de sujets ont été plus controversés que l'origine de l'écriture runique.

L'on considère généralement le sud de la Scandinavie et le nord de l'Allemagne comme l'espace géographique où s'est développée la langue proto-germanique, avec des innovations linguistiques typiques qui apparaissent dès 500 av. J.-C. La culture de Jarstorf est parfois considérée comme la signature de la communauté qui parlait proto-germain, bien qu'il y ait une réticence compréhensible de la part des archéologues à se prononcer sur des questions historico-linguistiques. Cette culture n'était pas alphabétisée, du moins les dernières recherches ne nous permettent pas d'affirmer le contraire, et se fiait probablement à une forte tradition orale qui a survécu dans les cultures de la Germanie du nord qui lui ont succédé. Il semble que l'écriture n'ait pas été une priorité, puisque visiblement peu d'efforts pour l'obtenir ont été faits avant le premier siècle de notre ère[210].

Les origines

« ... nous ne savons tout simplement pas avec certitude d'où proviennent les runes... »

Richard Morris, *Runic and Mediterranean Epigraphy*.

Les origines de l'alphabet runique demeurent obscures. Même le point de départ est débattu. Il y a eu plusieurs suggestions en ce qui concerne la date et le lieu d'où cette écriture serait originaire, ainsi que sa source d'inspiration. Néanmoins, sa nature alphabétique rend « l'emprunt » d'une culture alphabétisée contemporaine un fait historique indiscutable[211].

Les découvertes archéologiques en Scandinavie (principalement du Danemark et du Gotland) prouvent que les lettres romaines étaient présentes sur les marchandises importées au moins à partir du premier siècle de notre ère, comme par exemple des étampes faites sur des ustensiles de cuisine[212]. À Hoby (Danemark), une paire de coupes en argent a été retrouvée, l'une avec l'inscription « Chirisophos a fait (ceci) », poinçonnée en grec, et l'autre avec le même texte en latin. Ce sont là les exemples d'écriture les plus anciens, mais nous ne savons pas s'ils pouvaient être lus par les utilisateurs de ces objets.

À partir du deuxième siècle, des articles militaires romains apparaissent au sud de la Scandinavie, notamment des lames d'épées estampillées de leur fabrique d'origine. On retrouve aussi des exemples de céramiques sigillées, de même qu'une grande quantité de pièces de monnaie romaines[213]. Certains objets de prestige arborent des inscriptions poinçonnées, comme l'umbo du dépôt de la tourbière de Thorsberg (Danemark) qui affiche *AEL-AELIANUS* (Aelius fils d'Aelius) ; la fibule d'Øvre Stabu (Norvège) avec l'inscription *XL*(40?); le bracelet de Boltinggård (Fyn, Danemark) avec *P-III* (trois *unciae*) ; le seau de Valløby avec *P II S I* (deux livres une demie)[214].

[210] Nielsen, 2000, pp.299-303 ; Losquiño, 2015, p.12.

[211] Morris, 1988, p.2 ; McKinnell & Simek, 2004, p.11 ; Fischer, 2005, p.46 ; Eichner, 2006, p.101; Norr, 2008, p.172 ; Spurklund, 2010, p.68 ; Barnes, 2012, p.9. En fait, le fuþark n'est pas vraiment un emprunt mais une adaptation : peu importe l'alphabet qui l'a inspiré, les créateurs des runes l'ont clairement remanié pour satisfaire leurs propres besoins culturels.

[212] Imer, 2010, pp.41-42. Spurklund, 2010, p.70 note que l'alphabétisation romaine a culminé durant le IIe siècle de notre ère, et a atteint un creux au milieu du IIIe siècle. L'adoption du fuþark coïncide donc avec un moment où le niveau d'alphabétisation en latin est élevé.

[213] Imer, 2010, pp.44-47.

[214] Imer, 2010, pp.47-51, pp.55-6. Fischer, 2013, p. 101 note la date dendrochronologique de 164 ap. J.-C. pour une partie du matériel en bois de Torsberg.

Ces inscriptions sont pratiques, placées sur des objets par les membres d'une société à l'aise et familière avec l'utilisation de l'écriture à des fins « tiles », comme marquer le poids d'un objet. Il est probable que les pratiques commerciales à l'intérieur de l'Empire aient influencé les régions avoisinantes, et que certains lieux « centraux » comme Gudme-Lundborg[215] représentaient une tentative d'intégration de la production et de l'économie locales, pour s'insérer économiquement dans l'Europe de l'Ouest. La nature et l'échelle des grands dépôts d'armes danois (Illerup, Nydam, Vimose, Ejsbøl, et d'autres) montre que l'Europe germanique adoptait des armes de type romain, et produisait des copies d'armes de style impérial dans des ateliers locaux[216]. C'est dans un tel contexte que l'adaptation d'un système d'écriture pourrait avoir eu lieu.

La fibule de Meldorf

Les textes que nous pouvons considérer comme runiques avec certitude datent du IIe siècle ap. J.-C. – comme la pointe de lance d'Øvre Stabu, attribuée aux environs de 175-180[217] –; néanmoins une petite fibule retrouvée à Meldorf (sur le littoral allemand de la mer du Nord)[218], datant d'environ 50 ap. J.-C.[219], porte un texte de quatre lettres [fig.10], qui pourraient être runiques[220]. Le texte semble se lire IDIH (ou IDIN) ou, si inversé, peut-être les mots runiques *hiwi* ou *ibih*[221]. Il a même été interprété comme *irili* – un terme qui apparaît plus tard sous la forme *erilaz* et que certains ont interprété comme signifiant « maître des runes »

[215] Nielsen, Randsborg & Thrane (eds), 1994 ; Eriksen, 2010. Stylegar, 2015, plaide pour un statut similaire pour Tune en Norvège.

[216] Imer. 2010, p.53. La marque du fabricant indique que les épées provenaient de Gaule. Les marques étaient généralement placées sur l'épaule de la lame ou sur la soie, indiquant que la lame elle-même était vendue sans raccords, et que la poignée, le fourreau, etc. seraient ajoutés localement. Le fait que les épées aient été sacrifiées implique (mais ne prouve pas) qu'elles appartenaient à un ennemi vaincu et n'étaient donc pas de manufacture locale.

[217] Halsall, 1981, p.7 ; Williams, 200, pp.149-154 ; Looijenga, 2003, p.357 ; Imer, 2010, p.55.

[218] Düwel, qui a publié la découverte en 1981, affirme que la broche a été trouvée dans une boîte au musée de Schleswig avec d'autres objets incluant de la poterie romaine et de l'Âge du Bronze, dont une partie provient de Meldorf. Düwel croyait que la broche était originaire de Dithmarschen (Düwel, 1981, p.8).

[219] Düwel, 1981, p.9 affirme que la broche a été faite et enterrée durant la « *première moitié du Ier siècle de notre ère* ».

[220] Elliott, 1958, p.72 ; Moltke, 1981, p.7 ; Morris, 1988, pp.47-48 ; Odenstedt, 1990, p.53, 148-149 ; Seebold, 1991, pp.448-449; Barnes, 1994, p.22 ; Williams, 2000 ; Antonsen, 2002, pp.94-95 ; Anderson, 2005, p.1 ; Mees, 2006, pp.204-206, 211 ; Barnes, 2012, p.9 ; Findell, 2014, p.14. Antonsen date la fibule entre 1-25 ap.J.-C. Mees note que l'absence de parallèles pour une fibule avec un texte romain implique qu'il s'agissait d'un objet germanique utilisé dans la tradition culturelle germanique : les textes runiques sur les broches sont devenus très courants par la suite. Toutefois, des fibules romaines avec des textes amulétiques comme *VTERE:FELIX* et ses abréviations ne sont pas inconnues dans des contextes romains (*cf.* Hattatt, 1985, items 504, 505).

[221] Düwel, 1981, p.12 lit. *hiwi* comme le datif singulier d'un nom signifiant « épouse, femme » *cf.* le mot gotique *heiwafrauja* « maître d'un foyer ». Odenstedt, 1990, p.53, pp.148-149 lit. *IDIN* comme le datif du nom personnel **Ida* ou **Idda*, et voit la fibule comme un produit germanique sur lequel le propriétaire a tenté d'inscrire un mot en lettres romaines ; voir Williams, 2000, pp.152-153. Antonsen, 2002, p.95 lit. *irih* mais ne propose pas d'interprétation. Curieusement, le texte runique *hiwi* apparaît sur le pendentif de Wijnaldum B (Looijenga, 2003, p.323) et *ida* sur une pièce de harnachement de Weimar (Menghin, 2007, item V.3.4.7).

[*cf.* vol.2 "nouveau futhark"][222]. La broche était de belle facture, probablement issue d'un atelier local, et montrait des traces d'usure. Elle faisait partie d'un costume féminin selon Michael Gebühr, le conservateur qui a identifié l'écriture[223]. Il est intéressant de noter que si la broche avait été trouvée en Bretagne, en Espagne, en Égypte, en Syrie ou dans toute autre province frontalière, les marques n'auraient pas été considérées comme runiques : c'est la coïncidence du temps et du lieu qui a encouragé la spéculation sur le contenu potentiellement runique du texte.

Remontant à peu près à la même époque, on retrouve le petit tesson de poterie d'Osterrönfeld (Allemagne) portant deux caractères, peut-être *w-f* [224]. Ces textes peuvent être considérés comme une indication des premiers stades de l'adoption de l'écriture au Ier siècle de notre ère dans la région de Schleswig. Toutefois, même pris ensemble, ils sont loin d'être suffisants et ne peuvent démontrer hors de tout doute raisonnable que le fuþark était utilisé si tôt. Anderson a peut-être raison de suggérer que le texte de la fibule de Meldorf s'insère dans un contexte où une société analphabète commence à expérimenter l'écriture, et que ce procédé a été complété avant 200 ap. J.-C.[225].

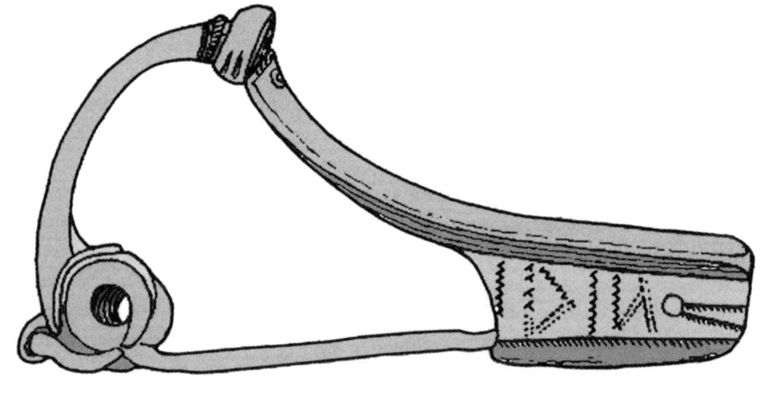

Fig. 10 Texte sur la fibule de Meldorf : romain ou runique ?

Il existe une hypothèse parmi les runologues, selon laquelle les textes survivants les plus anciens doivent dater d'une période allant jusqu'à un siècle après la création des runes, donc il y aurait une période de 100 ans durant laquelle les runes étaient certes utilisées, mais n'ont pas

[222] Mees, cité *in* Zimmermann, 2010, pp.87-88.

[223] Düwel, 1981, p.9.

[224]) Hines, 2000a, p.45 ; Imer, 2010, p.44 identifie les marques comme une inscription romaine de poids *« P-I= »*, une livre (poids) et deux unités plus petites (*unciae*).

[225] Anderson, 2005, p.2. Etant donné que la date généralement acceptée des premiers textes runiques remonte au troisième quart du IIe siècle, l'émergence du fuþark devrait avoir été complétée au plus tard vers 160 ap. J.-C. Antonsen, 2002, p.47 soutient l'idée d'une origine antérieure de l'écriture, basée sur la théorie de « l'ajustement parfait ».

survécu[226]. Cela semble une hypothèse plutôt inhabituelle. Ce serait certainement curieux si l'un des exemples connus les plus anciens était réellement un texte créé par l'homme qui a inventé le fuþark. Mais l'hypothèse d'une ère de 100 ans durant laquelle aucune trace n'a survécu semble arbitraire et peu convaincante. Pourquoi cette période « sans runes » aurait duré 100 ans et non 5, ou 150 ans ?

Romains, grecques, étrusques ou alpines ?

Les principales sources possibles du fuþark sont les alphabets romains, grecs, et un ou plusieurs des différents alphabets utilisés dans les Alpes et le nord de l'Italie durant l'Âge du Fer, collectivement appelées les écritures « Nord Italiques »[227]. Toutes ces sources possibles ont leurs partisans, autant que leurs opposants[228].

Au XIXe siècle, l'opinion scientifique était que les runes représentaient une adaptation de l'alphabet romain, produit à un endroit et à un moment donné par un homme pour fournir un moyen de communication utile aux populations parlant une langue germanique, quoique différent de l'écriture romaine[229]. Cela a été proposé par Wimmer, un scientifique allemand[230], mais a été combattu par son compatriote Hempl, qui préférait plutôt voir un développement graduel sur le long terme des caractères runiques, comme on pourrait s'attendre d'un tel outil culturel[231]. Wimmer a dû recourir à un raisonnement compliqué pour expliquer les noms et la séquence des runes, avec une dérivation double du latin pour les formes, et du phénicien pour les significations des noms germaniques[232]. Hempl préférait une origine venant de l'écriture grecque occidentale (l'écriture utilisée dans les colonies européennes continentales telles qu'Apulia, Massilia, etc.)[233] qui demeure une candidate possible, avec les lettres romaines, étrusques, et une variante non spécifiée de l'écriture alpine (nord italique)[234]. Si Morris a suggéré une forme préclassique du grec ou de l'écriture romaine [fig.11], il n'est pas parvenu

[226] *Cf.* discussion *in* Antonsen, 2002, pp.96-97, 103, 106 ; Barnes, 2012, pp.9-14 ; Findell, 2014, p.14. Moltke, 1981, p.7.

[227] Partington, 1909 ; Elliott, 1958, pp.3-4 ; Morris, 1988, pp.1-7 ; Odenstedt, 1990, ch.21 ; Williams, 1996, p.213 ; Antonsen, 2002, p.49, 93-117 ; McKinnell & Simek, 2004, pp.11-13 ; Fischer, 2005, p.44ff ; Eichner, 2006, pp.101-103 ; Bishop, 2007, p.4 ; Spurklund, 2010 ; Barnes, 2012, p.10 ; Losquiño, 2015, pp.140-143.

[228] Il existe d'autres théories moins bien soutenues. Mees, 2002, p.76, par exemple, suggère les « Celtes d'Europe centrale » comme les peuples ayant appris l'écriture aux Germains. Vennemann (2015) avance des arguments pour une origine provenant de la culture de La Tène et propose l'écriture punique de Carthage comme une alternative.

[229] Morris, 1988, p.11. La préférence pour une écriture romaine plutôt qu'une autre écriture méditéranéenne était due aux correspondances proches, comme le son /f/ écrit F en latin et ᚠ en écriture runique, alors que le *digamma* en grec représente la semi-voyelle /w/.

[230] Wimmer, 1874.

[231] Hempl, 1901 ; Morris, 1988, pp.9-20.

[232] Morris, 1988, pp.19-20.

[233] Jackson, 2012, p.48.

[234] Elliott, 1958, p.2 ; Mees, 2006, pp.206-207.

à expliquer l'absence de runes sur plusieurs siècles qu'une telle datation implique[235]. Antonsen nous rappelle que l'alphabet latin est lui-même dérivé du grec, et que les formes des lettres classiques trouvées dans l'écriture romaine ont souvent des prédécesseurs comme les alphabets grecs et étrusques[236].

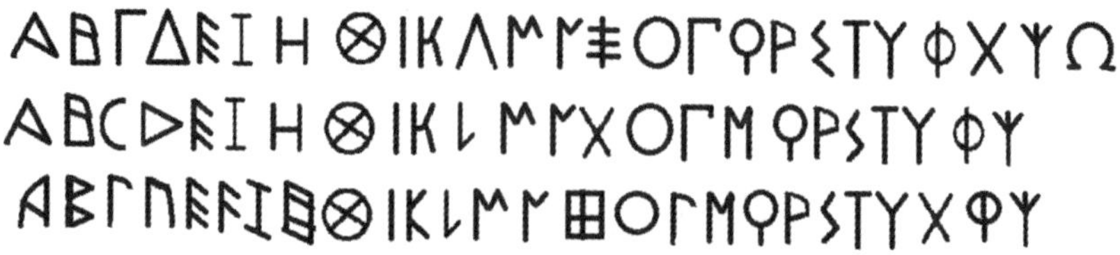

Fig. 11 Trois des premières écritures alphabétiques.
[En haut]: grec oriental (ionien), [au milieu]: grec occidental (eubéen),
[en bas]: étrusque (inversé pour sinistrograde) (selon Rogers).

Sophus Bugge a décrit un développement possible des runes à partir de l'écriture grecque, complétées par quelques lettres romaines[237]. Une source grecque est généralement liée à l'interaction entre les populations hellénophones et les Goths (parlant un dialecte germanique oriental) à partir du IIe siècle ap. J.-C. en Europe orientale et dans les régions au nord et à l'ouest de la mer Noire[238]. L'association entre l'origine des runes, les Goths, et les Grecs remonte au moins au XIXe siècle[239]. Alternativement, puisque la plupart des runes sont plus proches du latin que du grec (/r/ est représenté par ᚱ qui ressemble au « R » romain beaucoup plus qu'au « P » grec, par exemple), l'hypothèse de la source d'une colonie romaine influencée par le grec autour du IIIe siècle a été proposée (avant que des textes du IIe siècle ne soient clairement datés). Les correspondances avec le grec (comme /p/ représenté par la rune ᛈ, *E* et le *Π* grec) sont plus rares qu'avec les lettres romaines[240]. Jensen a proposé d'éviter de chercher à identifier un « alphabet source », en cherchant des origines multiples : un créateur qui aurait été familier avec les alphabets grecs et latins[241]. Cette approche a le grand avantage de surmonter le besoin d'identifier une seule lettre romaine (ou grecque, etc.) avec la forme et la valeur phonémique appropriées pour chaque rune. Elle est néanmoins à la fois arbitraire et ouverte aux critiques, car une telle approche de l'alphabétisation est très singulière[242].

[235] Morris, 1988, pp.1-2.
[236] Antonsen, 2002, pp.98-99 ; Fairfax, 2014.
[237] Morris, 1988, pp.20-26; Spurkland, 2005, p.6.
[238] Moltke, 1981 ; Anderson, 2005, p.1.
[239] E.g. Taylor, 1879.
[240] Antonsen, 2002, p.99.
[241] Jensen, 1969, pp.128-129 ; *cf.* Eichner, 2006, p.103.
[242] Fischer, 2005, soutient (p.44) que *« l'idée que l'inventeur a utilisé plusieurs modèles locaux ou régionaux doit être critiquée comme elle est conditionnelle et permet l'arbitraire »*, mais affirme à la

La théorie de l'origine étrusque, proposée dans les premières décennies du XXe siècle, a été modifiée plus récemment en une origine alpine ou nord-italique, suggérée par Carl Marstrander, et plus récemment par Magnus Hammarström[243]. Les écritures nord-italiques ont été utilisées pour des textes épigraphiques gaulois dans les derniers siècles av. J.-C. (comme la stèle d'Ategnati Drutikni à Todi, en Ombrie, Italie, de nos jours au musée du Vatican)[244]. Il y a des raisons structurelles et orthographiques pour préférer un alphabet alpin en tant que source d'inspiration du fuþark, mais, jusqu'à présent, des exemples crédibles de l' « alphabet source exact » ont échappé à tous les chercheurs. Il est également vrai que les alphabets alpins ont généralement été éclipsés par l'écriture romaine au dernier siècle av. J.-C., tandis que les premiers textes runiques datent du IIe siècle de notre ère : les deux siècles ou plus séparant l'alphabet source des premières runes nécessitent alors explication[245].

Troeng a accepté une origine romaine pour la majorité des runes, mais a décidé que quelques caractères correspondaient mieux à une origine venant de l'alphabet nabatéen, utilisé dans la région de l'actuelle Jordanie au Ier siècle ap. J.-C., et conquise par l'empire romain en 106, après quoi le territoire est devenu la *provincia* impériale d'*Arabia*[246]. Les archers de cette région étaient basés sur le *limes* romain à Straubing (Bavière) jusqu'aux alentours de 200 ap. J.-C. Bien que l'argument de Troeng ne soit pas entièrement invraisemblable, il ne parvient pas à démontrer la motivation pour adopter quelques caractères d'une écriture, et le reste d'une autre...

Les textes survivants les plus anciens sont principalement trouvés dans le Danemark actuel, ce qui a mené certains intellectuels à supposer que le fuþark a été créé dans ce territoire au début de l'Âge du Fer romain [*cf.* p.71].[247] Toutefois, il faut garder à l'esprit que ces premiers textes se trouvaient tous sur des objets portatifs (peignes, lances, broches, etc.) et que certains prouvent par la linguistique avoir été créés ailleurs, donc la découverte moderne indique la destination finale de l'objet, et pas nécessairement son lieu de manufacture et d'utilisation. Morris s'est libéré de la contrainte de dater le fuþark à partir des pre-

page suivante, sans trace d'ironie, qu'« *on ne peut pas exclure que des systèmes graphématiques employés par des unités auxiliaires d'une variété de cultures lettrées méditerranéennes puisse être l'origine de certaines runes avec des valeurs phonétiques qui ne sont pas représentées dans l'alphabet latin. Les soldats germains étaient au courant des différentes formes d'alphabétisation dans l'armée romaine. Ils pouvaient faire le tour. Eventuellement ils auraient des représentations graphématiques de tous les phonèmes présents dans la langue germanique commune* ».

[243] Elliott, 1958, pp.6-7 ; Morris, 1988, pp.6-7, 33-40 ; Odenstedt, 1990, p.145, 150-152; Spurkland, 2005, p.3 ; Mees, 2011, p.71. L'étrusque n'utilisait pas d'arrêts voisés phonémiquement et le langage écrit, adapté du grec, attribuait des sons différents aux lettres grecques *beta, gamma* et *delta*.

[244] Meid, 2014, p.16.

[245] Stoklund, 2003, p.172 ; *cf.* Markey, 2001.

[246] Troeng, 2003.

[247] Morris, 1988, p.3 ; Anderson, 2005, p.2 ; Barnes, 2012, p.10 ; Losquiño, 2015, p.147.

mières découvertes runiques, en proposant une origine durant la période pré-chrétienne, allant aussi loin que le IVe siècle av. J.-C., pour prendre en compte les « caractéristiques primitives » du futhark.[248] En comparant un nombre d'écritures grecques archaïques épichoriques, plusieurs des caractéristiques des runes peuvent être retracées, ainsi que la tendance aux variations sous formes de graphèmes (e.x. *rho* avec une queue, similaire à la lettre R) et d'autres caractères qui ont été éliminés au Ve siècle av. J.-C. avec la réforme milésienne de l'orthographe, mais dont certains sont demeurés en usage restreint en tant que nombres. Comme c'est le cas pour plusieurs autres tentatives voulant lier la tradition runique à l'épigraphie méditerranéenne ancienne, l'absence de tout élément tangible s'approchant d'un texte proto-runique avant le premier siècle ap. J.-C. fournit, logiquement, de nombreux motifs de scepticisme.

Fig. 12 La broche de Skovgårde.

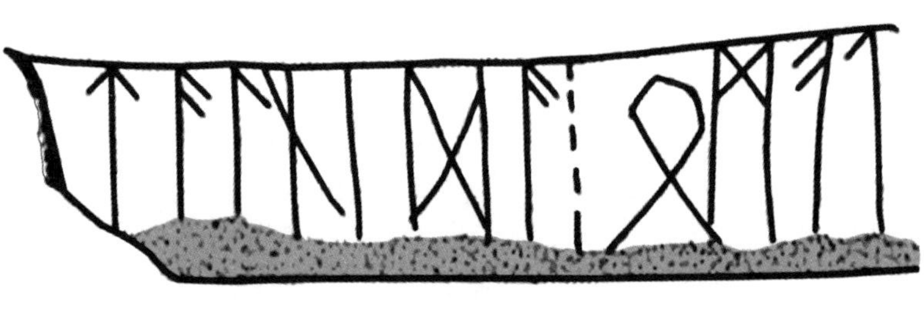

Fig. 13 Le texte sur la broche de Skovgårde (inversé).

[248] Morris, 1988, p.53 ; *cf.* Antonsen, 2002, p.100ff qui préfère une origine grecque pour le fuþark.

Le problème principal avec une source écrite en romain ou en grec est que ces deux traditions étaient très matures au moment de l'adoption germanique des runes (en supposant que cela s'est produit entre 100 et 150 de notre ère) : les formes des lettres étaient régulières, la hauteur et les proportions fixes, la disposition avait été formalisée[249]. Les premiers textes runiques n'ont aucune de ces caractéristiques, et le fuþark de la Phase I semble généralement un moyen de communication immature, peu soigné et informel – et il le demeure jusqu'au VIIe siècle, quand l'utilisation de cette écriture par des intellectuels a encouragé une régularité de la disposition et de l'exécution. Il existe des exceptions à cette généralisation, comme le texte de la corne de Gallehus datant du Ve siècle [fig.27] qui est régulier et clair. Mais même les runes finement exécutées sur la fibule de Skovgårde (Danmark) [fig.12] du IIe siècle vont dans deux sens : le verbe *talgida* « a fait » est dextrograde alors que le sujet *lamo* (nom personnel masculin, « le boiteux ») est sinistrograde[250]. Ceci étant dit, lorsque la direction de lecture est inversée, la forme de la rune est habituellement elle aussi inversée, donc ᛋ correspond à ᛊ, ᚡ à ᚠ, et ainsi de suite, et donc l'attitude du graphème à la direction de son texte est maintenue[251]. Il y a quelques exceptions – un seul caractère parfois écrit à l'envers par rapport à la direction du texte[252].

Mais il n'y a pas d'exception au principe général durant la Phase I – pas de cas où l'inversion du sens d'une rune pourrait compromettre la lisibilité[253]. Les graphèmes runiques de la Phase I sont en principe asymétriques, et n'utilisent pas la direction contrastive pour distinguer les caractères[254].

L'utilisation de ligatures proéminentes, ou « runes de liaison » a été étudiée pour tenter de déterminer les « alphabets source » possibles, mais de tels dispositifs pour sauver de l'espace sont communs à la plupart des anciennes écritures européennes, et donc aucune des sources possibles ne peut être exclue sur ce principe[255]. D'autres caractéristiques apparaissant dans la Phase I incluent la suppression des nasales avant des

[249] Fischer, Ledegård & Victor, 2010, ont soutenu un déclin de la « mentalité urbaine » ou mentalité lettrée romaine aux IIIe et IVe siècles ap. J.-C.

[250] Grønvik, 1994a; Antonsen, 2002, p.268-9; Stoklund, 2003, p.174, fig.1 ; Losquiño, 2015, pp.38-39, 41-42. Antonsen, 2002, p.70-1 décrit l'utilisation de deux directions de textes comme « paragrapher ». Dans le même ouvrage (pp.142, 269) il suggère que le graveur qui a fait l'inscription s'est basé sur un modèle qui affichait un boustrophédon. Nielsen, 2015, p.48 suggère une forme féminine plutôt que masculine.

[251] Odenstedt, 1990, p.11 ; Spurkland. 2005, p.8 ; Barnes, 2012, p.19. Quak, 1996, p.173 ne considère pas la direction de texte variable comme une objection à l'origine romaine si les Germains qui ont adapté l'alphabet étaient principalement intéressés dans la relation entre les phonèmes et les graphèmes.

[252] Barnes, 1994, p.18 ; Antonsen, 2002, p.120 ; Barnes, 2012, p.19. Ces runes «inversées » sont appelées dans la littérature venderuner; ce terme est parfois à tort appliqué aux textes sinistrogrades.

[253] Antonsen, 1996, pp.7-9.

[254] C'est la nature généralement asymétrique des runes qui a fourni la clé pour interpréter les runes du texte « *Tiw* » du Norfolk. (Pollington, 1993).

[255]M cLeod, 2006, pp.186-187.

consonnes homorganiques, et le traitement particulier des géminées[256]. Il a existé plusieurs tentatives pour trouver une source de l'écriture runique native de l'Europe du Nord, indépendante des alphabets méditerranéens, mais elles ont plus souvent été motivées par des raisons idéologiques que par des preuves tangibles[257]. Elliott, par exemple, a proposé l'hypothèse que certaines runes sont dérivées de signes gravés dans la pierre en Suède, et a suggéré que les populations germanophones étaient déjà familières avec le concept de l'écriture avant d'être exposées à l'alphabet latin[258].

Les utilisations de cette « écriture embryonnaire » seraient prétendument religieuses ou magiques. L'une des faiblesses de cette théorie est la difficulté de dater les gravures sur pierre, qui ont souvent été attribuées à l'Âge du Bronze. Nous n'avons toujours pas de moyens sûrs de datation, et il existe certaines preuves suggérant que de telles gravures ont continué d'être produites durant la période médiévale : si tel est le cas, alors certains symboles gravés ont été utilisés au côté du Fuþark récent, et sont antérieurs aux textes runiques les plus anciens[259].

L'influence des Irlandais a également été attribuée à certains aspects de l'écriture, bien que cela se rapporte plus facilement à une influence ultérieure sur les runes anglo-frisonnes en Bretagne, qui étaient déjà vieilles de plusieurs siècles quand les contacts avec les chrétiens irlandais ont commencé[260]. Aujourd'hui, la plupart des scientifiques seraient enclins à favoriser une origine parmi les peuples familiers avec l'écriture romaine[261]– peut-être pas avec les textes décoratifs polis du forum classique, mais plutôt avec les écritures publiques informelles liées à l'armée, aux marchandises, et à l'échange, une position qui n'est pas tellement différente de celle proposée à l'origine par Wimmer[262]. La dimension de l'interface germanique avec les Romains lettrés était forte, et les « Romains sur le Rhin » sont devenus un facteur commun dans les tentatives d'explication des origines runiques[263].

Pourtant, l'écriture romaine en usage dans les IIe-IIIe siècles ap. J.-C. sur le *limes* rhénan était un médium plus orthodoxe que les textes runiques de la Phase I, dont certains sont antérieurs à l'établissement de

[256] Morris, 1988, pp.125-126 ; Makaev, 1996, pp.45-46 ; Antonsen, 1996, pp.8-9. Antonsen, 2002, p.200ff rejette l'opinion comme quoi l'omission délibérée d'une rune de certains textes était utilisée pour noter la « rahison ou la mort par trahison ».

[257] Odenstedt, 1990, p.145. On a beaucoup utilisé certaines des théories les plus folles des origines runiques à des fins politiques, principalement dans les années 1930. Ces spéculations sans fondement contribuent peu à notre compréhension des runes telles qu'elles étaient utilisées dans l'Europe antique et ne nécessitent pas qu'on s'y attarde.

[258] Elliott, 1958, p.2, 7 ; Bishop, 2007, p.4.

[259] Bolin, 2000, p.154.

[260] *Cf.* Griffiths, 2006 ; Knight, 2012.

[261] Contra Elliott, 1958, p.7.

[262] Wimmer, 1874 ; Quak, 1996, pp.174-178 ; Williams, 1996 ; Stoklund, 2003, p.172 ; Antonsen, 2002, pp.106-107 ; Anderson.

[263] Antonsen, 1996 ; Antonsen, 2002, p.107, 111 ; Looijenga, 2003, p.81.

cette frontière[264]. Une source sur le *limes* est toujours soutenue par certains chercheurs, en raison des contacts intimes et étendus entre Rome et la *Germania Libera*[265]. Les liens étroits entre les habitants de la Baltique occidentale et l'armée romaine, mis en évidence par l'adoption du matériel, émergent encore des analyses en cours de découvertes faites il y a longtemps[266]. Dans les marais de Torsberg ont été retrouvés de l'équipement militaire comprenant des objets runiques (par exemple fig.2) et d'autres avec un texte latin, comme un umbo portant l'inscription *AEL AELIANVS*[267]. Pour résumer, les runes ne sont pas simplement une importation culturelle, mais une création germanique inspirée par la connaissance d'au moins un autre système d'écriture contemporain[268]. L'invention du fuþark est née d'un désir de posséder un moyen d'écriture, et du besoin qu'un tel système ne soit pas une copie du modèle (romain) dominant.

Formes et phonèmes

Odenstedt a tenté de relier le procédé de la « genèse runique » à des exemples connus d'ailleurs où des cultures illettrées sont devenues alphabétisées, et a cherché comment les différentes caractéristiques culturelles et linguistiques de la source ont été remodelées pour satisfaire les besoins du récipiendaire[269] Son examen détaillé de l'alphabet romain et des correspondances avec le fuþark montre comment les nouveaux graphèmes pourraient avoir été générés en utilisant seulement quelques règles basées sur les principes de construction de l'écriture romaine, qui comprenait de longues lignes verticales ou obliques (i), des lignes courtes horizontales (ii) et des courbes (iii). Cela correspond à la préférence runique pour les longs bâtons verticaux ou obliques (i), les bras courts obliques (ii), et les poches angulaires (iii)[270].

Les formes des runes peuvent être générées en utilisant les combinaisons suivantes :

Une branche seule: ᛁ
Deux branches obliques: ᚷΛ
Deux branches et un bras: ᚺ
Une branche et un ou plusieurs bras: ᚠᚨᛇᚾᛏᛚᛉ
Une branche et un ou plusieurs angles: ᚦᚹᛒᛈᚱ
Deux branches et un ou plusieurs angles: ᛗᛞᛖ
Aucune branche, seulement des angles: ᛊᛃᚲᛜᛟ

[264] Mees, 2011, pp.71-72. L'orthographe rhénane incluait certaines variations, comme le ? ou « mi-H ».
[265] Looijenga, 2003, pp.81-82.
[266] Pauli Jensen, 2010.
[267] Imer, 2015, p.111.
[268] Spurklund, 2010, p.66l Barnes, 2012, p.10.
[269] Odenstedt, 1990, p.145ff.
[270] Odenstedt, 1990, p.157 ; *cf.* Spurkland, 2005, p.6 ; Robertson, 2011, p.12 ; Barnes, 2012, p.18.

En général, les traits horizontaux sont évités, tout comme les longues lignes obliques et les runes avec des bras uniquement en bas de la branche[271]. Toutefois, il existe des textes anciens qui utilisent les lignes horizontales, par exemple ᛖ pour /e/, donc cela peut être une caractéristique des textes survivants plutôt que la forme idéale des caractères[272]. Les formes arrondies ne sont en principe pas évitées, mais lorsque l'on grave sur le bois et d'autres matériaux organiques, les formes angulaires sont préférées[273]. Odenstedt trouve 15 correspondances entre les graphèmes romains et runiques et le phonème (F /f/ ᚠ, etc.), et sept cas où le graphème a été importé mais avec un changement de la valeur sonore (G /j/ ᛃ, etc.). Il s'accorde à dire que deux runes étaient de nouvelles additions : ᛞ et ᛈ. Si ces correspondances sont acceptées comme authentiques, la présence de runes correspondant aux lettres majuscules romaines Y et Z élimine une date avant le règne (30 av. J.-C.-14 ap. J.-C.) quand ces caractères ont été ajoutés à l'alphabet latin ; ils forment la source de ᛉ ᛇ dans le plan d'Odenstedt.

Mais le raisonnement d'Odenstedt est basé sur des correspondances superficielles et néglige les immenses différences structurelles et contextuelles entre les textes germaniques de la Phase I et les textes romains contemporains[274] Lorsqu'une culture analphabète décide d'adopter un système d'écriture d'un voisin lettré, le système est régulièrement repris dans son entièreté, y compris la direction de l'écriture, les diacritiques, la ponctuation, et d'innombrables aspects d'orthographe et de disposition. Cela n'est manifestement pas le cas dans la création des runes. Williams a lui aussi tenté de montrer comment les formes des runes pourraient être dérivées des lettres romaines, sans prendre en compte leur valeur phonémique[275]. Dans son système, les lettres romaines « superflues » K, Q, X, Y, Z[276] sont assignées aux phonèmes non-romains /w/, /ŋ/, /j/, /z/, /æ/ avec /θ/ assignée à la forme *de novo* ᛞ, un « D doublé ». Le texte de la fibule de Meldorf [fig.10] avec ses « D » triangulaires et ᚺ montrerait un stade intermédiaire dans le développement de l'écriture. Alors que la déviation formelle des formes qu'il propose fonctionne assez bien, la confusion totale des valeurs sonores est extraordinaire (et inutile) et ne parvient pas à convaincre. Une objection à l'origine romaine supposée est que bien que certains caractères sont clairement reliés (par exemple ᛏ et T, ᛒ et B), certains semblent basés sur le grec (ᛟ de Ω), et d'autres ne sont pas visiblement reliées aux formes classiques (ᛞ). Une autre complication vient du fait qu'une rune

[271] *Cf.* Williams, 1996, p.213. Barnes (1994, p.23) critique Moltke parce qu'il se base sur des « principes » qui ne sont que des suggestions.

[272] Barnes, 2012, p.18.

[273] Elliott, 1958, p.15. Odenstedt et Moltke ont tous deux maintenu que les courbes étaient évitées « par principe », mais des découvertes subséquentes ont permis de réfuter cela. Barnes (1994, p.17) se moque de la plume assurée d'Odenstedt par ce commentaire acerbe « *Ce qu'Odenstedt croit, devient une évidence, c'est aussi simple que cela* ».

[274] Morris, 1988, pp.1-3 ; Antonsen, 1996, p.6.

telle que ᚹ semble reliée au P/p/ romain ou au P/r/ grec, mais à une différente valeur phonémique /w/, complètement différente des deux[277]. Ceci étant dit, il est probable que le fuþark ait été conçu par un homme (ou un groupe) lors d'une occasion – cela est indiqué par la correspondance presque parfaite entre les sons et les signes [*cf.* p.77], ce qui n'est pas la façon dont les alphabets se comportent lorsqu'ils sont transmis à travers les frontières culturelles[278] : considérons les lettres redondantes « q » et « x » (/kw/ et /ks/) en anglais moderne, qui ont été conservées pour des raisons purement historiques, et le manque de symboles distincts pour les sons épelés « th » (/θ/ et /ð/) et « ng » (/ŋ/). Les concepteurs étaient certainement versés en latin (au minimum) et ont été capables d'appliquer les principes de l'alphabétisation à la création d'une nouvelle écriture[279]. Une correspondance parfaite entre les signes et les sons suggère fortement qu'une personne talentueuse a conçu l'écriture ; comment elle est devenue adoptée sur un grand territoire est toujours un mystère, mais les besoins de l'élite de communiquer sur de longues distances, ainsi que les besoins militaires et commerciaux ont clairement joué un rôle.

Disposition

La disposition des textes runiques varie de lâche et informelle (par exemple l'urne cinéraire de Loveden Hill, fig.7) à étroite (par exemple le pommeau de Gilton, fig.6) ou régulière (par exemple la corne de Gallehus, fig.27). La division des mots est parfois marquée, soit par un espace ou par un nombre de points médians[280]. Toutefois, plusieurs textes anciens ne montrent aucune trace de marquage entre les mots, et sont donc plus difficiles à lire avec certitude (par exemple l'umbo de Thorsberg, fig.2).

Les textes les plus long et ceux exécutés sur une plus grande échelle (comme les pierres runiques) doivent avoir été placés en avance, peut-être à la craie ou au charbon, pour évaluer l'espace que prenait le texte. La rune rétrograde ou inversée, occasionnelle dans une inscription ordonnée, peut être due à une faute de copie, mais il est aussi possible qu'elle soit due au graveur tournant l'objet (ou l'exemplaire) en gravant sans le réorienter avant de procéder[281].

L'opinion générale est que les sons répétés ne sont écrits qu'une seule fois dans les textes de la Phase I[282], ce qui est probablement vrai

[275] Williams, 1996, pp.214-215.
[276] Les sons représentés par K, Q et X pouvaient s'écrire C, CV et CS ; Y et Z ont été introduits pour épeler des mots grecs.
[277] Williams, 1996, p.211.
[278] Losquiño, 2015, p.79.
[279] Beck, 2006 ; Spurkland, 2010, p.76.
[280] Elliott, 1958, p.19 ; Morris, 1998, p.17 ; Looijenga, 2003, p.276 ; Spurkland, 2005, p.9.
[281] Barnes, 2012, p.169.
[282] Spurkland, 2005, p.9.

dans certains cas, comme sur la bague de Pietroassa, où l'on lit *wihailag* pour *wih hailag* et la pointe de lance de Dahmsdorf, où l'on lit *ranja* pour **rannja* < **rannjan* « attaque »[283]. Cela est un trait plus visible dans les textes scandinaves de la Phase IV. Même dans les textes de la Phase I, les doubles consonnes sont généralement écrites en entier lorsqu'elles traversent la frontière d'un mot, et parfois lorsqu'elles traversent la frontière d'un morphème, comme par exemple *unnamz*[284], le *skelbaþewas stainaz* d'Hogganvik [fig.7vol.2].

Dans la Phase III, les textes anglo-saxons présentent parfois cette caractéristique, comme à Thornhill I (Yorkshire), où l'on voit *settæfter* pour *settæ æfter* « set (up) after » (mis en place après) mais la consonne géminée *–tt–* dans *settæ* est écrite avec deux runes, contrevenant à ce même principe. Il en est de même pour le mot *almehttig* sur la croix de Ruthwell, où il n'y a pas de gémination d'impliquée (SO *ealmihtig*). La séquence translittérée comme *id/dan* sur la broche de Charnay (France, fig.43) montre les deux runes *d*, mais comme elles sont disposées sur deux lignes différentes, cela peut avoir demandé une répétition[285].

Les découvertes de l'Angleterre anglo-saxonne ne soutiennent pas l'idée que les maîtres des runes évitaient les runes doubles, et il y a plusieurs cas où les runes doubles ont été utilisées alors qu'une rune simple semble naturelle, par exemple à Hartlepool II [fig.4] *hilddigyþ* pour **Hildigyþ*, sur la croix de Ruthwell *riicnæ* pour **ricnæ* et *gistoddun* pour **gistodun*, etc.[286]. Le coffret de Mortain utilise des voyelles en plus qui semblent inutiles : *+goodhelpæ : æadanþiiosneciismeelgewarahtæ, God helpe Æadan [þe] þisne cismel gewarhtæ* « Puisse Dieu aider Eada (qui) a fait ce « cismel » (christmale ?, coffret?) »[287]. Les nombreuses pièces de monnaies de Beonna ont toutes *–nn–* qu'elles soient écrites en latin ou en runes.

Comment les runes se sont imposées ?

Henrik Williams a affirmé que le fuþark doit avoir une origine dans le monde romain, parce qu'il croyait que l'adoption ou le développement de l'écriture est forcément associé à une organisation centralisée et des « accomplissements culturels » comme des « édifices impressionnants »[288]. Les cultures de langues germaniques du nord de l'Europe, selon lui, ne partageaient pas ces accomplissements, et donc n'auraient pas pu produire de système d'écriture.

[283] Page, 1962a (1995), pp.96-97; Ebbinghaus, 1990 ; Orel, 2003, s.v. **rannjanan*; Beck, 2006, p.67.
[284] Barnes, 2012, p.28. La présence du *–z* n'est pas certaine, ce qui peut changer l'interprétation.
[285] Page, 1962a (1995), p.97 ; Looijenga, 2003, pp.235-237 ; McKinnell & Simek, 2004, p.107.
[286] Page, 1962a (1995), p.98, 101. Dans certains cas, les voyelles doubles peuvent indiquer la longueur (*riicnaæ /ri:knæ/*) et dans d'autres la disposition du texte peut avoir influencé l'auteur.
[287] McKinnell & Simek, 2004, p.111 ; Barnes, 2012, p.45.
[288] Williams, 2004, p.262.

Le processus cognitif de ce raisonnement est évident : si une culture est suffisamment avancée selon des critères qui ne s'appliquent qu'aux cultures méditerranéennes, alors il n'est pas surprenant de ne pas trouver de telles manifestations culturelles ailleurs[289]. En effet, la vision de Williams des communautés germaniques, qu'il voit comme idiotes et ignorantes, le laisse avec un problème logique : si les locuteurs germaniques étaient aussi en retard sur le plan intellectuelle, pourquoi n'ont-ils pas simplement adopté l'alphabet romain dans sa totalité sans modifications ? Le simple fait que le fuþark ne soit pas une copie conforme de l'alphabet romain, expose la faiblesse du raisonnement sous-jacent.

Une question plus large demeure : quelle était la raison pour créer une nouvelle écriture si la société fondatrice était déjà familière avec l'écriture romaine, pré-existante, prestigieuse, et utilisée à grande échelle[290] ? Pourquoi était-il nécessaire de dévier d'un système d' écriture déjà établi et qui satisfaisait déjà les besoins de communication sur de longues distances et d'archives permanentes ? Une appréciation existante des utilités de l'alphabétisation est une considération, ainsi qu'un besoin potentiel, pour un système d'écriture qui ne serait pas intelligible pour les utilisateurs de l'écriture romaine. Il y a eu plusieurs suggestions pour expliquer le contexte historique et social dans lequel le fuþark a été créé. Ci-dessous, nous explorerons quatre scénarios possibles.

Scénario I : les guerres marcomanes 166-180 ap. J.-C.

Il y a plusieurs scénarios possibles qui remplissent ces critères, mais l'une de ces périodes était peut-être les Guerres marcomanes (166 – 180 ap. J.-C.) menées au niveau du Danube entre les troupes de la frontière romaine et les tribus germaniques appelées les *Marcomanni* (hommes de la marche)[291]. Pour les Romains, les incursions marcomanes ne semblaient être qu'une tentative de raids sur les riches terres impériales, mais il est maintenant clair qu'il y avait des bouleversements politiques et sociaux en cours parmi les tribus orientales, qui s'étendaient aussi loin au nord que la Baltique[292]. Dans un contexte de compétition inter-tribus endémique, de guerres, de collecte systématique de ressources et de renforcement de réputations fragiles, l'alphabétisation aurait été un outil inestimable pour la réussite d'un groupe de chefs de guerre. Il est possible que, comme certains l'ont avancé, les Suèves aient été pris dans les guerres marcomanes et aient été les res-

[289] *Cf.* Halsall, 1981, p.4 « *Puisque la société germanique est longtemps restée relativement peu sophistiquée en comparaison avec le monde besoin de l'écriture et semble s'être débrouillée sans lettres du tout avant l'ère chrétienne* ».

[290] Bammesberger, 1991c, pp.389-390.

[291] Nielsen, 2000, pp.330-331; Looijenga, 2003, p.88 ; *cf.* Birkhan, 2006, p.96.

[292] Hedeager, 1992 ; Storgaard, 2001. Pauli Jensen, 2007, parle de l'équipement romain trouvé dans le dépôt du marais de Vimose dans ce contexte, et (p.133) relie l'épée de Brokær à cette campagne. Elle note que le matériel du IIe siècle de Vimose montre généralement un lien avec le monde romain oriental.

ponsables de la connaissance des lettres en Europe du nord[293].

L'empire romain n'a pas été créé et n'était pas administré uniquement pour le bénéfice de ses citoyens, de ses marchands ou de ses patriciens. L'élite dirigeante était divisée, souvent incapable de déterminer quel était censé être le but du projet impérial. Amener les bénéfices de la civilisation méditerranéenne lettrée au nord de l'Europe faisait partie de ce plan, purement en tant que moyen de contrôle des peuples qui entraient en contact avec elle[294].

Cependant, avec le temps, la machine militaire de l'empire d'Occident est devenue dominée par des chefs germaniques, et il y a eu une intégration totale des élites germaines et romaines[295]. Lorsque la puissance romaine était dominante, les soldats et politiciens germains les plus capables ont acquis l'écriture latine et servaient l'empire. Une fois que le pouvoir impérial a décliné, de tels hommes étaient forcés de se tourner vers les ressources de leurs propres groupes pour leur avancement. Nous pouvons ici détecter le changement de préférence pour l'écriture étrangère romaine vers une version locale qui satisfaisait mieux leurs besoins phonétiques. Cela n'a été possible que parce que l'écriture runique était déjà établie et largement utilisée. Les guerres marcomanes peuvent donc avoir été le catalyseur de la promotion du fuþark, mais elles sont probablement trop tardives pour avoir été responsables de la création de l'écriture.

Scénario II : les Bataves 69-70 ap. J.-C.

Un contexte plus ancien de l'origine des runes doit être préférable, étant donné que les textes les plus anciens semblent contemporains du début des guerres marcomanes, vers 160 ap. J.-C.

La région du Rhin moyen et inférieur était un terrain de recrutement pour l'armée romaine à partir du Ier siècle av. J.-C.[296]. Des hommes provenant de ces régions, avec des noms de tribus tels qu'*Ubii, Chatti* et *Batavi* – ont joué un rôle important dans le succès militaire romain en Europe du Nord, y compris dans l'invasion de la Bretagne[297]. Les *Batavi* et les *Ubii* étaient particulièrement appréciés, et formaient la garde impériale (*corporis custodes*) à partir de 31 av. J.-C. sous Auguste jusqu'à 89 ap. J.-C. sous Galba, et leurs chefs obtenaient la citoyenneté romaine. Les Bataves se sont étendus dans le delta du Rhin vers la fin

[293] Giliberto, 1998, p.159.

[294] Fischer, 2005, p.72.

[295] Franceschi, Jorn & Magbus, 2005a, pp.50-52.

[296] Looijenga, 2003, pp.86-88.

[297] Nielsen, 2000a, p.31 note que les noms propres latinisés tels que Chariovalda chez les Bataves et Catvalda chez les Marcomans sont intéressants puisqu'ils montrent une réduction de –az à –a. Chariovalda est présumément */xarjawaldaz/* le « même » nom que le VN *Háraldr* ; si *Catvalda* est contemporain, le *C-* devrait être une erreur au lieu de **Ch- i.e. /xa ᵘwalda/* ; *cf.* Losquiño, 2015, p.60. Les deux noms peuvent bien sûr, être des formes masculines hypocoristiques faibles.

du Ier siècle av. J.-C. dans le cadre de plans d'invasions romains dans les terres au-delà du Rhin. Le recrutement délibéré des jeunes hommes les plus aptes au combat a causé une scission entre les tribus pro et anti-romains, ou des conflits à l'intérieur même des tribus. Cela a mené à une déstabilisation des groupes politiques préexistants, et a mené à la montée éventuelle de nouvelles identités (Saxons, Francs, Alamans, marquant une rupture avec les organisations préexistantes[298].

Les soldats bataves ont servi aux côtés des *Chauci* dans les *Cohortes Germanorum* sous l'empereur Germanicus en 15-16 et 69 ap. J.-C. et en Rhétie dans le nord de l'Italie. C'est là qu'ils seraient entrés en contact avec le rhétien et les autres écritures alpines[299]. De la même façon, les *coloniae* romaines de la région rhénane étaient colonisées par des militaires à la retraite provenant du Piémont et de la Lombardie modernes, avec une connaissance des écritures alpines et romaines.

La révolte batave de 69-70 ap. J.-C. sous Julius Civilis, est un exemple de groupe germanophone militarisé désenchanté fance à la manipulation romaine qui décide de briser leur *foedus* et asseoir sa propre autorité. Le rejet de la gouvernance romaine peut avoir été accompagné d'une réaction contre la *Romanitas* elle-même. Il et possible qu'un alphabet familier, mais spécifiquement non-romain, puisse avoir été choisi comme un nouvel alphabet germanique dans ce climat anti-romain. C'est dans une telle situation de rébellion qu'une nouvelle écriture « native » peut avoir été créée par un groupe de chefs connaissant l'écriture, mais opposés à la *Romanitas*.

Le contexte de ce sujet sera approfondi dans l'Annexe 4. Bien que le milier social et militaire pour le développement du fuþark correspond assez bien avec la révolte de Civilis, au milieu du Ier siècle est peut-être un peu tôt. En effet, le premier texte indiscutablement runique date d'un siècle après. La période « sans runes » demande donc une explication. Les textes runiques anciens sont absents de la région de Betuwe – le cas le plus ancien connu à ce jour est le tertre de Bergakker [fig.26] datant du Ve siècle. Il est difficile de considérer la révolte batave comme l'origine du fuþark pour des raisons purement chronologiques.

Scénario III : Himlingøje et les élites régionales

La présence d'autant de textes runiques du début de la Phase I au Danemark a mené Erik Moltke à proposer que le fuþark a été conçu dans cette région, par des gens familiers avec l'écriture romaine[300]. Il ne semble pas nécessaire d'affirmer que les premiers textes connus du Jutland sont simplement ceux qui ont survécu, et que si les conditions du sol ailleurs étaient également bénéfiques, nous pourrions avoir une

[298] Losquiño, 2015, pp.106-107.
[299] Looijenga, 2003, p.87.
[300] Moltke, 1985 ; Morris, 1988, pp.43-45 ; Spurkland, 2005, p.3.

vision plutôt différente de la distribution des premiers textes runiques.

Néanmoins, des objets domestiques en bronze de fabrication romaine portant des textes latins ont été retrouvés dans le sud de la Scandinavie, en particulier en Seeland et dans la région Fyn, dans de riches nécropoles[301]. Les textes sont principalement des marques de fabricants, et sont estampillés plutôt que gravés ou sculptés – mais ils montrent que les utilisateurs des objets étaient coutumiers de l'alphabétisation au Ier siècle ap. J.-C.

Le centre culturel, économique et politique de Himlingøje (Danemark), a été proposé comme le lieu le plus plausible où un aristocrate germanophone pourrait s'être familiarisé avec l'écriture latine et avoir vu les avantages de l'adapter à sa propre langue[302]. Il pourrait s'agir d'un soldat fédéré, d'un diplomate, ou même d'un otage, impliqué dans les liens politiques et diplomatiques étroits qui se sont développés entre l'aristocratie de la région et l'empire romain[303]. Les autorités de Himlingøje ont établi des dirigeants provinciaux, ou des vassaux, pour protéger leurs frontières et contrôler l'accès à la base du pouvoir central[304]. Toutefois, il y avait plusieurs élites germaniques avec des liens similaires avec le monde romain, et le choix de Himlingøje comme berceau potentiel de l'alphabétisation runique est davantage déterminé par l'état actuel de nos connaissances archéologiques sur ce site, que par aucun autre facteur.

Le commerce direct entre Romains, le Jutland et le Schleswig-Holstein a commencé en 5 ap. J.-C., quand l'empereur Auguste a envoyé une flotte, commandée par Tibère, en mission de reconnaissance au nord, destinée à soutenir la poussée romaine dans la *Germania Libera* de l'autre côté du Rhin[305]. Cette expansion a pris fin définitivement en 9 ap. J.-C., avec le massacre de trois légions et de neuf unités d'auxiliaires gaulois et nubiens, peut-être autant que trente mille soldats, sous le commandement de Publius Quinctilius Varus. Le site de cette bataille a peut-être été identifié avec les découvertes faites à Kalkriese, près d'Osnabrück (Allemagne), où de l'équipement romain et les restes d'un massacre ont été découverts sur plus de 10 kilomètres[306]. Malgré le retrait de la dominance romaine directe sur les rives du Rhin, Rome et ses voisins germains ont continué à interagir à la fois en tant que rivaux et en tant que partenaires. L'importation d'objets romains – principa-

[301] Losquiño, 2015, pp.147-148 ; Imer, 2015, p.109.

[302] Stoklund, 2003, p.172 citant Grønvik, 2001 ; *cf.* Nielsen, 2000, pp.350-351.

[303] Spurkland, 2005, pp.3-4 ; Egeler, 2009, pp.338-340 parle de l'attitude concernant les voyages de l'élite attestée durant l'Âge du Bronze, l'Âge du Fer, et la période médiévale, qui voyait une ouverture sur le monde comme précieuse et héroïque, alors qu'un refus d'interagir avec le monde était considéré « limité et paresseux ».

[304] Nielsen, 2000, p.351.

[305] Ellis Davidson, 1988, p.76 ; Storgaard, 2003, p.106 ; Bundgaard Rasmussen, 2003, p.149; Franceschi, Jorn & Magnus, 2005a, p.23.

[306] Burmeister & Derks, 2009 ; Strassmeir & Gagelmann, 2009 ; McNally, 2011

lement des ustensiles de verre et de bronze – allait jusqu'au sud de la Scandinavie, mais le style de vie romain n'a pas été adopté : malgré la découverte de plusieurs coupes, gobelets, bols, et plats pour servir le vin, aucune amphore n'a été retrouvée. Les utilisateurs buvaient la bière locale et de l'hydromel dans leur nouvelle vaisselle romaine[307].

Au début de l'Âge du Fer romain, le sud du Jutland et l'île voisine de Fyn formaient une base de pouvoir culturel, exprimée par des armes richement décorées retrouvées dans les tombes des hommes adultes, ainsi que du matériel romain importé. Les hommes de cette région ont érigé les grands remparts de terre d'*Olgerdiget* et *Æ vold* au nord, devenus nécessaires avec l'augmentation de l'activité militaire : les dépôts de *Margerethes Bro* et *Æ Lei* dans le marais d'Esbjøl datant de 250-310 ap. J.-C. reflètent l'équipement d'une armée de l'est ; des offrandes plus tardives dans le même marais datent d'environ 400 ap. J.-C.[308]. Des barrages ont été érigés dans des embouchures de rivières exposées (fjord Haderslev, fjord Nakebølle) à l'Âge du Fer romain et il a été suggéré que ces constructions pourraient refléter un niveau de conflit accru dû au développement de petites unités locales en puissances régionales. Rausing nous rappelle toutefois que la nature des relations entre les Romains et la Scandinavie méridionale étaient très différentes de celles entretenues avec les chefs de la *Germania Libera*[309].

Les relations des Romains avec leurs voisins au-delà du *limes* étaient généralement prudentes, sinon hostiles, alors que des contacts diplomatiques amicaux étaient maintenus avec des chefs derrière les tribus frontalières. Ceci implique la probabilité qu'il y avait un bloc de pouvoir dans le Jutland, ou dans son voisinage, qui avait une implication stratégique et polique suffisante, pour mériter l'effort d'entretenir des relations diplomatiques. Ces relations amicales peuvent expliquer certains équipements militaires romains, trouvés dans les dépôts des marais danois et le recrutement de dirigeants locaux dans le service militaire romain.

Des Germains de la péninsule du Jutland ont servi dans l'armée romaine à partir du IIIe siècle, mais la conception du fuþark doit avoir eu lieu au Ier siècle de notre ère, puisque les premiers textes datant du IIe siècle ont été faits avec confiance, ils ne semblent pas provenir d'un groupe proto-alphabétisé (à moins que la fibule de Meldorf soit acceptée comme telle). Le service dans l'armée romaine impliquait une familiarité avec l'écriture, comme en témoignent les découvertes *Vindolanda* au sud du mur d'Hadrien[310]. Il convient de noter que les troupes sur le mur étaient principalement des Bataves et des Tongres provenant des Pays-Bas ac-

[307] L. Jørgensen, 2003, p.14

[308] Glob, 1969 ; Parker Pearson, 1999, pp.67-71 ; A.N. Jørgensen, 2001; L. Jørgensen, 2003, pp.12-13 ; Kaul, 2003.

[309] Rausing, 1992 ; Quak, 1996 ; 7 Looijenga, 2003, pp.81-82.

[310] Spurkland, 2010, p.71.

tuels[311]. Cela correspond à certains aspects du Scénario II ci-dessus, la révolte batave de 70 ap. J.-C.

Scénario IV : le culte de Mithra

L'armée romaine était avide de religions à mystères, de sociétés secrètes, d'initiation par le service et l'illumination, les fraternités fermées, et les cultes avec des rites de consommation communale. Parmi ces derniers, le plus durable reste le culte de Mithra, qui est arrivé dans le monde romain au Ier siècle ap. J.-C. et était toujours présent à la fin du IVe siècle. Sa plus grande influence se situe au milieu et à la fin du IVe siècle, après quoi il ne reçoit plus beaucoup d'attention dans les sources littéraires. Le mithraïsme impliquait des graduations par des étapes d'initiation ainsi que des plats partagés par la fraternité. L'appartenance à ce groupe ne semble pas été antagoniste avec les célébrations publiques d'autres rites religieux, incluant le culte de l'empereur. Le mithraïsme a probablement été balayé ou forcé à disparaître avec la montée en puissance de la religion chrétienne.

Le culte était originaire de Perse, basé sur la révérence du dieu *Mitra,* qui personnifiait un serment librement donné, et le contrat qui en résultait. Le nom du dieu est entré dans l'empire par le biais du grec *(Mithras).* Les mystères prenaient place dans un espace souterrain peu éclairé (*mithraeum*) et célébraient la victoire du dieu en sacrifiant un taureau (la *tauroctonie*). Dans l'iconographie standard, le dieu regarde en arrière, loin du taureau, vers le soleil, et est flanqué de deux porteurs de torches. Un banquet suivait, dans lequel la peau du taureau figurait en évidence.

Les détails du culte et de ses cérémonies sont toujours méconnus aujourd'hui, en revanche, à son apogée, il figurait dans plusieurs régions autour de la Méditerranée, de la Syrie à la Lybie, mais aussi dans des villes du nord aussi loin que Londres et Heidelberg. Il est possible – on pourrait difficilement utiliser un terme plus affirmatif – que le mithraïsme (ou un autre culte initiatique similaire pratiqué dans l'Europe romaine) ait pu exiger aux initiés l'apprentissage du « code secret » ou système d'écriture. Dans le contexte de l'Europe du Nord au Ier siècle, un système pour transmettre des informations codées aurait été très utile pour maintenir l'aura de mystère qui convenait au mithraïsme[312]. Les rites et coutumes du culte étaient connues de plusieurs militaires, y compris du grand nombre de jeunes Germains qui peuplaient les légions à partir du Ier siècle.

[311] Spurkland, 2010, pp.72-73.

[312] Axboe. 2007, p.152 préfère voir le culte de l'empereur dans l'iconographie germanique, tel qu'attesté par les bractéates.

Possibilités et réflexions

Le fuþark a été conçu dans un environnement intellectuel qui était familier avec la culture matérielle romaine, et avec la notion d'alphabétisation. Il s'agissait d'une société qui n'était ni volontairement ni déraisonnablement hostile à la *Romanitas*, mais qui préférait adopter certains aspects de la culture romaine selon ses propres termes[313]. La décision de ne pas accepter l'alphabet romain dans sa totalité, en tant que démarcation entre les cultures romaines et non-romaines, peut avoir été déterminée par la dynamique politique dans le groupe original. L'on peut facilement comprendre qu'un roi tel que Julius Civilis ou Maroboduus puisse avoir excité les passions et les ambitions qui ont mené à l'acceptation de l'écriture, mais en rejetant l'écriture romaine.

Il y avait une restructuration fondamentale non seulement du système politique, mais aussi des moyens de participation à la vie publique, entre le début et la fin de l'Âge du Fer romain au Jutland et dans les régions côtières avoisinantes. À la fin de l'Âge du Fer romain, l'enterrement rituel des armes a diminué. La façon de faire la guerre a elle aussi changé drastiquement, après des siècles de domination du « modèle romain ». La transition de la quantité et de la qualité des armes indique que les habitants du Jutland et de la région danoise ont développé une structure sociale plus complexe dans laquelle les soldats professionnels (des hommes qui choisissaient de prendre les armes et de gagner leur vie grâce à elles) jouaient maintenant un rôle majeur. Une lutte pour le pouvoir s'est ensuivie avec des participants de la région de la Baltique, du sud de la Norvège, et de l'ouest de la Suède[314].

Les sacrifices dans les marais de Vimose, d'Illerup et ailleurs indiquent l'adoption de moyens de production de masse pour les armes, ou une importation directe d'armes en marge de l'empire. Les types d'armes ont évolué, avec des lances de poussée utilisées aux côtés de lances plus légères. C'est sur ces dernières que l'on retrouve plusieurs des premiers textes runiques, comme les textes *wagnijo* de Vimose[315].

L'agriculture germanique a commencé à se réorganiser en unités plus grandes, pour plus d'efficacité et un meilleur rendement[316]. Se sont ajoutés à cela les changements dans les structures militaires, technologiques et politiques. Il ne fait aucun doute que, dans ce bouleversement et cette concurrence, il y a eu quelques gagnants et beaucoup de perdants, et ces derniers ont cherché d'autres occasions de vendre leurs

[311] Spurkland, 2010, pp.72-73.

[312] Axboe. 2007, p.152 préfère voir le culte de l'empereur dans l'iconographie germanique, tel qu'attesté par les bractéates.

[313] Anderson, 2005, p.7.

[314] L. Jørgensen, 2001.

[315] McKinnell & Simek, 2004, p.43 ; Looijenga, 2003, p.84, 155 ; Imer, 2010, pp.54-55 ; Losquiño, 2015, pp.32-33. Imer, 2015, p.111 interprète le nom comme une marque de fabricant.

[316] Herschend, 2009, chapitre VII.

compétences. Les relations avec Rome se sont intensifiées, et le parrainage romain de tel ou tel chef ou groupe peut avoir facilité leur chemin vers le succès. Comme mentionné ci-dessus, un site tel que Himlingøje dans l'est du Seeland est probablement un bon exemple de la base d'un tel gagnant[317].

Les riches sépultures contenant du matériel importé romain suggèrent un contact avec l'empire, ce qui contraste avec la situation au début de l'Âge du Fer romain, où l'est du Seeland ne semble pas avoir eu accès à une grande quantité de produits de luxe. On ne sait pas si le groupe qui est arrivé au pouvoir était d'origine locale ou émigré, d'ailleurs: l'immigration du sud de la Suède a été proposée comme une des énigmes pour expliquer pourquoi cette région a soudainement décollé en tant que centre de pouvoir et de richesse. Sur une courte période, l'est de Seeland est devenu le centre d'un réseau de puissances régionales comprenant le nord et le sud-ouest du Jutland, Fyn, Bornholm, le centre de la Suède et le sud de la Norvège[318]. La structure est caractérisée par un réseau d'alliances, de liens familiaux et de mariages entre les familles dirigeantes.

Le réseau de Himlingøje est parvenu à dominer les routes maritimes de l'embouchure du Rhin à la Baltique[319]. Il doit y avoir eu des liens étroits entre le centre de pouvoir d'Himlingøje en Seeland et l'important centre cultuel à Gudme, sur l'île de Fyn. Gudme, et son port voisin à Lundeborg, ne semble pas avoir été un centre social ou militaire à cette époque, et devrait peut-être être tenu pour un centre d'artisanat et de commerce pourvu d'une forte dimension religieuse[320]. Les découvertes runiques de Gudme ne sont pas nombreuses, mais l'on a tout de même retrouvé quelques objets, y compris un fragment de plaque décorative provenant d'une ceinture avec l'inscription … *eþro* sur le revers. Il date probablement du IIIe ou du IVe siècle et demeure toujours sans interprétation[321]. Néanmoins, la suprématie de Himlingøje a éventuellement été éclipsée. Aux IIIe et IVe siècles, Gudme et son port ont gagné en importance[322]. Gudme semble avoir été un centre pour l'utilisation (et peut-

[317] Roth, 1979; Storgaard, 1994, 2001, 2003.

[318] Storgaard, 2001, p.96. L'« insigne comune » de ce groupe inclut des fibules rosette et des bagues à tête de serpent. De tels objets apparaissent dans le mobilier funéraire féminin aussi loin que dans la culture de Cernjachov, au nord de la mer Noire, probablement le résultat de coutumes matrimoniales exogames.

[319] Storgaard, 2001, p.98 et Fig. 1 ; Hupfauf, 2003, p.63.

[320] Gaimster, 1992, p.15 ; Thrane, 1994 ; Nielsen, 1994 ; Thomsen, 1994 ; Storgaard, 1994 ; Eriksen, 2010.L'importance de Fyn s'est accrue plus tard, à la fin de la période romaine tardive, et s'est étendu à partir d'une base centrale. Elle n'a atteint Gudme, au sud-est de l'île, durant la période des migrations. Les fibules rosette et les bagues à tête de serpent indiquent que le complexe de Gudme était compris dans le réseau des chefs d'Himlingøje, dont il était peut-être le centre économique. Néanmoins, Hatting, 1994, soutient que Lundeborg n'était rien de plus qu'une grande colonie, se basant sur les restes animaux découverts sur le site.

[321] Imer, 2010, p.58-60 ; Losquiño, 2015, p.152 suggère que la découverte de Gudme peut avoir été faite par le même graveur qui a inscrit leþro sur le torque de Strårup (Nielsen, 2015, p.48).

[322] Nielsen, 2000, p.353.

être la production) de bractéates. Au milieu du VIe siècle, le site a été à son tour éclipsé par Lejre. Les « spécialistes du rituel » de Gudme peuvent avoir été caractérisés par de longs cheveux tressés, par opposition aux empereurs romains aux cheveux courts[323].

Il est probable, et même presque sûr, que les premiers inventeurs de l'écriture runique étaient aussi ses premiers distributeurs : ils contrôlaient l'accès au script, et donc enseignaient son utilisation. Un seul point d'origine est le scénario le plus plausible – une société ou une politique, peut-être une combinaison unique de circonstances dans lesquelles le besoin d'alphabétisation est devenu crucial, à une époque où il n'était pas politiquement acceptable d'adopter le système romain sans modifications.

La révolte batave peut avoir été décisive, en montrant que la résistance face à l'autorité romaine pouvait être conduite en utilisant des techniques que les Romains eux-mêmes utilisaient – c'est aussi le message de la campagne d'Arminius, qui a attiré l'imprudent Varus sur un terrain difficile où la supériorité numérique et les quantités d'équipement étaient un obstacle au déploiement efficace. Extraire les bénéfices du système romain sans pour autant devenir un élément de la machine romaine aurait été très attractif : c'est exactement le type de scénario dans lequel la conception du fuþark a pu avoir lieu.

La séquence runique

L'ordre des runes est différent de toute autre écriture ancienne ou médiévale, ce qui a provoqué quelques commentaires parmi les étudiants cherchant à lier des origines runiques à telle ou telle autre source[324]. La définition du dictionnaire islandais-anglais Cleasby-Vigfusson de 1874 n'aide pas particulièrement :

« A. est la première lettre de tous les alphabets issus de l'alphabet phénicien. L'alphabet runique, confus et arbitraire, est la seule exception à cette règle. »

Il existe toujours des étudiants prêts à condamner le fuþark parce qu'il ne se conforme pas à l'idée qu'ils se font d'une écriture ordonnée. La séquence originale et les noms (qui étaient significatifs en phénicien mais avaient perdu leur sens en grec) n'ont pas été adoptés pour le fuþark. L'alphabet gotique de Wulfila suit un ordre basé sur l'alphabet grec [voir annexe][325]. La signification possible des trois premiers caractères sera abordée dans le volume suivant (Volume II: *Runes vikings et*

[323] Axboe, 2007, p.152.

[324] Elliott, 1958, p.59 ; Moltke, 1981, pp.3-4 ; Halsall, 1981, p.3 ; Morris, 1988, p.19 ; Williams, 1996, p.216 ; Antonsen, 2002, pp.42-43 ; Woodhouse, 202 ; Spurkland, 2005, p.6 ; Barnes, 2012, p.17. Stoklund, 2003, pp.172-173 note qu'il n'y avait pas de raison fonctionnelle pour dévier de l'ordre alphabétique des autres alphabets sources, et que l'ordre fuþark doit être considéré comme une innovation délibérée, et donc une forme de cryptage.

[325] Morris, 1988, p.17 ; Anderson, 2005, p.5.

traditions runiques). Il faut noter que la séquence des graphèmes dans le système d'écriture n'a pas d'importance particulière au départ – le but principal de l'auteur est d'enregistrer les phonèmes pour qu'ils puissent être lus. La séquence fixe de graphèmes n'est rien d'autre qu'un outil d'enseignement et un appui mnémotechnique[326]. L'ordre semble basé sur un système d'appariement associatif, qui aiderait à mémoriser le nom et le vers correspondant. De telles correspondances au sein des lettres étaient un outil commun dans le monde antique, pour aider à apprendre l'ordre et le ou les sens de chaque membre du groupe[327]. Une séquence « chanceuse » ou bénéfique pourrait être considérée pour harmoniser le texte avec les puissances invoquées – comme par exemple, lorsque les runes étaient utilisées pour augmenter la puissance d'un objet tel qu'une épée, ou si elles étaient utilisées pour la divination.

Les textes survivants les plus anciens ont une forte qualité épigraphique – ils sont souvent inscrits en gras, généralement courts, et suivent une formule type. Ils ne montrent pas une tendance à l'adaptation pour l'utilisation à grande échelle ou pour des textes plus longs – cela arrive beaucoup plus tard en Angleterre anglo-saxonne, et en Scandinavie durant la période viking[328]. Ces facteurs, pris ensemble, indiquent que l'écriture ne visait pas à rivaliser avec les lettres romaines pour les textes longs ou la communication internationale. Plusieurs – peut-être la plupart – des textes connus de la Phase I sont très courts (un ou deux mots) et ne sont pas immédiatement intelligibles : la tendance a été de voir ces textes comme « brouillons » (des tentatives amateures par un peuple qui n'était pas formé pour l'écriture), mais il serait peut-être plus fructueux de les voir comme « brouillés » ou « codés », écrits délibérément de cette façon, pour troubler le lecteur qui ne connaîtrait pas le code. Nous reviendrons sur cet aspect de l'écriture dans le prochain ouvrage.

Nous pouvons être relativement certains de l'ordre des runes, grâce à plusieurs textes de la Phase I qui contenaient des rangées de runes complètes ou partielles [voir annexe II], y compris la pierre de Kylver (Gotland, 24 runes), le pilier de Breza (Bosnie, 19 runes), les bractéates de Grumpan (endommagés) et de Vadstena (fig.14, 23 runes) (ces deux derniers de Suède), un autre de Motala (une copie de celui de Vadstena), et ceux de Lindkær [fig.44], de Gudme (3 exemplaires, chacun uniquement avec *fuþar*) et d'Overhornbæk [fig.45][329]. Aucun de ceux-ci n'est toutefois antérieur au Ve siècle, donc la séquence préservée dans le *PRVA* et les différentes sources épigraphiques peuvent ne pas être plus anciennes que cela[330].

[326] Woodhouse, 2002 ; Fischer, 2005, p.60 ; *cf.* Halsall, 1981, p.3.

[327] Mees, 2006, pp.218-222.

[328] Odenstedt, 1990, pp.170-171.

[329] Elliott, 1958, p.14 ; Jansson, 1987, pp.12-14 ; Odenstedt, 1990, p.11 ; Antonsen, 2002, pp.176-80 ; Looijenga, 2003, pp.231-234 ; McKinnell & Simek, 2004, pp.70-71.

[330] Halsall, 1981 ; Looijenga, 2003, p.111.

Une broche en argent de Charnay (Suisse) datant du VIe siècle, de fabrication burgonde, présente vingt runes [fig.43] ; la broche de Beuchte [fig.47] et une autre d'Aquincum montrent également des textes fuþark partiels[331]. Toutefois, il y a quelques petites différences entre ces séries (particulièrement dans l'ordre des deux derniers caractères), ce qui peut indiquer que la séquence n'était pas fixe, ou que des traditions divergentes sont apparues assez tôt dans l'histoire de l'écriture. Certains bractéates divisent le fuþark en trois groupes par deux-points (:), probablement un précurseur de l'*ættir* scandinave.

Les textes les plus anciens datent peut-être du Ve siècle, la majorité datent du VIe, mais la régularité avec laquelle la séquence est préservée suggère fortement une tradition formelle avec un système mnémonique ; si tel est le cas, les poèmes runiques doivent être considérés comme un vestige de cela[332]. L'ordre du fuþark a été rejeté dans les années 1930 par le scientifique suédois Agrell, qui est arrivé à la conclusion que la séquence fonctionnerait mieux si la première rune (ᚠ, f) était placée en dernier. Ce concept (la théorie du « uþark ») a périodiquement refait surface, comme une alternative à la rangée de runes standard[333]. La plus grande difficulté avec cette théorie est qu'il n'y a aucune preuve de son utilisation durant l'Antiquité ; il s'agit, comme les runes d'Armannen, d'une adaptation moderne de notre connaissance dans une écriture variante ou un outil magique. Cela peut être une procédure va-

Fig. 14 Le bractéate de Vadstena avec la séquence fuþark complète (commençant à 9 heures), le « d » est couvert par l'attache.

[331] Antonsen, 2002, p.152, pp.177-179 ; Losquiño, 2015, p.113 ; Nedoma, 2015, p.307.
[332] Halsall, 1981, p.3 ; Anderson, 2005, p.2.
[333] Odenstedt, 1990, p.170 ; Karlsson, 2002.

lide pour ceux qui recherchent la magie moderne, mais ne devrait pas être présenté comme s'il y avait un fondement basé sur l'utilisation ancienne. Dahm a proposé une séquence de graphèmes runiques intéressante, qui est évoquée plus loin [*cf.* vol.2 "usages masculins et féminins"].

Les runes comme écriture

L'adoption de l'écriture n'a pas été immédiate, et la tradition anglo-saxonne semble avoir suivi cette évolution. Les livres et les textes sont étrangers au monde culturel de *Beowulf*, qui se passe entre le milieu et la fin du VIe siècle, dans la mesure où il est ancré dans l'histoire[334]. Par contre, les runes sont parfois mentionnées dans le poème, comme c'est le cas de la garde de l'épée avec laquelle le héros tue la mère de Grendel. Par conséquent, il est probable que, pour un Anglo-Saxon du XIe siècle, les traditions runiques faisaient partie du passé héroïque, mais que les livres étaient connus comme étant étrangers à cette culture.

Les textes en fuþark ancien ont été décrits comme « archaïsants », signifiant que leur orthographe n'est pas tirée d'une langue contemporaine[335]. Un exemple de cela est la pierre de Rävsal (Suède) portant le texte ***hAriwulfs stainaR*** (la pierre d'Hariwulf), avec ᚨ (A) et ᚹ (w) dans la même inscription, alors que /w/ devrait avoir été perdu en nord germanique au moment où la rune ᚨ est arrivée pour représenter la voyelle basse postérieure[336]. Si tel est le cas – et il y a certainement place au doute –, cela implique alors qu'il y avait déjà au IVe ou au Ve siècle une orthographe « traditionnelle » pour certains mots, et donc que l'orthographe ne nous permet pas de dater ces premiers textes avec certitude. Le chercheur doit considérer les tendances archaïsantes ou conservatrices de la langue, et établir le parallèle avec les tendances conservatrices dans le texte [*cf.* p.75][337]. Nous savons qu'une grande partie de mysticisme magique médiéval entourait les runes dans les traditions ultérieures, et que ce processus était déjà en cours lorsque des textes aussi anciens que le *Poème Runique*VA ont été compilés[338]. Ces traditions ultérieures ont été amplement couvertes dans d'autres livres et ne seront pas analysées en détail ici pour des raisons de place.

La théorie de « l'ajustement parfait »

La correspondance remarquable des graphèmes runiques et des phonèmes proto-germaniques a souvent été commentée, ce que l'on ap-

[334] Orchard, 2003, p.99.

[335] Makaev, 1996, p.20.

[336] Looijenga, 2003, p.334.

[337] En aparté, l'orthographe a toujours tendance à être prudent dans un souci de clarté, de sorte que la prononciation de « wh » dans des mots tels que *which* (lequel) ou *whey* (petit lait) n'est pas contrastée dans la plupart des dialectes anglais avec *witch* (sorcière) et *way* (voie).

[338] Mees, 2006, p.224.

[339] Odenstedt, 1990, p.169 ; Barnes, 1994, p.21 ; Bammesberger, 1996, p.15 ; Barnes, 2012, pp.23-24.

pelle la théorie de « l'ajustement parfait », parce qu'il n'y a pas de redondance dans le système autre que les variations sporadiques dans la forme des graphèmes[339]. Cela a été considéré comme une preuve que le fuþark a été créé en une seule fois, par un seul homme (comme on le suppose généralement), ou par un groupe aux objectifs similaires et dans un but précis[340]. L'inventeur connaissait bien l'écriture romaine, même s'il était déterminé à ne pas créer une simple copie.

Un parallèle de cela se trouve dans l'écriture conçue par l'évêque Wulfila pour écrire le gotique au IVe siècle, et qui a pris l'alphabet grec comme modèle en ajoutant quelques nouveaux caractères[341]. L'origine grecque de l'écriture et de l'orthographe gotique est évidente dans certaines de ses particularités, comme écrire /ŋ/ avec « gg », par exemple *figgrs* pour *finger* (un doigt).

Certaines particularités de l'orthographe runique valent la peine d'être mentionnées. Dans les textes de la Phase I, /n/ et /m/ peuvent être supprimées devant des consonnes homorganiques, donc /nd/, /nt/, /ns/, /nð/ et /nþ/ peuvent s'écrire uniquement avec la dernière consonne, ex. *asugisalas* pour **ansugisalas* sur le manche de lance de Kragehul [fig.9 vol.2][342], et /mb/, /mp/, /ms/ peuvent être écrits *b*, *p* et *s* ex. *kabu* pour **kambu* sur le peigne d'Oostum[343]. (Inversement, dans les textes norrois des Phases IV et V, *m* peut être écrit /mb/ comme telle est l'orthographe commune de *kuml* pour le vieux norrois *kumbl* « marqueur, pierre runique ».) Certaines raisons possibles pour cette non-représentation sont abordées par Williams, qui cite l'opinion de Morris comme quoi cela peut être un héritage de l'orthographe grecque, mais il préfère y voir une preuve de la perception différente des phonèmes, ex. *kabu* représente une voyelle nasale /kãbu/.

L'inventaire des consonnes du proto-germanique comprend les arrêtées, fricatives (continuantes), liquides et nasales [*cf.* p.94]. Les runes ᛒ, ᛞ, ᚷ indiquent un arrêt voisé /b, d, g/ leurs allophones fricatifs /β, ð, γ/; les équivalents non voisés sont les arrêtées *p, t, k* /p, t, k/ et les fricatives *f, þ, h* /f, þ, x/.[344] Les nasales sont représentées par *m, n, ŋ* et les liquides par *l, r.* Les sibilantes sont *s* (non voisé) et *z* (voisé), et *w* tout comme *j* sont des semi-voyelles. Un trait particulier du proto-germanique est que les mots avec l'initiale *p-* sont rares; les exemples de textes runiques avec ᛈ sont eux aussi rares, mais la rune est présente dans les rangées de fuþark, comme sur la pierre de Kylver [fig.20].

[340] Odenstedt, 1990, pp.169-170 préfère l'idée qu'un groupe de marchands ou de soldats était impliqué. Cela se base sur sa théorie comme quoi les runes étaient dérivées des lettres majuscules romaines. Il n'accepte pas l'idée d'un seul acte de création qui a résulté à la création de l'ordre runique final.

[341] Wolfram, 2013. Bien qu'il soit défini un *episkopes* « évêque », il est probable que Wulfila ait été un dirigeant paré d'une autorité religieuse et séculaire, un *kindins* gotique.

[342] Antonsen, 1981, p.56 ; Insley, 1991, p.313 ; Makaev, 1996, p.38, pp.45-46 ; Antonsen, 2002, pp.230-231 ; Looijenga, 2003, pp.164-165 ; Spurkland, 2005, p.9.

[343] Williams, 1994, p.217.

L'« ajustement parfait » n'est pas vraiment parfait, puisque les labio-vélaires /x^w/, /g^w/, / ^{w}/ et /k^w/ n'ont pas de graphèmes spécifiques qui leur sont assignés.[345]. Le /x^w/ labio-vélaire, en particulier, apparaît initialement dans un grand nombre de mots interrogatifs. Les deux phonèmes /x^w/ et /k^w/ ont reçu un caractère spécifique dans l'écriture gotique [*cf.* p.129].

Comme nous l'avons noté, un problème en attribuant des runes à des phonèmes est que nos suppositions sur la valeur phonémique influencent nos attentes et affectent nos interprétations. Il n'y a pas d'exemple certain de la rune ᛇ utilisée pour la voyelle transcrite comme « e » (ou ǣ) dans les textes de la Phase I, malgré un siècle de recherches sur le sujet[346]. En effet, l'existence d'un second phonème apparenté à f /e:/ est problématique: la langue n'a pas pu avoir deux phonèmes identiques avec des origines différentes en même temps, donc « e^1 » doit avoir eu un autre but phonétique: le plus probable est une voyelle basse antérieure non arrondie /æ:/ contrastée avec la voyelle centrale non arrondie /e:/[347]. Cela peut signifier l'inclusion du ᛇ en tant que graphème pour le phonème /æ:/, ce qui rend une origine de l'écriture plus ancienne assez probable[348], vers le premier siècle av. J.-C., bien que ceci soit basé sur notre compréhension actuellement plutôt floue de la chronologie du développement phonémique du proto-germanique. La séquence (qui n'est pas complètement fixe, permettant une variation de l'ordre ᚨ et ᛈ, et entre ᛞ et ᛟ) divise les 18 consonnes et les 6 voyelles en trois groupes (*ættir*), chacun d'eux contenant 2 voyelles et 6 consonnes (proportion 1:3)[349]. Alternativement, si les caractères sont divisés en deux groupes, chacun possède 3 voyelles et 9 consonnes (toujours une proportion 1:3). Chaque *ætt* contient (i) une labiale /f/, /p/, /b/; (ii) une paire de consonnes marquées par une opposition voisée:non voisée /k/:/g/, /z/:/s/, /t/:/d/; (iii) trois continuantes /θ/, /r/ /w/, /h/ /n/ /j/, /m/ /l/ /ŋ/.

Phonologie du proto-germanique

Il y a eu plusieurs expositions de la phonologie du proto-germanique, dont beaucoup commencent par l'inventaire du proto-indoeuropéen et

[340] Odenstedt, 1990, pp.169-170 préfère l'idée qu'un groupe de marchands ou de soldats était impliqué. Cela se base sur sa théorie comme quoi les runes étaient dérivées des lettres majuscules romaines. Il n'accepte pas l'idée d'un seul acte de création qui a résulté à la création de l'ordre runique final.

[341] Wolfram, 2013. Bien qu'il soit défini un *episkopes* « évêque », il est probable que Wulfila ait été un dirigeant paré d'une autorité religieuse et séculaire, un *kindins* gotique.

[342] Antonsen, 1981, p.56 ; Insley, 1991, p.313 ; Makaev, 1996, p.38, pp.45-46 ; Antonsen, 2002, pp.230-231 ; Looijenga, 2003, pp.164-165 ; Spurkland, 2005, p.9.

[343] Williams, 1994, p.217.

[344] Nielsen, 20, pp.122-124.

[345] Vennemann, 2015, p.297.

[346] Odenstedt, 1990, p.145ff ; Antonsen, 2002, p.44.

[347] Antonsen, 2002, pp.20-21; Ringe & Taylor, 2014. p.10ff.

[348] Barnes, 2012, p.13.

[349] Jensen, 1969, p.131.

tracent les changements qui ont produit le(s) stade(s) du proto-germanique. Ici, j'ai modifié le format adopté par Antonsen (2002) pour plus de commodité, mais le lecteur devrait également consulter van Coetsam & Kuefner (1972), Voyles (1992), Ringe (2006), Nielsen (1989, 2000), Kortlandt (2010).

Le proto-germanique est lui-même subdivisé en stades précoces et tardifs, le premier se produisant au point où l'accent tonique est fixé sur la syllabe initiale et le stade tardif commençant par le développement des syllabes m, n, l et r (/ m̥ n̥ l̥ r̥ /) vers um, un, ul et ur[350]. Les runes de la Phase I semblent s'ajuster très bien à la phonologie du proto-germanique tardif, à part pour l'absence de labio-vélaires, ce qui suggère que le système doit avoir été conçu un peu avant les textes les plus anciens qui nous sont connus, puisqu'ils dévient tous du proto-germanique[351]. Ainsi, nos textes runiques les plus anciens ne documentent pas la phase de développement linguistique appelée le proto-germanique (ou germanique commun), qui est largement supposé comme ayant évolué vers le ve siècle av. J.-C. Nos textes les plus anciens sont déjà assez éloignés de cette période, comme la corne de Gallehus [*cf.* p.134].[352] Antonsen postule une série d'allophones vocaliques pour le proto-germanique, tardif qui explique la forme des mots empruntés (ex. latin *mon ta*> proto-germanique **munīt-*, anglais *mint*, allemand *Münze*) et qui s'est développé au fil du temps pour devenir le vocalisme i-muté de beaucoup de langues ultérieures[353].

	Non voisées	**Voisées**				
	Labiale	Apicale	Dorsale	Labiale	Apicale	Dorsale
Arrêtée	/p/ ᛈ	/t/ ᛏ	/k/ ᚲ			
Obstruante			/b/ ᛒ	/d/ ᛞ	/g/ ᚷ	
Fricative	/f/ ᚠ	/θ/ ᚦ	/x/ ᚺ /s/ ᛊ	/β/ ᛒ	/ð/ ᛞ	/γ/ ᚷ /z/ ᛉ
Sonante						
Nasale				/m/ ᛗ	/n/ ᚾ	/ŋ / ᛜ
Latérale					/l/ ᛚ	
Roulée						/r/ ᚱ
Semi-voyelles				/w/ ᚹ		/j/ ᛃ

Table 1 Le système de consonnes proto-germanique et les runes correspondantes (selon Antonsen).[354]

[350] Antonsen, 2002, pp.28-31.

[351] Morris, 1988, pp.122-125 ; Antonsen, 2002, p.47.

[352] Makaev, 1996, p.23 ; *cf.* Nielsen, 2000, pp.122-124 ; Antonsen, 2002, p.31. Le texte de la corne se lit *ek hlewagastiz holtijaz horna tawido* pour le proto-germanique **ek hlewagastiz hultijaz hurnan tawidon*.

[353] Antonsen, 2002, pp.20-25 ; *cf.* Schrijver, 2014.

Pour les consonnes non voisées, la distinction entre les arrêtées et les fricatives (continuantes) est phonémique, donc le /t/ est en distribution contrastive avec /θ/. Pour les séries voisées, la distinction entre /d/ et /ð/ est conditionnelle et dépend de l'environnement phonétique, elle n'est donc pas phonémique[355]. Ainsi, /b/ peut aussi être réalisé par son allophone /β/ dans certains environnements, /d/ par /ð/, /g/ par /γ/.

	Courte	Longue	Diphtongue				
	non arrondie		arrondie	non arrondie	arrondie	non arrondie	arrondie
Antérieure	/i/ ᛁ		/u/ ᚢ	/i:/ ᛁ	/u:/ ᚢ		
Moyenne	/e/ ᛖ					/ei/ ᛖᛁ	/eu/ ᛖᚢ
Postérieure		/a/ ᚨ		/æ:/ ᛇ	/o:/ ᛟ	/ai/ ᚨᛁ	/au/ ᚨᚢ

Table 2 Le système de voyelles proto-germaniques (selon Antonsen).

Le fuþark montre un certain raffinement en allouant des graphèmes séparés aux deux voyelles qui peuvent être réalisées par des semi-voyelles, ex. ᚢ /u/ versus sa semi-voyelle ᚹ /w/ et ᛁ /i/ et sa semi-voyelle ᛃ /j/. L'alphabet romain utilisait « V » et « I » pour les deux phonèmes, et la différence n'a pas été spécifiquement orthographié jusqu'aux alentours du XVIe siècle, quant U, V et W ont été conçues, aux côtés de I et J[356]. Antonsen souligne, à juste titre, que le /o:/ proto-germanique était en fait une voyelle antérieure arrondie plus près de /a:/ qui provoquait l'abaissement des voyelles proximales dans certains environnements, mais pour l'analyse phonémique, ceci est d'importance secondaire[357]. Les caractéristiques vocales antérieures/ moyennes/ postérieures étaient évidemment redondantes dans le proto-germanique, mais dans l'histoire ultérieure des langues qui en sont issues elles sont devenues très importantes.

Les runes de liaison

Le sujet des runes de liaisons est controversé, bien que l'existence de ces caractères ne le soit pas[358]. Une rune de liaison se produit lorsque

[354] Antonsen, 2002, p.102 rejette la qualité phonémique de /ŋ/ pour le proto-germanique, le voyant plutôt comme un allophone de /n/ avant /k/, /g/. Bien que ce soit vrai d'un point de vue structurel théorique, il n'en reste pas moins que / / était apparemment écrit parfois avec un graphème distinct et notre compréhension de l'orthographe runique doit prendre cela en considération.

[355] Antonsen, 2002, p.100 ; Barnes, 2012, p.23. Les obstruantes voisées étaient faites en arrêts lorsqu'elles étaient en position initiale, après des nasales, et lorsqu'elles étaient géminées ; ailleurs, elles étaient fricatives.

[356] Antonsen, 2002, p.101.

[357] Antonsen, 2002, pp.20-21.

[358] MacLeod, 2002, pp.30-33. Les alphabets grecs, romains, étrusques, et les autres alphabets européens utilisaient tous des formes de ligatures.

deux signes runiques sont écrits de telle sorte qu'ils se chevauchent à un certain endroit – par exemple, sur un manche de lance de Kragehul [fig.9 vol.2] la forme commune au nominatif masculin *-*az* apparaît ᚨ *az* fait à partir de ᚨ et ᛉ. Sur la pierre à aiguiser de Strøm, en Norvège [fig.8 vol.2], le texte contient la séquence *ha* plusieurs fois, où le montant droit du ᚺ est utilisé comme la branche du ᚨ, pour que les deux bras descendants du ᚨ émergent de la droite du ᚺ[359]. La séquence *ga* est utilisée régulièrement, sur le manche de lance de Kragehul, le bractéate de Skåne 1 et le bractéate d'Undley [*cf.* p.166]. La rune de liaison *ka* apparaît sur les bractéates de Skåne 1 et de Skrydstrup [fig.47, 48]. Ces graphèmes sont techniquement des ligatures (similaires au procédé qui construit *æ* à partir de *a* et *e*) qui résultent d'une combinaison délibérée plutôt que d'un écrasement occasionnel ou d'une mauvaise disposition. L'utilisation de ligatures se répète dans les manuels anglo-saxons, par exemple *þæt* est abrégée ꝥ (de þ et ⁊) alors que, sur les pièces de monnaies, le mot *Rex* peut être écrit avec la ligature « ℞ » à partir de « R-X« [360].

Les textes de la Phase I présentent régulièrement des runes de liaison, et qui apparaissent occasionnellement en Angleterre anglo-saxonne (comme sur le bractéate d'Undley et le coffret d'Auzon) sont rares durant la périodeViking (IXe-XIe siècles), mais font pourtant un retour durant le Bas Moyen-Âge. Elles sont une caractéristique ancienne de l'écriture et n'ont jamais vraiment disparu, mais ont fluctué en popularité[361]. Peut-être que certaines « écoles » runiques dénigraient leur utilisation, alors que d'autres encourageaient l'expérimentation ?

En combinant les graphèmes, le risque d'ambiguïté ou de malentendu était accru. Peu de runes de liaison sont transparentes au niveau des caractères qui la composent, et cela doit toujours être gardé à l'esprit. Peut-être que trouver l'identité des composants était un plaisir intellectuel de l'usage runique précoce. Un graphème comme ᛏ en fuþark récent est une combinaison transparente de ᛅ et de ᛚ /al/, mais ce qui a motivé le graveur à choisir la rune de liaison nous est inconnu. Il existe des cas « d'augmentation ornementale » (comme sur la pierre de Tørvika B, Norvège) par laquelle un texte runique simple est sculpté avec des branches superflues qui entravent la lecture[362].

Il est frappant de constater à quel point *ga* et *ha* apparaissent souvent dans le corpus de runes de liaison. La difficulté d'inclure ᛁ /i/ lisiblement dans une ligature peut avoir découragé son utilisation. Les runes de liaisons qui incorporent ᛖ sont assez bien représentées [voir ci-

[359] Elliott, 1958, p.20 ; Morris, 1988, p.17 ; Makaev, 1996, p.55 ; Antonsen, 2002, pp.155-161 ; MacLeod, 2006, p.183 ; Barnes, 2012, p.20.
[360] C. Wren, pers.comm.
[361] MacLeod, 2002, p.14.
[362] MacLeod, 2002, p.117.

dessous] et ᚢ apparaît à l'occasion (ex. sur le manche de lance de Kragehul, fig.9 vol.2).

Les runes de liaison peuvent être liées à l'utilisation de monogrammes – des motifs abstraits formés à partir des lettres d'un nom. Les monogrammes apparaissent en premier dans les sources romaines au IVe siècle de notre ère, et commencent à apparaître sur les pièces de monnaies en tant que symbole de légitimité au Ve siècle, associés aux monarques germaniques Ricimer, Théodoric et Gundobad[363]. Théodoric était le seul de ces monarques à faire marquer des *solidi* avec son monogramme en Italie, et les *solidi* sont un sous-ensemble des séries de monnaies de ce monarque : il est donc probable que le monogramme ait transmis un message spécial à une partie de la société italienne dominée par les Goths au début du VIe siècle (les *solidi* sont tous postérieurs à 509 ap. J.-C).

Le monogramme était probablement destiné à être utilisé par une élite gotique probablement habituée à démêler des symboles graphiques combinés. Le fait que les *tamgas* étaient utilisés par les peuples des steppes contemporains dans un but similaire – la combinaison de signes simples en ensembles complexes – indique que cet usage était probablement familier à tout militaire de haut rang au IVe siècle. Il est tentant de présenter ici la grille géométrique au revers de la broche de Beuchte [fig.5 vol.2], qui est très détaillée et revêtait visiblement une importance considérable[364].

La signification des runes de liaison est sujette à débat : une partie de la communauté scientifique estime qu'elles servaient à conserver de l'espace, alors que l'autre y voit une tentative de contrôler le nombre de caractères séparés dans un texte, dans une optique de magie numérologique[365]. La rune de liaison la plus commune dans les textes anciens est la formule *ek.erilaz* « Je suis un eril », qui apparaît dans des contextes qui, s'ils ne sont pas magiques, sont certainement rituels [*cf.* vol.2 "Erilaz, Þuliz et Eorl"] comme sur la broche de Bratsberg B [fig.16][366]. Dans cette mesure, elles ressemblent à certaines dispositions les plus inhabituelles des utilisateurs de runes, comme le troisième arc sur le *b* et la troisième barre transversale du *h* du peigne d'Oostum, ou encore les formes de « runes-miroirs » utilisées pour inscrire les initiales et les noms personnels. Pourtant, dans la Phase III, les runes de liaison sont souvent des tentatives visant à corriger des runes mal écrites.

[363] Fischer, 2013, pp.102-103.
[364] Düwel & Heizmann, 2006, p.20 ; Pieper, 2015.
[365] MacLeod, 2002, p.15 ; MacLeod, 2006, p.184.
[366] Looijenga, 2003, p.352 ; MacLeod, 2006, pp.193-195.

Fig. 15 Rune de liaison ek sur la pierre de Nordhuglo.

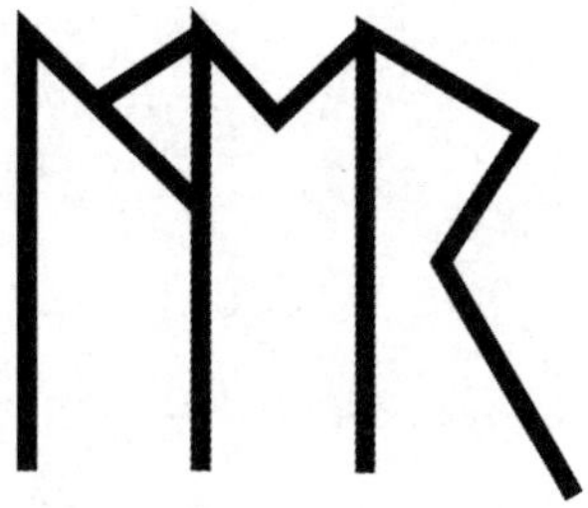

Fig. 16 Rune de liaison eker sur le fermoir de Bratsberg.

Le bractéate d'Undley [fig.37] affiche trois runes de liaison gæ go gæ. La particularité de ces symboles est qu'ils reflètent clairement deux séquences de mots distincts, alors que l'inscription de Kragehul [fig.9, vol.2] avec laquel ils sont comparés – et dont ils sont plausiblement dérivés – présente trois fois la même : ga ga ga. Il s'ensuit donc que, quoi que ces runes de liaison signifiaient, au IIIe siècle, quand le texte de Kragehul a été fait, les mots commençaient par /g/ et /a/ respectivement, tandis qu'au Ve siècle, dans un environnement en vieil-anglais, les initiales étaient devenues /g/ et /æ/ pour un mot et /g/ et /o/ pour l'autre.

Les initiales gæ devraient refléter des mots commençant à l'origine par *g-* et *a-*, alors que go serait le résultat pour *g-* et *a(n)* – (arrondissement de /ã/ vers /o/). Ce fait - en supposant que les mots représentés à Kragehul soient les ancêtres de ceux de Undley - exclut certaines suggestions pour les textes de Kragehul tels que le mot **gaganga* « compagnon de voyage, compagnon » (où l'on pourrait s'attendre à ce que le *ng-* de la rune ◇ soit utilisé au lieu de *g*). La possibilité que la rune de liaison représente « don de / aux dieux » n'est pas exclue pour le go d'Undley (*os-giefu*) et le ga de Kragehul (**ansu-gibo*) et l'alternative **auja-gibo* « don de chance » est aussi une lecture possible de gæ [367]. Le texte d'Undley écrit *ga* dans la phrase *maga:medu*, donc il semble peu probable que la rune de liaison avait pour but de sauver de l'espace. Il est plus plausible que la nature inhabituelle de la ligature était opérée pour capter le regard du lecteur et attirer l'attention sur le caractère[368].

Le fragment de bronze de Billesley de la Phase III [fig.17] affiche une triple rune de liaison inhabituelle[369]. Bien que de telles combinaisons de trois caractères aient été détectées durant la Phase I en Scandinavie, elles ne sont pas communes en Angleterre anglo-saxonne. Les runes sont très nettement découpées, ce qui indique qu'elles remontent au VIIIe siècle, ou ultérieurement. Le texte survivant se lit [...] admo [...]. En considérant la date, Hines considère qu'un contexte chrétien et un

[367] Sundqvist, 2015, p.128.
[368] MacLeod, 2006, pp.185-190.
[369] Portable Antiquities Scheme enregistre WAW-4CA072. Il y a aussi les restes de trois runes légèrement inscrites sur le revers, peut-être *[.]rad* ou *[.]red*.

texte latin est l'hypothèse la plus plausible. Cette opinion est soutenue par Knirk. Alternativement, un nom personnel peut être suggéré, comme c'est le cas de plusieurs finales en *–mon* (ex. Blacgmon, Cædmon, etc.).

Les runes de liaison doivent probablement être vues comme un outil décoratif, pour mettre certains mots importants en évidence – une utilisation similaire à celle des ligatures en lettres romaines[370].

Elles peuvent aussi être tenues pour des sigles qui augmenteraient leur prestige lorsque de l'information magique ou « avec une importance rituelle » était codée, mais cela ne semble pas avoir été leur but premier. Les ligatures sont souvent utilisées dans les inscriptions *matronae* des provinces romaines de *Britannia*, *Gallia* et *Germania,* où elles mettent l'emphase sur le nom de la déesse ou sur le mot *Matronis* lui-même[371].

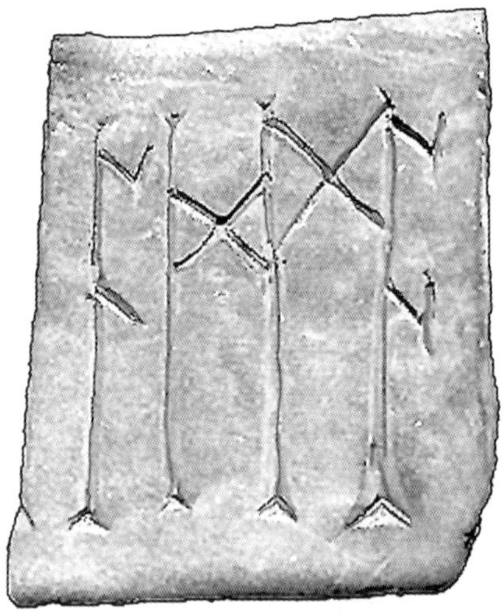

Fig. 17 Le fragment de Billesley avec la triple rune de liaison.

Les runes-miroirs

Les *Spiegelrunen* ou « runes-miroirs » est le nom donné aux bâtons de runes écrits d'une telle façon qu'ils sont symétriques sur l'axe vertical, c'est-à-dire que tout trait apparaissant sur un côté est reflété sur l'autre[372]. Ce phénomène a été remarqué sur des textes anciens (Phases I-III), y compris sur des bractéates. Antonsen les appelle les « runes à

[370] MacLeod, 2006, p.188.
[371] MacLeod, 2006, pp.188-189.
[372] MacLeod, 2002, p.19.

double face »[373]. Des runes de ce type ont été trouvées sur des objets tirés de possibles dépôts sacrificiels à Illerup Ådal (Danemark)[374]. ᛘ /w/ a été utilisé, par exemple, pour la forme standard ᚹ, et ᛰ /θ/ pour ᚦ. Ces variantes étaient considérées comme des formes occasionnelles, tardives, et corrompues des caractères standard, mais la datation précoce des découvertes d'Illerup (vers 250 ap. J.-C.) suggère qu'elles ont pu avoir longtemps été des traits reconnus de l'écriture runique, une variante décorative ou emphatique, et que les lecteurs auraient été au courant de ce fait et les aurait autorisées. Une poignée de bouclier d'Illerup (site 3) possède les deux runes-miroirs: on y lit en rétrograde ᛚᚨᚷᚢᛰᛖᛘᚨ (*Laguþewa*, un nom personnel)[375].

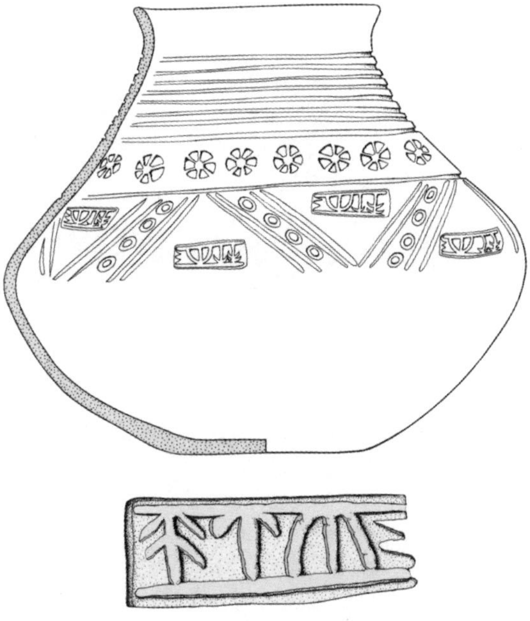

Fig. 18 Étampes runiques d'urnes cinéraires, Spong Hill (Norfolk).

Certains bractéates ont une forme similaire, par exemple ᚾ pour ᛚ,ce qui renforce le cas pour ces runes-miroirs en tant que trait permanent du début de l'écriture aux côtés d'autres variables comme le boustrophédon et la direction variable de l'écriture, des caractères parfois renversés ou inversés et la suppression de nasales homorganiques devant

[373] Antonsen, 2002, p.67.

[374] Madsen, 1988, pp.58-59 ; Ilkjær, 2001 ; Antonsen, 2002, pp.66-67.

[375] Antonsen, 2002, p.69 ; Looijenga, 2003, p.155 ; Losquiño, 2015, pp.55-62. Nielsen, 2015, p.48 identifie le manque de la finale *-z* comme dû à une forme faible (avec un radical en n).

des arrêts voisés.[376] Une broche du VIe ou VIIe siècle de Boarley (Kent) affiche la rune ᚫ dans un court texte (peut-être *ætsil* ou *ærsil* ou en rétrograde *liota* ou *liotæ*, un nom personnel)[377] où elle a apparemment la valeur /æ/ (ou peut-être /æ:/?)[378]. Le lien culturel entre l'Angleterre angle et le sud du Jutland inclut l'utilisation de runes-miroirs[379]. Le cimetière de Spong Hill (Norfolk) contenait des urnes cinéraires [fig.18], avec une étampe runique dont la rune-miroir se lit *alu* [*cf.* vol.2 "Alu"][380]. L'étampe n'apparaît que sur trois objets, parmi plus de deux mille urnes de Spong Hill[381]. Cette rareté doit signifier quelque chose quant aux personnes enterrées dans de telles urnes, et à propos des familles ou des potiers qui possédaient de telles étampes. ▮

[376] Makaev, 1996, pp.45-46 ; Nedoma, 2015, p.306 ; Zimmermann, 2015, p.414. Antonsen, 2002, pp.11-12 remarque l'incertitude entourant le nom bidawarijaz sur la broche de Nøvling, qui peut être lu *bidawarijaz, bindawarijaz* ou *bi:dawarijaz.* Antonsen préfère ce dernier, qui signigie « celui qui défend un serment »; *cf.* Looijenga, 2003, p.163.

[377] Nedoma, 2015, p.313. Losquiño, 2015, p.98 suggère que le nom peut représenter *« un cas (statistiquement improbable) où quelqu'un est né sur le continent et a déménagé dans le Kent »* mais n'indique pas pourquoi cela est considéré improbable.

[378] Looijenga, 2003, p.278 ; Hines, 2006, pp.197-198 ; *cf.* Losquiño, 2015, pp.97-98.

[379] Looijenga, 2003, p.297.

[380] McLeod & Mees, 2006, p.109 ; Hills & Lucy, 2013. Hills, 1974, interprète le texte comme une invocation au dieu *Tiw*, nommé Tyr et précédé d'une double rune « t ». A part pour la forme très douteuse *Tty* pour le nom de divinité VA *Tiw* (*Týr* en vieux norrois), cette interprétation ne prend pas en compte le curieux premier caractère de façon convaincante. L'interprétation actuelle a été avancée dans Pollington, 1995, et ailleurs par Pieper (référencé dans Page (1964), 1995, p.124). Richards, 1992, a accepté l'identification de *Tiw* et l'a vue comme faisant partie d'une classe de symboles clairement païens.

[381] Hills, 1977, p.145, p.191.

V. LES PHASES D'UTILISATION RUNIQUE

"Le problème de la datation des runes simplement basée sur les formes est que nous ne connaissons que très peu de l'histoire de l'écriture runique..."
Elmer Antonsen, *Runes and Germanic Linguistics.*

Par commodité, lorsque nous abordons les runes, il sera bénéfique d'établir un ordre chronologique qui nous permettra d'étudier plus clairement les runes et les textes qui les comprennent.

Phase 0 – Pré-Runique

Phase I – Fuþark Ancien 140-400 (Germanie du Nord-ouest)

Phase II – Anglo-Frisonne (+?Germanie du Sud) 400-600)

Phase III – Anglo-Saxonne 600-900 et Scandinave 400-800

Phase IV – Fuþark Récent 800-1000

Phase V – Runes à bâtons courts, islandaises, groenlandaises

Phase 0 – « Pré-runique »

La phase « pré-runique » couvre les différentes écritures qui ont été fondamentales dans le développement des runes en elles-mêmes. L'interprétation de ces écritures originelles peut tout à fait dépendre du point de vue de chacun sur l'origine des runes, mais il faut prendre en compte une découverte importante.

Le casque de Negau et l'écriture alpine

Un développement important dans notre compréhension de l'origine du futhark ancien est la découverte en 1812 d'un dépôt de 26 casques de bronze à Ženjak, près de Negau, en Styrie, dans les Alpes du sud, l'ancienne frontière de Pannonia et Noricum[382]. Ils semblent dater du

[382] Reichardt, 1953 ; Markey, 2001 ; McKinnell & Simek, 2004, p.11.

deuxième siècle avant notre ère, et avoir fait partie d'un lot destiné au commerce ou d'équipements de seconde main. Ils peuvent aussi avoir été associé à un butin de guerre ; Markey y voit un dépôt votif sur le site d'un temple à ciel ouvert[383]. Sept de ces casques présentaient des marquages, dont deux montrant une inscription en nord-italique ou en nord-étrusque, l'un (A) avec le nom des trois propriétaires successifs, et l'autre (B) avec les mots *harigasti teiwa ///IP*. Cette inscription a été interprétée comme une inscription votive dédiée « au dieu Harigast », dans une langue germanique primitive non identifiée[384].

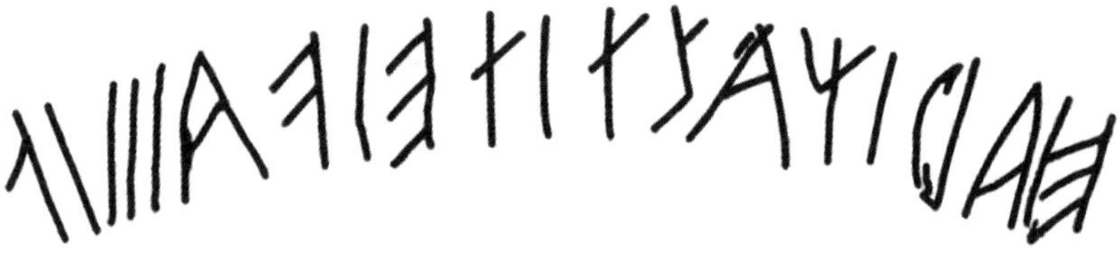

Fig. 19 Le texte nord-italique du casque de Negau B.

Le casque de Negau est parfois donné en exemple comme preuve de l'origine alpine de l'écriture runique[385], mais comme il s'agit d'un objet mobile qui faisait probablement partie de l'équipement d'un groupe d'envahisseurs, nous ne pouvons pas prouver que le texte ait été écrit sur place. Il atteste toutefois de la présence de militaires parlant une langue germanique dans la région des Alpes du Sud, doués d'une connaissance suffisante de l'écriture locale pour tenter de l'utiliser pour une phrase dans leur propre langue. Par contre, l'expérience ne semble pas avoir mené vers une adoption de l'écriture, du moins selon les données actuelles[386]. Markey voit le texte du Negau B comme une traduction rhétique (Magrè) des mots *harjagastiz teiwaz*, une interprétation qui est aussi correcte que possible en ce qui concerne l'épigraphie, la phonologie, et la morphologie rhétique… mais avec une contribution germanique[387]. Markey date le casque vers 55 av. J.-C., et la fibule de Meldorf vers 25 ap. J.-C. – ce qui réduit la période sans runes à environ 80 ans. Il considère que cela renforce l'hypothèse de l'origine alpine du fuþark[388]. Son hypothèse est que l'homme, nommé Harigastiz au temple de Magrè, y était prêtre ou spécialiste des rituels[389].

[383] Markey, 2001, p.124.

[384] Elliott, 1958, pp.9-10 ; McKinnell & Simek, 2004, p.11.

[385] E.g. Elliott, 1958, p.2.

[386] Barnes, 1994, p.22 critique la tentative de Morris de dater les runes aussi tôt que le IVe siècle av. J.-C. – pour faire le pont entre l'épigraphie étrusque et le fuþark.

[387] Markey, 2001, p.122.

[388] Ces dates ne sont généralement pas les dates retenues du II siècle de notre ère et de 50 ap. J.-C. respectivement.

[389] Markey, 2001, p.124.

Un rapprochement a été fait entre l'écriture camunique, l'une des variantes du nord-italique qui contient certaines caractéristiques aussi retrouvées dans le fuþark, et les premiers textes runiques eux-mêmes[390]. Certains développements de l'orthographe camunique ont été avancés pour expliquer quelques aspects spécifiques des graphèmes runiques, comme par exemple l'utilisation de points flanquant le /i/ (|) (« iota ponctué »), qui peut avoir influencé la forme de la treizième rune ᛇ.

Le dépôt de casques est une partie importante de l'histoire de l'alphabétisation des peuples germaniques, mais semble tout de même une impasse. Il n'y a pas d'autres textes qui montrent une évolution de l'écriture nord-italique vers une forme d'alphabétisation naissante, et ces écritures alpines ont été délaissées pour l'écriture romaine dès le premier siècle av. J.-C.[391]. Une nouvelle découverte archéologique avec la bonne date, le bon texte, et la bonne écriture permettrait évidemment de changer la donne, mais pour le moment la piste nord-italique ne semble mener nulle part…

Phase I – le Fuþark ancien

Les runes du fuþark ancien sont la série originale reconstruite à partir de laquelle toutes les rangées de runes germaniques ont été développées, soit par addition, substitution, ou soustraction.

Nous pouvons être certains qu'il n'y avait que vingt-quatre runes dans la rangée originale, puisque plusieurs inscriptions de la Phase II sont connues dans lesquelles les séries de runes complètes sont représentées, comme sur la fibule de Charnay [fig.43], le bractéate de Vadstena [Fig.14], et la pierre de Kylver [fig.20][392]. L'annexe II résume ces rangées de runes.

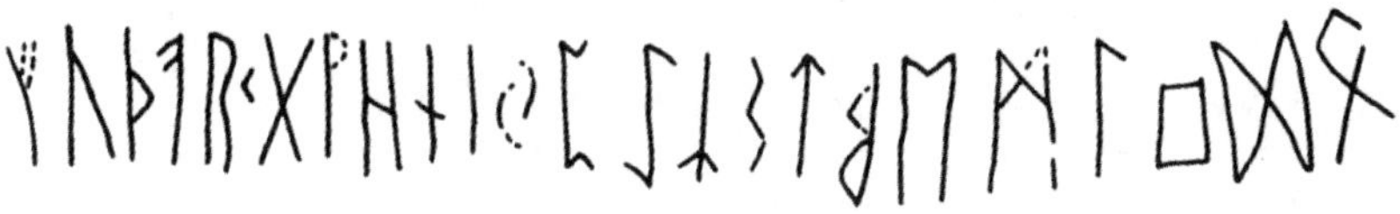

Fig. 20 Rangée de runes sur la pierre de Kylver (Gotland), avec *hahalrūn* derrière. Les branches de la première et de la huitième runes sont partiellement effacées ; les quatrième, quinzième et dix-septième runes sont rétrogrades. La *hahalrūn* possède six branches à gauche et huit à droite.

[390] Mees, 2011, p.71.

[391] Elliott, 1958, p.10.

[392] Halsall, 1981, p.4 ; Jansson, 1987, pp.12-14 ; Antonsen, 2002, p.152 ; Looijenga, 2003, pp.235-237, 332-333 ; McKinnell & Simek, 2004, p.70 ; Losquiño, 2015, p.79

Il y a environ 400 textes connus utilisant le fuþark ancien[393]. La langue documentée par les premiers textes peut être l'ancêtre du germanique du Nord et du germanique de l'Ouest. Antonsen l'appelle donc le « germanique du Nord-ouest », bien que le terme ne soit pas étendu et que certains spécialistes y soient opposés, puisqu'ils ne voient qu'une influence scandinave dans ces textes[394]. Nielsen préfère le terme plus vague d'écriture « runique primitive », qui a l'avantage de ne pas préjuger le caractère dialectal de la langue ou des langues documentées par le fuþark ancien[395]. Les textes de la Phase I montrent une uniformité considérable entre 250 et 450 ap. J.-C. dans une zone géographique s'étendant du lac Mälar (au centre de la Suède) jusqu'à Gallehus (au sud du Danemark)[396].

L'emphase du fuþark comme un artefact culturel résolument scandinave a occasionné une certaine incompréhension. Par exemple, l'association de « runes » et de « Viking » dans l'imagination populaire a éclipsé les contextes plus larges de l'utilisation runique, géographiquement et diachroniquement[397].Chaque rune a un nom [*cf.* p.106] significatif dans la langue d'origine au moment de l'utilisation et de sa mise à jour par les utilisateurs, ce qui suggère fortement que les noms étaient activement associés aux bâtons de runes – ce qui est confirmé par leur usage occasionnel comme idéogrammes [*cf.* vol.2 "Des runes commes idéogrammes"]. Les noms doivent avoir été importants pour les utilisateurs, puisqu'un effort évident a été fourni pour leur transmission. À partir de cela, certains spécialistes ont soutenu que les noms étaient tous choisis pour leur forte importance culturelle[398].

Le nombre de textes connus en fuþark originel, actuellement 350-400[399], a augmenté depuis les nouvelles études archéologiques des dépôts des marais danois, où un éventail de courtes inscriptions sur des objets de bois et d'os nous a rappelé que ces objets pouvaient régulièrement présenter des inscriptions qui ne sont plus visibles de nos jours,

[393] Barnes, 2012, p.27

[394] Antonsen, 2002, pp.32-35, *cf.* Nielsen, 2000, pp.31-33, 57 ; Barnes 2012, p.23. Spurkland, 2005, pp.7, 20 réfère à la Phase I de la langue entre 200-500 de notre ère comme « Proto-scandinave » qui perpétue la notion que les premiers textes runiques représentent forcément une forme primitive du vieux norrois. Par conséquent, il translittère y par R, comme cela est courant pour les textes de la période viking, et interprète le texte d'Årstad (Norvège) ᚢᛜᚹᛁᚾᚨᛉ « jeune ami » (vieux norrois *ungr vinr*) quand étymologiquement l'orthographe de « jeune » durant la Phase II doit inclure l'initiale */j/*; *cf.* Orel, 2003 et Nielsen, 2015. Plus récemment, l'interprétation ᚢᛜᚹᛁᚾᚨᛉ a été remise en cause (McKinnell & Simek, 2004, p.92) et le texte peut être *lu ekwinaz* « Moi, Winaz » (Mees, 2011, p.62.).

[395] Il y a des raisons linguistiques qui suggèrent que le « runique primitif » est un ancêtre du vieux norrois, mais le petit nombre d'échantillons en runique primitif et les difficultés d'interprétation des textes rendent imprudent le rejet d'un lien avec la Germanie de la mer du Nord basé principalement sur les voyelles non accentuées présentes dans les inscriptions qui nous sont parvenues. Nelsen (pp.290-293) envisage une séparation de la langue Scandinave attestée par des textes de la Phase I du nord-ouest de la Germanie vers 200 ap. J.-C.

[396] Nielsen, 2000, p.359.

[397] Seebold, 1991, p.441 ; Barnes, 2012, p.23.

[398] E.g. Elliott, 1958, p.64, 71-72.

[399] Nielsen, 2000, p.31 ; Barnes, 2012, p.27.

vu la nature périssable de leur matière[400]. Certains des textes peuvent avoir été ajoutés aux objets comme marqueurs personnels, tandis que d'autres ont apparemment été gravés sur les objets au moment de leur dépôt. La forme des premières runes est plutôt constante, compte tenu du fait qu'elles sont restées utilisées en Scandinavie pendant plus de 500 ans (150-700 ap. J.-C.). Des allographes étaient certainement utilisés au début, mais ils ne posent pas un grand problème au niveau de la lisibilité[401]. Quant à savoir si les formes les plus simples, ou celles ressemblant davantage aux formes de l'alphabet source, doivent être vues comme les originaux ; la question demeure non résolue. En effet, en l'absence d'un consensus sur la source des formes runiques, cela reste et restera sans réponses[402]. Si l'on prend, par exemple, la forme de la rune dénotant /h/, elle peut avoir un trait transversal ᚺ ou deux ᚻ. La première version peut plus facilement être attachée à la lettre romaine majuscule « H », et la seconde à une source grecque. Les premières apparitions présentent toutes un seul trait transversal. Toutefois, si une origine grecque est préférée, il est tout à fait possible d'argumenter qu'une simplification a été faite en Scandinavie, et que la forme avec deux traits a été retenue sur le continent.

L'étendue de l'utilisation des runes aux alentours de 150 ap. J.-C. coïncide avec les révoltes des Germains et d'autres peuples en Europe de l'Est déterminés à attaquer des zones dans l'Empire romain ; cette séquence est maintenant connue comme les « guerres marcomanes » [*cf.* p.81] dans la littérature moderne, et semble avoir été appelée à l'époque *bellum Germanicum et Sarmaticum* « la guerre germanique et sarmate », se déroulant des alentours de 166 à 180 ap. J.-C. Les succès initiaux des *Quadi, Chatti* et des autres peuples ont éventuellement été vérifiés, mais l'expansion romaine au nord-est s'est arrêtée sur le Danube. Les troupes germaniques ont certainement été alphabétisées et sont devenues coutumières des lettres romaines durant leur service aux côtés de l'armée romaine[403]. Il est probable qu'à cette époque l'utilisation de l'écriture romaine et du latin puisse avoir favorisé des brèches dans la sécurité militaire. Que cette situation ait stimulé l'utilisation d'une écriture non-romaine au sein de l'élite germanique demeure un sujet de débat, mais il est fort possible que les situations politiques, sociales, et militaires aient favorisé l'adoption d'un moyen de communication non-romain.

[400] Ilkjær, 2001, p.115.

[401] Barnes, 2013, p,17. Odenstedt, 1990, p.9 a argumenté pour une variation immense, comptant quelques 275 allographes dans son étude des textes en fuþark ancien, mais sur une aussi longue période et sur une étendue aussi vaste, les variations sont relativement modestes.

[402] Seebold, 1991, p.442.

[403] Shaw, 2002, p.56.

Textes et contextes

Les exemples de textes en fuþark ancien ne sont plus rares, grâce à certaines découvertes surprenantes faites au XIXe siècle et plus récemment lors de travaux archéologiques. La période de 150 à 500 ap. J.-C. fournit un corpus de sources considérable, provenant principalement de Scandinavie et des régions périphériques, et les pierres gravées et les dépôts des marais Danois sont des sources importantes d'informations[404]. Les textes en futhark ancien ont été retrouvés dans une zone comprise entre l'Autriche, la Belgique, la Bosnie-Herzégovine, la Suisse, la République tchèque, le Danemark, la France, l'Allemagne, la Hongrie, la Norvège, les Pays-Bas, la Pologne, la Roumanie, la Russie, la Suède, et l'Ukraine[405]. L'inscription runique la plus ancienne a été découverte sur un peigne du marais de Vimose [fig.21], datant de 150-180 ap. J.-C. ; il porte l'inscription *harja* « busard, guerrier » un terme important en lien avec l'acquisition de la connaissance des runes, comme nous allons le voir [*cf.* vol.2 "Initiation runique"][406] Le nom n'est probablement pas scandinave mais ingvaeonique (ou germain occidental). Le nom peut être plus prosaïque – il peut même être dérivé de **hær-*, *hair* (cheveux), et donc le nom de l'objet sur lequel il apparaît (*cf. ksamella* « banc » sur le tabouret de Wremen)[407].

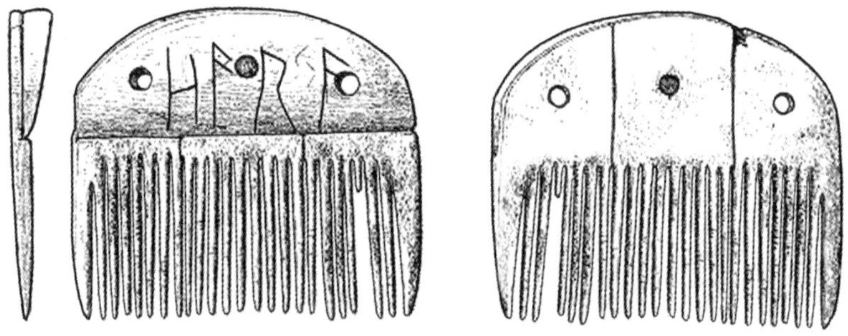

Fig. 21 Le peigne de Vimose.

Parmi les dépôts d'armes de Kragehul (Danemark), des textes runiques ont été rapidement identifiés, mais ils n'ont pas été trouvés dans le dépôt similaire de Nydam (Nydam IV, fin du Ve siècle ap. J.-C.) avant les fouilles de 1999, sur des piquets de bois, possiblement des manches de lances, avec de courts textes gravés sur le bois[408]. Ces découvertes

[404] Stoklund, 2003.

[405] Runenprojekt Kiel database.

[406] Antonsen, 2002, p.218 ; Looijenga, 2003, p.160 ; Stoklund, 2003, p.173 ; Rau, 2015, p.33 ; Imer, 2015. Losquiño, 2015, pp.64-65 voit le mot comme un masculin de racine *–ja-* avec la perte du *–z* final. Si tel est le cas, cela démontre que le *–z* a été abandonnée en germanique occidental aussi tôt que vers le milieu du Ier siècle ap. J.-C.

[407] Losquiño, 2015, p.98.

[408] Iversen, 2010.

dans les marais ont les caractéristiques de ce que les Romains appelaient *spolia* – des piles d'armes et d'équipements d'une armée vaincue, rassemblées en un endroit et rendues sacrées aux dieux qui leur ont donnés la victoire[409]. Certains de ces textes ont clairement été inscrits au moment de la fabrication de l'objet, d'autres à l'occasion de l'acquisition par le propriétaire ; d'autres peuvent avoir été ajoutés rituellement au moment du sacrifice, bien que nous manquons de preuves claires pour attester de cette pratique, jusqu'à maintenant.

Des textes inscrits directement sur le métal étaient rares jusqu'à récemment, mais les marais danois ont fourni des artefacts supplémentaires. Un vieil exemple de Dahmsdorf (Allemagne) montre un texte qui se lit *ranja* « attaquant » et un autre de Volhynie/Kowel se lit *tilarids* « cavalier rémunéré » [fig.25][410]. Les symboles utilisés se retrouvent dans la tradition runique (angulaires, régulièrement espacés), mais malheureusement plusieurs ne peuvent pas être lus avec certitudes à cause de leurs graphèmes uniques[411]. De même, des séquences de lignes angulaires peuvent être interprétées comme des runes ou comme de simples motifs décoratifs, à l'instar des marques en zigzag sur les peignes, non runiques, de Vimose.

Un objet seul ne portant qu'un nom (exemple fig.21, *harja* sur le peigne de Vimose) est difficile à interpréter, puisque nous ne savons pas si les textes affichent le nom du fabriquant, du propriétaire, du donateur ou du récipiendaire de l'objet, ou même le nom de l'objet lui-même. L'on peut toutefois objecter qu'une « formule de propriétaire » devrait contenir un nom au génitif (L'objet de N) ou comme une affirmation de possession (N possède ceci), mais des textes si explicites sont rares sur les objets les plus anciens[412]. Un nom au datif devrait indiquer le récipiendaire (à N, pour N) et ces formes sont elles aussi largement absentes. Des textes indiquant le fabricant ne sont pas inconnus (N a fait [ceci]), mais ne peuvent inévitablement pas être faits en un seul mot. La majorité des inscriptions en un seul mot semblent être au nominatif singulier, ce qui n'offre aucune indication claire pour l'interprétation, qu'elle soit (ceci

[409] Pauli-Jensen, 2007 ; Pollington, Kerr & Hammond, 2010, p.79.

[410] Must, 1955 ; Elliott, 1958, p.13, 72 ; László, 1970, p.50 ; Beck, 2006, p.67. Le *-s* marqueur pour le nom.sing. d'un nom masculin fort suggère que l'inscription a été composée dans une langue germanique telle que le gotique ; la forme Wulfilan du nom aurait été **tilareiþs* (Nielsen, 2013, p.192). Odenstedt, 1990, pp.110-111 discute si la lettre devrait être lu comme /d/ ou / X /. Makaev, 1996, p.25 note la suggestion de Must que le texte peut être illyrien, en lisant *tilarios* ; ceci a la valeur de supprimer la forme qui apparaît ailleurs dans le corpus runique seulement sur la pierre de Kylver; *cf.* Antonsen, 2002, p.57 qui considère D comme une variante de d avec des horizontales aplaties, comme E est pour e Fischer, 2005, p.59 attribu E est pour e. Fischer, 2005, p.59 attribue de tels textes de « nom seulement » au tout début de l'alphabétisation runique, avec des conséquences pour la datation de l'écriture.

[411] Vang Petersen, 2003, p.288.

[412] Antonsen, 2002, pp.220-222 liste plusieurs noms au génitif de plusieurs monuments en pierre, par exemple keþan sur la pierre de Bellan, mais la plupart apparaissent dans une formule à deux mots, ex. *hnabdas hlaiwa* « Le tertre d'Hnabda » sur la pierre de Bø (Looijenga, 2003, p.340).

s'appelle N), « N a fait ceci », ou « N possède ceci »[413]. Quelques inscriptions indiquent probablement le nom de l'objet lui-même, comme *ranja* « attaquant » sur la pointe de lance de Dahmsdorf[414].

Les textes écrits en fuþark ancien montrent un niveau de conservation et de stabilité remarquable, à titre d'exemple la corne de Gallehus du début du Ve siècle qui partage des traits communs avec des textes antérieurs de deux ou trois siècles, et ont perduré dans certaines régions jusqu'aux VIe et VIIe siècles[415].

Cela est dû en grande partie à leur nature très conventionnelle, leur utilisation dans le vocabulaire cultuel (comme *alu*, *ekerilaz* et d'autres mots) et leur « retenue stylistique ». Cette caractéristique rend risquée la datation des objets par les formes linguistiques seules. L'archaïsation du langage rappelle des formes et des usages de temps révolus. Toutefois, l'on peut discerner des tendances dans les sources. Le texte de Gallehus du Jutland, dans la zone du langage ingvaeonique montre un ordre des mots distinct : sujet – objet — verbe, abrégé à SOV dans la littérature. L'inscription de Freilaubersheim datant du VIe siècle [fig.23] se lit *boso wraet runa* « Boso a écrit (ces) runes », avec l'objet après le verbe (ordre des mots SVO)[416].

Antonsen met en garde contre l'utilisation des sources linguistiques en vieux norrois pour interpréter les textes de la Phase I, qui sont antérieurs de 600 ans ou plus[417]. Le lieu de découverte de ces textes en région scandinave a mené les premiers scientifiques à imaginer une continuité linguistique de l'Âge du Fer à la période Viking ; et bien que cela puisse être le cas occasionnellement, les premiers textes sont écrits dans une langue très éloignée de tout ce que l'on a pu retrouver de la période médiévale (ou Viking)[418]. Le lieu de découverte ne garantit pas que l'objet ait été fabriqué et utilisé localement, et la frontière entre les communautés linguistiques germaniques du nord et de l'ouest n'était pas nécessairement très nette.

[413] Antonsen, 2002, p.218.

[414] Beck, 2006, p.67.

[415] Makaev, 1996, p.45 ; Looijenga, 2003, pp.106-107 ; Losquiño, 2015, pp.79-80.

[416] Nedoma, 2015, p 303. Losquiño, 2015, p.51 voit cela comme une preuve de la nature germanique occidentale du texte de Freilaubersheim text, où SVO est l'ordre de mots dominant. Toutefois, le texte de Gallehus est en vers et donc plus conservateur au niveau de la structure, et donc plus susceptible de conserver l'ordre SOV.

[417] Antonsen, 2002, pp.8-9 ; *cf.* Losquiño, 2015, p.51

[418] Nielsen, 2000, p.24ff. Nielsen, 2013, pp.181-182 note que seul le vieux norrois affiche des dérivations de la langue runique de la Phase I, puisque les voyelles non accentuées sont préservées dans les textes runiques uniquement en vieux norrois. L'accent tonique sur la première syllabe en proto-germanique a effectivement créé deux systèmes de voyelles parallèles dérivés d'une seule source tardive PIE, la réduction des inflexions et la refonte de la morphologie du proto-germanique. Cela ne rend pas les observations basées sur des textes de la période Viking plus applicables aux textes de la Phase I.

Noms et Ættir

Le fuþark était traditionnellement divisé en trois groupes (vieux norrois *ættir* « familles ») de huit caractères, bien que la preuve la plus ancienne de cette catégorisation se retrouve sur le bractéate de Vadstena datant du Ve siècle [fig.14][419]. Cette division tripartite forme la base de la plupart des formes plus récentes de cryptographie runique[420]. Comme mentionné ci-dessus, l'ordre des runes est relativement constant, quoique pas complètement figé. Par exemple, ᛞ et ᛟ sont parfois inversés. Les *ættir* sont une innovation, que l'on ne retrouve pas dans les autres écritures alphabétiques de cette période en Europe, tout comme l'adoption de noms de caractères qui ne sont pas « traditionnels » qui eux sont pour la plupart dérivés des langues sémitiques[421]. Le ou les concepteurs ont créé des noms significatifs pour les runes, et leur ont donc attribué une signification culturelle et une valeur mnémonique entière[422].

Le système d'écriture ogham irlandais semble avoir eu une signification similaire, mais, comme l'a fait remarquer Birkham, tant que nous ne connaissons pas les noms attribués aux lettres nord-étrusques, nous ne pouvons pas estimer clairement l'étendue de l'influence de ce système d'écriture sur le fuþark ou sur l'ogham[423]. Il y a en effet plusieurs similitudes entre les runes et l'ogham (les inscriptions dans les matériaux durs, l'utilisation comme outil cultuel, la division en groupes, etc.) ce qui peut impliquer un environnement culturel similaire chez leurs utilisateurs[424]. Toutefois, l'origine du fuþark remonte au IIe siècle av. J.-C., et voire même avant, alors que l'ogham apparaît deux siècles plus tard selon nos connaissances actuelles.

Les noms de runes donnés dans cette section sont des formes reconstruites du proto-germanique, précédés d'un astérique (ex. **fehu*)[425]. Ces noms sont hypothétiques à deux niveaux : premièrement, ils représentent des formes de mots reconstruits à partir de l'interprétations des données disponibles, mais cela peut changer avec de nouvelles données ou de nouvelles interprétations. Deuxièmement, les noms sont attribués aux runes selon la littérature qui nous est parvenue (par exemple, les différents poèmes runiques) et d'autres données. Il faut donc garder à

[419] Looijenga, 2003, p.221 ; McKinnell & Simek, 2004, p.70 ; Mees, 2006, p.221. Il est possible que la configuration 3x8 dérive d'une tabulation comme les carrés sur une planche de jeu (et voir p.237). Le nom *ættir* n'apparaît pas avant le XVIIe siècle (Barnes, 2012, p.17).

[420] Barnes, 2012, p.14 note que les runes eiwaz et ingwaz ont été considérées redondantes mais peuvent avoir été inclues parce qu'il était important pour le concepteur d'atteindre un total de (3x8=) 24 graphèmes. Le fuþark récent scandinave a enlevé un tiers du total, pour (2x8=) 16 graphèmes. Toutefois, les 24 runes correspondent majoritairement aux phonèmes du proto-germanique (p.88) qui ont été déduits indépendamment des données runiques.

[421] Stoklund, 2003, p.173.

[422] Halsall, 1981, p.3 ; Polomé, 1991, p.422 ; Spurkland, 2005, p.10.

[423] Morris, 1988, p.49 ; *cf.* Calder, 1917 ; Birkhan, 2006, p.82. L'argument de Birkhan est lié à une inspiration nord-étrusque, sinon une origine directe, pour les runes et l'ogham.

[424] Birkhan, 2006, p.82.

[425] Barnes, 2012, pp.21-22, 157-159.

l'esprit que les formes de mots cités peuvent ne pas être fixes et que les runes peuvent ne pas avoir eu ces noms à l'origine.

Les données pour les noms sont basées sur différentes sources, mais aucune n'est plus ancienne que le VIIIe siècle, notamment[426] :

I – Des listes de noms, principalement compilées par des clercs anglo-saxons et leurs collègues continentaux, parfois documentés en ordre fuþark mais le plus souvent en ordre alphabétique.

II – Les différents poèmes runiques, incluant l'*Abecedarium Nordmannicum* (*AN*), le *Poème Runique Vieil-Anglais (PRVA)*, le *Poème Runique Norvégien (PRN)* et le *Poème Runique Islandais (PRI)*. Le plus vieux de ceux-ci (*AN*) date du IXe siècle et est suspect au niveau métrique – il peut s'agir d'une piètre copie d'un original en VS. Le PRVA ne survit que grâce à une copie imprimée de 1705, et le texte (du XIe siècle ?) sur lequel il est basé est perdu. Le *PRN* nous est connu dans une copie du XVIIe siècle d'un texte plus ancien, lui aussi perdu. Le *PRI* est préservé dans quatre manuscrits, le plus ancien datant du XVe siècle. Les poèmes ne peuvent pas tous être dérivés d'un seul original, bien qu'ils partagent certains traits : le *PRN* et le *PRI* peuvent provenir d'une source originale scandinave du début de la période médiévale.

III – Les noms de lettres données par les Goths à leur propre alphabet, [*cf.* p.205] documentés dans le *Vienna Codex* du VIIIe siècle, bien que les noms avaient, eux-mêmes, été ajoutés au manuscrit peut-être un siècle après que ce dernier ait été compilé[427].

Les noms des runes semblent dans certains cas avoir une origine commune, et l'histoire plus récente peut être éclairée jusqu'à un certain point. La signification des noms reconstruits a été très discutée. L'inclusion de noms divins tels que **ansuz*, **tiwaz* et **inguz* indique que les noms choisis n'étaient pas des correspondances banales, telles que « A comme dans Avion »[428]. Dans quelle mesure un runologue est prêt à voir une signification sociale et mythique plus large dans les noms, cela est probablement lié à la division de Page entre le groupe des « imaginatifs » et des « sceptiques »[429]. Aucun doute, quant au fait que certains des noms aient été choisis parce qu'ils étaient significatifs – et que cela les rendaient plus faciles à retenir. Si l'on accepte que les runes étaient au départ restreintes à un petit groupe d'utilisateurs entraînés, alors cette classe pourrait être vue comme une élite et les noms attribués pouvaient bien inclure des termes avec une importance mystique ou religieuse (dans la mesure où la religion pouvait être séparée du

[426] Halsall, 1981, p.34 ; Polomé, 1991, pp.421-422, 435.

[427] Polomé, 1991, p.422.

[428] Elliott, 1958, pp.45-47. Les deux noms **ansuz* (=Woden?) et **tiwaz* (=Tiw) sont (F1) des dieux d'autorité et de commandement alors que le troisième nom de divinité **inguz* est relié à (F3) la fertilité. La fonction guerrière (F2) semble absente (*cf.* Polomé, 1991, p.431).

[429] Anderson, 2005, pp.2-3 ; *cf.* Antonsen, 2002, pp.169-170.

monde « séculier », à l'Âge du Fer). *A contrario*, si les runes sont considérées comme un outil pour l'usage commun, alors les noms peuvent n'avoir eu d'autre but que d'être facilement distinguables les uns des autres (comme Alpha, Sierra, Tango, Oscar, Hotel, Papa, etc., utilisés dans les communications radio aujourd'hui). Nous reviendrons à cet aspect de l'écriture dans le prochain ouvrage.

Dans les pages suivantes, je me suis souvent servi des données du travail informatif (bien que maintenant dépassé) d'Odenstedt sur les formes runiques en Fuþark ancien, ainsi que d'Elliott, Polomé, Page et plusieurs autres sources[430]. Dans chaque cas, je donne une forme standardisée de la rune, le nom et la (ou les) valeur(s) phonémique(s), avant de procéder à une courte discussion sur le (ou les) sens et l'histoire derrière les noms.

Premier groupe

ᚠ *fehu (son /f/)

**Fehu* est le mot proto-germanique reconstruit pour « bétail, richesse mobile », et est à l'origine du mot anglais *fee*, qui signifie argent, frais[431] – ou *Vieh* (bétail, en allemand, NDE). Symboliquement, la forme de la rune peut représenter le bovin avec ses cornes protubérantes, bien que le F majuscule latin soit probablement à l'origine de la forme de ce caractère[432].

Les allographes comprennent ᚠ ᚠ ᚠ ᚡ[433]. La direction des bras coïncide avec la direction de l'écriture, soit dextrograde ᚠ et sinistrograde ᚡ.

Une vache laitière, *Auðumbla*, était parmi les premières créatures de la cosmogonie norroise, et il peut avoir été traditionnel de la voir comme une génitrice, et donc digne de la première position dans l'écriture runique[434].

ᚢ *úruz (son /u/, /u:/)

**Úruz* est le mot reconstruit pour l'*aurochs*, une grande espèce de bétail primitif contre qui les jeunes Germains testaient leur courage et leur force aux armes, selon *De Bello Gallico* de César. Il peut avoir un deuxième sens « virilité, vigueur », basé la-dessus.[435] L'aurochs était probablement utilisé dans des sacrifices rituels et était donc vu comme un animal sacré. Les cornes à boire splendides des tertres funéraires de Sutton Hoo (Tertre 1) et de Taplow étaient réalisées dans les cornes de

[430] Elliott, 1958 ; Odenstedt, 1990 ; Polomé, 1991.
[431] Elliott, 1958, p.57.
[432] Morris, 1988, p.114.
[433] Odenstedt, 1990, p.125.
[434] West, 2007.
[435] Elliott, 1958, pp.48-49 ; Polomé, 1991, p.424. Pollington, Kerr & Hammond, 2010, pp.403-405 discutent des preuves d'un culte du bœuf dans l'Europe germanique.

cet animal ; évidemment, boire d'un tel récipient mettait en évidence la valeur et le statut du seigneur. Des cornes de bœufs ont été déposées dans le fossé autour du tertre 5 de Sutton Hoo, et le mystérieux poteau en fer du Tertre 1 affiche quatre raccords avec des têtes de bœuf placées en évidence près du sommet. Comme elles sont près de l'inscription **fehu*, il semble probable que les deux termes soient associés à la solidité et à la férocité bovine.

Bien que la source la plus ancienne (le PRVA) associe clairement *úr* à une bête féroce, les poèmes norvégiens et islandais ont des définitions différentes, – respectivement « bruine, légère pluie » et « scorie ».[436] Dans tous les cas, le mot ne faisait pas partie du vocabulaire courant selon les données actuelles, et était limité à un usage poétique généralement. Les allographes incluent ᚢ ᐱ ᚢ ᚢ et ᚢ. La forme ᐱ est dominante dans le petit corpus goth disponible, et semble sinon confiné à la Scandinavie[437]. Après 400 ap. J.-C., la forme ᚢ devient la plus courante dans toutes les régions. La forme ᚢ retrouvée sur le bractéate d'Undley ([fig.37], vers 450 ap. J.-C. ?) apparaît à la fin de la ligne, et peut avoir été faite par manque d'espace, alors qu'à l'origine était prévue la forme ᐱ.

ᚦ **þurisaz* (son /θ/)

**Þurisaz* était une grande créature malveillante, souvent traduite par « géant » bien que « esprit de la nature », « démon » ou « sorcier » soient peut-être plus proches de l'idée d'origine[438]. Ainsi **úruz* est un bovin perçu comme un être à craindre et à combattre, alors que **purisaz* peut aussi avoir été vu comme une créature à défier.

Dans *Skirnismál*, quand le serviteur de Freyr menace d'ensorceler Gerð pour la faire acquiescer au mariage avec le dieu, il utilise la menace de cette rune pour la dompter [*cf.* vol.2 "guérir"] : ***Þurs ríst ec þér oc þriá stafi, ergi oc oeði oc óþola*** « 'Þurs' je grave pour toi, et trois bâtons – luxure, frénésie et désir insupportable »[439].

Les allographes incluent ᚦ ᚦ ᚦ ᚦ et ᚦ[440]. La rune peut parfois être confondue avec **wunjó* ᚹ si elle n'est pas tracée soigneusement. La forme canonique ᚦ était toujours utilisée en Angleterre après que la forme arrondie ᚦ soit devenue dominante dans les textes en fuþark récent retrouvés en Scandinavie.

[436] Silva, 2010, p.109.
[437] Morris, 1988, pp.113-116 ; Odenstedt, 1990, pp.25-30.
[438] Elliott, 1958, pp.54-55 ; Pollington, 2011, p.343.
[439] McKinnell & Simek, 2004, p.132 ; Barnes, 2012, p.191.
[440] Morris, 1988, p.116 ; Odenstedt, 1990, pp.31-34 ; Antonsen, 2002, pp.162-163 ; Zimmermann, 2010, p.100.

ᚨ *ansuz* (sons /a/, /ã/)

Ansuz* est un membre de la famille des dieux, l'*Æsir* en norrois, et réfère probablement ici à Wóden (Wóðenaz*), le dieu qui avait un lien particulier avec les runes[441]. Placée à côté de **þurisaz*, la définition « être surnaturel puissant » semble évidente.

La voyelle est courte, /a/, parce que le PGmc attribuait cette longueur à la voyelle (dérivée des voyelles PIE /a/ et /o/); des sources plus récentes indiquent que la voyelle était parfois nasalisée /ã/ en raison de la nasale adjacente /n/ dans le nom **ansuz*.

La rune est remarquablement stable, avec de légères variations dans la longueur des bras et des pointes d'où ils sortent, par exemple ᚨ ᚨ ᚨ[442].

ᚱ **raiðó* (son /r/)

**Raiðó* est l'acte de « chevaucher » (en anglais *ride*, en allemand *reit*) ou la « route » (en anglais *road*) où l'on chevauche ; les deux sens modernes se sont séparés de l'idée unique de « route » comme n'importe où l'on choisit de chevaucher ; « raid », une expédition de pillage est une variante nordique du même terme. Il est aussi possible de lier la notion de chevaucher au voyage que fait l'âme lorsqu'elle quitte son enveloppe corporelle[443]. Le phonème /r/ en germanique était roulé et probablement vélaire[444]. Le phonème dénoté par ᚱ en Scandinavie s'est fondu avec celui écrit ᛉ avec le temps, donc les textes scandinaves de la Phase IV écrivent parfois /r/ avec ᛉ (voir Volume II : *Runes Vikings et traditions runiques*). Les allographes incluent ᚱ R R R Я R ᚱ. Certaines versions avec un bras légèrement ondulé ressemblent à ᚢ /u/, alors que la forme canonique ᚱ est très angulaire ; la légère courbe est typique des inscriptions scandinaves où la poche n'est pas fermée correctement[446]. Toutefois, la forme R partiellement fermée a aussi été retrouvée sur une inscription placée sur une bande de plomb de la côte d'Ipswich, datant probablement de la période saxonne moyenne (vers 700-950 ap. J.-C.)[446].

ᚲ **kaunaz*/**kénaz* (son /k/)

Le sens de cette rune, et même son nom, sont incertains. La signification « ulcère » ou « torche » sont les plus probables : les sources scandinaves préfèrent *kaun* « ulcère », alors que les sources VA préfèrent le terme *cén*[447]. Le nom de lettre gotique *chozma* (<**kusma*) suppose un

[441] Elliott, 1958, p.55 ; Pollington, 2011, p.85, 181ff.

[442] Morris, 1988, p.116 ; Odenstedt, 1990, p.125.

[443] Elliott, 1958, p.57 ; *contra* Polomé, 1991, p.428.

[444] Antonsen, 2002, p.89-90.

[445] Morris, 1988, pp.116-117 ; Odenstedt, 1990, pp.35-40 ; Antonsen, 2002, pp.64-66.

[446] L'objet n'est toujours pas publié au moment de l'écriture. Une image peut être vue à l'adresse *http://oxfordarchaeology.com/news-archive/152-opening-up-ipswichs-saxon-past.*

[447] Elliott, 1958, p.57. Polomé, 1991, p.422 note que Krause a reconstruit **kaunan* « maladie ».

« furoncle purulent », et peut référer à une épidémie de peste[448]. La plupart des ouvrages modernes sur les runes préfèrent voir la définition « torche » puisque l'élément du feu est absent de la rangée de runes. Cependant, linguistiquement, il y a des arguments possibles pour les deux formes – dans une certaine mesure, la passion moderne pour l'ordre et la notion des quatre éléments contribue à militer pour la signification « torche ». Néanmoins, la torche était un outil culturel précieux, symbolisant le feu et le *meadhall* (halle à banqueter), ainsi que la combustion du bûcher funéraire.

Les allographes comprennent ᚲ ᛣ ^ ᚴ ᛉ á ᚴ > ᚳ et ᚳ. Les premières attestations de cette rune ne sont pas à leur pleine hauteur (comme c'est le cas pour quelques autres runes), une particularité des débuts de l'écriture (par exemple la corne de Gallehus, [fig.27]), qui a été corrigée plus tard[449]. En Scandinavie, les formes hautes telles que ᛉ et ᚴ ont remplacé la forme ancienne de *k* autour du VIIe siècle. Il y a un exemple certain de la forme ^ en Angleterre sur la bourse de Watchfield [*cf.* p.149] datée de 525-550 ap. J.-C., dans le mot *hæriboki*. Sinon, la forme anglo-frisonne ᛣ était la forme la plus courante en Angleterre durant la première période, remplacée par ᚳ avec le temps.

ᚷ *gebó* (son /g/)

**Gebó* est « l'acte d'offrir » (en allemand *geben*) ainsi que la « chose donnée », que ce soit un don à un ami ou un sacrifice aux dieux[450]. L'acte de donner était un thème central de la culture germanique, créant des liens de loyauté mutuelle et d'obligation réciproque dans toute la société, ce qui a aidé à rassembler les communautés et à maintenir des liens entre des régions éloignées de l'Europe germanique, et au-delà. Les guerriers, les poètes et autres notables étaient publiquement honorés lors des fêtes où ils recevaient en cadeaux des terres, des trésors, du matériel de guerre et de l'équipement personnel comme marques de leur succès, de leur loyauté et de leur valeur ; le donneur, par déduction, a également augmenté son prestige en se montrant disposé et capable de donner des cadeaux magnifiques. Plusieurs noms de déesses germaniques des inscriptions de la période romaine incorporent des aspects de « donation », par exemple *deae Gabiae, Alagabiae, Garmangabis, Friagabis*[451]. Le mot VA *geofon* et le vieux norrois *Gefjon* sont probablement reliés à cette notion de divinités féminines en tant que « celles qui donnent librement ». La rune est très stable, avec la forme ᚷ utilisée régulièrement; les proportions varient en fonction de l'espace disponible et de la propreté de l'exécution[452].

[448] Polomé, 1991, p.428.
[449] Morris, 1988, p.117 ; Odenstedt, 1990, pp.41-49.
[450] Elliott, 1958, p.58.
[451] Polomé, 1991, p.426.
[452] Morris, 1988, p.118 ; Odenstedt, 1990, p.125.

ᚹ *wunjó (son /w/)

**Wunjó* peut être définie comme « joie » ou « plaisir », bien qu'elle ait aussi des connotations de relations affectueuses (VA *wine* « ami ») et de soutien mutuel (VA *winnan* « combat »). Avec son voisin **gebo*, il englobe les notions d'abondance, la protection de ses proches, et le plaisir du contact humain[453]. Les allographes incluent les formes arrondies et les runes-miroirs ᚹ ᚹ ᚹ[454]. Une variante possible est ᚦ, trouvée dans certains textes scandinaves, mais cette forme peut plutôt être **þurisaz*. Comme avec þ, la forme arrondie ᚹ va éventuellement devenir dominante en Scandinavie, alors que la tradition anglo-frisonne conserve la forme angulaire ᚹ.

Deuxième groupe

ᚺ **hagalaz* (son /x/ ou /h/)

**Hagalaz* est la « grêle », que les poèmes runiques anglais, islandais et norrois définissent tous comme une sorte de « grain » ; elle est la première des soi-disant « runes d'hiver »[455]. Située à côté de **wunjó*, sa position sert probablement à montrer que la joie n'est jamais absolue, toujours sujette aux vicissitudes de forces extérieures. Les allographes de la runes incluent ᚺ ᚻ et ᚻ[456]. Les formes avec une seule barre centrale ᚻ sont plus souvent scandinaves et gotiques, alors que la forme à barre double ᚺ est plus courante dans les textes germaniques continentaux et frisons à partir de la seconde moitié du VIIe siècle[457]. Les exemples de ᚺ en Angleterre (par exemple l'astragale de Caister-by-Norwich, [fig.28]) peuvent être dus aux contacts continus entre les Angles de Bretagne et leurs parents en Scandinavie ; les anciens textes anglo-saxons montrent souvent ᚻ, mais après 650 ap. J.-C. ᚺ devient la forme standard[458]. La corne de Gallehus [fig.27] a les variantes à barre simple ᚻ et ᚻ, alors que ᚺ n'a jamais été trouvé en Scandinavie. Il est probable que ᚻ soit la forme d'origine.

ᚾ **nauðiz* (son /n/)

**Nauðiz* signifie « besoin, détresse » (en anglais *need*) et peut être un euphémisme pour « mort » ; elle est l'antithèse de la rune **wunjó*, et développe la notion de climat froid et destructeur implicite de la rune

[453] Elliott, 1958, p.58 Le lien avec **wulþuz*, le dieu connu en vieux norrois sous le nom *Ullr* et mentionné dans le poème VA l'*Hymne de Cædmon* sous *wuldor (fæder)*, est intéressant, mais manque de preuves.

[454] Morris, 1988, p.118 ; Odenstedt, 1990, pp.51-54 ; Antonsen, 2002, pp.162-163 ; Zimmermann, 2010, p.100.

[455] Elliott, 1958, p.55.

[456] Morris, 1988, p.118 ; Odenstedt, 1990, pp.55-62.

[457] Page, 1991, pp.20-21 ; Quak, 1991, p.289.

[458] Barnes, 2012, p.19.

précédente *hagalaz et de la suivante *ísaz[459]. Les sources en VN peuvent soutenir l'interprétation « désir fort » ou « impulsion sexuelle », ainsi qu'« entrave »[460] L'on peut également suggérer un lien avec le monde des morts-vivants [*cf.* vol.2 "guérir"]. Les allographes de cette rune sont ᚾ et ᚿ[461]. L'endroit où se trouve la barre transversale ne correspond pas exactement à la direction du texte. ᚾ peut se retrouver dans des textes qui se lisent de droite à gauche. Des exemples sur le coffret d'Auzon (dextrograde et sinistrograde) sont inclinés à environ 30 degrés, ᚷ, probablement pour économiser l'espace[462].

ᛁ *ísaz* ou *ísan* (sons /i/, /i:/)

Ísaz est la « glace », un partenaire adéquat pour **hagalaz*, et la dernière rune d'hiver avant **jéra*, « printemps »[463]. Dans la tradition norroise, la glace était la matière solide primordiale d'où tout a été créé, ou a été libéré par l'action de son adversaire, le feu. Nous pouvons voir ici un lien avec le pouvoir des runes qui figent et lient symboliquement, tout comme la glace fige la création dans son étreinte. La rune est constante, créée par une ligne verticale ᛁ, sans réelles variations sauf pour la hauteur[464].

ᛃ **jéra* (son /j/)

**Jéra* est « l'année » (en Anglais *year*, en Allemagne *Jahr*), à la fois la mesure de temps et le passage des saisons du printemps à la récolte (excluant les mois d'hiver). Elle est très étroitement liée à la fertilité de la terre et à la récolte abondante[465]. Les allographes de cette rune sont nombreux, incluant ceux orientés est-ouest ᛃ et nord-sud ᛃ, avec des coins angulaires ou arrondis ᛃ[466]. La prépondérance des formes arrondies peut être comparée aux allographes arrondis de **þurisaz* et **wunjó*. La rune est constamment produite à mi-hauteur jusqu'autour de 500 ap. J.-C. lorsque les formes à pleine hauteur ᛃ ᛄ ᛃ, et les formes avec une tige ᛄ et ᛡ commencent à apparaître, et les formes plus petites ne sont plus utilisées. La forme ouverte de **jéra* ᛃ a souvent été confondue avec **inguz* ᛜ lors des premières tentatives d'interprétation, comme pour le texte *holtijaz* sur la corne de Gallehus. Les allographes des VIe et VIIe siècles comprennent une simplification de ᛄ pour ᛇ, par exemple, les deux crochets joints en une seule ligne dans la forme ᛇ sur la pierre

[459] Elliott, 1958, p.58.
[460] McKinnell & Simek, 2004, pp.140-141.
[461] Morris, 1988, p.118 ; Odenstedt, 1990, pp.63-66.
[462] Elliott, 1958, pp.96-108.
[463] Elliott, 1958, p.55.
[464] Morris, 1988, p.118 ; Odenstedt, 1990, p.125.
[465] Elliott, 1958, p.51, 58.
[466] Morris, 1988, p.112, 118 ; Odenstedt, 1990, pp.67-74.

d'Istaby (Danemark), dans le nom *hjeruwulafiR* « (fils de) épée-loup » [fig.22][467]. La forme ᛡ a eu par la suite une longue histoire en tant que voyelle (et non /j/) en Scandinavie (la « rune étoile », p.164).

Fig. 22 La pierre runique d'Istaby (d'après Stephens).

ᛇ *eihwaz* (son /æ:/?)

Il s'agit d'une rune mystérieuse et il n'y a toujours pas de consensus sur la signification ou la valeur phonémique de ce caractère[468]. L'interprétation la plus acceptée est **eihwaz* « if », qui est en accord avec le thème forestier de **berkanó* « branche de bouleau », ainsi qu'avec les runes anglo-saxonnes plus tardives *æsc* et *ac,* ainsi que la forme *ýr* « arc d'if »[469] Odenstedt a refusé de commenter la rune, sauf pour noter son existence[470]. Si le nom de rune **eihwaz* appartient à ce graphème, il s'agirait de l'une des seules runes, avec **algiz* et **inguz,* dont le nom ne commence pas par le phonème qu'il représente[471].

Il n'y a pas d'attestations de la rune **eihwaz* durant la Phase I dans un contexte significatif ; on la retrouve surtout dans les inscriptions fuþark inscriptions, ainsi que parfois dans des lignes de texte, par exemple deux fois sur la pierre runique de Krogsta (Suède), (où elle est un

[467] Antonsen, 2002, p.70, 152. Cette lecture est certainement incorrecte, puisque ᛁᛦ c'est-à-dire *–iz* ne peut que représenter le nominatif singulier et non le génitif *–is* à cette époque, et la fusion de /z/ et /R/ est un phénomène beaucoup plus tardif de la Phase III/IV. *Cf.* Losquiño, 2015, p.55.

[468] *Cf.* Antonsen, 2002, p.103 ; Spurkland, 2005, p.7 ; Nedoma, 2006, p.118 ; Mees, 2011, p.64-66.

[469] Elliott, 1957 ; Polomé, 1991, pp.428-429.

[470] Odenstedt, 1990, pp.75-77.

[471] Page (1968), 1995, p.137.

allographe de ᛏ/t/ dans le mot *sᛇainaz* « pierre », et une fois dans le groupe *mwsᛇeij* qui n'a pas été interprété[472]. On la retrouve une fois sur la pierre de By (Norvège) dans une séquence qui, elle aussi, demeure sans interprétation : *dz/rmþᛇ*. Nous n'avons à ce jour qu'un seul exemple durant la Phase III provenant de Freilaubersheim (Allemagne, vers 550-600 ap. J.-C., [fig.23]), qui se lit *daþᛇna*, possiblement un nom personnel féminin, où ᛇ représente clairement une voyelle, peut-être /iː/[473]. L'astragale de *Caister-by-Norwich astragalus* [p.138] comprend lui aussi cette rune. Le nom **eihwaz* s'est développé pour devenir le vieil-anglais *eoh* « if » et le norrois *ýr* « arc d'if », tous deux utilisés comme noms de runes[474].

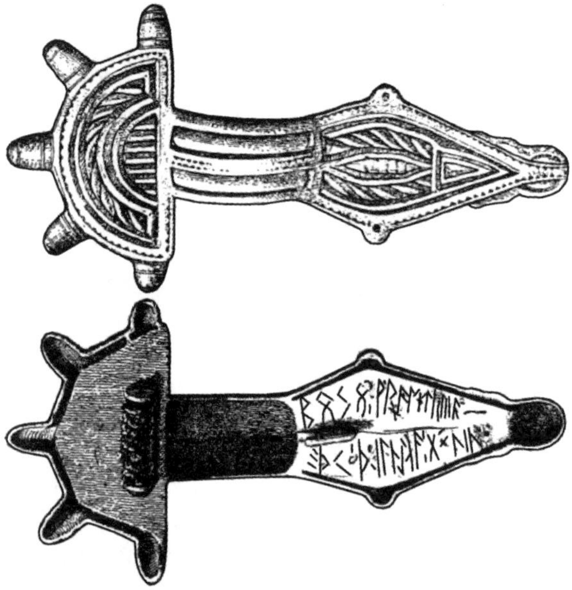

Fig. 23 Le texte runique au revers de la broche de Freilaubersheim se lit *boso wraet runa / [.]þkdaþina:golida* (selon Körber).

Une valeur phonémique plausible est /æː/, puisque ce phonème apparaît dans les reconstructions du proto-germanique et qu'aucune autre rune n'a cette valeur [*cf.* p.92][475], mais la nature déroutante des rares apparitions de ce caractère le rend difficile à interpréter[476]. Plusieurs runologues du XXe siècle attribuent à cette rune une voyelle écrite « ė » ou « e¹ », ce qui peut correspondre à la valeur phonétique /æː/[477]. Connolly a proposé une voyelle fermée centrale /ɨ/ affectée par la pré-

[472] Looijenga, 2003, p.332.

[473] Morris, 1988, p.123 ; Looijenga, 2003, p.241 ; Nedoma, 2015, p.306. La rune ᛇ peut avoir été choisie en tant que version plus distincte de ᛁ /i/.

[474] Elliott, 1958, p.55 ; Page, 1968.

[475] Morris, 1988, p.124 ; Antonsen, 2002, p.20, 46.

sence d'une consonne laryngale en proto-germanique, et qui aurait par la suite disparu de l'inventaire phonémique des langues germaniques suivantes ; Mees a suggéré que ᛇ était utilisée pour la laryngale elle-même, ce qui explique pourquoi les réalisations en vieil-anglais varient entre les valeurs de consonne et de voyelle[478].

Ceci étant dit, cette rune semble au centre de la rangée de runes, et non à la fin, donc l'on doit assumer qu'elle faisait partie de la séquence phonémique originale ; elle est parfois placée devant *p* (par exemple Charnay [fig.32 vol.2], Vadstena [fig.14]) et parfois derrière (Kylver, [fig.20])[479].

Les allographes principaux sont ᛇ et ᛇ[480]

ᛈ *perþ- (son /p/)

**Perþ(r)(ó)* est pour plusieurs chercheurs la rune la plus énigmatique, en partie parce que sa valeur phonétique était rare en position initiale dans le proto-germanique[481] ; on ne trouve pas cette rune dans les textes épigraphiques de la Phase I, sauf sur la pierre de Hogganvik [fig.7vol.2] et dans les séries de fuþark comme celle de Kylver [fig.20], datant du Ve siècle, et de Grumpan[482]. Pourtant, l'authenticité du nom est soutenu par la lettre gotique *pertra* pour /p/ et le vers du PR vieil-anglais sur *peorþ*[483]. Le manuscrit de Salzburg comporte le nom *peord,* et celui de Saint-Gall contient *perd*, qui sont clairement des variantes du nom anglo-saxon, mais *–d* est une orthographe très ancienne d'un Þ / ou /ð/ final, remplacé par l'orthographe *–th* au moment de l'écriture du *Glossaire d'Épinal* (fin du VIIe siècle)[484].

La rune est rare dans les textes épigraphiques, et apparaît pour la première fois dans un contexte linguistique significatif (et non une rangée de runes) au VIe siècle sur une cuillère romaine de la tombe 108 d'Ichtratzheim (Suisse) dans le mot *lapela* « cuillère » qui se trouve à côté du nom personnel ***abuda*** et le nom chrétien *Matteus* en lettres romaines[485]. Les sources en vieil-anglais suggèrent une interprétation si-

[476] Antonsen, 2002, p.46 note que /æ:/ a été modifié dans la plupart des dialectes germaniques, devenant /a:/ dans les syllabes accentuées et /e:/ dans les syllabes non accentuées, et ces sons pouvaient respectivement s'écrire ᚨ et ᛖ. La rune est donc devenue redondante et disponible pour être réattribuée.

[477] Makaev, 1996, p.57.

[478] Exposé dans Mees, 2011.

[479] Jensen, 1969, p.131 ; Jansson, 1987, pp.12-14 ; Antonsen, 2002, p.152 ; Looijenga, 2003, pp.235-237 ; McKinnell & Simek, 2004, p.70 ; Spurkland, 2005, p.1.

[480] Morris, 1988, p.118.

[481] Birkhan, 2006, p.89 ; cela est dû à la rareté des *-b* en position initiale en PIE. La plupart des exemples de mots proto-germanique à l'initiale *p-* sont des mots d'emprunt, par exemple **plumaz* < latin *prunus* « prune ».

[482] Morris, 1988, p.119 ; Odenstedt, 1990, pp.79-82 ; Spurkland, 2005, p.1.

[483] Elliott, 1958, p.52 ; Pollington, 1995, p.21.

[484] Polomé, 1991, p.433 ; Mees, 2002, p.63 La forme gotique attendue devrait être **perþ-* donc l'orthographe *pert-* est aussi déviante.

[485] Fischer, Graf, Fossurier, Châtelet & Soulat, 2014, p.18 Les détails des changements de sons qui ont donnés naissance au VHA dans cette région ne sont pas suffisamment connus pour [...]

gnifiant « jeu, jouer » – définie en tant que « jeu d'argent », en tant que l'une des joies du hall, en tant que coupe à remplir d'alcool fort, ou en tant qu'activité sexuelle[486]. Grimm a suggéré un lien avec le terme iranien *ferz* qui désigne une pièce d'échec, mais il est improbable que la connaissance des échecs se soit rendue en Europe à temps pour devenir un nom de rune. Le *PR vieil-anglais* l'appelle *plega hlehter* « jeu et rire », mais *plega* a des connotations de « danger », de « chance », et de « hasard »[487], ce qui rappelle la remarque de Tacite comme quoi les Germains adoraient les jeux de chance et d'argent à son époque. Il est possible que *peorþ* ne soit qu'une rime de *cweorþ*, le nom de la rune anglaise plus tardive ᛢ /kw/, que l'on ne retrouve que dans les manuscrits, et que les deux soient dérivées d'une origine peut-être celtique, possiblement reliée à *ceirt*, le nom ogham du pommier.

Le nom gotique *pertra* a lui aussi un partenaire de rime avec le nom *quertra*[488]. Mais la forme ᛢ est clairement une adaptation de ᛈ avec le chevron inférieur inversé, et n'apparaît pas dans les sources épigraphiques. Néanmoins, il semble peu probable qu'un simple nom vide de sens ait été utilisé pour le nom d'une rune alors que tous les autres noms semblent avoir été culturellement significatifs. La source des noms ogham n'est pas non plus certaine, et il peut y avoir eu un emprunt de la culture germanique adepte des runes dans l'écriture irlandaise[489].

La forme standard est ᛈ avec des allographes occasionnels tels que ᚱ, ᛖ, ᛞ ; ᛞ apparaît dans l'inscription fuþark de Breza, et ᛒ sur le bractéate de Vadstena [fig.14]. Evidemment, cette rune ᛒ est un B renversé, une forme de **berkanó* arrondie qui s'accorde avec d'autres formes arrondies dans ce texte. La rareté du phonème /p/ a mené à une certaine confusion par le passé, et *uþArbAsbA* (*óþarbspá*) sur la pierre de Björketorp (Suède, [fig.24 vol.2]) termine avec sbA pour le mot VN *spá* « prophétie »[490]. La forme ᛞ peut s'être développée à partir de ᛈ pour plus de symétrie, une tendance que l'on retrouve dans certains anciens al-

[485 suite] fermement dater l'inscription du Ve siècle uniquement sur la base de la conservation de la voyelle finale.

[486] Polomé, 1991, p.434 ; Birkhan, 2006, p.94 montre une variété d'étymologies proposées qui inclu des mots comme à la fois « pénis » et « vulve ».

[487] Birkhan, 2006, pp.92-93.

[488] Mees, 2002, p.63.

[489] Polomé, 1991, pp.433-434. Un lien avec la divinité gauloise *Perta* connue de la région de Narbonne (France) a aussi été proposé, mais ce nom pose lui-aussi un certain nombre de problèmes. Puisque l'initiale /p/ est supprimée en proto-celtique, le nom doit être interprété comme dérivé de l'original **kwert-* et utilisé par un groupe linguistique pré-celtique, mais l'ogham est spécifiquement un développement celtique qui ne date pas d'avant le IVe siècle ap. J.-C., c'est-à-dire plus de deux siècles après que le fuþark ne soit utilisé en Scandinavie. Birkhan, 2006, pp.86-89 offre un rayon de propositions étymologiques PIE qui comprennent différent, noms d'arbres, comme le grec *erkos* « forêt de chênes », le latin *quercus* « chêne », *Ercunia silva* « forêt hercynienne », toutes basées sur une racine celte *k^uerxta* « sous-bois de chênes ». Une alternative (p.97) est le proto-germanique **pirðra* « poirier » du latin *pirus*.

[490] Odenstedt, 1990, p.94 ; Seebold, 1991, p.443 ; Makaev, 1996, p.53 ; McKinnell & Simek, 2004, pp.165-166.

lographes (par exemple ᛜ pour ᚦ)[491]. Toutefois, il y a aussi quelques exemples de confusion entre des phonèmes voisés et non voisés qui est attribuée aux allophones de formes non voisées après la sibilante /s/ par exemple l'inscription rétrograde sur l'umbo de Thorsberg [fig.1] ᚨᛁᛋᚷᛉ ᚺ pour *aiskz h(agal) (g pour k), qu'Antonsen interprète comme « chercheur de grêle », avec h en tant qu'idéogramme pour *hagal* au sens métaphorique pour « pluie de flèches »[492].

ᛉ *algiz* (sons /z/, /ž/)

Il s'agit du nom présumé et de la forme de la rune qui apparaît dans le Poème Runique dans un vers déroutant au sujet d'une sorte de carex, Vieil-Anglais et en Norrois avec le sens « arc »[493]. Toutefois, le ou les sons représentés par la rune d'origine ont été altérés assez tôt en vieil-anglais et en norrois, donc les deux langues ont dû remodeler leur tradition runique en conséquence[494]. La valeur /z/ n'apparaît qu'en milieu de mot et /ž/ à la fin. Cette dernière valeur est devenue /R/ en finale en norrois et /s/ en gotique ; dans les langues germaniques occidentales elle a disparu[495] – donc un original **fiskaz* « fish » (poisson) apparaît en gotique *fisks*, en norrois *fiskR* et en vieil-anglais *fisc*[496]. Lorsque placé ailleurs qu'en finale, /z/ a été préservé en germanique oriental, converti en /r/ en germanique occidental, et souvent enlevé en germanique septentrional : le mot proto-germanique **xazðaz*> le vieil-anglais *heordan* « paille de lin » versus le VN *haddr* « cheveux de femme » ; le proto-germanique **xazjanan*> le vieil-anglais *herian* « compliment », le gotique *hazjan* « compliment »; le mot proto-germanique **xauzjanan*> le gotique *hausjan* « entendre », le vieil-anglais *hieran* « entendre », le VN *heyra* « entendre »[497]. On présume que le sens d'origine était « protection, garde », ce qui a donné les mots vieil-anglais *ealgian* « protéger » et *ealh* « temple, lieu sacré »[498]. Nous ne pouvons pas non plus exclure qu'il y ait eu un lien avec le nom *Alcis,* cité par Tacite comme attribué par le

[491] Seebold, 1991, pp.456-457 ; Antonsen, 2002, p.109 note que chaque rune du fuþark ancien est unique, et ne peut pas être confondue avec une autre par rotation ou renversement.

[492] Antonsen, 2002, pp.9-11 ; *cf.* Looijenga, 2003, p.259 ; McKinnell & Simek, 2004, p.46 ; Matešic, 2015a, p.92, fig.5. L'illustration dans le volume d'Engelhardt montre la deuxième rune à partir de la droite (rétrograde) comme *n*, ce qui donne *ansgzh*. Grammaticalement, la finale *–z* pour le nom.sing. devrait avoir un radical se terminant par une voyelle (*-*az,* *iz,* etc.) à moins que ce nom n'appartienne à une très petite classe de noms, pour laquelle nous n'avons pas de sources de la même famille que ce nom. Imer (2010, p.58) suggère que le texte a été réalisé en imitant les marques de fabricant romaines avec h représentant le *M* latin (pour *manu*) que l'on retrouve dans de tels textes.

[493] Page, 1995b, p.6.

[494] Elliott, 1958, pp.52-53 ; Polomé, 1991, pp.426-427 ; Antonsen, 2002, pp.75-91. La coutume de transcrire la rune avec R est due à la notion que les textes de la Phase I étaient dans une langue « proto-norroise ».

[495] Losquiño, 2015, pp.54-55 date la suppression germanique occidentale avant la date généralement supposé d'environ 400 ap. J.-C., peut-être aussi tôt qu'avant 160 ap. J.-C.

[496] Orel, 2003, s.v. **fiskaz.*

[497] Orel, 2003, s.v. **xazðaz, *xauzjanan, *xazjanan.*

[498] Elliott, 1958. p.51 ; Hawkes & Page, 1967, p.9 ; Orel, 2003, s.v. *alxz.*

peuple germanique à une paire de jumeaux divins, étant donné que leurs fidèles les voyaient comme particulièrement soucieux de protéger ceux en danger, comme les *Dioskouroi* grecs[499]. La forme de la rune suggère un bras tendu avec la main ouverte. Une étymologie alternative lie le nom de la rune à **algiz* (variantes **elxaz* et **elxon*), le nom proto-germanique pour « élan », indiquant un gros animal dangereux[500]. Le vers vieil-anglais décrit l'*eolhsecg* comme quelque chose de dangereux qui peut blesser quiconque est assez brave pour s'en approcher – un sens similaire à celui offert pour **úruz*.

Les allographes de cette rune ne sont pas courants. La forme canonique est ᛉ, mais la forme inversée ᛦ commence à apparaître après le VIe siècle[501]. Sur la fibule de Gårdlösa (Suède), le texte se lit *ek unwodᚴ* avec le caractère final ᚴ, une forme simplifiée ou mal exécutée de ᛉ (ou peut-être une rune de liaison pour *iz*). La broche de Charnay [fig.43], datant du Ve siècle, utilise la forme combinée ᛯ, que certains des premiers chercheurs (par exemple Arntz & Zeiss) ont pris comme l'originale.

Antonsen lie le développement de la forme ᛦ à la rune de liaison ᛦ *az* (le marqueur grammatical commun pour le nominatif masculin singulier de noms forts)[502]. Le nom norrois *ýr* (arc fait en if) est basé sur **eihwaz* [voir ci-dessous] alors que l'anglo-saxon n'a pas besoin d'une rune « z », donc la valeur /ks/ a été transférée durant la période chrétienne à une imitation du « x » romain. Il n'y a pas d'exemple certain de « y » pour /z/ dans les textes anglo-saxons. La forme identique ᛉ a été utilisée dans certains textes en fuþark récent de la Phase III pour /m/, une coïncidence qui a entraîné beaucoup de confusion lorsque les premiers runologues ont tenté de translittérer les textes de la Phase I (par exemple le texte de la corne de Gallehus **hlewagastiz** a été lu comme **hlewagastim** et tenu un datif pluriel, *cf.* p.130)[503].

ᛊ **sówuló* (son /s/)

**Sówuló* signifie « soleil », que reflète les traditions anglaises et norroises. Que le soleil ait été un objet de vénération n'est pas surprenant, et son importance en Europe du Nord en tant qu'émetteur de lumière et de chaleur est évidente. La pratique était enracinée et on légiférait encore contre cela au XIe siècle dans le code de loi de Cnut (Lois 2, ch.5)[504] : *Hǽðenscipe byð þæt man deofolgyld weorðige, þæt is þæt man*

[499] Griffiths, 2006, pp.93-101 tente de relier le nom de la rune au concept hébreu de l'« épée de la justice » à travers l'utilisation dans le vers vieil-anglais du mot composé *eolhxsecg* dans lequel le second élément peut signifier « épée », « jeune homme » ou « type d'herbe ».

[500] Polomé, 1991, pp.426-427 ; Orel, 2003, s.v.**al3iz* ; une lien avec le PIE ** kto* « ours » est proposé.

[501] Morris, 1988, p.119 ; Odenstedt, 1990, pp.83-86.

[502] Antonsen, 2002, pp.161-162.

[503] Antonsen, 2002, pp.74-75.

[504] Pollington, 2011, p.49ff.

weorðige hǽðene godas / sunnan oððe mónan, fýr oððe flód, wæterwyllas oððe stánas oððe ǽniges cynnes wudutréowa « Il sera païen que quiconque vénère des idoles, c'est-à-dire qu'on vénère les dieux païens, le soleil ou la lune, le feu ou l'eau, les sources ou les pierres ou les arbres de toutes sortes ». La rune est normalement formée par une série de zigzags, généralement avec trois ou quatre traits : ᛋ, ᛋ, ᛊ, ᛊ, ᛊ[505]. Des traits supplémentaires étaient parfois utilisés en Scandinavie : ᛊ ᛊ ᛊ, comme sur la plane en bois de Vimose (Danemark) [fig.24], une caractéristique qui refait surface plus tard dans certaines inscriptions continentales (comme sur un récipient du VIe siècle et une broche du VIIe siècle de Schretzheim, en Allemagne)[506]. Le sens des angles sur les formes à trois traits ne correspond pas toujours à la direction du texte, et ᛊ peut apparaître dans une inscription dextrograde. La forme ᛋ est devenue standard pour les textes anglo-saxons, mais il y avait aussi quelques allographes.

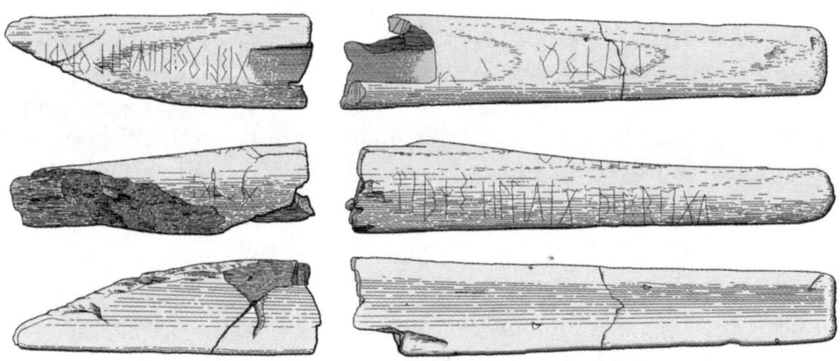

Fig. 24 Plane en bois de Vimose (selon Dobat).

Troisième groupe

↑ **teiwaz* (son /t/)

**Teiwaz* est le nom présumé du dieu germanique principal de la période païenne primitive, avant que *Wóðenaz* n'usurpe sa position (son nom est de la même famille que le *Ju(piter)* romain et le *Zeus* grec[507]. Bien qu'il ne soit pas simplement un dieu guerrier, le symbole de la lance que son nom représente suggère des associations masculines – les armes étaient la marque de l'homme libre dans la société germanique ancienne, permettant une pleine participation aux affaires légales et sociales ; ce symbole apparaît aussi dans les pierres gravées de l'Âge du Bronze. Le poème islandais *Sigrdrífumál* (strophe 6) fait référence au

[505] Morris, 1988, p.119 ; Odenstedt, 1990, pp.87-92.
[506] Dobat, 2008, item V.24373.
[507] Elliott, 1958, p.55 ; Pollington, 2011, p.175.

fait de nommer Týr (<*teiwaz) trois fois sur une arme pour la victoire, et des exemples de cette pratique ont été retrouvés[508]. La forme de la rune est assez régulièrement ᛏ durant les Phases I à III, peut-être influencée par le profil de lance qui est très approprié pour un dieu de la guerre et de la justice[509]. La version de la pointe de lance de Kowel [fig.25] a des branches beaucoup plus plates, plus proches de la forme du « T » romain; sur quelques exemples, les branches se rejoignent sous le sommet de la tige, comme sur la pierre de By (Norvège) avec ᚼ et à Noleby (Suède) où la rune ᛏ à la fin du texte est inversée ↓[510].

ᛒ *berkana (sons /β/, /b/)

*Berkana signifie littéralement « bouleau », bien que ses associations aient plutôt avec la fertilité et les rites du printemps (le bouleau est souvent le premier arbre à bourgeonner dans les forêts du nord)[511]. La coutume populaire associe le bouleau à la fécondité et la promesse de jeunesse, à la « magie amoureuse » et à la renaissance[512]. La rune est formée avec une tige et deux poches ᛒ, mais les allographes comprenaient des profils arrondis B et des poches espacées B[513]. La dernière forme est retrouvée sur le continent, en Frise et dans les anciens textes anglo-saxons. Dans les textes de la Phase I, elle remplace parfois la rune ᛈ, étant donné la rareté du son /p/ dans les mots proto-germaniques.

ᛖ *ehwaz (sons /e/, /e:/)

*Ehwaz est le « cheval », un animal sacré dans les tribus germaniques, utilisé pour la divination et le sacrifice, bien que le poème VA réfère plutôt à la joie humaine des chevaux et leur utilité pour l'homme[514]. Le *ehwaz « cheval domestique » est différencié de *úruz « bétail sauvage »[515]. On peut se demander s'il y a lieu d'attacher de l'importance au placement du « cheval » et du « soleil » dans la rangée des runes, à la lumière d'objets de culte comme la miniature du disque solaire de Trondheim tiré par un cheval miniature. La rune a la forme canonique ᛖ et l'allographe principal est ⊓, bien que des variantes, (telles que celle avec une barre double sur le haut), et des runes de liaison soient aussi attestées[516]. Il est possible que ⊓ soit la forme originale (bien qu'elle ne suive pas les principes d'Odenstedt sur la formation des runes), puis-

[508] Pollington, 2011, p.178.
[509] Morris, 1988, p.120 ; Odenstedt, 1990, p.125.
[510] Looijenga, 2003, pp.333-334.
[511] Elliott, 1958, pp.47-48, 56.
[512] Polomé, 1991, p.424.
[513] Morris, 1988, p.120 ; Odenstedt, 1990, pp.93-96.
[514] Pollington, Kerr & Hammond, 2010, pp.409-412.
[515] Polomé, 1991, p.429.
[516] Morris, 1988, p.120 ; Odenstedt, 1990, pp.97-101.

qu'elle se trouve le plus souvent sur les inscriptions danoises les plus anciennes (Thorsberg, Illerup, etc.) de 200-450 ap. J.-C. Toutefois, ces textes anciens sont principalement gravés dans le métal, et il est possible que ᛖ ait été favorisée par les artisans du métal, plutôt que par les ébénistes, tailleurs de pierre, etc.[517]

ᛗ *mannaz* (son /m/)

Mannaz* signifie « homme » ou « humanité », et peut être lié à l'ancêtre divin *Mannus* (Mannuz*), mentionné par l'auteur romain Tacite[518]. La rune a une forme constante jusqu'aux modifications du fuþark récent[519]. Il y a des exemples de runes à deux tiges qui ont été interprétées comme des ᛗ mal faits, comme sur la pierre de Tanem (Norvège), où les deux bras se croisent mais ne rejoignent pas les tiges opposées[520].

ᛚ **laguz* (son /l/)

**Laguz* est l'« eau »: soit la substance elle-même, soit une « étendue d'eau, lac », peut-être liée avec les paysages aquatiques du Jutland où des sacrifices à grande échelle était faits aux dieux[521]. Le passage du temps chez les anciens peuples germaniques était vu comme un ruisseau qui débordait périodiquement – voir **perþ(r)ó* ci-haut – et il y a certainement une attitude ambivalente par rapport à la mer et à la navigation dans la plupart de la littérature germanique primitive, commandant l'affection et le respect. Krause a proposé le nom original **laukaz* « poireau, légume » plutôt que **laguz*, un mot que l'on retrouve parfois écrit en entier (par exemple le bractéate de Skrydstrup, [fig.48])[522]. Dans le *Codex Leidensis* du Xe siècle, reflétant des formes plus anciennes (VIIIe siècle ?), la rune est appelée *laukr*, qui s'explique plus facilement comme dérivée de **laukaz* que de **laguz*[523].

La rune est très constante, même dans le fuþark récent, avec la forme canonique ᛚ[524]. La position de la branche indique la direction du texte, mais deux runes de la broche de Bülach (Suisse) sont rétrogrades 1.

[517] Barnes, 2012, p.20.
[518] Elliott, 1958, p.58.
[519] Morris, 1988, p.120 ; Odenstedt, 1990, pp.99-100, 125.
[520] Looijenga, 2003, p.348.
[521] Elliott, 1958, p.56 ; Pollington, 2011, pp.109-111, 231-232, 267-273, 368-370.
[522] Krause, 1946, p.61 ; Polomé, 1991, p.422 ; McKinnell & Simek, 2004, p.72.
[523] Polomé, 1991, p.424.
[524] Morris, 1988, p.120 ; Odenstedt, 1990, p.125.

◇ *son /ŋ/)

Inguz représente le héros divin, consort de la déesse mère, et lui-même peut-être un esprit de la végétation[525] ; cette figure semble avoir été favorisée par les Angles, et pourrait être l'« ami d'Ing » (Ingwine) original mentionné dans *Beowulf*, bien que ce nom ait été retenu par les habitants suivants du sud du Jutland. On retrouve la première trace écrite sous la forme *Ingaevones* dans les textes de Tacite[526]. Plus tard, les rois suédois s'appelaient les *Ynglingar*, ce qui peut signifier « descendants de Ing ». Le PRVA réfère au dieu par *hœ́le* (pour *hœ́leð*) « héros, homme d'excellence », tel que nommé par les *Heardingas* – sûrement une référence aux **hazdingóz* « hommes aux longs cheveux », un groupe de prêtres de la tribu des *Naharvali* et le clan royal des Vandales[527].

La référence au chariot dans le vers du *PRVA* rappelle les processions religieuses de *Nerthus* où elle représente la Terre-mère, qui est séduite par « l'Homme Vert » (*Inguz*) et passe du temps à visiter les maisons des hommes dans un chariot en compagnie d'un prêtre. Le profil canonique de la rune est un losange à mi-hauteur, ◇ avec un allographe probable □ comme sur la pointe de lance de Kowel [fig.25] et sur la pierre de Kylver [fig.20][528]. On avait précédemment accepté que ᛝ était une variante à pleine hauteur mais, dans la plupart des cas, cette rune se lit mieux comme une forme miroir de ᚹ /w/[529]. L'inscription de la pierre d'Opedal (Norvège) utilise la forme diminutive arrondie ᛟ, qui a l'air d'une version réduite de la rune ᛟ (**oþila*) mais elle a été défendue comme un allographe de ◇[530]. Une inscription sur un grattoir de Slemminge (Danemark) se lit witrᛝ, où le dernier caractère doit probablement se lire comme une rune de liaison des caractères ᛁ et ◇ avec la translittération phonémique /iŋ/ pour *Wi(n)tring*, un nom personnel[531]. La distinction entre ᛃ /j/ et ◇ /ŋ/ n'a été établie qu'au XXᵉ siècle[532]. La rune a atteint sa pleine hauteur en étendant ses quatre lignes pour devenir ᛝ, la forme canonique anglo-saxonne.

[525] Polomé, 1991, p.432 note qu'il y a eu plusieurs tentatives pour expliquer ce terme en faisant référence au mot *pénis*, mais l'interprétation la plus retenue est le PIE **ŋkwos* « mortel », à partir de **ŋk-* une forme de niveau zéro de **nek-* « tuer ». Une association entre un dieu de la fertilité et du renouveau et une racine verbale qui signifie « mort » n'est pas improbable, par exemple on retrouve en grec *nekos* « cadavre » et *nektar* « boisson d'immortalité ». Le *PRVA* fait référence au wagon qui peut alors être interprété comme le moyen par lequel les âmes se rendent dans l'au-delà.

[526] Elliott, 1958, p.55 ; Pollington, 2011, p.260ff. Polomé, 1991, p.432 note que le nom apparaît aussi dans Pline comme Inguaeones et peut représenter un composé de **Ingwaz* et **aiwó* « loi », signifiant « ceux soumis au règne d'Ingwe » ou quelque chose de semblable. Un nom personnel dérivé Inguiomerus apparaît chez les Cherusci.

[527] Polomé, 1991, p.431. Le même nom se retrouve dans la littérature médiévale sous Hasdingi (une tribu lugienne), Hartungen dans le cycle légendaire de Siegfried en MHA et Haddingjar en norrois.

[528] Morris, 1988, p.120 ; Odenstedt, 1990, pp.103-118 ; Spurkland, 2005, p.1.

[529] Makaev, 1996, p.57 la voit comme une rune de liaison /i/.

[530] Morris, 1988, p.121 ; Odenstedt, 1990, pp.109-110 ; Looijenga, 2003, p.346.

[531] Looijenga, 2003, pp.166-167 ; Losquiño, 2015, p.49.

[532] Antonsen, 2002, p.74.

La pierre runique d'Einang (Norvège), datée du IVe siècle, elle serait la plus ancienne pierre runique avec une inscription proto-norroise en ancien futhark. L'inscription indique : *"(Ek go)ðagastiz runo faihido"* (trad. *"[Je, Go] dagast, ai peint / écrit cette inscription runique"*). (photo Lars Gustaven.)

Pierre runique découverte à Årstad (Norvège). L'inscription indique *Hiwigaz/Hiwigaz-Saralù* (trad : *"Avec des liens familiaux forts, moi pour mon ami"*). (photo Ann Christine Eek, Kulturhistorisk museum, Oslo.)

Pierre runique de Tune. Elevée entre 200 et 450 ap. J.-C., il s'agit de la plus ancienne pierre runique dédiée à un défunt de Norvège. L'inscription indique : *"Ek Wiwaz after Woduride witandahlaiban worhto r[unoz]. / [Me]z(?) Woduride staina þrijoz dohtriz dalidun(?) arbija arjostez(?) arbijano"* (trad. *"Moi, Wiwaz, j'ai taillé ces runes pour Woduridaz, mon chef. Pour moi, Woduridaz, trois filles, la plus distinguée des héritières, a préparé cette pierre."*). (photo Ann Christine Eek, Kulturhistorisk museum, Oslo.)

Pierre runique de Rö (Suède). Probablement érigée avant le Ve siècle, cette pierre évoque un Suève, peuplade de la région rhénane. L'inscription a probablement été gravée par un marin ou voyageur, la pierre a d'ailleurs été élevée à proximité d'une voie maritime usitée durant cette période. L'inscription indique *"Ek Hrazaz/Hraþaz satido [s]tain[a] ... Swabaharjaz s[a]irawidaz. ... Stainawarijaz fahido"*. (trad. *"Moi, Hrazaz/Hraþaz, ai levé cette pierre… Guerrier suève aux larges plaies… Stainawarijaz a gravé."*). Stainawarijaz pourait ici signifier "gardien des pierres". (photo John-Björn Huber, Historiska Museet, Stockholm.)

Croix de Bewcastle (Angleterre), érigée dans le courant du VIIe siècle. L'inscription, en vieil-anglais, indique : *"thissig be(a)cn thun set(t)on hwa(e)tred waethgar alwfwolthu aft alcfrithu ean kuining eac oswiuing gebid heo sinna sawhula"* (trad. *"Cette colonne élancée, Hwætred, Wæthgar et Alwfwold l'ont érigée en mémoire d'Alefrid, un roi et fils de Oswy. Priez pour eux, leurs péchés, leurs âmes"*). Cette croix, à l'instar de celle de Ruthwell (Angleterre), offre un témoignage intéressant sur l'usage des runes par les clercs de Northumbrie au VIIe et VIIIe siècles. (photo Oliver Dixon.)

Pierre runique découverte à Möjbro (Suède), datée du Ve ou VIe siècle. Les runes, en ancien futhark, ont été gravées de manière à être lues par la droite et sont donc inversées. L'inscription indique : *"Frawarādaʀ Āna hāha i(s) slaginaʀ."* (trad. *"Frawaradaz, le borgne, a été tué."*). (photo Damien Bouet, Historiska Museet, Stockholm.)

Chaussure en cuir découverte à Bergen (Norvège), datée du XII-XIIIe siècle. L'inscription indique *"am(or)u-iciþomnia"* (trad. *"amor vincit omnia"* (l'amour conquiert tout). (photo Svein Skare, Universitetsmuseet i Bergen.)

Côte découverte à Oslo (Norvège), datée du XIe siècle. L'inscription indique *"fuþorkhniastbmly "*. (photo Eirik Irgens Johnsen, Kulturhistorisk museum.)

Peigne en os, découvert sur le site de Vimose (Danemark). L'inscription indique *"Harja"* (pouvant signifier peigner.). (photo Roberto Fortuna, Nationalmuseet, Copenhague.)

Corne de bovidé découverte à Erga (Norvège). L'inscription indique *"fuþorkhniastbmly"*. (photo Terje Tveit, Arkeologisk museum, Stavanger.)

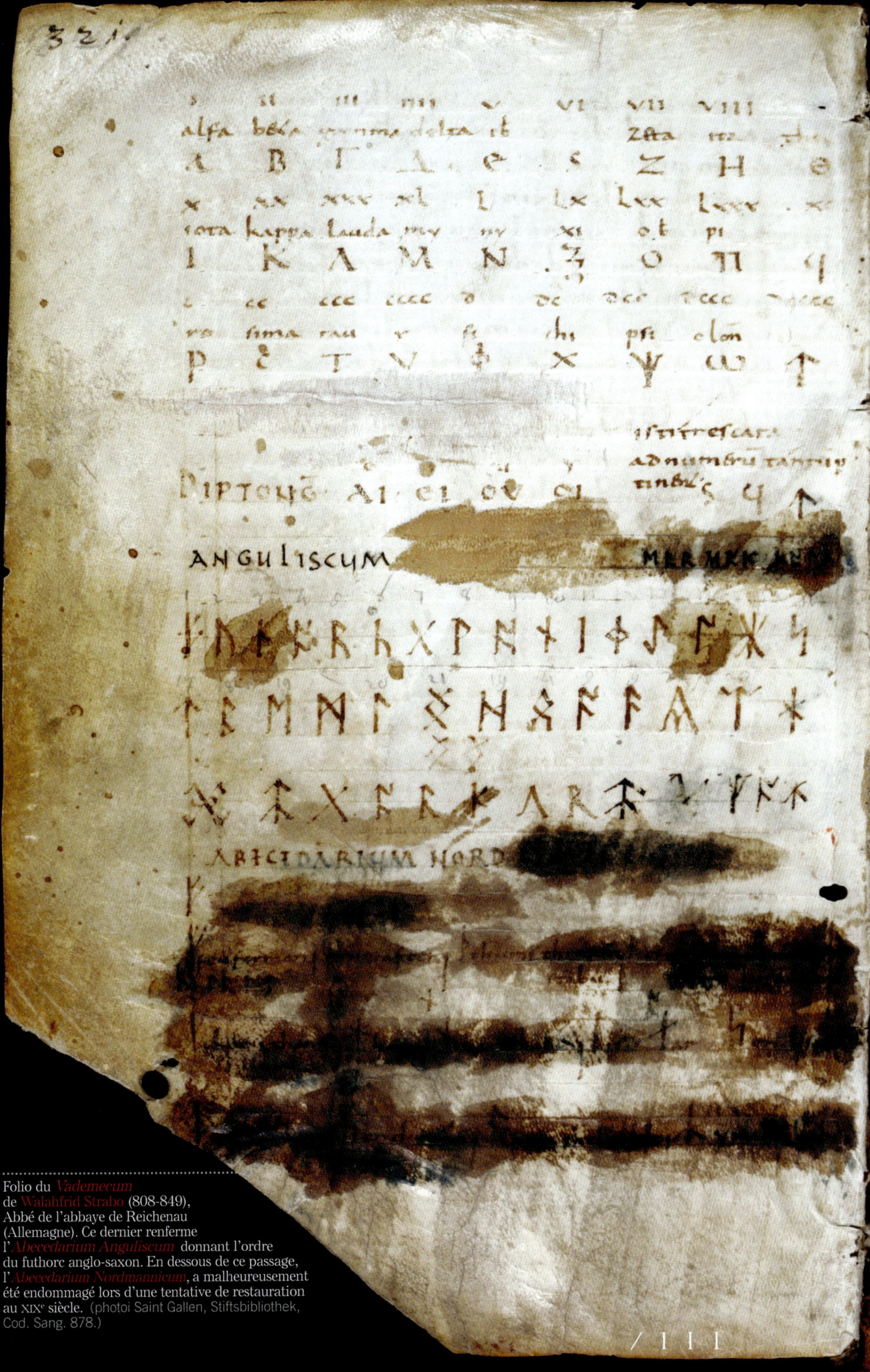

Folio du *Vademecum* de Walahfrid Strabo (808-849), Abbé de l'abbaye de Reichenau (Allemagne). Ce dernier renferme l'*Abecedarium Anguliscum* donnant l'ordre du futhorc anglo-saxon. En dessous de ce passage, l'*Abecedarium Nordmannicum*, a malheureusement été endommagé lors d'une tentative de restauration au XIXe siècle. (photoi Saint Gallen, Stiftsbibliothek, Cod. Sang. 878.)

Plane en bois découverte à Vimose (Danemark) et datée entre 210–260. L'inscription indique *"talijo gisaioj : wiliz[..]lao[..]/tkbis : hleuno : an[.] : regu"* (trad. *"Plane à G. biens héréditaires* [et] *bonne année – il, elle, il veut... Je confie les offrandes au lieu protégé."*). (photo Roberto Fortuna, Nationalmuseet, Copenhague.)

Écuelle en bois, découverte à Tønsberg (Norvège) et datée du XIVe siècle. L'inscription indique *"ø Torgeir"* (trad. *"A Torgeir"*). (photo Eirik Irgens Johnsen, Kulturhistorisk museum, Oslo.)

Boîte en bois, découverte à Garbølle (Danemark) et datée entre le IIe et le IVe siècle. L'inscription indique *"Hagirādaʀ tawide"* (trad. *"Hagirādaʀ m'a fait"*.). (photo Lennart Larsen, Nationalmuseet, Copenhague.)

Poignée de briquet en bois et fer, découverte à Illerup (Danemark) et datée II-IIIe siècle. L'inscription indique *"gauþz"* (trad. *"Vantard"*.)

Monnaie du roi Olav Kyrre, frappée entre 1065 et 1080, découvertes à Tydal (Norvège).
(photo Eirik Irgens Johnsen, Kulturhistorisk museum.)

Sceat (équivalent du Penny) découverte à Bawsey (Angleterre) et frappée entre 730 et 750. L'inscription indique *"Epa"*, nom de monnayeur ou de l'atelier monétaire (*mint*).
(photo Pierre-Yves Alabert, Norwich Castle.)

Sceat découverte à Caister-on-Sea (Angleterre) et frappée entre 710 et 750. L'inscription indique *"Spi"*, nom de monnayeur ou de l'atelier monétaire.
(photo Pierre-Yves Alabert, Norwich Castle.)

Vue de face du coffret d'Auzon dit "Frank Casket", reliquaire en os de baleine confectionné en Angleterre au VIIIe siècle et provenant probablement de l'église Saint-Julien de Brioude (France), avant qu'il ne soit récupéré par une famille d'Auzon (France) après la Révolution française. Il ne retournera en Angleterre qu'au milieu du XIXe siècle. Les différents panneaux sont gravés de représentations légendaires ou historiques. Le panneau frontal présente une représentation de la légende du forgeron Wayland à gauche et des Trois mages à droite. L'inscription runique indique *"fisc.flodu.ahofonferg | enberig | warþga:sricgrornþærheongreutgiswom | hronæsban Fisc flōd āhōf on firgenberig."* (trad. *"L'inondation a jeté les poissons sur la falaise | Le roi terroriste devint triste quand il nagea sur les galets | Os de baleine."*).
(photo Damien Bouet, British Museum, Londres.)

Le panneau arrière décrit la prise de Jérusalem par Titus. L'inscription en haut à gauche indique *"'herfegtaþ | +titusendgiuþeasu'"* (trad. "Ici Titus et les Juifs se battent"), celle à droite *"hic fugiant Hierusalim habitatores"* (trad. "Ici les habitants fuient de Jérusalem"). En bas, on peut lire à gauche *"dom"* (trad. "jugement"), à droite *"gisl"* (trad. "otages").
(photo Damien Bouet, British Museum, Londres.)

L'interprétation du panneau de droite du coffret d'Auzon ne fait pas encore consensus dans la communauté scientifique. La lecture et la translittération des runes ne sont pas évidentes. Certaines lettres sont cassées ou manquantes et aucun séparateur ne permet de dissocier les mots. Raymonds Page propose la translittération suivante *"Hēr Hōs siteþ on hearmbeorge: agl[?] drigeþ swa hire Erta gescræf sār-denn sorge and sefan torne. rixe / wudu / bita"* (trad. "Ici, Hos est assis sur le monticule de chagrin ; Elle souffre comme Ertae le lui avait imposé, une misère (? bois) de peines et de tourments d'esprit. joncs / bois / amertume"). (photo Damien Bouet, British Museum, Londres.)

Le panneau gauche représente l'adoption de Romulus et Remus par la louve. L'inscription indique *"romwalusandreumwalu twœgen | gibroðær | afœddæhiæ wylifinromæcæstri: | oþlæunneg"* (trad. "Romulus et Remus, deux frères | une louve les ont nourris à Rome | loin de leur pays d'origine."). (photo Damien Bouet, British Museum, Londres.)

Confectionné dans le courant du VIIe-VIIIe siècle dans le nord de l'Angleterre, le chrismale pourrait avoir été donné par Robert de Mortain, demi-frère de Guillaume le Conquérant, lors de la fondation de la collégiale Saint-Evroult en 1082. Le comte de Mortain a en effet séjourné de longs mois en Northumbrie. Le coffret est entièrement recouvert de fines lamelles de cuivre, dorées et travaillées au repoussé. [Sur l'avant]: on trouve un Christ *pantocrator* (de la fin des temps), tenant dans la main gauche le livre des Saintes-Écritures et donnant la bénédiction de la main droite. [À droite et à gauche]: clairement distingués par les inscriptions *"S[an]C[tu]S MIC[hael]"* et *"S[an]C[tu]S GAB[riel]"*, les archanges Michel et Gabriel, les ailes repliées, viennent encadrer le prophète. [Sur le couvercle]: un ange aux ailes déployées est entouré par deux oiseaux (colombes ?). [Sur l'arrière du couvercle]: l'inscription indique *"+goodhelpæ : æadanþiiosneciismeelgewarahtæ"* (trad. *"Puisse Dieu aider Eada* [qui] *a fait ce cismel"* [chrismale ? coffret ?]). (photo Damien Bouet, Musée de Normandie, Caen.)

Détail des possibles runes cachées sur la grande corne de Gallehus. photo Arnold Mikkelsen, Nationalmuseet, Copenhague.)

Reproductions des cornes d'or de Gallehus (Danemark), les pièces originales ayant été volées en 1802. L'inscription runique sur la petite corne indique *"ekhlewagastiz:holtijaz:horna:tawido:"* (trad. *"Moi Hlewagastiz Holtijaz ai fait cette corne"*). (photo Roberto Fortuna, Nationalmuseet, Copenhague.)

Perle de fourreau en jais découverte à Nydam (Allemagne) et datée du IV-Ve siècle. L'inscription, gravée pour être lue de droite à gauche, indique *"[…] ala"*. (photo Roberto Fortuna, Nationalmuseet, Copenhague.)

Urne cinéraire de Lovenden Hill (Angleterre), datée du V-VIe siècle. (photo Damien Bouet, British Museum, Londres.)

Fusaïole découverte à Hoftuft gård (Norvège). L'inscription indique *kunitr kerþsnalt* (trad. "Gunnhildr a fabriqué cette fusaïole"). (photo Eirik Irgens Johnsen, Kulturhistorisk museum, Oslo.)

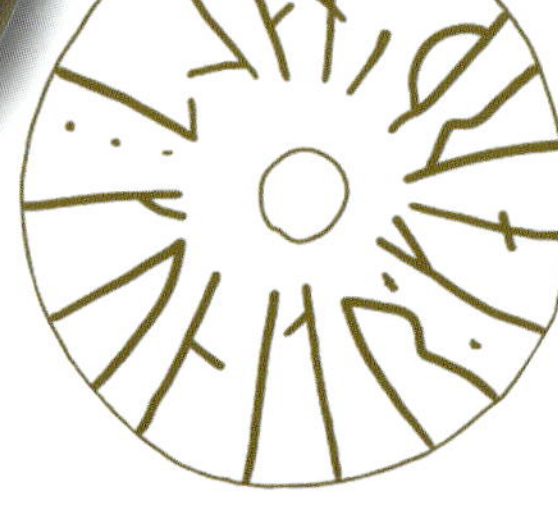

Fibule découverte à Bratsberg (Oslo), datée du Ve-VIe siècle. L'inscription indique *"ekerilaz |"* (trad. *"Moi Erilaz* [maître des runes]). (photo Marten Teigen, Kulturhistorisk museum, Oslo.)

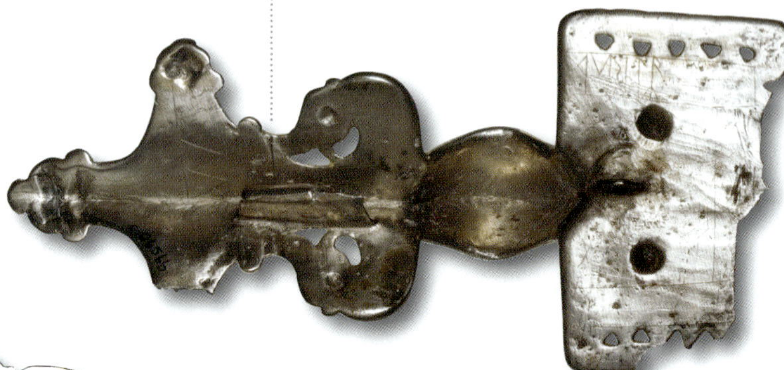

Fibule découverte à Etelhem (Suède) datée du Ve-VIe siècle. L'inscription indique *"(e)k (E)r[i]la[R] w[o]rt(ō)."* (trad. *"Moi, le Erilaz* [maître des runes], *a fait"*). (photo Damien Bouet, Historiska Museet, Stockholm.)

Fibule découverte à Værløse (Danemark), datée du IIIe siècle. L'inscription indique *"alugod"* suivie d'une swastika. (photo Roberto Fortuna, Nationalmuseet, Copenhague.)

Fer de lance en fer, avec damasquinure en argent, découvert à Mosgård (Suède) et daté du IIe-IIIe siècle ap. J.-C. L'inscription indique : *"Gaois"* (trad. *"Aboyeur"*). (photo Historiska Museet, Stockholm.)

Manipule de bouclier découverte sur le site d'Illerup (Danemark) et datée entre 210-240 ap. J.-C. On peut y lire *"niþijo tawide"* (trad. *"Niþijo* [m'] *a fabriqué"*). (photo Damien Bouet, Moesgård museum, Højbjerg.)

Manipule de bouclier découverte sur le site d'Illerup (Danemark) et datée entre 190-210 ap. J.-C. On peut y lire *"laguþewa"*. (photo Damien Bouet, Moesgård museum, Højbjerg.)

Seax de Beagnoth, découvert dans la Tamise en 1857. Son nom est lié à l'inscription damasquinée éponyme sur la lame. Cette arme, typique de VIIe-VIIIe siècles, constitue le seul témoignage épigraphique de l'intégralité de l'alphabet runique anglo-saxon. (photo Damien Bouet, British Museum, Londres.)

Manche de hache découvert à Nydam (Allemagne). L'inscription indique *"(Wā)gagastiz alu ... (S)īkijaz Aiþalātaz"* (trad. *"Les habitants des zones humides* [...] *preneur de serment"*). (photo John Lee, Nationalmuseet, Copenhague.)

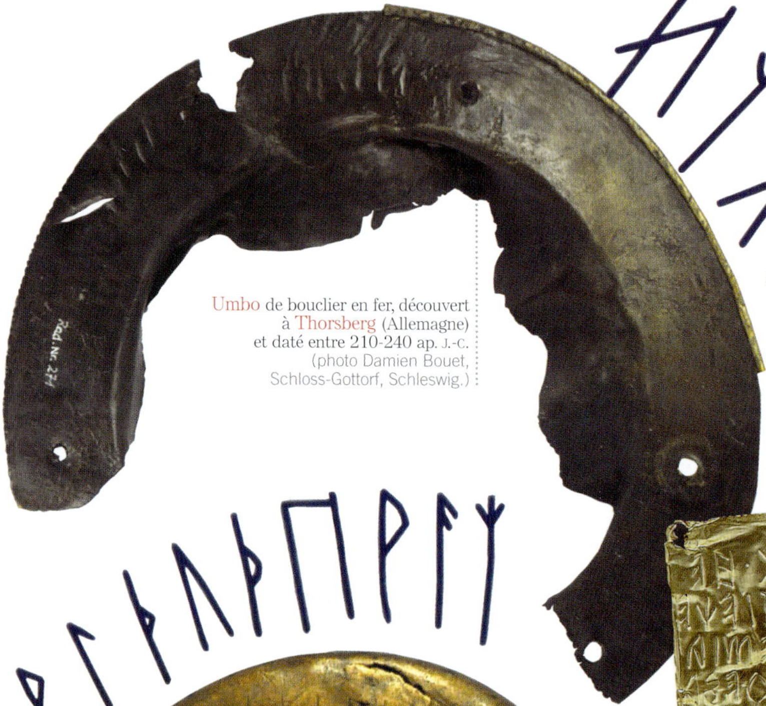

Umbo de bouclier en fer, découvert à Thorsberg (Allemagne) et daté entre 210-240 ap. J.-C. (photo Damien Bouet, Schloss-Gottorf, Schleswig.)

Bouterolle en bronze, découverte à Thorsberg (Allemagne) et datée entre 160-240 ap. J.-C. L'inscription indique *"Wolþuþewaz nī wajē māriz"* (trad. "*Wolþuþewaz* [serviteur de Ullr], *pas par malheur célèbre* [celui à la réputation immaculée]". (photo Damien Bouet, Schloss-Gottorf, Schleswig.)

Fer de lance de la seconde moitié du IIe siècle, découvert à Øvre Stabu (Norvège). L'inscription indique : *"raunijaz"*, probablement le nom de la lame, qu'on peut rapprocher du vieux-norrois *reynir* (trad. *"essais"*). (photo Eirik Irgens Johnsen, Kulturhistorisk Museum, Oslo)

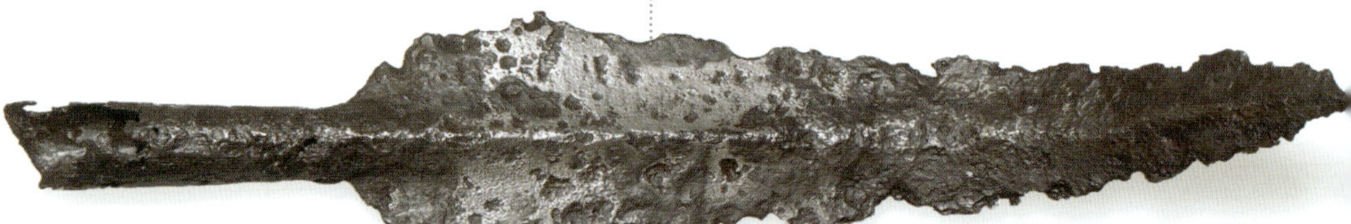

Coupe étrusque à engobe noire, ornée d'une inscription épigraphique étrusque. (photo Damien Bouet, Musée du Louvre, Paris.)

Deux des trois lamelles étrusques de Pyrgi, datées du Ve siècle av. J.-C. Les similitudes entre la graphie des alphabets étrusque et runique, ont longtemps poussé les chercheurs à situer l'origine des runes en bassin méditerranéen. (photo Museo nazionale etrusco di Villa Giulia, Rome.)

Casque de Negau "B" découvert à Zenjak (Slovénie). Le bord de ce casque, daté du IVe siècle av. J.-C., comporte une inscription en langue germanique archaïque, écrite à l'aide de l'alphabet nord-étrusque. L'inscription indique *"harikastiteiva\\\ip,"* (trad. "Harigast les prêtre"). (photo *Creative Commons*.)

Bractéate de type A, découverte à Vendsysel (Danemark). L'inscription indique *"?upbapbit?ih?ilaldt?uiuu?tw?"*. (photo Lennart Larsen, Nationalmuseet, Copenhague.)

Les bractéates de type A (92 spécimens), comportent un visage humain et s'inspirent des monnaies impériales antiques.

Bractéate de type C découverte dans le lac d'Esrum (Danemark), représentant un cavalier et un homme agenouillé. (photo John Lee, Nationalmuseet, Copenhague.)

Les bractéates de type C (426 spécimens) comportent un cheval surmonté d'une tête d'homme, probable représentation du dieu Wodan, ou d'*equites singulares*.

Bractéate de type B découverte à Gudme (Danemark), représentant trois hommes debout et armés. L'inscription runique indique *"undz"* ("chef"). (photo John Lee, Nationalmuseet, Copenhague.)

Les bractéates de type B (91 spécimens), comportent des personnages (un à trois), assis, agenouillés, ou accompagnés d'animaux.

Fragment de Bractéate de type B découverte à Skrydstrup (Danemark), représentant un homme entouré d'animaux. Les deux inscriptions runiques indiquent *"laukaz / alu"*. (photo John Lee, Nationalmuseet, Copenhague.)

Bractéate de type C découverte à Grumpan (Suède). L'inscription runique indique *"fuþbarkgw | hnijï p | tbeml(i)ngod"* (évocation du futhark en trois *Ættir*). (photo Historiska Museum, Stockholm.)

Bractéate de type D découverte à Stavnsager (Danemark), représentant un animal stylisé. (photo John Lee, Nationalmuseet, Copenhague.)

Les bractéates de type D (359 spécimens) comportent un ou plusieurs animaux stylisés selon des codes précis appartenant à la première phase de la période des migrations.

Bractéate de type E découverte sur l'île de Gotland (Suède), représentant une bête fantastique. (photo Historiska Museum, Stockholm.)

Les bractéates de type E (280 spécimens) comportent un animal qualifié de "triskèle" par son positionnement à l'intérieur d'un motif circulaire. Elles ont été essentiellement retrouvées en Suède, sur l'île de Gotland et sont datées de la seconde phase de la période des migrations.

Bractéate de type E, lieu de découverte inconnu. (photo Historiska Museum, Stockholm.)

Bractéate de type F découverte à Eskatorp (Suède), représentant un cheval. L'inscription indique *"f(a)hidu uuilald uuigaz e[k] erilaz."*.

Les bractéates de type F (17 échantillons), sont un sous-groupe des bractéates de type D et dépeignent presque essentiellement des animaux imaginaires, tirés de la mythologie germanique ancienne, et parfois présents dans les sources norroises de la période médiévale.

Bractéate de type F découverte à Tuvasgården (Suède), représentant un animal lagomorphe. (photos Historiska Museum, Stockholm.)

Recto et verso de l'unique exemple de bractéate de type M portant une inscription runique, découverte dans le Västra Götaland (Suède). L'inscription indique *"sigaduz"* (photo Historiska Museum, Stockholm.)

Les bractéates de type M (17 échantillons), sont des médaillons bifaces qui imitent directement les médaillons impériaux romains.

ᛞ *dagaz (son /ð/ ou /d/)

Le terme *dagaz signifie « jour » ou « lumière du jour ». Elle a été supprimée de la rangée de runes norroise[533]. Avec *sówuló et *jéra, elle peut référer aux symboles d'un culte solaire, ce qui est soutenu par le vers VA et sa référence au fait que tous les hommes apprécient l'éclat du soleil[534].

Les allographes de la forme canonique à mi-hauteur ᛞ incluent la forme à pleine hauteur ᛞ et la forme arrondie ᛞ[535]. La forme anglo-saxonne ᛞ a été développée pour que les tiges soient à pleine hauteur. Une variante retrouvée sur certains bractéates utilisent des lignes angulaires sur le haut plutôt qu'une croix centrale ᛞ[536]. La forme ▫ sur la pointe de lance de Kowel [fig.25], si elle représente /d/, peut afficher le même aplatissement des angles de ᛞ que ⊓ affiche par rapport à ᛗ.

ᛟ *óþila (son /o:/)

*Óþila (ou *óþala) est souvent la dernière rune germanique commune (bien que parfois la dernière paire ᛞ et ᛟ soit renversée), avec la signification « richesse héritée, terre natale, ferme, domaine familial », ce qui semble complémentaire avec la « richesse mobile » de la première rune[537]. La rune correspond à la voyelle longue /o:/, parce que le PGmc n'avait pas de valeur courte pour cette voyelle, vu qu'elle résulte de la fusion des voyelles PIE /a:/ et /o:/. La voyelle de la seconde syllabe variait entre *-a-* *œ* *-i-*, avec des conséquences sur la prononciation plus tardive du mot [*cf.* p.143]. L'allographe principal de ᛟ est la variante arrondie ᛟ; des formes tournées comme ∝ apparaissent dans certains contextes, comme sur les pointes de lance d'Illerup[538].

Les runes gotiques

Dans le corpus de textes en fuþark ancien, l'on retrouve un petit nombre de textes probablement gotiques (germaniques orientaux) d'Europe orientale qui datent d'avant l'adoption de l'écriture de l'évêque Wulfila[539] Il n'y a pas d'exemples de textes runiques dans une langue gotique après 400 ap. J.-C., et dans plusieurs cas l'origine gotique est remise en cause[540]. Les textes sont généralement très courts.

[533] Elliott, 1958, p.57.

[534] Griffiths, 2006, pp.101-103 Griffiths a relié le nom *day* (jour) via le mot vieil irlandais *día* « dieu » à l'épisode de la Genèse où le dieu hébreu divise le jour et la nuit, en supposant une influence grecque et hébraïque sur les alphabets médiévaux transmis aux Irlandais, desquels les Northumbriens recevaient leur éducation. Cela semble une complication inutile et injustifiée.

[535] Odenstedt, 1990, pp.119-122.

[536] Antonsen, 2002, p.65.

[537] Elliott, 1958, p.58.

[538] Morris, 1988, pp.121-122 ; Odenstedt, 1990, pp.123-125.

[539] Seebold, 1991, pp.455-456 ; Nielsen, 2000, p.27, 48-55 ; Wolfram, 2013. Nielsen, 2011, parle de l'obsession au XIXe siècle de trouver des formes gotiques dans les inscriptions scandinaves.

[540] Fischer, 2013, p.101 ; Losquiño, 2015, p.151.

Une pointe de lance de Kowel (précédemment en Pologne) affiche un texte sinistrograde sur une face se lisant *tilarids*, probablement « chevaucheur » [fig.25][541]. Les runes et les autres marques – que l'on doit probablement interpréter comme des tamgas – étaient incrustées d'argent. La pointe de lance a été perdue durant la Deuxième Guerre mondiale.

Une pointe de lance en fer a été trouvée à Dahmsdorf-Mänching (Allemagne) avec des tamgas et le texte *ranja* « attaquant » ou « celui qui renverse (ses ennemis) »[542]. Ce texte n'a pas de caractéristiques spécifiques au gotique.

Une petite boucle en argent, datant probablement du Ve siècle, provenant de Szabadbattyán (Hongrie) avec le texte *marings* qui peut être interprétée comme gotique (**mariggs marsh-dweller*) en raison de la finale en *–s*[543].

Un fuseau de Letçani (Roumanie) porte le texte *adonsufhle: ra*ᛰ*o*[544]. Les débats basés sur des inscriptions anciennes ont été revus avec le travail de Looijenga sur cet objet. Il est plus probable que la rune ᛰ soit une forme miroir de ᚦ, et donc que le dernier mot soit *raþo*, peut-être un nom féminin. Le texte peut être vu comme wisigoth (en accord avec la nature wisigotique des autres objets funéraires) : *adons uf (hle) raþo* (« Raþo, fille d'Ado, sous [son] tertre ») avec la rune de liaison *hle* pour *hlaiws* qui signifie *hlaiws* (« tertre, tumulus »).

Une broche de Györ (Hongrie) porte un texte soigneusement exécuté, mais illisible dont seulement *–ai–* est certain[545].

La fibule de Charnay [fig.43] affiche un texte énigmatique à son revers qui peut contenir le verbe *unþfinþai* (« puisse-t-il le découvrir »), relié au verbe infinitif gotique de *Wulfila finþan* (*find*, « trouver »)[546].

Une broche de Næsbjerg (Danemark) affiche le texte énigmatique *warawnis*, qu'Antonsen interprète comme une orthographe ratée de ** Warawins* (« ami défendeur ») avec le final *–s*, soit nominatif masculin en gotique[547].

Un torque en argent de Pietroasa (Roumanie) a été trouvé en 1837 dans un trésor[548]. L'anneau affichait le texte *gutani o wihailag* à l'origine ; il a été volé et coupé en deux en 1875, et la 7e rune a été endom-

[541] Makaev, 1996, p.25 ; Antonsen, 2002, p.279 ; Beck, 2006, p.67. Les origines gotiques sont discutées d'un point de vue linguistique dans Kortlandt, 2010, p.27.

[542] Beck, 2006, p.67.

[543] Antonsen, 2002, p.279 ; Looijenga, 2003, p.174.

[544] Looijenga, 2003, p.171 ; Fischer, 2005, p.70 ; Mees, 202, pp.74-75.

[545] Nedoma, 2015, p.307.

[546] Nedoma, 2015, p.306. Losquiño, 2015, pp.126-127 fait remarquer certaines incohérences dans la phonologie si le texte est vu comme gotique, et propose une lecture alternative en germanique occidental.

[547] Antonsen, 2002, p.280.

[548] Harhiou, 1977 ; Makaev, 1996, p.25 ; Mees, 2002, pp.72-74; Looijenga, 2003, p.175 ; Rauch, 2003 ; McKinnell & Simek, 2004, pp.52-53 ; Strid, 2013, pp.44-45.

magée durant le processus, mais les preuves photographiques soutiennent l'interprétation ᛟ. Il y a eu plusieurs interprétations du texte, mais la plus plausible se lit « des Goths – héritage – sacré » avec la rune ᚺ du dernier mot formant la jonction entre *wih* « sacré, inviolable » et *hailag* « sacré, empli de pouvoir »[549]. La rune ᛟ est utilisée ici comme un idéogramme pour *oþila* « possession héréditaire, héritage »[550].

Un fourreau de Vimose (Danemark) a un panneau décoratif qui pourrait contenir un court texte runique, peut-être *awŋs* (**Awings* ?) avec la finale en *–s*[551]. Toutefois, les runologues ne sont pas d'accord sur la nature des traits, et s'ils sont runiques ou non. Lena Peterson rejette la notion de contenu germanique oriental pour ce texte[552].

Une pointe de lance de Mos (Gotland) affiche le texte *gaois*, avec le *–s* final caractéristique des noms masculins gotiques, mais la direction du texte n'est pas facile à déterminer et il pourrait se lire *sioag*[553]. L'origine gotique de ce texte a été rejetée par Peterson et Nielsen[554].

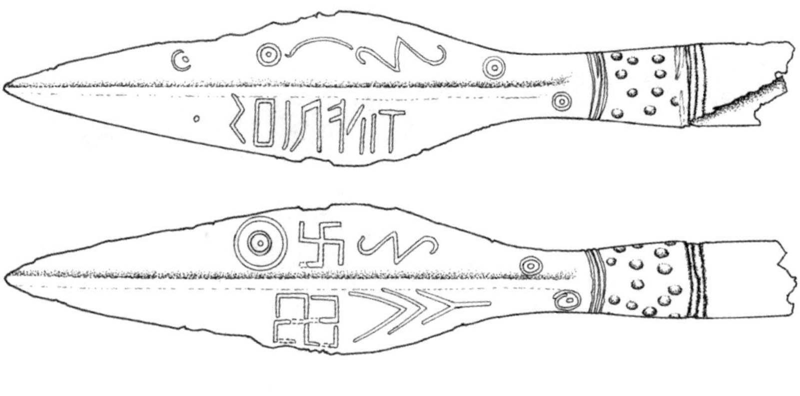

Fig.25 La pointe de lance de Kowel (Volhynie) avec le texte rétrograde *tilarids* (selon Du Chaillu).

[549] Antonsen, 2002, p.280 affirme que l'utilisation d'une seule rune pour deux consonnes identiques à la suite (haplographie) traversant la frontière d'un mot n'est pas une caractéristique standard de l'orthographe runique des textes germaniques du nord ou de l'ouest durant la Phase I (mais voir Mees, 2013 et Eythorsson, 2013). Mees, 2009, p.122 note que les termes gravés sur la bague, le mot gotique *weih* « sacré » et *hailag* « saint », capture les ententes réciproques entre les hommes et les dieux : les hommes font des offrandes qui sont « mises de côté » (*weih*) pour les dieux, qui répondent en offrant la chance, la santé, et la prospérité (*hailag*).

[550] Antonsen, 2002, p.280 émet l'objection valide qu'oþila réfère normalement à la propriété fixe, comme la terre ; les biens mobiles sont appelés fehu, le nom de la rune F.

[551] Insley, 1991, pp.309-310 ; Nielsen, 2000, p.50 ; Antonsen, 2002, p.279.

[552] Losquiño, 2015, p.16.

[553] Nielsen, 2000, p.49 ; Looijenga, 2003, p.337 ; Nielsen, 2015, p.49.

[554] Losquiño, 2015, p.16 ; Nielsen, 2015, pp.49-50.

Une broche en or et grenats retrouvée à Balingen (Allemagne) affiche le texte rétrograde *arzdnloamiluk* gravé sur le revers. Les opinions varient sur la signification des runes, mais la séquence *amilu* rappelle la dynastie de rois goths Amal, et si ᚲ/k/ est en réalité un ᛜ /ŋ/ érodé, alors on peut lire le nom Amilung[555].

La notion de runes gotiques a été rejetée par certains chercheurs du XXe siècle, qui ont préféré ignorer la connaissance du fuþark parmi les Goths afin d'éliminer la possibilité d'origines runiques pour les lettres gotiques, mais cette idée regagne du terrain à mesure que la recherche avance[556]. L'idée que les Goths soient originaires de Scandinavie est devenue moins populaire dans la seconde moitié du XXe siècle, mais est redevenue d'actualité en utilisant de nouvelles interprétations de l'onomastique, pour apporter un éclairage nouveau sur le sujet[557]. La prédominance des élites gotiques, vandales, et gépides en Europe orientale, et leur contrôle du commerce de l'ambre, sont attestés dans la culture de Masłomęcz[558]. Dater le passage de la puissance gotique de la Baltique à la mer Noire pourrait nous éclairer sur la date probable de l'adoption du fuþark en Scandinavie.

Phase II – les runes anglo-frisonnes et les runes de Bractéates

« Nous ne pouvons pas douter que les arrivants "anglo-saxons" ont été mis en contact avec les caractères latins, et l'utilisation épigraphique du latin est évidemment attestée. Les envahisseurs ont apporté avec eux leur système d'écriture et l'on préservé en tant qu'héritage culturel. Avoir un système d'écriture différent de celui imposant des Romains n'était certainement pas un mince exploit. »

Bammesberger, *Sound Changes and the Anglo-Frisian Runes.*

L'invention de caractères runiques révisés qui compléteraient et amplifieraient le répertoire phonémique des maîtres des runes était déjà en cours au Ve siècle ap. J.-C.[559]. La tradition runique comprenait toujours des allographes ou des « alternatives permises », des variantes de runes qui étaient reconnues et qui ne nuisaient pas à la lisibilité. Ce procédé est le plus perceptible en trois phases :

(1) la première extension (ingvaeonique ou anglo-frisonne) qui a ajouté quatre nouveaux caractères aux séries, et qui a réattribué de nouveaux sons aux caractères existants[560] ;

[555] Looijenga, 2003, p.229.
[556] Ebbinghaus, 1990 ; Mees, 2002, pp.74-77.
[557] Strid, 2013.
[558] Kokowski, 2013.
[559] Hines, 2000a, pp.45-46.
[560] Bammesberger, 1991c, p.391ff ; Hines, 2000a, p.45 ; Looijenga, 2003, p.71 note qu'il y a quelques preuves de l'existence de colonies angles sur les zones côtières sous domination frisonne,

(2) en Scandinavie, l'adoption de la rune « étoile » ᛡ pour un nouvel allophone de /a/, généralement transcrit par A ;

(3) (a) l'extension northumbrienne pour atteindre trente-trois runes, et (b) la réduction scandinave de vingt-cinq runes (le fuþark ancien et la rune étoile) à seize.

Vers 500 ap. J.-C., la « période de transition » a débuté dans les textes runiques scandinaves, qui ont commencé à montrer des caractéristiques spécifiquement (pré)-norroises[561]. C'est probablement durant cette période que certains des monuments existants ont été détruits et que les pierres ont été réutilisées. Les textes angles les plus anciens semblent s'insérer dans le contexte plus large de ces traditions en développement[562].

Développements anglo-frisons

Vers l'an 400 ap. J.-C., une perturbation est venue troubler l'équilibre relatif de la pratique runique[563]. De nouvelles runes ont commencé à apparaître, ainsi que de nouvelles idées sur la disposition des textes. L'écriture elle-même s'est répandue : des exemples se sont accumulés autour de la confluence du Rhin et du Main, vers le sud à la source du Rhin et du Danube, et dans les nouvelles communautés germaniques insulaires de Britannia[564].

Au Jutland, durant le ve siècle, une nouvelle façon de placer les runes est apparue : les runes sont devenues proportionnellement plus hautes et plus étroites, généralement uniformes au niveau de la hauteur, avec de petites branches. Souvent, les bordures supérieures et inférieures servent à limiter l'étendue du texte, lorsqu'on utilise un objet avec une surface limitée. Ce procédé était déjà en cours lors de la fabrication de la corne runique de Gallehus [*cf.* p.134][565]. Un fragment de pointe de lance de Nydam, datée du ve siècle, porte une inscription finement gravée et bien proportionnée, qui n'a toujours pas été interprétée : *[..]adleerheaelntzuladllajnl[..]*[566]. On a retrouvé des textes exécutés de façon

en réponse à une période de dépeuplement. Hines, 2000a, p.37 note qu'il n'y a pas de raison de douter de la continuation linguistique entre le nom latin de Tacite *Anglii* et le terme **angliz* qui a donné l'une des formes les plus anciennes de l'ethnonyme « Angle ». Losquiño, 2015, p.79 voit les développements angles comme le début de variations de dialectes dans l'utilisation runique.

[561] Antonsen, 1988, p.44 ; *cf.* Losquiño, 2015, p.130.

[562] Losquiño, 2015, pp.77-78.

[563] Moltke, 1981, p.5l ; Barnes, 2012, p.5, 37.

[564] Anderson, 2005, p.8 ; *cf.* Ballester, 2005 pour une approche indigéniste qui cherche à placer une communauté germanophone en Bretagne depuis la période néolithique. Hills & Lucy, 2013, ch.5 date le début de l'intrusion germanique à la période romaine tardive, c'est-à-dire au début du ve siècle, ou plus tôt.

[565] Losquiño, 2015, pp.130-131 note que la nature unique des textes précoces au Danemark reflète la culture des habitants jutes du nord du Jutland. Elle présente la preuve du caractère Ingvaeonic de la langue trouvée sur plusieurs bractéates « danois ». Cette région n'est devenue que culturellement scandinave au début de la période Viking, après l'assimilation de groupes locaux par les Danois, probablement conjointe à la création de l'état sous le roi Godfred.

[566] Stoklund, 2003, p.177 et fig.6. Le manque de début et de fin rend l'interprétation encore plus difficile, mais il est évident que le texte est codé ou de nature magique.

similaire comme les textes frisons de Wijnaldum et de Britsum[567]. On peut retrouver, avec ces runes étroites, des textes runiques décoratifs créés avec des traits multiples pour étendre la surface de chaque rune et créer ainsi une apparence impressionnante[568]. Cette technique se retrouve sur les pointes de lance de Kragehul (Danemark) [fig.9 vol.2], ainsi que sur une amulette en os de Lindholm à Skåne (Suède) [fig.17 vol.2][569]. Sur les textes de Kragehul, ce sont surtout les bâtons droits qui sont trilinéaires, avec les branches faites d'un seul trait ; les deux traits de *g* sont trilinéaires, mais les traits de *s* sont unilinéaires. Un effet similaire apparaît sur l'amulette de Wijnaldum et la baguette de Britsum, retrouvé sur la côte sud de la mer du Nord.

Malgré cette tendance à la régularité de disposition, le texte runique du milieu du Ve siècle retrouvé sur un fourreau de Bergakker (Pays-Bas) est disposé de façon étrange avec les deux premiers mots à pleine hauteur, suivis de deux rangées de texte à mi-hauteur séparées par une ligne [fig.26][570]. Le texte a été interprété par Mees comme *haþuþuwas: ann:kusjam:/loguns:* suivi d'un motif en zigzag[571]. Les runes transcrites avec *u* comprennent deux chevrons inversés l'un dans l'autre, une variante du *ü* standard, qui apparaît quatre fois dans ce texte. D'autres ont translittéré la rune comme une variante de ᛖ /e/ avec des montants convergent (*haþeþewas*, etc.)[572]. La langue a été déterminée comme étant du francique, un ancêtre du néerlandais moderne. Les interprétations sont variées, mais en adaptant la lecture de Mees, on peut suggérer « Haþuþew [propriété de]; [il] donne une épée aux élus ».

Fig.26 L'inscription du fourreau de Bergakker.

La corne runique de Gallehus

La corne runique du marais de Gallehus (Danemark) est l'une des deux « cornes » à boire en métal trouvées sur le site[573]. Elle a été découverte en 1734 et a intégré la collection royale de Copenhague, mais les

[567] Looijenga, 2003, pp.309-310, 325.

[568] Giliberto, 1998, p.164 ; Stoklund, 2003, p.177.

[569] McKinnell & Simek, 2004, pp.60-61 ; Iversen, 2010 ; Sundqvist, 2015, p.129.

[570] Looijenga, 2003, p.317 ; Willemsen, 2014, p.15.

[571] Mees, 2002a.

[572] Looijenga, 2003, p.318.

[573] Elliott, 1958, p.72 ; Nielsen, 2000, pp.41-48 ; Nielsen, 2000a ; Nielsen, 2002 ; Looijenga, 2003, pp.167-168 ; Spurkland, 2005, pp.21-25 ; Axboe & Appel, p.205 ; Findell, 2014, pp.19-22 ; Losquiño, 2015, p.16.

deux cornes ont été volées et fondues en 1802. Heureusement, des copies et images détaillées avaient été faites. Le texte runique contraste avec la majorité des premiers textes qui étaient souvent petits ou cachés, clairement non destinés à être vus de tous[574]. La corne est plausiblement interprétée comme un récipient pour les offrandes et/ou pour partager à boire durant des fêtes ou des célébrations religieuses. Il est probable que le créateur du texte ait voulu que l'observateur se concentre sur la forme plutôt que sur le contenu – qu'il soit impressionné par la présence du texte et sa disposition plutôt que sur le message transmis[575].

La nature de cette corne en or est très instructive. A cette époque, l'or était utilisé à en Scandinavie uniquement pour afficher la richesse et le statut social[576]. Les objets en or, hormis leur valeur intrinsèque, avaient souvent une grande importance symbolique, au niveau religieux, mais aussi économique et social. La décoration de ces objets (comprenant les torques, les fourreaux, les bagues et les bractéates) était visiblement très importante. Il est possible, comme certains l'ont avancé, que les cornes aient appartenu à un temple païen ; et/ou qu'elles aient été déposées dans le marais en tant qu'offrande aux dieux[577]. Durant le VIIe siècle, l'or est devenu moins significatif – il est devenu un moyen d'échange et, avec la transition vers des économies monétisées en Frise et en Angleterre, il s'est mis à exprimer la richesse économique et a perdu son sens sacré.

Vers 680 en Angleterre, la monnaie d'or a été remplacée par de l'argent; l'or est passé de plus en plus aux mains de l'église, le retirant ainsi partiellement de l'économie du prestige accessible seulement aux seigneurs et à leurs suites. Le texte de la corne de Gallehus est souvent considéré comme l'exemple le plus ancien de vers allitératifs germaniques, et toutes les runes utilisées pour créer le texte sont tirées du fuþark ancien. Par contre, le texte lui-même n'est pas écrit dans la forme la plus ancienne du (proto-)gerrmanique, et les runes montrent un développement phonologique qui démontre que la langue dans laquelle le vers a été composé était déjà éloignée des phases les plus anciennes de la langue proto-germanique[578]. Le texte souligne une progression

[574] Herschend, 2009, p.409 ; Losquiño, 2015, p.168.

[575] Herschend, 2009, pp.408-409.

[576] Hines, 1996, p.59.

[577] Spurkland, 2005, p.22.

[578] Nielsen, 2000a discute des preuves dialectales tirées de ce texte, et des théories qui le placent en Germanie du Nord ou du Nord-ouest. Les chercheurs ont avancé les termes paléo-VN (Vennemann), hérulien commun (Krause), anglo-frison (Bremer) et d'autres encore. Spurkland, 2005, pp.21-22 translittère */z/* avec *R*, ce qui donne au texte une saveur norroise que les runes en fuþark ancien ne soutiennent pas. Nielsen, 2013, note que le nord-germanique est le seule groupe linguistique qui a fidèlement conservé les voyelles non accentuées retrouvées dans le PGmc, et que les textes de la Phase I devraient être étudiés avec cette notion en tête, mais (Nielsen, 2015) il fait aussi remarquer que les textes runiques anciens n'ont aucune des innovations nord-germaniques qui ont mené au norrois, et donc devraient être considérés comme faisant partie de la continuité du dialecte nord-germanique. Page (1964), 1995 p.105 remarque que le verbe *tawido* connait des verbes similaires en germanique oriental et occidental, mais que nous n'en connaissons aucun en nord-germanique.

Fig.27 La corne runique de Gallehus.

très importante de l'utilisation runique, loin des formules uniquement nominatives de l'Âge du Fer romain et vers une utilisation plus complète de l'écriture pour documenter la langue en action, des « textes » avec une dimension narrative ou déclarative[579]. Ce procédé s'est aussi exprimé dans des textes de la Phase I comme sur la pierre à aiguiser de Strømness [fig.8 vol.2].

Le texte de Gallehus (*ek hlewagastiz holtijaz horna tawido*) appartient à une période de transition durant laquelle des changements syntaxiques étaient en cours pendant une phase de transition dans laquelle les changements syntaxiques étaient en cours (c'est-à-dire, l'ordre des mots verbe-objet (VO) remplaçant l'ancien ordre OV)[580]. Le texte est considéré comme en vers en raison du schéma allitératif (trois des quatre sections commencent avec *h*-) mais on a longtemps objecté que la ligne est irrégulière selon notre compréhension des mètres germaniques – par exemple, il commence avec un pronom non accentué (*ek*), une caractéristique que l'on ne retrouve pas dans les premiers vers germaniques[581]. Elle partage avec le tabouret de Fallward une structure métrique lâche :*skamelalguskaþi* avec l'allitération *sk*-[582]. Lorsque la preuve d'un texte authentique ne correspond pas au schéma d'interprétation actuel, le schéma devrait être modifié pour tenir compte des données. Comme nous l'avons mentionné précédemment, le texte de la corne se lit *ek hlewagastiz holtijaz horna tawido*, développé du PGmc reconstruit « Moi, Hlegawast de Holt, [la] corne ai faite »[583]. En se basant sur les graphèmes, le texte ne peut pas être situé avec certitude dans la région germanique du nord ou de l'ouest : la rune ᛉ avec laquelle terminent *-gastiz* et *holtijaz* représente un phonème qui a été supprimé en germanique occidental et qui est devenu /ž/ en nord germanique, mais la date de ces changements n'a pas été déterminée avec précision (par exemple, la perte de *-z* en germanique occidental s'est supposément opérée vers 200 ap. J.-C., mais cela n'est pas universellement accepté[584]. Le texte est un exemple « Runique Primitif » de Nielsen, et les locuteurs de cette langue peuvent plus tard avoir formé l'une des composantes de la société germanique insulaire établie en Bretagne[585]. L'ornement de la corne semble

[579] Fischer, 2005, pp.59-60, 68 ; *cf.* Marold, 2011. Ce processus peut être commémoré dans la dépréciation des formes verbales plus anciennes et leur remplacement par des verbes tels que **faihan* « colorier, peindre » et **writan* « graver, inscrire ».

[580] Penzl, 1988 ; Nielsen, 2000, p.372 ; Nielsen, 2015, p.47.

[581] Mees, 2012, pp.113-114. Les voyelles non accentuées sont admises dans les plus anciens mètres germaniques, mais pas dans une seule ligne de texte.

[582] Herschend, 2009, p.409.

[583] Spurkland, 2005, p.22 ; *cf.* Nielsen, 2013, p.183. La désignation par lieu (*holtijaz*) est très inhabituelle à cette période où les patronymes étaient plus courants. Nielsen, 2000, p.66 note l'affirmation comme quoi *horna* devrait être lu comme un accusatif, et que le texte pourrait donc s'appliquer à la création des deux cornes dorées.

[584] Nielsen, 2000, p.61.

[585] Nielsen, 2000, p.342 ; Blankenfeldt, 2015. Il y a eu plusieurs découvertes archéologiques avec des textes runiques de la région habitée par les *Anglii* (par exemple Nydam, Torsberg), mais [...]

correspondre au début du ve siècle, mais, comme il s'agit d'une copie d'une précision inconnue, cela est fondé uniquement sur des principes de l'histoire de l'art et nous ne pouvons pas en être certains.

La rune ᛉ a été considérée /m/ par certains runologues du XIXe siècle, ce qui donnait les interprétations *hlewagastim*, *holtijam*, avec des parallèles en VHA et en VS ; cela a encouragé les chercheurs allemands à croire que la corne prouvait que cette région du Jultand était germanophone durant l'Antiquité, et donc allait dans le sens prétentions allemandes aux duchés de Schleswig-Holstein, qui étaient sous domination danoise[586]. La domination de la langue allemande, à travers la puissance économique de la ligue hanséatique le long de la Baltique, était une préoccupation d'un certain nombre de Scandinaves, qui étaient ainsi désireux de saper les prétentions allemandes dans cette région. Dans ce but, les runologues danois ont commencé à utiliser la translittération *R* (par exemple *hlewagastiR*) pour le « R nordique » qui plaçait la rune plus fermement dans la zone de langues scandinaves, puisque l'on pouvait translittérer les runes ᛉ et ᛦ en fuþark récent par R[587]. Toutefois, au moment de l'enterrement de la corne, le Jutland n'était pas danois (nord germanique) ni allemand (germanique continental), mais ingvaeonique[588]. Ainsi la lecture de textes runiques anciens avaient toujours des répercussions politiques au XIXe siècle[589].

La nature banale du texte – essentiellement la marque d'un créateur prolongé, quoique en vers – a été jugée trop fade et peu inspirante pour un objet d'un tel pouvoir symbolique[590]. Des tentatives pour trouver des runes magiques ou cachées dans l'inscription ont eu lieu, mais sans succès.

Le lieu de découverte de la corne dans l'Angeln peut indiquer qu'il appartenait à un chef anonyme, peut-être un Angle, avant sa déposition ; peut-être que le forgeron, Hlewagastiz, était lui aussi un Angle[591]. Le site de la découverte ne permet que de déterminer l'endroit où vivait le dernier utilisateur de la corne, mais elle peut avoir été faite ailleurs et amenée au marais pour y être déposée avec la seconde corne dépourvue

[585 suite] puisqu'il s'agit probablement des armes d'ennemis vaincus, les textes ne reflètent pas nécessairement la langue de la région angle au moment du dépôt.

[586] Nielsen, 2000, pp.33-34 ; Antonsen, 2002, pp.75-83 ; *cf.* Barnes, 2012, pp.194-195, Barnes, 2013, p.25 ; Losquiño, 2015, pp.15-17.

[587] Nielsen, 2000, pp.41-48 ; Antonsen, 2002, pp.79-82.

[588] Nielsen, 2000, p.382.

[589] Nielsen, 2002.

[590] Page (1964), 1995, pp.105-106 ; *cf.* Fischer, 2005, p.60.

[591] Makaev, 1996, p.30, 71, cite le travail de Langenfelt; ce point de vue a été rejeté par Moltke, qui assule que les restes runiques étaient forcément scandinaves à cette époque. Le pronom *ek* est plus associé au VN qu'au VA, mais on retrouve le parallèle *ec* en VS (Nielsen, 2000, pp.47-48). Le texte n'est donc pas forcément germanique du Nord et pourrait être germanique occidental. La culture angle à l'Est de l'Angleterre était cohérente avec la culture scandinave contemporaine, c'est-à-dire que les Angles étaient des participants actifs aux frontières des régions culturelles scandinaves (*cf.* Hines, 2000a ; Nielsen, 2000, pp.318-319).

d'inscription[592]. Si la période de fabrication probable est avérée, soit vers 400-450 ap. J.-C., alors la corne runique date de l'époque à laquelle la société angle s'est établie dans l'est de la Bretagne, et est potentiellement dans la même génération que l'astragale de Caistor-by-Norwich [*cf.* p.146] et le bractéate d'Undley [*cf.* p.166]. La corne est un objet beaucoup plus travaillé que l'astragale, mais elle pourrait appartenir au même milieu culturel que le bractéate[593]. Néanmoins, comme Nielsen le fait remarquer, le texte ne correspond pas aux reconstructions modernes du VA du Ve siècle, comme il a par exemple un inventaire beaucoup plus complet de voyelles non accentuées que nous n'en avons présentement dans la reconstruction pré-VA, et montre une rétention du marqueur *-z* pour le nominatif masculin singulier (c'est-à-dire *Hlewagastiz Holtijaz*)[594]. Il est possible que le texte était une expression d'une langue très ampoulée et archaïsante conservée pour un usage rituel, mais il est tout aussi possible que le texte ait été copié à partir d'un exemplaire existant, ou qu'il ait été inscrit ailleurs que sur le lieu de découverte dans un dialecte avec des caractéristiques distinctes, y compris la conservation du marqueur *-z* ; des découvertes comparables nous permettront seulement de le confirmer. Les runes ᚺ n'ont toutes qu'un trait central, une caractéristique qui a souvent été considérée comme une preuve de l'origine scandinave plutôt qu'angle, mais cette forme est aussi retrouvée sur l'astragale de Caistor [*cf.* p.146] et ailleurs ; le *h* à double barres ᚻ est discuté plus loin [*cf.* p.174].

L'extension anglo-frisonne

L'extension anglo-frisonne et les modifications peuvent avoir été les premiers départs systématiques du fuþark ancien, apparaissant sur les côtes méridionales et orientales de la mer du Nord, vers les IVe-Ve siècles ap. J.-C.[595]. Le terme « anglo-frison » couvre une vaste étendue de similitudes culturelles et linguistiques – y compris certaines innovations partagées – retrouvées sur la côte est de la Bretagne et dans les régions côtières des Pays-Bas[596]. Les caractéristiques linguistiques partagées in-

[592] Nielsen, 2000, p.352 note qu'archéologiquement que les découvertes des dépôts d'Illerup, Vimose, etc., reflètent l'équipement d'envahisseurs du sud de la Norvège et de l'ouest de la Suède. Les découvertes de Thorsberg sous-entendent un groupe tiré de la région située entre l'Elbe et le Rhin (Blankenfeldt, 2015).

[593] *Cf.* Hines, 1991, p.71 sur les représentations d'aristocrates des premiers textes anglo-saxons.

[594] Nielsen, 2000, p.77ff; Looijenga, 2003, pp.70-71 ; Nielsen, 2013, p.183 ; Schrijver, 2014, p.58ff. Cela reste le cas, mais de nouvelles découvertes pourraient toutefois faire évoluer notre compréhension.

[595] Elliott, 1958, p.33 ; Bammesberger, 1991c ; Seebold, 1991, pp.504-511, 527-8 ; Looijenga, 1996a ; Parsons, 1996, p.157 ; McKinnell & Simek, 2004, pp.19-21 ; Bammesberger, 2006 ; Waxenberger, 2006 ; Robertson, 2011. Il est bien sûr possible que les modifications remarquées sur les bractéates (p.149) constituent le premier départ du fuþark épigraphique standard.

[596] Looijenga, 1996b, p.114. La Frise a subi un dépeuplement massif entre le IIIe et le Ve siècle et ne s'est rétablie qu'au VIe siècle. Par conséquent, les preuves d'une langue quelle qu'elle soit dans cette région seront rares. Le début du Ve siècle est le début conventionnel de l'établissement des colonies en Bretagne par les peuples angles, saxons et autres.

diquent des contacts intimes sur une longue période, ce qui est attesté par certains aspects de l'archéologie[597]. L'innovation anglo-frisonne a été de créer deux (ou plus) nouveaux graphèmes pour refléter les développements phonétiques de leur langue, et de réattribuer certaines valeurs phonémiques. L'évolution de la voyelle /a/ vers /æ/ apparaissait généralement, sauf lorsque suivie d'une nasale ou d'une voyelle inférieure ; cela sépare les dialectes anglo-frisons du reste des langues germaniques[598]. La rune ᚨ, *a* en fuþark ancien, ne représentait plus la prononciation actuelle, comme l'angle et le frison ont tous deux développé un nouveau phonème, la voyelle antérieure /æ/ dans la plupart des environnements phonétiques, qui était utilisée en même temps que des exemples de /a/. La rune ᚨ existante a été conservée pour la voyelle « par défaut » /æ/, alors que la voyelle /a/ était représentée par une forme modifiée ᚪ, avec un trait additionnel au-dessus du bras, probablement une sorte de rune en exposant[599]. Cest probablement parce que le nom **ansuz* s'est développé vers **ōs* et comprenait une voyelle nasalisée /ã:/ ou /õ:/ à ce moment, une nouvelle rune a été conçue pour représenter/o/;[600] elle a adopté le principe dérivationnel du trait additionnel, mais appliqué sur les deux bras ᚩ[601]. Parsons a argumenté que la première innovation était ᚨ > ᚩ avec ᚪ comme développement secondaire.[602] Inversement, Bammesberger a suggéré que comme le nom de la rune était *ác* « chêne », elle

[597] Hills, 1996 ; Looijenga, 1996b, p.109. Ce n'est pas une supposition nécessaire que les Angles et les Frisons partagent une communauté linguistique, mais c'est l'explication la plus simple ; *cf.* Parsons, 1996, pp.164-165. Looijenga, 2003, pp.70-71 plaide pour la colonisation des îles frisonnes dépeuplées par des personnes provenant du territoire des Angles. Ce processus était accompagné d'un remplacement de la langue. Hines (2000a, p.41) met en garde contre le fait de déduire le dépeuplement à partir d'un manque de découvertes identifiables et datables.

[598] Bammesberger, 1996, p.16. En fait, toutes les voyelles /a/ non nasales sont devenues /æ/ mais la proximité d'une voyelle postérieure a entraîné la rétraction vers un son intermédiaire /ɑ/. L'action plus tardive de la mutation du *-i* a conduit ces deux sons à atteindre une distribution contrastive et, ainsi, le statut de « phonème ».

[599] Odenstedt, 1990, p.140 Rejette ceci parce qu'un anglophone ne pouvait pas savoir que la voyelle /a:/ dans un mot comme stan dérivait d'une diphtongue plus ancienne /ai/ dans le Proto-Germanique. Cependant, ce raisonnement peut être erroné parce que (i) nous ne savons pas combien ou peu un individu a pu déduire de la structure de sa langue ; et (ii) s'il était curieux de l'histoire des mots, il avait de nombreux exemples d'épellation runique de stainaz à comparer (juste pour citer des exemples qui sont connus aujourd'hui) ; de même, Looijenga, 1996b, p.110. Bammesberger, 1991c, pp.394-397 cite la preuve de noms des runes pour déterminer leur valeur phonémique. Bammesberger, 1996, p.17 cite l'orthographe ᚨᛇ sur l'astragale de Caister (p.146) pour /a:/ mais cela n'empêche pas que ᚪ puisse être à l'origine une rune de liaison de ᚨ et ᛇ.

[600] Looijenga, 1996b, p.109. On s'attendrait, si les noms de runes étaient déterminés par leur son initial, que ᚨ ait eu la valeur d'origine /ã/, mais cela n'est le cas dans aucun texte connu. *Cf.* Parsons, 1996, p.156.

[601] Odenstedt, 1990, p.137 suggère qu'à l'origine ᚩ représentait une voyelle 'o' longue nasalisée /õ:/, mais avec la mutation du *-i* sur /o:/ représentée par ᚩ cette rune en est venue à représenter la voyelle moyenne arrondie /œ:/ plus tard devenue la voyelle non arrondie /e:/. Bammesberger (1996, p.20) suggère que ᚩ était une rune de liaison de ᚨ et ᚾ et que ᚾ peut se lire /an/ dans certains textes primitifs (par exemple edæ:boda sur la baguette d'Arum pourrait être edæ:banda). Nielsen (2000, p.371) suggère que ᚩ a été introduite pour dénoter une voyelle a nasalisée, mais son apparition la plus ancienne (le bractéate d'Undley bracteate) est plus probablement /o/. Looijenga, 1996b, p.110-2 fait remarquer qu'il n'y aurait pas eu de réel besoin phonologique pour la rune ᚩ avant que la mutation du *-i* ne change la valeur de ᛟ aux alentours de 600 ap. J.-C. – bien que la rune ᚩ est déjà présente sur le bractéate d'Undley, qui date de la dernière moitié du Ve siècle.

[602] Parsons, 1996, pp.156-157.

était dérivée de **aik*-, son orthographe ᚨᛁᛣ aurait semblé incongrue une fois que /ai/ avait fusionné avec /a:/ et donc que les deux graphèmes ᚨᛁ aient pu avoir fusionné en un seul ᚫ[603].

Dans la diphtongue /au/ développée par élévation (peut-être à partir de /æa/) écrite en orthographe romaine comme « *ea* »; une nouvelle rune a été conçue pour ce phonème, basée sur une tige, deux bras, et deux traits en haut, mais avec les bras tendus de chaque côté ᛠ[604]. Cette rune a été considérée comme un développement plus tardif datant de la fin du VIIe siècle[605], mais il pourrait remonter au VIe siècle [*cf.* p.188]. En frison, /au/ est devenu /a/, comme par exemple dans la légende de la pièce de monnaie *skanomodu*, avec *skan-* dérivé du mot plus ancien **skaun-*[606]. Une rune rare de forme similaire est le graphème ᛡ qui apparaît dans une inscription du Norfolk (Baconsthorpe, [fig.3]) et pourraitêtre un allographe ou une version alternative de ᛠ; elle est transcrite dans ce livre par ę, pour éviter la confusion jusqu'à ce que l'on connaisse mieux sa fonction[607].

Alors que les textes scandinaves présentent plusieurs variations au niveau des formes, l'ensemble standard de 24 caractères semble avoir été maintenu ici. Les textes angles les plus anciens, comme le bractéate d'Undley [*cf.* p.174], possèdent déjà certaines des nouvelles formes[608]. La rune ᚫ était certainement utilisée au Ve siècle (sur le bractéate d'Undley)[609], et puisque la correspondance des changements entre les phonèmes et leurs runes faisait partie d'un réalignement systématique, il est possible la présence de cette rune implique l'existence de ᚪ (et probablement de ᛠ)[610]. Il est plus que probable que, comme l'a fait remarquer Bammesberger, le catalyseur qui nécessitait la réforme runique était l'effet à longue portée de la mutation du *i* sur le système de voyelles en ingvaeonique[611]. Les nouvelles runes ᚪ, ᚫ et ᛠ ne sont pas connues en dehors de l'Angleterre et de la Frise[612].

[603] Bammesberger, 1991c, p.396.

[604] Bammesberger, 1996, pp.16-17 ; Parsons, 1996, p.153.Voir Shaw, 2008, pour une discussion sur le sort du **au* germanique en northumbrien basée sur la numismatique et d'autres sources.

[605] Barnes, 2012, p.39.

[606] Giliberto, 1998, p.160 ; Looijenga, 2003, p.308.

[607] Hines, 2011.

[608] Odenstedt, 1990, p.137. Les développements phonémiques ont probablement commencé au IVe siècle de notre ère, et étaient en cours lorsque la corne de Gallehus a été créée ; les nouveaux graphèmes avaient déjà commencé à apparaître vers 450 lorsque le bractéate d'Undley a été fait. La proposition qu'une rune anglo-frisonne ᚫ est toujours /æ/ a été contestée (Looijenga, 1996b, p.114ff) sur la base que certains objets sur lesquels elle apparaît ont pu être des importations provenant d'au-delà de la zone anglo-frisonne.

[609] Barnes, 2012, p.38.

[610] *Cf.* Hines, 1991, pp.79-80 ; Bammesberger, 1991c, pp.392-327 ; Hines, 1996, p.56 ; Looijenga, 1996b, p.109. Parsons, 1996, p.152 replace les implications des nouvelles runes ᚪ, ᚫ dans le contexte chronologique des évolutions de sons et de la mutation du *-i*.

[611] Bammesberger, 1991c, pp.404-405. Je ne suis cependant pas d'accord avec le fait que la mutation du *-i* ait rendu la réforme orthographique « inévitable » (p.405), puisque les orthographes retrouvées dans la plupart des langues européennes modernes indiquent que l'orthographe ne doit pas forcément correspondre étroitement au langage parlé dans une société alphabétisée.

[612] Barnes, 2012, pp.38-39.

La palatalisation est une tendance en anglo-frison qui a commencé tôt – avant la migration vers la Bretagne – mais sans doute n'a-t-elle pas atteint le niveau phonémique avant le Ve siècle, tout comme la mutation du *–i*. Makaev a fait remarquer que le vieux saxon doit être vu comme une langue non-ingvaeonique, en raison du manque de preuves de palatalisation (« assibiliation ») dans les textes en vieux-saxon[613].

En travaillant sur la base de la théorie de « l'ajustement parfait », les changements qui ont affecté le vieil-anglais et le vieux-frison, et qui devaient être reflétés dans les nouveaux graphèmes runiques, incluraient : (i) l'élévation (et la nasalisation) de /a/; (ii) le développement des diphtongues /ai/, /au/; (iii) la palatalisation; (iv) la mutation du *–i*[614]. Antonsen a établi un sommaire des développements phonologiques pré-angles et angles[615]. Le développement des diphtongues en anglo-frison implique une simplification. Des quatre diphtongues proto-germaniques –/ei/, /eu/, /ai/, /au/– la première est devenue la monophtongue /i:/, et ainsi indiscernable du /i:/ hérité. Puisque ce son était déjà écrit avec la rune ᛁ, il n'y avait pas besoin d'un nouveau graphème. La diphtongue /ai/ est devenue la monophtongue /a:/ en vieil-anglais et vieux-frison, écrite avec le graphème ᚫ[616]. La diphtongue /au/ est devenue une monophtongue en vieux-frison, mais a évolué vers /æa/ en vieil-anglais (*cf.* vieux-norrois *draumr*, vieil-anglais *dréam*, etc.)[617]. Quant à la diphtongue /eu/ est généralement devenue /eo/ en vieil-anglais.

Vers 600 ap. J.-C., les effets de la mutation du *–i* sont aussi apparus dans le fuþorc, tout comme le développement de nouvelles runes a causé un réalignement des sons désignés par les graphèmes existants[618]. À cette époque, une grande épuration des lettres finales des mots a eu lieu, entraînant en une nouvelle distribution contrastive des phonèmes qui en ont découlés. L'effet de la mutation du *–i* a été d'altérer la prononciation des racines et des voyelles moyennes /a/, /o/, /u/ lorsque /i/ (ou sa semi-voyelle /j/) apparaissait dans la syllabe suivante. Les voyelles affectées ont été « avancées », prononcées vers l'avant de la bouche, pour que le /a/ > /æ/, /o/ > /œ/ et /u/ > /y/. En ingvaeonique, le mot **mús* /mu:s/ « une souris » avait comme pluriel **músiz*[619]. La finale *–z* a été perdue assez tôt (ce qui a donné /mu:s/, pluriel /mu:si/) et par la mutation du *-i*, le nom est devenu /mu:s/, pluriel /my:si/. Finalement, autour de 600 ap. J.-C., les voyelles *–u* et *–i* ont été enlevées à la fin des mots

[600] Makaev, 1996, pp.42-43.

[614] Looijenga, 1996b, p.109 ; Bammesberger, 1996, p.15 ; Waxenberger, 2006 ; Barnes, 2012, pp.38-39.

[615] Antonsen, 2002, pp.329-342 ; *cf.* Nielsen, 2000, pp.115-119.

[616] Bammesberger, 1996, p.16. En vieux-frison, /ai/ devient parfois /a:/ et parfois /e:/.

[617] Shaw, 2008.

[618] Bammesberger, 1996, pp.18-21.

[619] Bammesberger, 1996, p.19.

dans certaines conditions[620], et /mu:s/ est devenu au pluriel /my:s/, écrit *mús*, *mýs* dans les textes en vieil-anglais[621].

Des changements similaires ont affecté le mot *bóc* /bo:k/ « un livre », qui est devenu au pluriel /bœ:k'i/ avec un k/ palatalisé, et donc /bœ:č/ après la perte du *–i*. A l'époque d'Alfred, /œ:/ a été non arrondi à /e:/, et le mot *bóc* a pris au pluriel /be:č/ écrit *béc*. Un effet de cette innovation a affecté la rune /o:/ ᛟ, qui portait le nom **óþala* « terre natale » en proto-germanique ; en anglo-frison, son nom devait avoir une variante avec un suffixe tel que **óþila,* puisque le *–i-* médian a causé la mutation /o:/ initial, résultant en *œþil* en vieil-anglais, qui est devenu par la suite *éþel* /e:ðel/. Ainsi, la rune ᛟ a acquis la valeur phonémique /œ:/ en distribution contrastive de /o/ et /o:/ qui s'écrivaient maintenant avec la nouvelle rune ᚩ[622]. Nous ne sommes pas certain que ce développement ait été accepté (ni même qu'il se soit rendu) en Frise[623].

L'évolution du /a/ vers /æ/ en Germanique n'a pas immédiatement mené à de nouveaux phonèmes, parce que /a/ et /æ/ étaient des allophones, c'est-à-dire qu'ils n'étaient pas en distribution contrastive. Par contre, avec la suppression du *–i*, un nom singulier tel que *mann* /man/ « un homme » est devenu au pluriel (/manniz/ > /manni/ > /mænni/ >) *mænn*, et plus tard *menn*. Cela s'est aussi produit avec des paires telles que *ác* /a:k/ pluriel /*ǽ*:č/ *æc* « chênes ». Le phonème /y/, un développement dû à la mutation du i- à partir de /u/, est représenté par la rune ᚣ qui semble être une combinaison transparente de ᚢ et de ᛄ[624].

Les nouvelles runes coïncident avec les développements dans les profils d'autres caractères, qui ont été caractérisés comme « anglo-frisons ». Il y a en fait deux traditions parallèles impliquées, parce que le matériel frison ne partage pas toutes les caractéristiques de l'angle[625]. Les Frisons utilisaient apparemment la rune *–h* à double barre ᚻ, alors que les Angles utilisaient à la fois cette forme et la version plus ancienne à une seule barre ᚺ[626]. De la même façon, en Frise, la rune *–s* est faite avec quatre traits ᛊ, alors que, chez les Angles, elle peut être contrainte avec deux ᚴ ou trois traits ᛋ.

[620] Essentiellement, *–u* et *–i* étaient supprimés lorsque la syllabe précédente était lourde (avec une voyelle longue ou un ensemble de consonnes en finale).

[621] D'où les mots anglais modernes *mouse:mice* (une souris, plusieurs souris), ainsi que *louse:lice* (pou, poux) *goose:geese* (oie, oies), etc.

[622] Bammesberger, 1996, pp.19-20.

[623] Barnes, 2012, p.39.

[624] Looijenga, 1996b, p.112 ; Bammesberger, 1996, p.20 ; Parsons, 1996, pp.153-154 ; Barnes, 2012, p.39.

[625] Odenstedt, 1990, pp.129-135 ; Looijenga, 1996b, p.112 ; Nielsen, 2000, pp.91-93.

[626] Hines, 1996, p.55 note que l'exemple le plus ancien de doubles barres du solidus d'or *hada* peut être daté d'environ 620-30, mais Giliberto, 1998, p.167 donne une date du début du VIe siècle pour une rune ᚻ sur une fibule (Weimar I) retrouvée dans un cimetière alémanique à Weimar, Allemagne (Menghin, 1997, p.105 ; Looijenga, 2003, pp.260-261). Le pendentif en or Wijnaldum B, daté d'environ 600, présente la forme à barre simple (Looijenga, 2003, p.122). La forme à double barre est trouvée en Frise à partir d'environ 600, mais sa première apparition en Angleterre est sur le tombeau de saint Cuthbert, daté de 698.

La séquence fuþark a été transformée par ces changements, et est devenue connue sous le nom de fuþorc, bien que le changement de l'orthographe de « k » à « c » ne fait que refléter la préférence pour ce caractère dans l'écriture en vieil-anglais. Trois des quatre nouveaux phonèmes ont des noms d'arbres: ᚪ *ác* « chêne », ᚫ *æsc* « frêne », ᚣ *ýr* « arc d'if »; la quatrième, ᛠ *éar,* peut vouloir dire « tombe » ou « mer ». La quatrième rune, *ós*, a conservé son nom et son sens en fuþark ancien, **ansuz,* mais a changé de forme pour devenir ᚩ. Le nom (**ansuz* >) *ós* a été conservé pour la quatrième rune, peut-être pour des « raisons magiques », comme l'a avancé Odenstedt[627], mais plus probablement pour des raisons pédagogiques : les poèmes runiques étaient enseignés avec cette séquence sur plusieurs générations, probablement en utilisant des associations d'idées, et la changer n'aurait pas eu de réel bénéfice et aurait été moins clair que l'ordre traditionnel.

Il y avait d'autres formes standardisées, telles que ᛝ /ŋ/ pour ◇, augmentant la hauteur des caractères pour atteindre la pleine hauteur : comme ᚳ /k/ pour ‹ et ᛞ /d/ pour ᛞ. Il y a étonnamment peu d'inscriptions pré-chrétiennes qui n'ont pas de graphèmes uniques ou de caractères inversés ou à mi-hauteur. Il semble donc probable que l'utilisation du fuþark était à l'époque une question de préférence personnelle – bien que s'inscrivant à l'intérieur de paramètres définis.

D'après une étude de la littérature académique, il devient vite évident qu'une bonne partie des textes qui ont survécu n'ont pas été interprétés avec succès, y compris lorsque les graphèmes eux-mêmes ne sont pas sujets à débat. Cela peut être dû autant aux préférences personnelles ou locales dans l'utilisation de l'écriture qu'aux formules magiques ou aux messages secrets cachés dans les textes[628].

Les runes frisonnes

Environ vingt textes runiques frisons sont connus(en incluant les légendes sur les pièces de monnaie), bien que certains soient appelés « frisons » uniquement en raison du lieu de découverte et n'ont pas de caractéristiques linguistiques distinctes[629]. L'on a avancé que les innovations runiques anglo-frisonnes étaient en fait d'origine angle, établies durant la colonisation de l'est de la Bretagne et par la suite adoptée par les Frisons, qui sont restés en contact avec les Angles et ont partagé certains des mêmes développements phonologiques[630]. Un problème

[627] Odenstedt, 1990, p.140.

[628] Stoklund, 2003, p.172. Néanmoins, il existe un nombre important de textes pour lesquels aucune interprétation autre que l'intention rituelle ou magique ne semble plausible.

[629] Nielsen, 1996, pp.123-135 ; Barnes, 2012, pp.52-53. Giliberto, 1998, pp.164-165 plaide pour des écoles d'écriture runique frisonnes distinctes, avec une ou plusieurs écoles suivant le paradigme anglo-saxon (les runes anglo-frisonnes), et une autre plus étroitement liée à la Scandinavie, par exemple les bâtons trilinéaires trouvés à Britsum et Kragehul. Cet argument aurait plus de poids si nous pouvions être sûrs que le matériel déposé, par exemple à Kragehul, était fait localement et non importé.

[630] Elliott, 1958, p.33 ; Parsons, 1996, p.168 ; *cf.* Giliberto, 1998, p.164.

avec cette idée est le manque de telles caractéristiques angles dans les textes du Jutland[631]. Il peut être plus utile de voir les innovations anglo-frisonnes comme confinées à la partie méridionale de la mer du Nord, et ne pas se prononcer sur la ou les culture(s) qui en sont à l'origine. Elles sont généralement datées comme plus récentes que les premiers textes angles. Quoi qu'il en soit, les runes frisonnes forment un groupe relativement homogène et se situent dans la région de *Frisia Magna*, qui s'étend de l'Ems à l'Elbe. L'ensemble des textes runiques survivants dans les régions de Frise et de Groningue, résulte de l'excavation de *terpen* ou de *wierden* – des tertres artificiels utilisés comme sites d'habitation dans la plaine inondable. Les monticules sont créés à partir d'argile marine avec du fumier, de l'humus et des déchets de ferme. Ils ont commencé à être élevés au IIe siècle de notre ère, et sont restés utilisés jusqu'à la période moderne, bien que les techniques de construction aient changé. Les conditions du sol sont favorables à la préservation des matériaux organiques, comme le bois et l'os[632].

Notre connaissance du vieux frison est fragmentée, puisque les textes littéraires les plus anciens dans cette langue proviennent du XIIe siècle et des codes de lois ultérieurs. Le « vieux-frison » est chronologiquement plus près de l'anglais moyen que du vieil anglais. Toutefois, la Frise semble avoir été une région socialement stable, et le développement linguistique peut avoir été assez lent.

Le vieux-frison a développé le /au/ germanique vers /a/. La légende *skanomodu* c(<**skaun-*) sur une pièce de monnaie montre que ce développement était terminé au VIe siècle. D'autres exemples sont *aniwulufu* sur un trémissis de Folkestone (si *an-* vient de **aun-*) et le peigne du métier à tisser de Westeremden qui se lit *adugislu* à partir de **aud-*[633]. Ce développement se retrouve aussi dans le vieux-saxon, mais pas dans le vieil-anglais où /au/ a évolué vers /æa/ épelé *ea* (*ean-*, *ead-*). Les textes vieux-frison avec une finale en *–u* ont été abordés ci-dessus [*cf.* p.46]. L'utilisation du *–u* comme le développement de *-*az* a été remarqué, par exemple *kabu* sur le peigne d'Oostum <**kambaz*. Certains chercheurs ont supposé qu'avec la suppression du *–z* en vieux-frison et en vieil-anglais, la voyelle précédente était enlevée en vieil-anglais, mais conservée en vieux-frison comme un « *Murmurvokal* », c'est-à-dire un /ə/ non accentué, bien que Giliberto ait argumenté contre cette théorie[634].

Le phonème /a/ était représenté avec la rune ᚨ dans plusieurs textes, mais on retrouve également la variante : comme sur le peigne d'Oostum, « l'épée » d'*Arum*, le peigne du métier à tisser de Westerem-

[631] Losquiño, 2015, p.78.
[632] Giliberto, 1998, pp.156-157.
[633] Giliberto, 1998, p.160 ; Looijenga, 2003, pp.305-306 suggère un lien avec la dynastie de Wuffing d'East Anglia (et Blekinge).
[634] *Cf.* discussion *in* Giliberto, 1998, pp.161-162.

den A et l'os d'*Hamwih* (Southampton, Angleterre). Il s'agit d'une variante restreinte qui pourrait indiquer une origine frisonne[635]. La rune ᚴ sur le bâton de Britsum semble représenter une voyelle, peut-être /õ:/[636]. La rune ᚻ à double barre peut aussi être originaire de Frise (ou d'Alémanie), et avoir été adoptée en Angleterre anglo-saxonne [*cf.* p.174][637]. Peut-être que la multiplication des traits était favorisée pour orner les textes en Frise, puisque nous avons également retrouvé des textes présentant des ᚻ à triple barres et des ᛒ à triple boucles (tous deux sur le peigne d'Oostum), ainsi que des runes multilinéaires comme celles de Britsum[638].

Il y a lieu d'inclure la rune ᛥ *stan* « pierre », avec la valeur phonémique /st/ dans le fuþorc anglo-frison, puisqu'elle apparaît dans un contexte frison (la baguette en if de Westeremden)[639] ainsi que la forme double ᛤ, bien que sa valeur phonémique ne soit pas facile à déterminer (plus probablement /b/ ou /d/ que /st/)[640]. Elle n'apparaît pas en Angleterre anglo-saxonne dans les sources épigraphiques, et n'apparaît que rarement dans les manuscrits. Il est donc plus probable que ᛥ soit une rune-miroir à l'origine, peut-être de ᛖ /e/ et que ᛤ soit une rune-miroir de ᛒ, ᛗ, ou même de ᛞ[641]. La rune ᚨ apparaît aussi sur la baguette, et certains chercheurs l'ont prise pour une rune ᚾ renversée, et d'autres comme une voyelle, ë (/æ:/?). De la même façon, ᛕ semble être la rune ᛕ-, mais son environnement phonétique suggère une voyelle. La rune-étoile ᛡ apparaît également sur le peigne du métier à tisser de Westeremden A.

L'astragale de Caister et la rune d'if

L'astragale de Caister [fig.28] peut indiquer une présence germanique précoce sur le territoire de *Britannia*, avant que la transition générale vers l'identité germanique insulaire ne soit complétée ; l'urne, référencée N59, date du début du ve siècle, et son contenu est peut-être encore plus ancien[642]. Ce texte et le bractéate d'Undley sont peut-être

[635] Looijenga, 2003, pp.304, 309.

[636] Looijenga, 2003, p.310.

[637] Giliberto, 1998, p.167 plaide pour une origine alémanique de la rune, basée sur la fibule de Weimar I, mais cela reste non prouvé. Alors que la fibule est précoce (vi^e^ siècle), elle appartient à une classe d'objets très portables qui n'ont pas nécessairement été fabriqués dans la zone où ils ont été trouvés. Les traits multiples sont une caractéristique d'autres runes frisonnes (Looijenga, 2003, p.122).

[638] Giliberto, 1998, p.165 ; Looijenga, 2003, p.131.

[639] Looijenga, 2003, pp.312-314.

[640] Looijenga, 1996a, p.97.

[641] Giliberto, 1998, p.163. Looijenga, 2003, p.349 la documente avec la valeur /d/ sur la pierre de Tørvik, Norvège.

[642] Wrenn, 1962 ; Hawkes & Page, 1967, p.22 ; Myres & Green, 1973 ; Odenstedt, 1990, pp.76-77 ; Hills, 1991, p.53 ; Hines, 1991, p.69, 74-75 ; Page, 1994, pp.106-107 ; Looijenga, 2003, p.284 ; Barnes, 2012, p.42 ; Findell, 2014, p.34 ; Losquiño, 2015, pp.98-102. Myres a suggéré le ive siècle comme date pour le récipient et son contenu, mais cela a été majoritairement rejeté (*cf.* Hines, 2006, p.189).

les textes runiques les plus anciens de Grande-Bretagne, mais il n'y a rien dans l'inventaire runique qui permette de les relier indubitablement à la tradition angle[643]. Il pourrait s'agir d'un import scandinave.

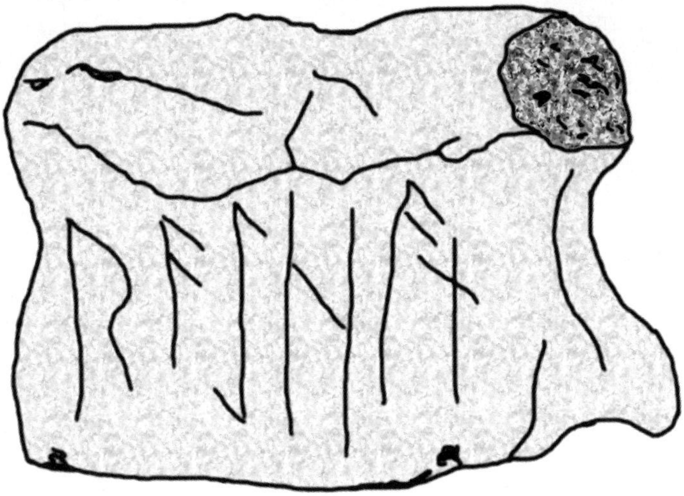

Fig.28 L'astragale de Caister.

Les runes se lisent ᚱᚨᛇᚺᚨᚾ, avec la rune problématique **eihwaz* en troisième position[644]. Elle a probablement ici valeur de voyelle, et le mot se lit mieux comme une forme (fléchie) du nom proto-germanique **raihón,* « chevrette », à translittérer par *ræihæn* s'il est angle, ou par *raihan* s'il est germanique du nord-ouest[645]. Si tel est le cas, alors la valeur de la rune ᛇ doit être /i/ ou une voyelle très proche ; il est possible, comme l'a suggéré Bammesberger, que la séquence ᚨᛇ ait été choisie pour indiquer une phase précoce de la monophtongaison de /ai/ vers /a:/ ce qui distinguait les dialectes anglo-frisons du scandinave et du germanique continental[646]. Le nom de la rune apparaît comme *eoh* ou *ih* dans les inventaires, ce qui peut avoir causé une certaine confusion puisque le mot saxon occidental *eoh* est un nom poétique pour « cheval » (à partir de **ehwaz*, le nom de la rune *e*). Le nom de *y* en fuþark ancien est reconstruit comme **eihwaz,* « if », qui apparaît en VA comme *ih* ou *ig*[647]. Ce mot **eihwaz* donne aussi le nom de rune scandinave *ýr,* « arc fait en if ».

[643] Hawkes & Page, 1967, p.22 ; Page, 1994, p.107 ; Looijenga, 1996b, p.116. La présence de ᚺ pour /h/ a été considérée comme une preuve de l'origine scandinave, mais des découvertes subséquentes comme le tumulus de Watchfield ont montré que cela n'est pas nécessairement le cas.

[644] Page (1968), 1995, p.133 ; Beck, 2006, p.66.

[645] Hines, 1991, p.79 ; Page, 1994, p.106 ; Page (1964), 1995, p.121 ; Page, 1996, p.133 ; Bammesberger, 1996, p.17 ; Orel, 2003, s.v. **raihón ;* Losquiño, 2015, p.99.

[646] Bammesberger, 1991c, pp.402-403 ; Bammesberger, 1996, p.17 ; *cf.* Looijenga, 1996b, pp.115-116 ; Losquiño, 2015, p.100.

[647] Page (1968), 1995, p.135.

Evidemment, si la valeur phonémique de ᛇ avait été modifiée ou oubliée, alors la forme peut avoir suggéré un allographe plus distinct et attrayant de ᛂ /i/[648]. Cela semble le cas pour l'urne cinéraire en céramique de Loveden Hill, avec le texte *sᛇþabæd* [fig.7] qui, selon Odenstedt, pourrait représenter un nom personnel comme le VA plus tardif **síþbæd*. La conjecture d'Odenstedt ignore le développement de la séquence phonémique [voyelle+nasale+fricative non voisée] en VA, c'est-à-dire que **síþbæd* doit s'être développé du nom plus ancien **sinþabad*. Il n'y a pas de preuves de l'existence de nasales dans ce texte ancien (Ve-VIe siècle), à moins que la rune ᛇ ne représente /iː/ ou /ĩ/.

Sur l'inscription de Westeremden B, la rune ᛇ ne semble pas apparaître, alors que le texte mentionne l'if directement (*iwi*, *iwim*)[649]. Cela peut indiquer que la rune s'était déjà éloignée de sa valeur de voyelle simple – peut-être vers une consonne spirante de valeur /ç/. L'inscription est datée sans précision entre les Ve et VIIIe siècles, ce qui ne nous permet pas de mieux comprendre le développement du graphème vieil-anglais.

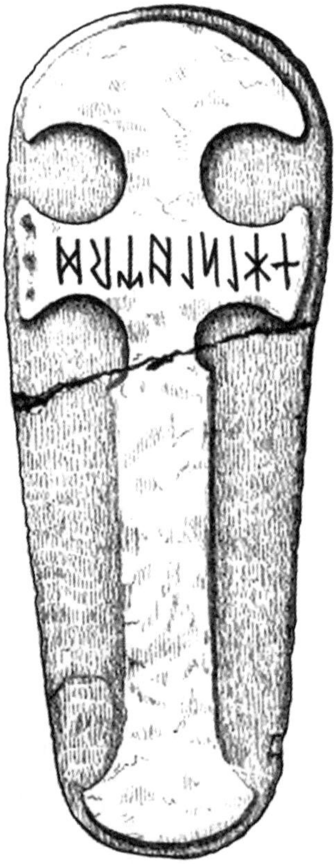

Fig.29 Le sarcophage de Dover avec un texte runique proéminent.

[648] Findell, 2014, pp.84-87.

Sur la pierre de Dover, la valeur de la rune est une voyelle (le texte est ᛡᛇᛋᛚᚻᛠᚱᛞ pour le nom personnel *Gislheard*). Le mot ᚪᛚᛗᛖᛇᛏᛏᛁᚷ sur la croix Ruthwell (VIIe-VIIIe siècle) montre la valeur de consonne : il se lit clairement ***almehttig*** « tout-puissant » avec le son d'une spirante vélaire /ç/. De même, la rune apparaît sur certaines pièces de monnaies anciennes dans le nom du monnayeur ***tilberʃt*** (*Tilberht*), où elle représente le même son[650]. Sur la pierre de Great Urswick (Lancashire), on la retrouve dans le mot ***toroʃtredæ***, le nom propre *Torhtrǽd*, avec la valeur spirante /x/[651]. On peut assumer qu'il s'agit d'un développement anglo-saxon, qui utilise une forme de rune traditionnelle qui n'avait plus de valeur phonémique qui lui était fermement attribuée.

La bourse de Watchfield

Cet objet a été trouvé dans la tombe 67 de Watchfield (Oxfordshire). Il s'agit d'une aumônière du VIe siècle (vers 520-570 ap. J.-C.), qui contenait des pièces de monnaie romaines et un ensemble de poids byzantins ; une balance de marchand a aussi été découverte dans cette tombe[652]. L'absence d'épée avec le jeune homme enterré dans la tombe est attribuée par Fischer à la condition du sol ; ce dernier voit aussi le mobilier funéraire comme une marque de loyauté provenant de la royauté franque aux hommes importants du *Cantware*.

Les runes sont inscrites légèrement, et elles sont régulièrement espacées. Le texte se lit ᚺᚨᚱᛁᛒᛟ ^ᛁ : ᚹᚢᛋᚨ, ce qui pose un problème au niveau de la translittération, comme il n'y a pas de formes runiques nécessairement anglo-saxonnes. L'utilisation de ᚺ peut suggérer une origine scandinave ; ^ est trouvé en Allemagne (Pforzen, Dischingen, [fig.42]) et en Angleterre aux VIe et VIIe siècles[653]. Les runes doivent-elles être lues comme dans un texte angle, ***hæribœki wusæ***, ou devrait-on leur attribuer leurs valeurs plus anciennes, pour y voir ***hariboki wusa***? Les runes ᚨ ont toutes de nets empattements à l'extrêmité des bras, une caractéristique largement retrouvé dans les textes anglo-saxons de la période chrétienne, mais qui est peu commune aussi tôt[654]. Sur un objet angle ou frison du VIe siècle, l'évolution ou l'élévation de /a/ vers /æ/ devait déjà être terminé, et donc le choix des phonèmes dépend si l'objet, et son texte, sont considérés comme d'origine angle ou germanique continentale[655].

[648] Findell, 2014, pp.84-87.

[649] Looijenga, 1991, pp.340-341.

[650] Blackburn, 1991, p.155.

[651] Blackburn, 1991, p.156 ; Page (1964), 1995, p.118.

[652] Scull, 1986 ; Page, 1991, p.26 ; Looijenga, 2003, pp.287-288 ; Nedoma, 2006, p.115 ; Fischer, 2008, pp.38-41.

[653] Hines, 1991, p.81 ; Quak, 1991, p.293 ; Looijenga, 1996b, pp.116-117 ; Nielsen, 2000, p.91 ; McKinnell & Simek, 2004, pp.57-59.

[654] Hines, 1991, p.81 insinue que la forme avec empattements de la rune (n°2) versus celle sans empattements (n°12) peut représenter une première tentative de séparation des allophones en phonèmes dénotés graphémiquement.

[655] Hines, 1991, p.81 ; Fischer, 2008, p.39.

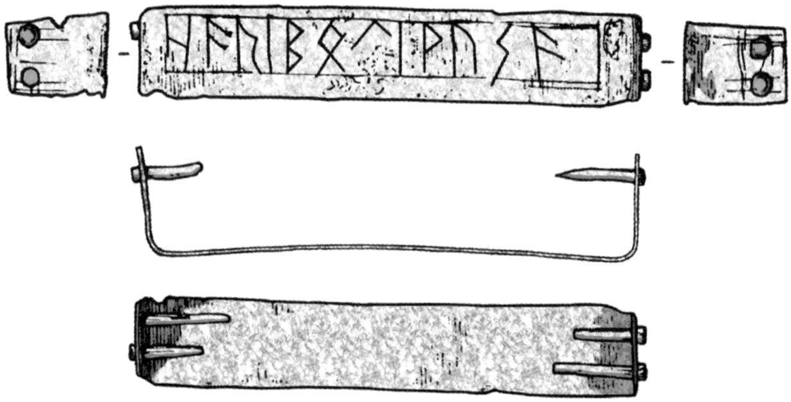

Fig.30 La bourse de Watchfield (d'après Scull).

L'interprétation *wusæ* a généralement été acceptée pour le deuxième mot, un nom personnel probablement masculin ; une lecture alternative *pusæ* a également été proposée [p.171][656]. Le premier mot est clairement une combinaison de **hari* « troupe de guerriers » (Saxon occidental *here*) et **bōk-* « hêtre », bien que la terminaison en *–i* porte à confusion : peut-être un datif, ce qui donnerait « pour Haribok »? L'aspect inhabituel de cet objet, au-delà de la controverse *pusa/wusæ*, est liée à son lieu de découverte en Oxfordshire – une « région de l'Angleterre vraiment saxonne » selon Hines, et une région dépourvue de texte runique de cette période[657]. Un manque de sources runiques dans les zones saxonnes de Bretagne et du continent a été observé[658].

Les fourreau de Chessell Down

Le fourreau de la tombe 76 de Chessell Down, Shalfleet (Ile de Wight), provient de la tombe masculine la plus riche et du cimetière anglo-saxon de l'île le plus aristocratique (bien que la découverte récente d'un casque à Shorwell peut entraîner une révision de cette affirmation)[659]. En plus de l'épée, la tombe comprenait une paire de pointes de lances en fer, un couteau, un umbo et une boucle. L'épée est inhabituelle, portant des décorations plaquées en argent sur le fourreau de Style I de Salin, et présente des traces montrant qu'elle était surmonté d'un pommeau, orné d'un anneau creux, qui a été retiré avant le dépôt. Le pommeau possède quatre indentations coniques dans les coins, une

[656] Hines, 1991, p.74 ; Looijenga, 1996b, p.116 ; Barnes, 1994, p.20 ; Page, 1996, p.133. Le texte se lit clairement *wusæ*, et l'alternative proposée avec *p-* n'est basée que sur la présence d'une bourse (VA *pusa*).

[657] Page, 1991, p.26 ; Hines, 1991, p.74 ; Hines, 1996, p.56.

[658] McKinnell & Simek, 2004, p.14.

[659] Hempl, 1903 ; Hawkes & Page, 1967, p.15 ; Looijenga, 2003, p.276 ; Fischer, 2008, pp.140-142 ; Hood, Ager, Williams, Harrington & Cartwright, 2012 ; Losquiño, 2015, pp.88-94 ; Pollington, en cours.

caractéristique inhabituelle dans la typologie généralement rencontrée en Suède (tombe 14, Tuna, et Snösback)[660]. L'épée peut avoir été fabriquée en Scandinavie, mais la nature du texte runique indique qu'il a été ajouté localement au moment de l'enterrement[661].

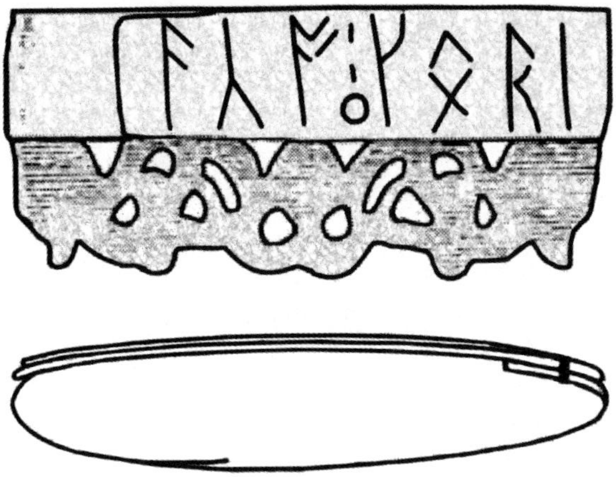

Fig.31 Le fourreau de Chessell Down, tombe 76.

Le revers affiche un texte énigmatique - *æco : sœri*, ou *ako : sóri*, si on l'on suppose que la mutation du -i n'avait pas encore eu lieu au moment de l'inscription, soit avant 600 ap. J.-C.[662] D'autres interprétations de la quatrième rune ᚴ incluent ᚦ /θ/, ᚠ /f/ et ᚹ /w/, mais le sens du texte n'est pas particulièrement plus clair avec ces modifications[663]. Stephens lit le texte comme « malheur à l'arme de l'ennemi », alors qu'Elliott a choisi « augmente la douleur »[664]. Hawkes & Page ont opté pour le nom personnel Acca ou Æco, mais n'ont pas réussi à interpréter le second mot[665]. Bammesberger a fait remarquer à juste titre que l'utilisation des deux runes ᚨ et ᛟ dans la même inscription signifie qu'elles représentent chacune différents phonèmes, c'est-à-dire que les runes dénotent des sons en distribution contrastive, ce qui sous-entend que l'effet de la mutation du -i sur /o:/ avait déjà eu lieu au moment de graver l'ins-

[660] Hawkes & Page, 1967, p.11, 15. Les éléments décoratifs de l'aumônière sont associés à la production du « maître du Kent » de Bakka, un artisan ou un atelier actif au VIe siècle.

[661] Hawkes & Page, 1967, p.17. Les runes étaient fraîchement inscrites et ne montraient pas de traces d'abrasion ; elles étaient marquées dans une plaque utilisée pour réparer une section endommagée du fourreau.

[662] Hawkes & Page, 1967, p.4, 11 ; Looijenga, 1996b, p.117 ; Nielsen, 2000, p.91. La datation de l'inscription est attribuée par Hawkes & Page, 1967, p.17 au « second quart, ou au plus tard au milieu du VIe siècle ».

[663] Bammesberger, 1991, p.402 ; Findell, 2014, p.29 ; Losquiño, 2015, pp.90-91.

[664] Elliott, 1958, pp.79-80. Hawkes & Page, 1967, p.4 note que si *sœri* est pris comme un parent du mot saxon occidental *sorg*, le sens est plus souvent « détresse mentale » que « douleur physique ».

[665] Hawkes & Page, 1967, p.6 ; de même Losquiño, 2015, p.91 cite *Acca*, un nom qui apparaît dans les écrits de Bède sur le roi Oswald, et aussi ailleurs. Si *Æco* est un nom personnel, sa finale en *–o* le rend unique en Angleterre anglo-saxonne.

cription[666]. Sans une translittération certaine, une lecture assurée de ce texte est impossible[667]. Le texte a probablement été inscrit au moment de l'enterrement du corps, et peut ne pas avoir été destiné aux yeux des mortels[668]. Il ne s'agit pas du seul exemple que nous disposons de cette pratique : une chape de la tombe186 d'Eichstetten (Bade-Wurtemberg, Allemagne) porte un texte placé de façon similaire, qui est parfois lu comme *danilmuniwiwol* « puisse Danil bien se souvenir »[669].

Les bractéates

Les bractéates sont de minces feuilles de métal (généralement d'or, parfois d'argent ou d'un alliage cuivreux) sur lesquelles un motif a été imprimé[670]. Les premiers types ont probablement été utilisés dans la région du Danube inférieur, et faisaient partie de la tradition germanique locale consistant à suspendre des pièces de monnaie romaines (y compris les fausses pièces locales) et des médaillons dorés[671]. Environ 20 % des exemples connus portent un texte runique, alors que quelques exemples affichent une « pseudo-écriture » [fig.32] pour imiter les exemplaires romains[672]. Ils ont été retrouvés sur plusieurs sites scandinaves riches, où ils étaient fermement établis et faisaient partie d'une tradition sociale importante, mais ils n'étaient pas purement « scandinaves » dans leur contexte[673]. Toutefois, leur utilisation a duré probablement entre trois et cinq générations (approximativement de 450 à 650 ap. J.-C.)[674]. Essentiellement, ils représentent un exemple supplémentaire d'un dérivé de concept romain qui a pris racine parmi les nations germaniques, et qui a évolué vers une forme différente de l'original[675]. Beck a avancé que le texte *weladu* sur le *solidus* runique de Schweindorf devrait être

[666] Bammesberger, 1991c, p.402.

[667] Fischer, 2008, p.142.

[668] Hawkes & Page, 1967, p.15 ; Page, 1996, p.134 ; *cf.* Antonsen, 2002, pp.172-176 pour une approche prudente de tels textes.

[669] Fischer, 2008, pp.142-145.

[670] Smith, 1923, p.86 ; Bakka, 1981 ; Hatch Wicker, 1992, p.149 ; MacGregor & Bolick, 1993, pp.154-155 ; Simek, 1993, s.v. *bracteates ;* Axboe, 1994, 2005 ; Hauck, 1994 ; MacGregor *et al*, 1997, pp.57-58, 87-88 ; Looijenga, 2003, pp.201-222 ; McKinnell & Simek, 2004, pp.69-84 ; Hinton, 2005, p.33 ; Franceschi, Jorn & Magnus, 2005a, pp.42-45 ; Spurkland, 2005, pp.27-31 ; Wicker, 2005 ; Suzuki, 2006 ; Wicker, 2006 ; Pesch, 2007 ; Austin, *n.d.* ; Barnes, 2012, p.33 ; Düwel, 2015, p.274.

[671] László, 1970, pp.24-26 ; Bursche, 2001, p.92.

[672] Wicker, 2010.

[673] Hines. 2000a, p.39 est en désaccord avec l'opinion dépassée selon laquelle les bractéates sont un phénomène « nordique ». Si les Angles se trouvaient à la périphérie de la Scandinavie, ils participaient aux unions politiques, sociales et religieuses qui donnaient lieu à l'utilisation de bractéates.

[674] Axboe, 1999, fig. 8.12 indique une plage de dates pour les bractéates anglo-saxons d'environ 500 à 590 et, pour les trouvailles continentales, d'environ 490 à 600. Schutz, 2001, p.193 suggère une date de commencement après 400, lorsque les artisans formés à Rome ont commencé à pénétrer dans le sud de la Scandinavie. Hines (1984) a suggéré les dates de 450-500 pour les bractéates de type A, 500-550 pour les types C et D. Axboe, 2007, p.151 plaide pour un début dans le premier quart du IVe siècle, mais pour un dépôt approximativement un siècle plus tard. Dans tous ces cas, il n'est pas possible d'affirmer clairement que les plages de dates réfèrent à la fabrication ou au dépôt.

[675] Anderson, 2005, p.8 ; Norr, 2008, pp.172-173.

interprété comme **weland*, et que le forgeron était un symbole approprié pour la société nord-germanique s'inspirant d'une image prototype de l'empereur romain triomphant recevant une couronne de la Victoire[676]. Il existe plusieurs centaines d'exemples connus en Scandinavie et sur les régions côtières de la mer du Nord, avec des données aberrantes aussi loin qu'à Zagórzyn, au centre de la Pologne[677]. Les techniques de manufactures sont similaires à celles utilisées pour les plaques décoratives des casques (Sutton Hoo, Staffordshire Hoard, Vendel, Valsgärde, etc.), les supports de cornes à boire, et d'autres types d'éléments d'affichage, sauf que le dé était généralement une matrice dans laquelle la feuille était battue.[678] Un dé de bronze, qui a servi à créer un bractéate, a été trouvé dans le nord de l'Essex, ce qui peut indiquer que les découvertes en Angleterre étaient parfois fabriquées localement[679]. Les bractéates étaient portées au cou, suspendus sur une chaîne ou des lanières tressées ; certains ont été utilisés assez longtemps pour avoir des traces d'usure au niveau de l'attache.[680] Les exemples anglo-saxons sont surtout retrouvés dans les tombes, alors que, chez les Scandinaves, ont les retrouve surtout dans des trésors ou des dépôts rituels[681]. Ils apparaissent souvent sur le torse ou la gorge de personnes avec du mobilier funéraire féminin, parfois accompagnés de perles[682]. Alors que l'iconographie des disques est principalement masculine, les utilisateurs étaient apparemment féminins – du moins en Scandinavie et en Angleterre anglo-saxonne[683]. Le personnage central semble souvent être « Woden » dans ses rôles de guérisseur et d'enchanteur, plutôt que de roi et de guerrier, et l'on a suggéré que c'est cette ambivalence de genre

[676] Beck, 1981 ; *cf.* Looijenga, 2003, p.308.

[677] Wicker, 1994, p.59 ; Bursche, 2008. Les références aux bractéates individuels sont souvent données par leur numéro dans l'IK (*Ikonographischer Katalog*).

[678] Wicker, 1994, p.60.

[679] Axboe, 2007, p.150 et fig.4.

[680] Gaimster, 1992, p.12 ; Axboe, 2001, p.120 ; Schutz, 2001, p.190 ; Leahy, 2003, p.157 ; Owen Crocker, 2004, p.88.

[681] Hines, 1989, p.197ff ; Gaimster, 1992, p.2 ; Wicker, 2005 ; Bursche, 2008. Les découvertes du sud de la Scandinavie proviennent toutes de trésors, tandis qu'en Allemagne, en Angleterre et plus loin, les découvertes funéraires sont généralement la règle. Au Gotland, les deux types de dépôts cohabitent. Les deux bractéates de Pologne faisaient partie d'un trésor de bractéates et de médaillons romains. Les donations romaines ont été datées de 356, 368, et une pièce de 383-388, tandis que les bractéates étaient étroitement semblables aux exemples danois du Ve siècle. La région de Kalisz, dans le centre de la Pologne, était l'endroit où la tradition de la culture locale de Przeworsk a persisté jusqu'au Ve siècle.

[682] Wicker, 2005, p.52. Deux exemples du Gotland ont été trouvés dans des tombes avec des objets funéraires masculins, mais dans aucun des deux cas il n'y avait une boucle de suspension sur le disque, et il est donc probable que chaque objet était un souvenir d'une parente. Un seul bractéate complet a été trouvé avec un homme, dans une tombe à Monkton (Kent), toutefois même ici, il n'était pas porté en évidence sur la poitrine, mais avait été dissimulé. Toutes les sépultures masculines contenant des bractéates se trouvent dans les zones périphériques de la culture principale utilisant le bractéate. Les hommes enterrés avec des bractéates (et des broches?) sont dans une position similaire à celle des femmes enterrées avec des armes : leurs tombes contredisent nos suppositions sur la tradition du mobilier funéraire, mais nous devons garder à l'esprit que chaque enterrement est unique à sa société, tout comme chaque personne est unique.

[683] Gaimster, 1998, 214ff. Cela peut indiquer que la signification des pendentifs était différente dans les sociétés périphériques de ce qu'elle était dans la région d'origine.

rendait le dieu si utile comme symbole de pouvoir[684]. Les femmes anglo-saxonnes enterrées avec des bractéates étaient toutes accompagnées d'autres objets de prestige, indiquant qu'elles provenaient des familles les plus respectés de leur communauté, et avaient beaucoup de pouvoir dans la légitimation des liens de parenté[685]. Un parallèle peut être établi en utilisant les séries de *solidi* des côtes méridionales de la mer du Nord à partir du Ve siècle[686].

Dot, *Wergeld* ou argent du temple ?

Ces pendentifs en or n'étaient pas de simples accessoires, mais avaient une valeur hautement symbolique, et certains affichaient des scènes mythologiques[687]. Ils servaient aux élites politiques en affichant des messages de pouvoir, de richesse, et de légitimité par leur iconographie complexe. Les bractéates comportaient des textes runiques dans certains cas, et il est possible que les runes sur le revers de certaines broches féminines découlent aussi de la même tradition[688]. Parfois, un motif apparaît sur plus d'un bractéate, avec ou sans textes runiques[689].

Le fait que les bractéates aient été considérés comme dignes du mobilier funéraire peut indiquer, qu'ils avaient un lien ave la création et à la sacralisation du mariage, entre des communautés qui se considéraient comme « scandinaves », que ce soit sur les côtes est, ouest ou sud de la mer du Nord. Toutefois, ces emblèmes étaient retirés de la communauté au moment de la mort des mariées qui les portaient.

Les bractéates n'avaient pas un but utilitaire, comme les broches et les fibules, et n'étaient pas de grands objets dotés d'une forte valeur ornementale. Il semble donc qu'ils *« puissent être considérés, comme un véhicule illustrant le statut et les croyances »*[690]. Un bractéate serait ostensiblement affiché sur un costume féminin, porté sur la poitrine avec des billes de verre, de l'améthyste et de l'ambre. Une inspection attentive permettrait seule de révéler l'iconographie – l'animal stylisé, par exemple, ou la scène avec trois dieux. Ceux qui étaient initiés aux religions et aux rites sociaux pouvaient lire les messages d'ethnicité, de

[684] Anderson, 2005, p.8 ; Franceschi, Jorn & Magnus, 2005a, p.46-7 ; Düwel & Heizmann, 2006, p.20 ; Axboe, 2007, p.154. Cependant, il y a d'autres interprétations d'une partie de l'iconographie. Par exemple, une figure portant une jupe pourrait être basée sur l'image de l'empereur romain, une figure avec de longs cheveux pourrait être une référence à un prêtre ou un roi (voir le *reges criniti* des Francs), etc.

[685] Magnus, 1997, p.194 ; Hawkes, 2000 ; Gaimster, 1992, p.17 ; 2001, p.152 ; Looijenga, 2003, p.81.

[686] Beck, 1981.

[687] Gaimster, 1992, p.12 ; Anderson, 2005, p.8 ; McLeod & Mees, 2006, p.21, les décrivent comme des « éléments de ceinture », mais je n'ai trouvé aucune preuve veant conforter cette suggestion.

[688] Haughton & Powlesland, 1999 ; cf. Antonsen, 2002, pp.172-173 qui remarque que les runes sur les bractéates étaient mises en évidence, alors que celles sur les broches étaient cachées.

[689] Wicker, 1994, p.62.

[690] Wicker, 2005, p.57.

statut et d'identité que ces icônes véhiculaient. En effet, tout comme avec bien d'autres objets métalliques du VIe et du VIIe siècle, seulement quelques privilégiés avaient accès à l'objet d'assez près pour pouvoir discerner les images et le texte[691].

Les origines des pendentifs et leur iconographie reposent sur les séries de médaillons impériaux, qui étaient donnés aux rois clients du pouvoir impérial. Le trésor de Zagórzyn est particulièrement important à ce niveau, parce qu'il contient des bractéates et des médaillons romains sur lesquels ils étaient modelés[692]. L'assemblage date apparemment d'après 388 ap. J.-C., la date du dernier *solidus* dans le trésor, et contient des bractéates du Ve siècle ou plus récents. Cela suggère des contacts continus entre les utilisateurs de ces bractéates germaniques de l'est (?) et les littoraux de la Baltique et de la mer du Nord où les bractéates étaient fabriqués. Un seul de ces bractéates contient une possible rune : un bractéate de type C avec ᛉ, qui pourrait être **algiz*, si l'on y voit un idéogramme, dans la mesure où il ne s'agit pas d'un simple symbole géométrique...

Ainsi, les « pièces » n'étaient pas utilisées dans un contexte banal ou commercial, mais en *donations*, des cadeaux symboliques d'un chef qui marquait le début d'une relation personnelle avec le récipiendaire – un lien de confiance et de loyauté. L'iconographie montre l'empereur en tant que figure divine, et cette idée a été adaptée et convertie dans le contexte culturel scandinave post-romain, où les aspects religieux ont été soulignés : l'« empereur-dieu » romain est devenu le « roi des dieux » scandinave[693]. Les bractéates ont peut-être continué à fonctionner comme moyen de paiement d'une dette spécifique – pas comme un simple tribut à un propriétaire terrien, mais pour des dettes symboliques dont l'acquittement marquait un rite de passage. Parmi le petit corpus de découvertes du Gotland, des bractéates sans attaches sont retrouvés dans les bouches d'hommes à la façon de « l'obole de Charon »[694].

Gaimster a suggéré que les bractéates ont pu être utilisés dans des cérémonies où ils servaient de paiement, comme le *wergeld* ou la dot[695]. Si tel est le cas, ils sont à relier à d'autres objets rituels, tels que les *kolben*, des anneaux en or qui faisaient partie du système d'échanges de cadeaux et de l'affichage du pouvoir symbolique dans les mondes scandinave et mérovingien. Leur association avec le sexe féminin peut indiquer un rôle dans les mariages, et dans l'offrande et la prise de possession de la dot,

[691] Pollington, Kerr & Hammond, 2010.

[692] Bursche, 2008, p.15.

[693] Hauck, 1994. Hauck a publié de nombreuses études exhaustives des bractéates et des interprétations de l'iconographie, principalement en termes des mythes médiévaux documentés en Islande, dont certains sont hérités de la période de migration. (Franceschi, Jorn & Magnus, 2005a, p.46).

[694] Axboe, 2007, p.153.

[695] Gaimster, 1992, pp.13-15. Abramson, 2006, p.IX note qu'une forme de monnaie limitée était nécessaire à des fins symboliques telles que les paiements de *Wergeld*.

alors que l'iconographie principalement masculine implique le rôle des dieux de maintenir l'ordre social.

Le rôle des femmes comme « gardiennes de la paix » (VA *freoðuwebban*) est certainement relié à cette symbolique. Les bractéates ne peuvent pas être considérés comme des « biens d'échange », et les preuves de productions locales soutiennent cela[696]. Au niveau politique, les bractéates faisaient partie d'un assemblage culturel qui servait à relier les sociétés de l'est, du sud, et de l'ouest de la mer du Nord en un seul ensemble continu, avec une figure magique au centre : « Wóden le guérisseur »[697]. L'utilisation des bractéates, tout comme celle des runes, servait à afficher une identité – spécifiquement une appartenance à un groupe de communautés qui avait adopté l'écriture, tout en ayant rejeté la *Romanitas*[698]. Nous disposons de certaines preuves, comme quoi le site d'Uppåkra (dans le sud de la Suède) était le centre cultuel à partir duquel les images des bractéates (par exemple [fig.35]) étaient disséminées, selon les variations de motifs[699].

Compte tenu de leur rôle social important, les bractéates ne peuvent jamais avoir été conçus aléatoirement, ni utilisés de façon banale, mais leur petite taille va à l'encontre de leur utilisation comme une déclaration d'allégeance à une idéologie religieuse ou sociale particulière. Les dessins ont été exécutés par des orfèvres compétents; ces artisans (dont des femmes?) possédaient un certain degré d'alphabétisation[700]. L'hypothèse d'une alphabétisation généralisée n'est pas nécessaire, étant donné la quasi-invisibilité des textes runiques sur les bractéates.

Typologie

Les séries de bractéates scandinaves sont divisées en six vrais types, plus le type M qui comprend les copies d'originaux romains. La typologie de Hauck a identifié les types suivants[701] :

M Copies scandinaves des *multipla* ou « médaillons » impériaux romains. Les bractéates de type M sont les premiers à succéder aux amulettes dorées.

A Ils représentent un être humain ou un dieu (Wóden?), ou une tête de profil, semblables aux représentations des empereurs sur les médailles romaines. On retrouve parfois un ou des animaux le long du buste.

[696] Austin, *n.d.*, pp.5-8.

[697] Franceschi, Jorn & Magnus, 2005a, p.50.

[698] Anderson, 2005, pp.8-9.

[699] Pesch, 2002.

[700] Wicker, 1994, pp.74-75. Nous ne savons pas si un nom personnel sur un bractéate est celui du fabricant, de propriétaire, du concepteur, ou celui du personnage représenté.

[701] Hauck *et al*, 1985, 1986, 1989 ; cité dans Gaimster, 1998, ch.2 ; Looijenga, 2003, p.190 ; Hupfauf, 2003, p.138ff. ; Suzuki, 2006, p.31 ; Wicker, 2010, 2011. Les bractéates de type E sont au centre du travail de Gaimster. Gaimster, 1992, pp.8-9, note qu'il n'existe pas de bractéates C dans le Kent, bien qu'une estampe avec un motif de bractéate C ait été retrouvée récemment à Broadstairs (Kent)...

B Ils affichent une, deux, ou trois figures humaines, parfois accompagnées d'animaux. Certains bractéates de type B peuvent représenter des mythes, comme le meurtre de Baldr.

C Ces bractéates montrent un buste impérial ou le buste de Wóden (le dieu en tant que chef et guérisseur), ainsi qu'un animal à queue, et d'autres figures également; la tête et l'animal sont en un seul motif. Les inscriptions runiques se retrouvent principalement sur les bractéates de type C.

D Il s'agit du type de bractéates le plus commun, qui dépeint un animal très stylisé. On ne retrouve pas d'inscription runique sur les bractéates de ce type.

E On les retrouve principalement au Gotland, et ils affichent un triskel derrière un trait semi-circulaire, peut-être un visage stylisé ; ils sont surtout faits de bronze.

F Les bractéates de type F affichent un animal central, similaire à ce que l'on retrouve sur les bractéates de type C, mais sans le buste humain. On a suggéré que cet animal pouvait représenter le poulain de Baldr, un trait proéminent de l'événement de guérison des chevaux auquel il a participé avec Wóden.

Des runes peuvent apparaître sur les bractéates de types A, B, C, et F[702]. Les découvertes anglaises se confinent aux types A, B, C, et D. Evidemment, les scènes mythologiques sont rares, mais un épisode de chasse a été identifié sur un exemple de Norwich, avec une variante à Hambourg [fig.38]. Suzuki a proposé la chronologie suivante pour ces types[703] :

Type	de	à
A	450	525
B	?	550
C	?	550
D	500-525	?

Table 3 Chronologie provisoire des types de bractéates (d'après Suzuki et Shepherd).

Shepherd a résumé certains des problèmes de datation des objets par une sélection de critères liés à l'histoire de l'art. Il se place à l'opposé des chercheurs qui défendent un système de datation supposé, basé sur des interprétations alternatives[704].

Le chercheur allemand Karl Hauck a publié une série d'études interprétant l'iconographie des bractéates. Evidemment, nul besoin de

[702] Wicker, 2010.
[703] Suzuki, 2000 ; 2006, p.30ff.
[704] Shepherd, 1998, p.9 ; *cf.* Antonsen, 2002, p.165.

mentionner que ces interprétations ne font pas l'unanimité auprès des historiens de l'art et des runologues[705]. Hauck a décidé de « décoder » l'iconographie des scènes des bractéates du VIe siècle en se référant aux travaux de Snorri Sturlusson, datant du XIIIe siècle, les *Formules magiques de Mersebourg*, datant du Xe siècle, et sur d'autres sources, toutes produites plusieurs siècles après les objets eux-mêmes. Hauck a considéré les textes runiques sur les bordures et à l'intérieur des motifs de certains bractéates comme des formules magiques ou dédicatoires – peut-être les mêmes mots que Wóden a prononcés en guérissant le pied du poulain, par exemple. Le travail de Hauck a été critiqué pour son utilisation sélective de sources, qui lie les artefacts anciens à des textes littéraires ultérieurs[706]. Bien qu'une grande partie du travail de Hauck soit spéculatif, il n'y a pas de doute que les objets et les scènes qu'ils représentent aient été très importants pour les sociétés qui les ont créés.

Hauck soupçonnait que le type à « trois dieux » se référait à la mort de Baldur, et une découverte de Sorte Muld II [IK595-B] l'a confirmé en montrant le dard sortant de la poitrine de Baldur[707]. Le célèbre exemple de Trollhätten (Suède)[IK 190], montrant un canidé mordant la main d'un homme à la chevelure splendide, peut être lié à l'histoire de Týr perdant sa main dans la gueule du loup Fenrir. De la même façon, le casque du Tertre 1 de Sutton Hoo (Suffolk), daté du VIe ou du VIIe siècle, peut être rattaché au culte de Wóden avec son œil modifié[708]. Malgré la disparité dans les temps de manufacture, il n'est pas raisonnable de nier la continuation d'un récit traditionnel.

Les bractéates anglais peuvent être divisés en deux groupes régionaux : les Angles et ceux du Kent. Le premier s'étend le long de la côte orientale de l'Essex au Yorkshire, ainsi qu'à l'intérieur des terres, mais il est plus commun dans l'ouest du Norfolk, aux abords des Fens, où des rivières navigables se jettent dans le Wash[709]. Les bractéates du groupe angle ne présentent souvent pas le rebord en filigrane renforcé, retrouvé par contre sur la plupart des types non-angles, et incluent des exemples faits dans des métaux autres que l'or[710]. Dans le Kent (deuxième groupe), on ne trouve communément que des bractéates de type D. Le type C, retrouvé ailleurs en grand nombre, est absent, ce qui suggère que ce type peut ne pas avoir été reconnu comme légitime parmi les habitants du Kent[711]. Le

[705] Mees, 2009, p.107ff ; Wicker, 2010.

[706] Mees, 2009, pp.108-109.

[707] Axboe, 2007, p.153.

[708] Mortimer & Pollington, 2013 ; Price & Mortimer, 2014.

[709] Hatch Wicker, 1992 p.158 ; Gaimster, 1992, p.8. L'utilisation de l'argent pour les bractéates de type D fait écho à son utilisation pour les pendentifs scutiformes angles.

[710] Austin, n.d., p.10-11.

[711] Suzuki, 2000, p.96 ; 2006, pp.40-41. Parmi les 21 bractéates en or découverts dans le Kent, un seul était de type B, et tous les autres de type D. Parmi tous les exemples connus, la classe C est la plus commune, mais elle est jusqu'à maintenant absente du corpus anglais. En East Anglia, il y avait les nombres suivants: classe A (2), classe C (7), classe D (4), indéterminé (3). De telles tendances régionales se retrouvent à travers la classe d'objets : dans le centre de la Suède, les brac-

motif le plus populaire est un triskel ou une swastika à tête d'animaux[712]. La tradition des bractéates anglais a été rattachée aux groupes régionaux qui incluent le Danemark et sa région au sud de ce pays ; la production locale de certains exemplaires semble maintenant très probable[713].

Les femmes du Kent pouvaient porter plusieurs bractéates sur leur costume (quatre des dix découvertes étaient multiples), ce qui était rarement le cas en East Anglia (un seul exemple connu).

Au Danemark, cette pratique était plus courante. La tradition du Kent semble suivre celle du Jutland central, en matière de costume et de joaillerie au Ve siècle[714]. Nous ne savons actuellement pas si les bractéates du Kent ont été importés par les colons du Jutland, où s'ils sont des copies locales d'objets importés du Jutland. Comme ils arrivent trop tard pour coïncider avec les phases les plus anciennes de colonisation germanique insulaire, ils représentent probablement des ornements sur les tenues de cérémonies de mariées, probablement amené par la deuxième ou troisième génération de colons du Jutland[715]. Nous ne connaissons qu'un seul site en Angleterre avec des bractéates de type D, celui de Bifrons (Kent, tombe 29), qui contenait trois bractéates de ce type[716]. Le type B est parfois appelé le « type à trois dieux », à cause d'un exemple d'iconographie ultimement basé sur une image de la Victoire romaine donnant une couronne, transformée en un personnage central au marteau levé[717].

Les runes des bractéates

Les bractéates doivent évidemment leur origine aux médaillons romains, qui étaient parmi les nombreux objets symboliques distribués par les autorités impériales romaines, en vue de maintenir de bonnes relations avec leurs rois-clients et vassaux. Les médaillons utilisaient fréquemment des textes formels dans leur imagerie symbolique, alors que moins d'un tiers des bractéates portent un texte runique[718]. Plusieurs bractéates portent des combinaisons qui paraissent aléatoires de lettres romaines, de runes, et de symboles qui peuvent être de nature graphémique ou non, comme par exemple sur la [fig.32], avec certaines

téates présentent rarement une inscription (Seebold, 1991, p.460), mais celles de Grumpan et de Vadstena ont une rangée de fuþark complète.

[712] Gaimster, 1998, pp.116-117.

[713] Seebold, 1991, p.467 ; Austin, n.d., p.7.

[714] Hines, 1989, p.197ff ; Ravn, 2003, p.29. Au Danemark, les bractéates sont principalement retrouvés dans des « trésors » localisés dans des tourbières ou des sols secs. En Norvège, en Angleterre et sur le continent, où le contexte est connu, ils sont retrouvés principalement dans des tombes.

[715] Hatch Wicker, 1992 p.152 ; Looijenga, 2003, p.191.

[716] Gaimster, 1992, p.9 ; Suzuki, 2006, p.31 Bien que les découvertes du Kent soient les plus nombreuses, il n'y a aucun exemple de bractéates de type A et de type C dans ce royaume ; le type C étant la forme la plus commune dans l'ensemble, et son absence est remarquable.

[717] Gaimster, 1992, p.15 ; Axboe, 2007, p.153. Ce type est connu comme le *Dreigötter-Brakteat.*

[718] Nielsen, 2000, p.283 cite les nombres pour 1988 – 211 objets runiques sur 907.

runes évidentes, certaines lettres évidentes, certains caractères qui sont probablement des runes mal réalisées, et un symbole curieux à la fin, qui ressemble à une clé (peut-être une ligature du « L » et du « O »...). On suppose que les légendes runiques ou d'apparence runique sont plus tardives que celles comportant des lettres romaines, mais cela n'est pas nécessairement le cas ; les textes les plus compréhensibles sont tenus pour plus tardifs[719].

Fig.32 Texte du bractéate de Vindum bracteate [IK384] (selon Nowak). Deux « mots » mélangeant les caractères runiques et romains, rétrogrades *NIC(A?) (A?)IIþIIPLLu*(?). Le texte n'est pas interprétable.

La petite échelle de ces objets (environ 2-3 cm) rend les textes difficiles à lire, mais la langue des inscriptions est généralement ce que Nielsen appelle le « runique primitif », bien qu'il y ait des traces de développement phonémique suggérant que les bractéates devraient être situés vers la fin du « runique primitif » ; cela s'accorde en tous cas avec le contexte archéologique qui est daté du VIe siècle, c'est-à-dire à la fin de la « période runique primitive », comme le conçoit Nielsen[720]. La finale verbale en *–u* dans ***gibu*** « Je donne » (bractéate de Sjaelland 2) est notable pour le proto-germanique *–ō*, que l'on retrouve aussi dans ***writu*** « J'écris » sur la pierre de Järsberg[721]. Certaines formes verbales plurielles affichent des développements qui referont surface dans le norrois plus tardif (par exemple, la suppression du *–h* dans ***wurte*** « fait », sur le bractéate de Tjurkö), mais la formule est généralement conservatrice[722].

Les formes inhabituelles des runes sur les bractéates indiquent un changement d'attitude par rapport à l'utilisation runique sur une période relativement courte (d'environ un siècle) parmi les élites des sociétés utilisant les bractéates. La nature unique et hautement symbolique de ces objets peut avoir encouragé le déclenchement de cette pratique. La nature des textes a été fort débattue, mais la plupart des chercheurs sont d'accord avec Hauck pour opérer une distinction entre les « formules » (c'est-à-dire des mots rituellement significatifs, tels que ***alu***) et les textes de fabricants[723].

On a suggéré que certains des textes runiques communément trouvés sur les pendentifs, comme ***laþu***, ***alu***, ***laukaz*** [*cf.* vol.2 "formulaires"] sont

[719] Axboe, 2007, p.143, 154. Les légendes peuvent être des « formules » destinées à être lues et comprises par les puissances de l'Autre Monde.

[720] Nielsen, 2000, pp.286-287. Seebold, 2006, p.157 note que les runes des bractéates occupent une position entre le fuþark ancien et le fuþorc anglo-frison de la tradition manuscrite.

[721] Nielsen, 2000, p.285 ; Looijenga, 2003, p.331.

[722] Looijenga, 2003, pp.218-219 ; Herschend, 2009, p.410 ; Borstelmann, 2015, p.232.

[723] Düwel & Heizmann, 2006, pp.19-21 ; Wicker, 2010.

une imitation des légendes *dominus, pius, felix* (« maître », « pieux », « fortuné ») retrouvées sur certaines pièces de monnaie romaines[724]. L'emploi de ces termes traduit l'établissement de relations amicales dans un contexte d'échange de cadeaux, un symbolisme basé sur le *meadhall* (halle à banqueter)[725]. Düwel a émis l'idée que les bractéates étaient des véhicules permettant d'entrer en communication avec des « êtres surnaturels », autrement dit les dieux, les ancêtres et les habitants de l'audelà[726]. L'iconographie est en grande majorité masculine, martiale et seigneuriale, ce qui suggère que son association avec le mobilier funéraire féminin est lié au transfert de l'imagerie masculine vers les femmes, soulignant le rôle crucial de ces dernières, tout en soutenant et en maintenant la hiérarchie à travers un cérémonial richement symbolique[727].

Le texte inscrit sur un bractéate de Darum (Jutland) se lit *frohila laþu*, ce qui peut être interprété comme *frohila* « jeune seigneur » et *laþu* « invitation »[728]. Le mot *Frohila* peut être un nom personnel, un titre ou un rang, ou encore une référence au « jeune seigneur » divin, le dieu Baldr[729]. Un autre bractéate du même site porte le texte *alw niujil*, le dernier mot étant une référence à un « nouveau », un initié ou une recrue[730]. Si tel est le cas, alors *laþu* devrait probablement être interprété comme une « invocation » au dieu. Par contre, McLeod et Mees rejettent l'idée que les runes sur les bractéates ont nécessairement un lien avec les scènes représentées, et affirment que les textes ne peuvent pas nous éclairer sur la nature de l'iconographie[731]. Anderson est lui aussi pessimiste dans son évaluation, affirmant que *« les bractéates runiques... ont engendré beaucoup d'enthousiasme et de désenchantement avec leurs inscriptions généralement illisibles. Plusieurs inscriptions comprennent des caractères si mutilés qu'ils ne peuvent pas être identifiés, et beaucoup d'autres révèlent des caractères brouillons, qui peuvent ou non avoir signifié quelque chose à quelqu'un un jour, mais qui ne signifient clairement plus rien »*[732]. Wicker a également émis l'argument que les runes occasionnellement rétrogrades dans les textes des bractéates pourraient être dues à

[724] Gaimster, 1992, pp.15-17 ; Axboe, 2001, p.123 ; Schutz, 2001, p.191. Looijenga, 2003, p.194ff suggère des sens alternatifs.

[725] Pollington, 2003 ; Franceschi, Jorn & Magnus, 2005a, p.37 ; Enright, 2006.

[726] Düwel, 1988.

[727] Une transmission similaire d'un costume masculin de l'Âge du Fer au costume féminin du Haut Moyen-Age est perceptible dans l'utilisation de grandes broches cruciformes, d'ornements de ceinture et d'autres articles : voir Martin, 2014.

[728] Nielsen, 2000, p.286 note que *frohila* montre une monophtongaison de *–o* du proto-germanique *–au*, une caractéristique associée au vieux-saxon. McKinnell & Simek, 2004, p.75 y voient un nom personnel, le nom gotique *Froila*, VHA *Froilo*. Looijenga, 2003, p.203 suggère qu'il peut s'agir d'un nom pour Balder, le « jeune seigneur » ; *cf.* Losquiño, 2015, p.131.

[729] Insley, 1991, p.329.

[730] Looijenga, 2003, p.203 ; McKinnell & Simek, 2004, p.80 ; Beck, 2006, p.74.

[731] McLeod & Mees, 2006, pp.86-87.

[732] Anderson, 2005, p.9.

une erreur du fabricant de matrices, qui aurait mal copié le texte; un trait que l'on retrouve aussi sur certaines matrices de pièces de monnaie[733].

Hauck a compilé et édité un corpus de trois volumes sur les bractéates (qui a été complété pour atteindre cinq volumes depuis sa mort), dans lequel il a entrepris une analyse détaillée de l'iconographie des découvertes[734]. Hauck est d'abord parti du principe que les images originales étaient d'origine romaine, réinterprétées dans le contexte de la culture aristocratique germanique durant la période post-romaine, avec une emphase particulière sur les mythes dans lesquels apparaît Wóden/Óðinn[735]. Lorsque l'imagerie le permettait, elle a été interprétée à la lumière de textes littéraires comme le *Second Merseburg Charm*, dans lequel Wóden guérit le pied endommagé de son cheval par un sortilège – cela a été invoqué pour éclairer l'imagerie de la « tête sur un cheval ». Une autre série d'images concernait la mort du dieu Baldr, en se basant sur les textes islandais du XIIIe siècle de Snorri Sturluson; les bractéates incluent le dieu aveugle Höðr, frère de Baldr, leur mère Frigg, et le dieu fripon Loki. Un problème cette approche, telle que nous l'avons mentionnée, est la disparité des dates : le texte le plus ancien date du IXe, ou plus probablement du Xe siècle, alors que les bractéates datent du VIe. Les chances de malentendu ne sont donc pas négligeables. Toutefois, j'ai montré ailleurs que des aspects spécifiques de mythes écrits par Snorri Sturluson au XIIIe siècle peuvent déjà être retrouvés dans des découvertes archéologiques datant des VIe-VIIe siècles[736].

L'identité des fabricants de bractéates a rarement été prise en considération : étaient-ils uniquement le produit des orfèvres, ou bien les textes runiques que l'on retrouve sont-ils une preuve de l'implication de maîtres des runes[737] ? L'orfèvre devait-il copier un texte qu'il avait reçu, ou devait-il faire une inscription appropriée par ses propres moyens ? Le fait que les textes étaient produits par bosselage indique clairement que les runes n'étaient pas qu'une réflexion après coup, de la façon que certains textes gravés auraient pu l'être. Nous avons des preuves d'évolution dans les textes; des textes lisibles peuvent dégénérer avec les copies successives, mais inversement des textes significatifs peuvent se développer à partir de textes vides de sens[738]. Il est sûrement probable, que le contenu des textes soit devenu plus important au moment où les pendentifs eux-mêmes se sont mis à jouer un rôle social plus important. En transmettant un message d'autorité religieuse ou sociale, les bractéates devaient porter un message de pouvoir contemporain plu-

[733] Wicker, 1994, p.67.

[734] Hauck, 1986 et d'autres.

[735] Wicker, 2010, note que nulle part Woden n'est explicitement nommé sur l'un des bracteates, ni aucune autre figure divine. Comme mentionné ci-dessus, certains exemples, comme celui de Trollhätten, semblent se rapporter à l'histoire de Týr passant les fers au loup Fenrir.

[736] Pollington, 2011, pp.205-207 ; Mortimer & Pollington, 2013.

[737] Hills, 1991, p.58 ; Wicker, 1994, p.59ff ; Steuer, 2015, p.255.

[738] Wicker, 1994, pp.76-77 citant Moltke et Düwel.

tôt qu'un message purement antiquisant basé sur le « glamour » de Rome. Une supposition tacite est née, comme quoi les hommes qui ont gravé les pierres runiques étaient lettrés, mais que les orfèvres ne l'étaient pas – pourtant, les preuves sont minces, largement confinées aux erreurs supposées dans les textes sur les bractéates (comme par exemple les runes occasionnellement renversées)[739].

Fig.33 Le bractéate d'Ågedal-C [IK1] avec des runes « déviantes » sur la bordure extérieure.

Les légendes des bractéates montrent un nombre de particularités qui n'ont pas été détectées sur d'autres médias – bien que leur présence sur des bractéates provenant des littoraux de la mer Noire doive indiquer que leurs utilisateurs étaient suffisamment familiers avec les conventions pour lire les textes. Les problèmes d'interprétation peuvent être d'ordre pratique : la troisième rune entre les jambes du cheval sur le bractéate de Fyn-1C [fig.34] présente une très légère courbe qui converge vers la branche inférieure, et peut passer pour un ᚢ /u/, ou un ᚱ /r/. Le texte peut être lu comme *horaz*, ou encore *houaz* ; ce dernier étant improbable au niveau phonémique, puisque /u/ entre des voyelles devrait être réalisé comme /w/ et écrit avec ᚹ[740]. Looijenga a pris ce mot **horaz* pour une adaptation germanique du latin *carus* « aimé », qui apparaît sur certains médaillons romains (et avec lequel il est parent étymologiquement)[741]. Le bractéate comporte aussi une

[739] Barnes, 2012, p.33.

[740] Antonsen, 2002, pp.64-66 note qu'une tentative de lier houaz au proto-germanique **xauxaz* « haut », un des noms d'Óðinn, a été réalisée par Krause ; *cf.* McKinnell & Simek, 2004, p.76 ; Pesch, 2007, pp.344-345 ; Sundqvist, 2015, p.127. La chaîne *hoz* entre les jambes avant du cheval sur le bractéate de Gummersmark-C (IK300) est peut-être liée à cette interprétation. (Axboe, 2007, fig.26 [10]).

[741] Looijenga, 2003, p.205 ; Orel, 2003, s.v. *xoraz*, *cf.* Gothic *hors* « adultère » ; Beck, 2006, p.74.

ligne de texte avec certaines formes rétrogrades, que Looijenga translittère par *aeraaliu[s]*[742]. Ces deux mots combinés peuvent référer à l'empereur romain Marcus Aurelius Carus. Si tel est le cas, le texte runique est particulièrement énigmatique – il peut être destiné à un public d'aristocrates germains habitués à résoudre de telles énigmes.

Fig.34 Le bractéate de Fyn-1C, comportant un texte énigmatique sur le rebord et entre les jambes du cheval.

Fig.35 Le bractéate d'Uppåkra, Suède.

[742] Looijenga, 2003, p.205.

Nous sommes chanceux d'avoir un nombre de rangées de runes sur les bractéates, qui montrent que le fuþark ancien pouvait apparaître sans modifications (par exemple Grumpan, Vadstena), mais également sous une forme variante plus spécialisée (par exemple Ågedal-C [fig.33, IK 1], Overhornbæk II [fig.45])[743]. Certaines modifications dignes de mention incluent l'utilisation d'une rune ᛏ inversée ↓ pour /k/, probablement développée à partir de la forme ⋏. Malgré l'apparence singulière de certaines formes runiques, Seebold a probablement raison de porter l'accent sur le fait que les textes des bractéates ne présentent généralement pas de runes de liaison dans les rangées de runes, bien que le bractéate d'Undley [fig.37] montre clairement que les runes de liaison pouvaient être existantes sur les bractéates[744]. La rune ᚺ sur le texte d'Overhornbæk III [fig.46] est donc une variante élaborée. La rune ᚾ sur le texte de Lindkær [fig.44] apparaît inclinée, très similaire à la rune ᚷ[745] ; ce départ de la verticale est aussi retrouvé sur le coffret d'Auzon anglo-saxon. Looijenga a suggéré que l'utilisation d'une forme de rune spécifique, celle de ^ pour /k/, est caractéristique de la période de migrations de la mer du Nord. Les attestations les plus anciennes de cette forme runique proviennent des découvertes de Kragehul, au Danemark [fig.9 vol.2], et de l'amulette de Lindholm [fig.17 vol.2], toutes deux datées d'environ 400 ap. J.-C[746]. L'exemple le plus tardif peut être soit la pièce *scanomodu*, soit le fourreau de Chessell Down (île de Wight) [fig.31], tous deux réalisés avant 610 ap. J.-C.[747].

Fig.36 Runes de bractéate [ᛗ absent] (selon Seebold).

[743] McKinnell & Simek, 2004, p.70 ; Seebold, 2006, po.158-159.
[744] Seebold, 2006, p.162.
[745] Seebold, 2006, p.164.
[746] McKinnell & Simek, 2004, pp. 60-61 ; Iversen, 2010.
[747] Looijenga, 1996b, p.117 ; Looijenga, 2003, pp.219-220, 328.

Le bractéate d'Undley

Lorsque George Speake a publié son étude sur l'art germanique de Style II en Angleterre, il a accepté la suggestion d'E.T. Leeds, comme quoi les bractéates anglais étaient tous des importations du Danemark, et qu'ils représentaient un lien cultuel avec les terres natales angles ou du Jutland[748]. Des découvertes plus récentes, y compris le bractéate d'Undley [fig.37], ont établi un doute étant donné la présence de runes anglo-frisonnes, que l'on ne retrouve pas dans la tradition scandinave [*cf.* p.134][749]. Néanmoins, jusqu'à ce que les bractéates deviennent un type d'objets connu dans les tombes anglaises, la supposition de manufacture danoise était courante[750].

Le bractéate a été trouvé en 1981 dans la commune d'Undley, près de Lakenheath (Suffolk), en dehors de la zone côtière de colonies germaniques insulaires, mais non loin de rivières navigables[751]. Le texte sinistrograde se lit : *gæ go gæ mægæ medu*[752]. Il a été revendiqué, avec une certaine justification, comme le plus ancien texte connu en anglais[753], bien que Suzuki et d'autres préfèrent le voir comme un produit continental d'une région saxonne au sud de l'Elbe, et apporté en Bretagne par un migrant[754]. Il date d'environ 450-475 ap. J.-C., durant l'installation de peuples originaires du sud du Jutland en East Anglia. La plupart des runologues localisent l'origine du texte en Angleterre, en raison des particularités de la tradition runique, analysées ci-dessous. Hines a identifié la langue comme de l'anglien continental, c'est-à-dire une forme préhistorique de l'anglien (anglais) parlé sur le continent avant la migration vers la Bretagne[755].

[748] Speake, 1980, p.67.

[749] Seebold, 1991, p.487 ; Barnes, 2012, p.38 ; Findell, 2014, pp.26-27 ; Losquiño, 2015, pp.80-87.

[750] Odenstedt, 1983, p.4 ; Page, 1991, p.24.

[751] Odenstedt, 1983 ; Bammesberger, 1991c, pp.398-400 ; Page, 1991, pp.24-25 ; Hills, 1991, pp.54-55 ; Parsons, 1996, p.151 ; Seebold, 1996 ; Page, 1999, pp.194-195 ; McLeod & Mees, 2006, p.90. Selon Hines, 1994, p.56 le vieux-frison a été influencé par l'importance relativement plus grande des groupes de locuteurs employant le vieil anglais, s'étant déplacé vers l'ouest à travers la Frise pour établir des colonies en Bretagne. Looijenga, 2003, pp.219-220, préfère une origine continentale pour l'objet. Suzuki, 2006, pp.39-41 est d'accord avec la date proposée, et place le petit groupe de bractéates apparentés dans une configuration « saxonne » basée sur une distribution de broches à bras égaux.

[752] *Cf.* Nielsen, 2006 dans une critique de la lecture de Parsons *gagāga:maga:medu.*

[753] Page, 1994, p.107 ; Parsons, 1996, p.151 ; McKinnell & Simek, 2004, p.83.

[754] Parsons, 1996, p.151 ; Suzuki, 2006, pp.40-42. Cela n'empêche pas que le texte ait été composé par un Angle dans sa langue maternelle. Il est moins probable que le compositeur du texte ait été un locuteur saxon. Page, 1994, p.108 cite l'opinion de Nielsen, selon laquelle le texte aurait pu être créé n'importe où dans le dialecte anglo-frison. Hills, 1991, p.55 note la suggestion de Hines suivant laquelle le bractéate a été fabriqué dans le Schleswig-Holstein, en raison de l'ornement inhabituel du filigrane en S au-dessous de la boucle, qui n'est connu que sur le seul bractéate de Heide (Dithmarschen), mais estime la décoration différente et rejette, de ce fait, l'association. Les dessins (têtes casquées, loups et jumeaux) sont tirés de pièces de monnaie *Urbs Roma,* qui ont été conservées en East Anglia, mais que l'on n'a pas retrouvé en Scandinavie.

Fig.37 Le bractéate d'Undley.

Il s'agit d'un bractéate de type A, avec une tête casquée, mais il est un élément atypique du groupe... D'ailleurs, Suzuki le considère comme un type C, en raison de l'association entre la tête et les figures animales en-dessous[756]. Il est aussi atypique par son métal (de l'or), alors que plusieurs exemplaires anglais sont en argent plaqué, et également par les marques de textile présentes sur le revers qui, généralement, sont une caractéristique scandinave[757]. La tête porte un casque romain typique, plutôt que de porter le couvre-chef à tête d'oiseau retrouvé sur la plupart des exemplaires scandinaves. De plus, on ne retrouve pas le cheval galopant typique derrière la tête, mais plutôt l'image d'une louve allaitant deux petits humains[758]. Il s'agit d'une composition typique de la période romaine tardive – elle montre Romulus et Rémus allaités par la louve – ,et ce modèle est présent dans le type de pièces de monnaie soi-disant *Urbs Roma*, fait par Constantin durant les années 330-335 ap. J.-C. ; le buste impérial et les motifs de la louve et des jumeaux apparaissent sur l'envers et le revers respectivement, mais le fabricant des bractéates a regroupé tous ces traits en un seul motif[759]. La source immédiate de l'iconographie a été attribuée à la Frise du Ve siècle[760]. Un motif similaire a été adopté par les *Winniles*, la tribu qui est plus tard devenue les *Langobardi*, c'est-à-dire les « Lom-

[755] Hines, 2000a, pp.44-45 ; *cf.* Odenstedt, 1990, p.139 ; Page, 1991, p.26 ; Parsons, 1996, p.151 ; Suzuki, 2006, p.42 ; Losquiño, 2015, p.80, 132

[756] Suzuki, 2006, p.31. Cependant, dans les bractéates de type C, la tête et la bête forment généralement un seul motif, alors que dans l'exemple d'Undley, l'élément loup et figures est clairement séparé du buste impérial.

[757] Axboe, 2007, p.151.

[758] Odenstedt, 1990, pp.138-139 ; Neuman de Vegvar, 1999, pp.262-264.

[759] Suzuki, 2006, p.31.

[760] Hatch Wicker, 1992 p.154 citant la discussion entre Page, Hines et Odenstedt.

bards ». Ils étaient associés à l'imagerie du loup, et le nom de leur roi fondateur, Laiamicho, signifie « aboyeur, hurleur »[761]. L'imagerie du bractéate d'Undley est inhabituelle ou unique, et ce pour plusieurs raisons[762] : sur les motifs dérivés de ceux des pièces de la série *Urbs Roma*, on note la présence d'une barbe sur la mâchoire du buste. Par ailleurs, le buste montre son profil droit, et une inscription runique est également présente (nous ne disposons que d'un seul autre exemplaire anglo-saxon). Les runes sont orientées vers l'extérieur (c'est-à-dire que le bas des runes longe le rebord extérieur), et des traits inhabituels sont visibles dans le texte (runes de liaison). L'ordre de droite à gauche des runes a été pris comme une preuve du fait, que le fabricant a réalisé cela au moment où les bractéates étaient au summum de leur importance, sans obligation de reproduire les caractéristiques de l'écriture romaine[763].

La tournure de phrase du texte runique est assez étrange. Les runes sont angles (ou anglo-frisonnes), et l'utilisation de la nouvelle rune ᚩ' /o/ (plutôt que la rune originale *eþel* ᛟ) est distincte et immanquable. Undley est le tout premier exemple connu de cette innovation[764]. Avec /o/ représenté par ᚩ, nous devons supposer que la rune ᚨ avait la valeur (angle) /æ/. Le contexte du texte d'Undley est sans aucun doute relié à la région culturelle angle, qui différait de celle de ses voisins du nord (avec des dialectes nord-germaniques) et du sud (germaniques continentaux)[765].

Le troisième mot *medu* est généralement traduit par « récompense » sur la base du mot saxon occidental *meord*, bien que l'on puisse s'attendre à une orthographe **merdu* à cette période (avant la suppression du /u/ final)[766]. Le mot gotique de la même famille *mizdo* montre que le rhotacisme est original dans ce mot, /r/ n'est pas un son généralement supprimé dans l'écriture runique[767]. Le mot *medu*, qui signifie « hydromel, boisson forte au miel », est une interprétation plus probable, et nous avons plusieurs exemples comportant le mot *ale* (saxon occidental *ealu*) dans des textes urniques de la séquence commune *alu* (par exemple fig.27 vol.2)[768]. Toutefois, on ne peut pas complètement éliminer la possibilité d'une erreur en inscrivant **merdu*.

[761] Bóna, 1976 ; Kershaw, 2000, pp.152-154.

[762] Suzuki, 2006, pp.32-37. Il a pu être le modèle pour d'autres bractéates, ou avoir été inspiré par le même modèle que de tels autres, comme ceux de Sievern (Basse-Saxe), de Wurt Hitsum (Frise), et de St. Giles's Field (vallée de la Tamise). Suzuki reconfigure les motifs d'Undley pour les placer dans une série menant à un Type A de Møen (Danemark). En faisant cela, il néglige ou omet le second motif rayonné qui est obscurci par le fil filigrané enroulé à la jonction du bractéate de l'anneau de suspension.

[763] Wicker, 1994, p.64.

[764] Odenstedt, 1983, p.13 ; Odenstedt, 1990, pp.138-139 ; Suzuki, 2006, p.32. Si l'attribution de la fabrication sur le continent vers 450 de notre ère est correcte, cela démontre que le fuþorc étendu était déjà connu et utilisé sur le continent avant cette date.

[765] Odenstedt, 1990, p.140 ; Looijenga, 1996b, pp.117-119 ; Losquiño, 2015, p.82.

[766] Hines, 1991, p.74 ; Bammesberger, 1991c, p.400 tente de lire les runes de liaison comme ga gan ga, c'est-à-dire avec un sens similaire à *gesið*.

[767] Holthausen, 1974, s.v. *meord* ; Suzuki, 2006, p. 45.

[768] McLeod & Mees, 2006, p.94.

On présume que le second mot *mægæ* est une forme du mot saxon occidental *mæg*, *magu*, signifiant « parent ». Nous ne sommes pas certains du fait que le cas grammatical soit ici le génitif ou le datif, mais l'argument pour un datif semble plus convaincant ; dans tous les cas, le lien entre *mægæ* et *medu* est associatif. À ce titre, la tentative pour relier les termes runiques *mægæ medu* avec la phrase *maga gemedu*, « consentement du parent », dans *Beowulf*, [l.247], est intéressante, mais le lien avec ce texte n'est pas évident. Les deux derniers mots peuvent soit se lire (i) « une récompense pour un parent » ou (ii) « une boisson (forte) pour un parent ». Étant donné que l'image qui accompagne le texte montre deux frères allaités par une louve, il paraît plus probable que « boisson » soit convenable ici, à moins que l'auteur ait sciemment voulu rester ambigu...

Le premier mot avec, les trois runes de liaison, pose plus de problème [voir ci-dessus], et certains ont essayé de l'identifier à un nom féminin portant le radical **gæg-* « hurlement », c'est-à-dire « la femelle hurlante, la louve »[769]. Cette interprétation n'est pas convaincante. De même, prendre la rune de liaison du milieu comme une preuve de voyelle nasalisée (de l'original **gaganga*, faisant partie du verbe *gangan* « aller ») ne convainc pas non plus parce que le phonème /ŋ/ aurait pu être représenté par la rune *Ing* ᛝ (ou par la rune plus ancienne ◇, en tenant compte de la date), plutôt que X[770]. Les trois runes du premier mot sont des runes de liaison de X + voyelle, et elles ne peuvent absolument pas être lues comme la simple séquence *gæ*: cela est évident parce que la séquence est écrite en entier, sans recourir aux runes de liaison, dans le second mot *mægæ*. Il est important dans ce contexte de noter la séquence *ga ga ga* sur une pointe de lance de Kragehul (Fyn) [fig.9 vol.2], l'un des dépôts votifs présumé angle réalisé avant leur expansion en Bretagne[771]. La séquence *ga* écrite avec des runes de liaison devrait probablement être interprétée comme une formule rituelle, un acronyme pour une phrase comme *giba auja* « (Je) donne (bonne) chance »[772]. En d'autres termes, au moment de la fabrication du bractéate, il était déjà un sigle magique familier chez les Angles, approprié pour recevoir une écriture doté d'une signification symbolique. Il semble que la phrase *ga* ait été modifiée en lien avec les développements phonétiques et la pratique runique plus récente, et que les acronymes doivent

[768] McLeod & Mees, 2006, p.94.

[769] Odenstedt, 1990, p.138.

[770] Nielsen, 2000, p.91 discute des interprétations concurrentes de *gægogæ*, mais ignore le texte de Kragehul *gagaga* correspondant (Fig.9 vol.2).

[771] Engelhardt, 1863 (1969) ; Makaev, 1996, p.56 ; McLeod & Mees, 2006, p.78 ; Iversen, 2010 ; Losquiño, 2015, p.85 ; *cf.* Page, 1996, p.133. La pointe de lance n'a cependant pas besoin d'être originaire de la zone linguistique angle, et peut avoir été prise à un ennemi vaincu provenant d'ailleurs, de la zone d'utilisation des runes.

[772] *Cf.* Antonsen, 2002, p.188, qui offre une alternative par rapport au manche de lance de Kragehul.

maintenant se lire gæ et go[773]. Ce dernier semble être composé des mots *o(s)* et *g(ifu)* « cadeau d'un dieu (?) ». La forme *gæ* a peut-être été retenue parce qu'elle était traditionnelle, ou alors l'acronyme ne référait plus à **auja*.

Alternativement, **auja* pourrait être arrivé dans l'anglien (insulaire) avec un /æ/ initial exprimé avec la rune *æsc* ᚨ. Le mot **frauja* « seigneur, aimé » est devenu le mot VA *frea* ou *frigea* (retrouvé dans les noms personnels et une fois dans *Beowulf*)[774]. Une partie du développement du vieil anglais à partir de l'ingvaeonique/germanique occidental a été d'abaisser /au/ vers /æa/ (peut-être via */æu/), généralement écrit dans les manuscrits *ea*, mais toujours écrit *æa* en runes[775]. Ainsi, la rune de liaison ga pourrait toujours avoir été compréhensible pour l'expression « Je donne bonne chance ».

Suzuki, qui a cru que le bractéate était d'origine saxonne, a par conséquent identifié la langue comme une forme de germanique de la mer du Nord parlé dans les régions côtières de Saxe au Ve siècle[776]. L'utilisation du caractère ᚩ est cruciale, puisqu'il s'agit de la seule déviation substantielle de la forme standard de la rangée de runes germaniques que l'on retrouve dans ce texte. En présumant que ᚩ et ᛟ soient en distribution contrastive (c'est-à-dire des signes différents pour des sons différents), le texte appartiendrait alors à la période postérieure à la mutation du *-i* en vieil anglais et vieux français, donnant naissance à deux phonèmes /o/: une voyelle antérieure arrondie nasalisée /õ/, et une voyelle moyenne arrondie /œ(:)/. Les deux runes ᚩ et ᛟ apparaissent ailleurs et sont certainement contrastées, parce qu'elles sont toutes les deux présentes sur l'inscription du fourreau de Chessell Down (Île de Wight, [fig.31]), mais comme le texte n'est que partiellement compris, nous ne pouvons pas être certains des sons représentés par ces runes. Le nom du caractère, *os*, à partir du nom germanique **ansuz*, nous fournit le meilleur indice pour la valeur du son de la rune ᚩ ; elle résulte en une longue voyelle antérieure nasale arrondie /õ:/[777]. Odenstedt a remarqué qu'*« il est difficile de dire quand les Anglo-Saxons ont appris à inscrire les runes »*[778]. Cela montre une incompréhension fondamentale de l'histoire des tribus autour de la mer du Nord. Au Ve siècle, lorsque

[773] Suzuki, 2006, p.44 rejette gæ en se basant sur le fait que le texte doit dater d'avant les variations runiques anglo-frisonnes, par lequel /a/ > /æ/. Toutefois, bien que la séquence de changements de son soit comprise, les dates précises ne le sont pas, ni la tradition qui utilisait les « symboles magiques » comme la rune de liaison ; la certitude à cet égard est donc impossible.

[774] Simek, 1993, s.v. **Frea*.

[775] Campbell, 1959, § 135, 619(3).

[776] Suzuki, 2006, p.42ff ; *cf.* Nielsen, 2000, p.29.

[777] Suzuki, 2006, p.43. Le développement vieux saxon de **ans-* est soit * *ons-* ou * *ans-*, comme on retrouve les deux. Toutefois, Suzuki est trompeur en insinuant qu'en vieil-anglais et en vieux français **ans-* est invariablement devenu **os-* (c'est-à-dire /õ:s/), puisque les sources en vieux français sont plus rares et plus tardives que celles en vieil-anglais, et ces dernières ne sont pas nombreuses pour la période plus ancienne.

[778] Odenstedt, 1990, p.139.

les runes ont commencé à apparaître en Bretagne, il n'y avait pas d'« Anglo-Saxons » – on y trouvait des Angles, des Saxons, des *Jutes*, des Frisons, des Francs et plusieurs autres groupes ethniques, chacun avec sa propre histoire et tradition. Les Angles ont apporté avec eux la connaissance des runes à partir du Jutland (désigné *Danemark* ou *Schleswig-Holstein*, selon la géographie politique moderne), alors que les Saxons montraient moins – et même beaucoup moins – de preuves de familiarité avec l'écriture. L'hypothèse d'une identité anglo-saxonne unitaire et uniforme à ce stade précoce induit le chercheur en erreur.

Le trésor de Binham

Entre 2004 et 2013, des détectoristes ont exhumé une série d'objets de métaux précieux dans un champ près de Binham, dans le Norfolk, une région où des bractéates avaient déjà été découverts[779]. Les trésors du début de la période anglo-saxonne sont très rares, et le seul autre exemple dont nous disposons est l'équipement guerrier retrouvé à Hammerwich, le « trésor du Staffordshire ». Ce dernier comprenait cinq bractéates en or, un bracelet en or et un autre en bronze doré, tous endommagés avant d'être mis en terre[780]. Les cinq bractéates (numérotés IK630,1-3, IK604, 1-2) sont étampés d'images figuratives et de petits motifs géométriques arrangés en anneaux concentriques autour des scènes centrales. Deux bractéates de type B ont été étampés avec la même matrice, et les trois bractéates de type A sont eux aussi probablement basés sur un ensemble de motifs communs, bien que l'un d'entre eux ait été coupé et plié, et attend les résultats de la recherche conduite au British Museum. Les bractéates de type B ont un point commun avec sept découvertes du Schleswig-Holstein ou de Hambourg, c'est-à-dire du nord de l'Allemagne [IK 71] faites au XIXe siècle, et provenant probablement d'un trésor. La signification de la scène centrale a été débattue… probablement représente-t-elle Woden se battant contre deux loups, ou Tiw domptant le loup cosmique (en vieux norrois *Fenrir*)[781]. Les bractéates de type B de Binham ont tous un message runique légèrement inscrit au-dessus de la mâchoire du loup (?) saisi par la figure, identifié par Hines comme ᚹᚫ ᚫᛏ, c'est-à-dire *wæ æt*, bien que la troisième rune ne

[779] Behr, Pestell & Hines, 2014, p.59-64. Un bractéate de type A a été découvert non loin de là, à Brinton (IK 584), et un bractéate de type D (IK 601) à Blakeney Eye. Un disque de bronze trouvé à Billingford (IK 589) affiche un motif de bractéate D avec un animal entrelacé similaire à celui du bractéate D de Blakeney.

[780] Behr, Pestell & Hines, 2014, p.57. Plusieurs exemples scandinaves ont été retrouvés pliés ou endommagés, ce qui suggère qu'ils étaient mis cérémonieusement hors de portée de l'utilisation humaine avant l'enterrement. Les bractéates retrouvés dans les tombes n'ont pas été traités ainsi. Contrairement à la majorité des découvertes provenant de trésors scandinaves, le site de Binham ne semble pas posséder de caractéristiques contemporaines significatives bien qu'il y ait eu suffisamment de découvertes par des détectoristes errants pour suggérer la présence d'un ou de plusieurs cimetières angles dans le voisinage.

[781] Behr, Pestell & Hines, 2014, p.55.

soit pas claire et pourrait ne pas comporter de tige supérieure (ᚩ)[782]. En supposant que cette translittération est correcte et que la rune double indique une voyelle longue, le mot semble être une apparition précoce du vieil anglais *wǽt*, un nom neutre qui signifie « liquide, boisson », de la même famille que le mot anglais moderne « wet » (mouillé). Des mots pour « boisson » apparaissent ailleurs dans le corpus runique sous les formes *alu* et *medu*. Le mot est facilement interprété comme appartenant à une forme précoce d'anglien, ce qui est le cas pour le texte du bractéate d'Undley [fig.37] ; ce dernier ne présente aucun trait caractéristique scandinave[783]. Ceci étant dit, la matrice peut très bien avoir été conçue dans une zone de langage anglien sur la côte de la mer du Nord ou de la Baltique ; le manque de fil sur le rebord des bractéates de type A est un caractère typiquement angle pour les plaques de métal.

Fig.38 Bractéate de type B de Hambourg (Allemagne), présentant un motif similaire à celui des bractéates B de Binham (Norfolk), mais sur ces derniers le motif est inversé avec le texte runique au-dessus.

Il est probable que le site de Binham détenait une « place centrale » aux Ve-VIe siècles pour le nord du Norfolk, un peu à l'image de Gudme et de Sorte Muld au Danemark, d'Uppåkra en Suède et de plusieurs

[782] Behr, Pestell & Hines, 2014, p.50. La possibilité que le texte puisse se lire *wát* est discutée, il peut en effet être rapproché de la 1re ou 3e personne du verbe présent prétérit *witan* « savoir ». Sur un bractéate du Ve siècle, on pourrait s'attendre à **wait*, mais la chronologie exacte de la production des bractéates et du changement de sonorités en viril anglais n'est toujours pas établie avec certitude. Si une source en vieil anglais est écartée, l'idée que le mot soit une forme impérative d'un mot plus ancien de la même famille que le vieux norrois *vátta* « témoin » est aussi possible.

[783] Behr, Pestell & Hines, 2014, p.51.

autres sites – un centre cultuel important où s'exerçait le pouvoir politique et judiciaire[784]. Des centres anglo-saxons du même type semblent avoir été localisés autour de Lakenheath et de la vallée de la Lark (Suffolk), de Yeavering (Northumberland); un autre site se trouve également dans l'est du Kent, près de Canterbury, peut-être Eastry, Finglesham ou Lyminge. Ces lieux – ainsi que probablement quelques autres en Angleterre – étaient des centres de production d'objets prestigieux, faits de métaux précieux et de gemmes, avec une haute importance rituelle[785].

Phase III
Les rangées de runes en développement

«Ç'a toujours été le tour de notre nation anglaise,
quand nous avons quelque chose de bon,
nous le rendons trop commun. »
Shakespeare, *Henry IV*, IIe partie, acte 1, scène 2.

Si l'adoption des runes a montré une affiliation politique et culturelle à la Scandinavie au ve siècle, nous ne sommes pas certains de la façon dont nous devrions interpréter l'histoire plus tardive de cette écriture. En Angleterre, du moins, quelques ajouts ont été réalisés au fuþorc anglo-frison initial, alors que sur le continent les runes se sont figées, pour rapidement diminuer. En Scandinavie, en l'espace de quelques siècles, le conservatisme ancien de l'utilisation runique a été remplacé par une explosion de nouvelles formes, de nouvelles valeurs phonémiques, et de nouvelles conventions de disposition.[786]

La mystique entourant les textes comme celui du bractéate d'Undley a rapidement disparu : sur une période d'un siècle, deux siècles tout au plus, les runes sont devenues un outil pédagogique pratique. Cela a été rendu possible par l'avènement d'une tradition d'alphabétisation généralisée, avancée dans des régions comme le nord de la Mercie et la Northumbrie, où il subsiste peu de preuves d'une utilisation précoce des runes[787]. L'utilisation frappante de runes sur le tombeau de Saint Cuthbert démontre que le fuþorc était un moyen parfaitement acceptable d'exprimer la dévotion chrétienne et d'afficher la richesse vers la fin du viie siècle[788]. Il est possible que, comme l'a suggéré Hines, l'utilisation de textes runiques sur les pièces de monnaie anglo-saxonnes donne un aspect pragmatique et banal à la notion d'écriture[789]. Ces

[784] Behr, Pestell & Hines, 2014, p.45, 63-7.
[785] Behr, Pestell & Hines, 2014, p.57.
[786] Makaev, 1996, pp.53-54 ; Anderson, 2005, pp.9-10 ; Norr, 2008.
[787] Page, 1994, p.114.
[788] Derolez, 1983, p.82.
[789] Hines, 1991, p.62.

pièces anciennes datent du second quart du VIIe siècle, et cela n'est sûrement pas une coïncidence si la monnaie a été adoptée en même temps que de nouvelles innovations sociales, dont une politique et une autorité religieuse centralisées, une bureaucratie, des agents administratifs stables (dont l'Eglise), un système de taxation... et l'alphabétisation.

Scandinavie

La tradition runique en Scandinavie était visiblement tolérante des variantes, ce qui pourrait indiquer un développement dans cette région sur une période plus longue qu'ailleurs[790]. Des runes qui sont rares ou inconnues ailleurs, comme ᛖ pour ᛗ, qui apparaît couramment dans les textes scandinaves précoces, et certaines runes ont cessé d'être utilisées avant que la connaissance de l'écriture runique ne se répande. La seule variante précoce que l'on ne retrouve pas en Scandinavie est le ᚺ à double barre. Comme un peuple d'origine scandinave, les Angles utilisaient à la fois la version à barre unique et à double barre, et au fil du temps ᚺ est devenue la forme dominante. Le développement séparé d'une langue nord-germanique écrite est situé par Antonsen aux environs de 450-500 ap. J.-C., quand (i) le phonème /h/ a commencé à être supprimé avant /t/, comme par exemple la forme *wurte* sur le bractéate de Tjurkö, en comparaison à l'orthographe plus ancienne *worahto* sur la pierre de Tune, qui signifie « a travaillé, a fait » ; (ii) la perte du *j-* initial, qui a procuré une nouvelle valeur à la rune ᚼ[791]. Comme nous l'avons mentionné précédemment, la rune ᚼ s'est développée à partir de la rune **jéra* ᛃ en fuþark ancien, qui représente une voyelle, peut-être à l'origine un allophone existant qui est devenu phonémique[792]. Cette rune apparaît déjà sur la pierre runique de Noleby (Suède), remontant au VIe siècle. La voyelle est translittérée par A, parce que le mot **jéra* s'est développé avec les changements de sons réguliers **jéra* > **jára* pour devenir le mot vieux norrois *ár* « année, moisson », ce qui suggère que le son était un allophone de /a:/[793]. L'activité runique a continué avec certains projets ambitieux comme la pierre d'Eggja, une dalle de chambre funéraire portant un texte de 190 runes, inscrites sur deux lignes séparées par une image de cheval au galop[794]. La pierre est datée de la fin du VIIe siècle (en se basant sur l'image gravée) et porte la rune étoile avec une valeur vocalique qui s'approche de /a/, par exemple sur le côté C ᛋᛏᚼᛁᚾ *stain* « une pierre ». La valeur /k/ est représentée par la rune ᚴ à pleine hauteur, plutôt que le ᚲ à mi-hauteur.

[790] Odenstedt, 1990, p.131.

[791] Antonsen, 2002, pp.88-9 ; Looijenga, 2003, pp.218-219 ; Spurkland, 2005, pp.28-29, 35 ; Losquiño, 2015, p.175 ; Borstelmann, 2015, p.232.

[792] Elliott, 1958, p.37 ; Odenstedt, 1990, p.72, 132 ; Stoklund, 1996, pp.199-200.

[793] Looijenga, 1996b, p.110.

[794] Nielsen, 2000, pp.97-98 ; Looijenga, 2003, pp.341-343 ; McKinnell & Simek, 2004, pp.163-165 ; Spurkland, 2005, pp.54-71.

À part pour la rune étoile en évolution, la pierre d'Eggja fournit aussi des informations par les runes manquantes, en effet ᛈ /p/◇/ŋ/ ᛇ /æ/ sont toutes absentes[795]. McKinnel et Simek considèrent cette réduction du nombre de runes activement utilisées comme un précurseur des altérations ultérieures, qui ont donné le fuþark récent[796]. Cette expansion n'a pas été adoptée en dehors de la Scandinavie (mais voir *ior* ci-dessous), ce qui implique qu'au moment de son développement il n'y avait pas de liens forts avec la pratique runique des communautés extérieures au groupe linguistique nord-germanique[797].

L'ensemble de pierres de Blekinge

Les noms gravés sur les pierres runiques de la région de Blekinge pourraient commémorer une famille aristocratique locale[798]. Le nom *haþuwulfR* apparaît sur trois pierres des VIe-VIIe siècles (Stentoften, Istaby et Gummarp), ainsi que sur une pierre de la période chrétienne sous la forme *haulfR* (<**haþuwulfR*). Une référence littéraire plus tardive à un homme du même nom apparaît dans la *Hálfs saga ok Hálfsrekka*, et il est possible que les événements de cette saga soient tirés de contes traditionnels sur cet *HaþuwulfR* et sa famille[799].

Extension du fuþorc anglo-saxon

Le fuþorc s'est étendu en Northumbrie pour atteindre un maximum de trente-trois caractères. On estime que cette évolution a eu lieu au cours du VIIIe siècle, et que des textes utilisant ce fuþorc ont été produits à partir de 750 ap. J.-C., bien que le *Codex de Vienne* (selon un exemplaire du VIIIe siècle) ne reconnaisse que vingt-huit runes anglo-saxonnes[800]. La forme ᚴ pour /s/ est retrouvée dans quelques contextes anglo-saxons, ainsi qu'assez fréquemment sur les monnaies[801]. Le *Poème runique* en vieil anglais contient la vingt-neuvième rune ᛡ, appelée *ior*, qui représente probablement la diphtongue /io/, /i:o/[802]. On peut supposer que cela représente la rune scandinave ᛡ, adoptée à un moment où sa valeur phonémique était **jár(a)*, onnant naissance au mot vieil-anglais autre-

[795] Spurkland, 2005, p.72.

[796] McKinnell & Simek, 2004, p.17.

[797] Odenstedt, 1990, pp.134-137. Toutefois, Odenstedt, pp.136-137, suggère que les Anglo-Saxons et les Scandinaves ont continué d'échanger de façon limitée, avec les exemples du seax de la Tamise (p.194) où l'on voit des dérivés des développements scandinaves, ex. ᚼ et ᛡ. Cela semble un argument peu convaincant sur lequel baser une thèse d'influence scandinave prolongée. Un meilleur argument peut être fait en se basant sur les noms de runes *ýr* (une forme scandinave de **eihwaz*) et *ior* (à partir de **jāra*).

[798] Nielsen, 2000, p.95 ; Looijenga, 2003, pp.176-183 ; Schulte, 2015.

[799] Mitchell, 2012.

[800] Elliott, 1958, p.33 ; Odenstedt, 1990, p.141 ; Looijenga, 2003, pp.273-275.

[801] Blackburn, 1991, p.137 ; Abramson, 2008, p.126ff contient une liste de légendes monétaires, dont certaines incluent cette forme, ex. *EDTBEREHTVᛚ* (*sceattas*, série Y, faite par Eadberht de Northumbria). La transcription avec –ᛚ sous-entend que le phonème final était /l/, alors que le graphème est évidemment une variante du ᚴ /s/ que l'on retrouve sur le fourreau de Chessel Down et ailleurs.

[802] Elliott, 1958, pp.36-37, 53-54 ; Page, 2006, p.221.

ment inconnu *iar* ou *ior*. Looijenga a suggéré un nom signifiant « barge, embarcation »[803]. La forme ᛝ pour /ŋ/ semble être une variante « normalisée » de la rune ᛜ en fuþark ancien, avec les lignes étendues à pleine hauteur. Le même procédé de normalisation a affecté les autres runes à mi-hauteur[804].

Fig.39 Inscription d'une pyxide, Milton Keynes.

La croix de Ruthwell affiche la plus grande sélection de runes provenant de l'alphabet étendu[805]. Les runes northumbriennes additionnelles sont toutes des variantes élaborées à partir de symboles existants, et sont trop compliquées pour une écriture pratique[806]. Nous ne sommes pas certains que ces runes aient été courantes ailleurs qu'en Northumbrie. Elles peuvent peut-être avoir formé la base d'un système d'écriture alternatif, pour montrer le prestige de l'éducation northumbrienne. Cependant, les troubles politiques du IXe siècle ont empêché le développement de ce système. Les runes comprennent ᚣ pour /y/, ᛠ pour /ea/ ou /æa/, ᛣ ou ᛤ pour une consonne vélaire non voisée dérivée de /k/, ᚸ pour une consonne similaire voisée et ᛡ pour une variante palatalisée de /k/, autrement dit /č/[807]. Les deux premières ont déjà été abordées plus haut dans un contexte anglo-frison ; elles apparaissent sur le seax de la Tamise du IXe siècle [fig.41], à la fin de la rangée de runes modifiée de vingt-huit graphèmes, et étaient clairement inscrites dans la tradition anglo-saxonne. ᛠ apparaît également dans le nom du propriétaire/fabricant *Beagnoþ* sur le seax, ainsi que sur des inscriptions en Frise[808]. La rune ᛤ apparaît avec le nom *calc* « calice »[809]. Comme l'a fait remarquer Bammesberger, le raisonnement voulant que /č/ ait atteint un sta-

[803] Looijenga, 2003, p.144.

[804] Barnes, 2012, p.40.

[805] Branston, 1957, pp.166-167 ; Page, 1991, pp.18-19 ; Bammesberger, 1996, p.18 ; McKinnell & Simek, 2004, pp.107-110 ; Bauer, 2006, p.399 ; Barnes, 2012, pp.40-41.

[806] Changizi & Shimojo, 2005. La plupart des écritures alphabétiques sont faites de caractères comprenant en moyennes trois traits, ce qui est le cas pour la majorité du fuþark ancien. Les formes anglo-saxonnes élaborées ne sont donc pas exécutées de façon à maximiser la lisibilité. Cela ne serait pas très important si l'écriture était dans un but premier démonstratif, mais nous avons des preuves d'une alphabétisation runique étendie durant la période saxonne moyenne.

[807] Odenstedt, 1990, p.141 ; Ball, 1991, p.117 ; Bammesberger, 1996, p.18. Ball a argumenté que /k/ était représenté par les runes ᛤ et ᛡ chacune utilisée par un graveur différent.

[808] Elliott, 1958, p.34 ; Derolez, 1983, p.76 ; McKinnell & Simek, 2004, p.103. Le fuþorc du seax de la Tamise ne montre pas de trace de subdivisions internes.

[809] Elliott, 1958, p.37, 59. Les alternatives sont *cealc* (*chalk*, craie) et *calceus* (*sandale*).

tut phonémique uniquement à partir du moment de la modification de /y/ vers /i/ ne s'accorde pas avec l'utilisation runique[810]. Ce procédé est assez tardif (Xe siècle), résultant en un contraste de /k/ et /č/ dans des paires, comme *cinn* (/ in/ *chin*, menton) et *cynn* (/kin/ *kin*, parent). Toutefois, les runes montrant le résultat de la palatalisation sont retrouvées à partir de 600 ap. J.-C. Sur la croix de Ruthwell, /čin/ dans *ic* « Je » est représenté par ᛁᚳ, alors que /k/ dans *crist* « Christ » est écrit ᛣᚱᛁᛋᛏ[811]. Il est possible, comme l'a fait remarquer Bammesberger, que la distribution contrastive de /k/ et /č/ soit apparue en premier à la fin des mots affectés par la mutation du *-i*, lorque le *-i* a été supprimé. Ici aussi, ᚷ est confiné à l'allophone palatalisé de /g/ (/ǧ/) dans *geredæ* « dépouillé » ᚷᛖᚱᛖᛞᚫ, et /g/ est écrit avec ᚸ dans *god* « dieu » ᚸᚩᛞ[812]. Les trois derniers graphèmes sont très peu représentés : ᛤ n'apparaît que sur la croix de Ruthwell, alors que ᚸ est aussi présent sur la croix de Bewcastle[813]. Quant à elle, la rune ᛣ est confinée au nord de l'Angleterre. Deux runes supplémentaires avec les valeurs /st/ et /cw/ sont aussi retrouvées dans les manuscrits, mais pas jusqu'à présent dans les sources épigraphiques[814]. La rune ᛢ est utilisée pour le « qu » latin, et semble porter le nom vide de sens *cweorþ*, qui rime avec son voisin dans l'alphabet romain *peorþ* [p.115][815]. La rune ᛥ apparaît dans les inscriptions frisonnes sous les formes ᛥ et ᛥ [p.138]; en vieil anglais, elle porte le nom *stan* « pierre ». La rune « étoile », qui est apparue en Scandinavie comme voyelle, est aussi retrouvée en Angleterre, par exemple dans le *Poème runique* en viel anglais avec le nom *ior*, et sur la dalle funéraire de Dover [fig.29] dans le texte ᛡᛇᛋᛚᚻᛖᚪᚱᛞ du nom personnel *Gislheard*, où ᛡ semble avoir la valeur de /j/ (ou/ǧ/?). La seconde rune ici est une voyelle antérieure, probablement /i/, dans l'une de ses rares apparitions épigraphiques dans un contexte de vieil-anglais.

Un examen minutieux des objets retrouvés lors de fouilles archéologiques – et la réévaluation d'objets découverts depuis longtemps – a révélé un degré d'alphabétisation runique plus grand parmi les populations païennes, et aussi durant le début de la période chrétienne, que ce qui avait été précédemment supposé. Des découvertes comme la vertèbre de mouton du site de la *National Portrait Gallery* (Londres) indiquent une tradition communie de l'écriture : elle porte sur un côté le texte *tatberht* (le nom propre masculin *Tatberht*), et de l'autre *dric*, qui

[810] Bammesberger, 1996, p.18. La suggestion a été faite par Penzl en 1947, d'un point de vue structuraliste.

[811] Bammesberger, 1996, p.18.

[812] Elliott, 1958, p.37.

[813] Page, 1995b, p.4 note qu'il y a une différence entre les rangées de runes que l'on retrouve dans les manuscrits et sur les sources épigraphiques, ex. la rune ᛤ sur la croix de Ruthwell n'apparaît pas dans aucun fuþorc manuscrit.

[814] Page, 1995b, pp.4-5.

[815] Elliott, 1958, p.37 ; Polomé, 1991, p.433. Une association de *cweorþ* avec le moy VHA *querdar* (appât) a été suggéré.

pourrait être le nom propre masculin *Dægric*, avec ᛞ comme idéogramme de son nom *dæg* « jour »[816]. Les runes sont minutieusement exécutées et datent du milieu de la période saxonne (650-950 ap. J.-C.). L'alphabétisation était un outil puissant, particulièrement dans une société qui n'était toujours que partiellement lettrée. Savoir lire était l'un des critères pour intégrer le service public durant le règne d'Alfred, et cela aurait évidemment constitué un atout de pouvoir envoyer des instructions écrites sans interférence. La société d'Alfred était chrétienne et alphabétisée en latin jusqu'à un certain point, mais le roi s'est plaint de la baisse de l'alphabétisation durant les troubles du début du IXe siècle, quand plusieurs églises et palais royaux ont été pillés. Il est probable que les runes soient restées utilisées en même temps que l'écriture romaine, puisque le fuþorc offrait une alphabétisation vernaculaire ; Alfred lui-même a fait tout ce qu'il a pu pour promouvoir l'utilisation de l'anglais plutôt que du latin comme langue de gouvernement.

La pratique écrite a été modifiée en Angleterre pour inclure les runes ᚦ et ᚹ et, ainsi, mieux représenter les phonèmes de la langue anglaise dans les formes manuscrites þ et ƿ[817]. L'autre caractère introduit, Ð, était déjà en marge d'utilisation par les scribes, connu durant l'Antiquité comme le *tau gallicum*, et utilisé pour représenter un /ts/ ou /st/ affriqué dans la langue gauloise[818]. Les runes et l'écriture romaine semblent avoir coexisté en Angleterre anglo-saxonne durant presque quatre siècles, ce qui suggère un taux d'alphabétisation élevé dans les deux systèmes[819]. Les monnaies utilisent les deux – généralement le nom du roi en lettres et le nom du monnayeur en runes –, ce qui indique peut-être que les lettres romaines étaient perçues comme plus prestigieuses, alors que les runes sont restées pour le vernaculaire.

L'utilisation des runes en Angleterre a perduré jusqu'au XIe siècle, mais semble avoir cessé avant ou en même temps que la suppression de la culture anglo-saxonne, autrement dit à la suite de l'invasion normande de 1066[820]. Les textes runiques en vieil-anglais s'étaient déjà estompés au XIe siècle, peut-être en raison des rigueurs de la réforme bénédictine. La dalle funéraire de Dover [fig.29] et l'inscription d'Overchurch (remontant probablement au Xe siècle) sont les derniers exemples épigraphiques de runes anglo-saxonnes en Angleterre, alors que la dalle funéraire de Whithorn I en Écosse date peut-être du XIe siècle[821] ; il subsistait donc toujours une activité runique scandinave au XIIe siècle.

[816] Brown, Okasha, Page & Pickard, 2001 ; Looijenga, 2003, p.293 ; Leary, 2004.
[817] Barnes, 2012, p.50.
[818] Mees, 2002b.
[819] Barnes, 2012, p.50.
[820] Odenstedt, 1990, p.12 ; Findell, 2014, p.6. Barnes, 2012, p.50 note qu'il n'y a pas forcément de lien de causalité entre que l'invasion normande et la fin des textes runiques.
[821] Bammesberger, 1991a, pp.129-131 ; Barnes, 2012, p.50.

Les runes manuscrites anglo-saxonnes

A partir du VIIIe siècle, la familiarité avec les formes d'alphabétisation chrétiennes a encouragé le développement d'une forme de fuþorc plus littéraire, dans laquelle les bras étaient souvent accompagnés de minutieux empattements. Ce procédé s'observe déjà sur la bourse de Watchfield [fig.30].

À cette époque, il semble y avoir une division (bien qu'elle n'ait pas été très prononcée) entre les mondes ecclésiastiques et sacrés d'une part, où la langue latine et les lettres romaines étaient appropriées, et séculiers d'autre part, dans lequel la langue anglaise et les runes étaient utilisées[822]. Cela a augmenté l'intérêt des lettres, et peut avoir encouragé les propriétaires de bijoux à y inscrire leur nom, pour montrer leur appartenance au monde alphabétisé chrétien. Le fuþorc manuscrit probablement le plus ancien se trouve dans le *Codex* de Salzbourg 140 (maintenant à la Österreichische Nationalbibliothek de Vienne, également connu sous l'appellation de *Codex de Vienne*), qui montre une bonne conservation de l'ordre fuþorc et des formes des runes.

ᚠ	ᚢ	ᚦ	ᚩ	ᚱ	ᚳ	ᚷ	ᚹ
f	u	þ	o	r	c	g	w
ᚻ	ᚾ	ᛁ	ᛄ	ᛇ	ᛈ	ᛉ	ᛋ
h	n	i	j	ih	p	x	s
ᛏ	ᛒ	ᛖ	ᛗ	ᛚ	ᛝ	ᛞ	ᛟ
t	b	e	m	l	ŋ	d	œ
ᚪ	ᚫ	ᛠ	ᚣ				
a	æ	ea	y				

Table 3 Les runes anglo-saxonnes manuscrites du *Codex de Salzbourg*.

La rune ᛥ au nom de *stan* « pierre » (et sa valeur phonémique proposée /st/) apparaît dans le manuscrit anglo-saxon *Codex Otho B X*, daté du Xe siècle[823]. Elle s'apparente peut-être aux formes ᛥ et ᛥ, retrouvées sur la baguette de Westeremden B [*cf.* p.146][824]. La rune ᛉ était employée dans le fuþark ancien pour /z/[825]. Vu que ce son n'était pas phonémique en vieil-anglais, le caractère a été réattribué à la séquence /ks/, et ce pour permettre la translittération de textes latins avec la lettre « x ».

[822] Hinton, 2005, pp.97-98.
[833] Elliott, 1958, p.38.
[824] Quak, 1991, p.292 ; Quak, 1994, pp.83-84. Il existe plusieurs variantes de runes sur cet objet, rendant l'interprétation difficile.
[825] Odenstedt, 2005, p.15.

Le *Old English rune poem*

Le *Old English rune poem* est documenté dans le *Linguarum Veterum Septentrionalium Thesaurus* (Thesaurus des langues du vieux nord) de George Hickes, un livre imprimé de 1705 ; quel que soit le ou les manuscrits originaux avec lesquels Hickes a travaillé, ils n'ont pas survécu. Les noms des runes semblent avoir été ajoutés en marge d'un manuscrit en vers existant, dans lequel seuls les caractères runiques étaient donnés à l'origine. Certains des noms sont peut-être dans un dialecte du sud-est (par exemple, *wen* pour le mot saxon occidental *wynn*). Bien qu'il soit difficile d'en être certain sans le manuscrit original, la régularité métrique du vers suggère soit une date ancienne de composition (vers le IXe siècle ou avant), soit un poème rédigé volontairement à l'ancienne à une date ultérieure.

Le *Old English rune poem* est important pour l'étude runique, parce qu'il s'agit de la version complète la plus ancienne de cet outil mnémotechnique, qui à l'époque était commun à plusieurs cultures germaniques différentes[826]. Les vers individuels du poème anglais sont un peu conçus sur le principe de devinettes, une qualité davantage visible dans cette version que dans les poèmes norvégiens et islandais plus tardifs ; ces derniers comprennent en grande partie des listes de noms de runes, alors que le poème anglais se veut plus exhaustif, plus accompli artistiquement, avec une aura de mystère. Orson attribue cela à sa date – avant le matériel scandinave survivant, mais longtemps après la conversion au christianisme... –, impliquant que le « vieux matériel païen» ait été discrètement « nettoyé » : *os* est maintenant plus probablement « bouche » que « dieu », *þyrs* « géant » est devenu *þorn* « épine », et *Tiw* « dieu » a évolué vers *tir* « gloire »[827]. (On pourrait également ajouter *wen* à cette liste, si une association avec les *Vanir* est admise.) Le poète est aussi censuré dans une certaine mesure, prône aux jugements moraux et aux énigmes complexes ; ce dernier aspect ne fait que refléter la culture artistique et littéraire de son époque.

Le vers d'ouverture du poème nous fournit peut-être la clé pour comprendre le poème entier, puisque le poète dit :

« La richesse est un confort pour tout homme
pourtant chaque personne doit bien la partager
s'il veut jeter des sorts pour un bon nom devant son seigneur. »

Le verbe *hleotan* signifie certainement « jeter des sorts », et se traduit normalement par « gagner », comme par exemple dans *domes hleotan* « gagner le destin » [= jugement favorable] mais, alors que l'interprétation « gagner un bon nom » se tient, cette tournure de phrase admet aussi une interprétation reliée plus directement aux runes elles-mêmes. La divina-

[826] Halsall, 1981, p.3 ; Osborn, 1981 ; *cf.* Grimm, 1821 (2009).
[827] Elliott, 1958, p.64 ; Bishop, 2007, p.3.

tion employant des tiges de bois ornées de symboles était, après tout, la façon dont Tacite a décrit les auspices des Germains de son époque [*cf.* p.61]. Si, comme plusieurs l'ont supposé, ces signes étaient effectivement des runes, alors l'utilisation du verbe *hleotan* dans le tout premier vers du *Poème runique* semble un choix de vocabulaire révélateur[828]. (Nous n'avons pas besoin d'être d'accord avec Osborn, qui voit ici une référence à la vie éternelle que les chrétiens attendent, contrastant avec la mort sombre et païenne du dernier vers du poème, bien qu'une telle interprétation soit possible.) C'est comme si le poète établissait le cadre de la scène pour un concours d'énigmes, en offrant un premier tour de divination – un défi au lecteur d'utiliser son esprit pour résoudre les énigmes à venir...

Les noms de runes en vieil-anglais

Les noms des runes anglo-saxonnes, déductibles des fuþorcs manuscrits, ainsi que leur signification, sont résumés ici[829] :

Féoh. **Richesse, bétail.** L'utilisation anglaise et norroise de cette rune se limite au sens « richesse », la notion de « bétail » ayant été perdue dans les langues plus tardives ; dans certains passages, le terme vieil-anglais *féoh* sous-entend un « trésor princier », avec toutes les associations d'ancienne gloire et d'honneur personnel, si importants aux yeux des peuples germaniques[830]. Le bovidé était un animal sacré chez les premiers Anglais, et Tacite écrit qu'ils vénéraient la Terre mère, nommée *Nerthus*, dont le chariot processionnel était tiré par des vaches. En juin 2012, des fouilles à Oakington (Cambridgeshire) ont révélé le squelette d'une femme anglo-saxonne de « haut rang » enterrée aux côtés d'une vache adulte. Il s'agit d'une découverte unique jusqu'à présent, qui peut indiquer un parallèle avec la coutume consistant à enterrer les hommes importants avec leurs chevaux[831].

Úr. **Aurochs, bête féroce.** Les cornes de l'auroch étaient très prisées, et on y ajoutait des éléments décoratifs en métal pour créer des cornes à boire raffinées[832]. De tels exemples ont été retrouvés dans deux tertres de Sutton Hoo (seuls les éléments métalliques ont survécu), ainsi que dans le tumulus de Taplow. Il n'y avait pas d'aurochs en Angleterre durant la période anglo-saxonne, et la rétention de ce mot souligne l'estime qu'éprouvaient les Anglo-Saxons pour le savoir traditionnel. Les récipients étaient soit faits de cornes d'aurochs obtenues sur le continent, soit les cornes étaient des héritages remis au goût du jour en ajoutant des ornements métalliques. La majorité des cornes à boire étaient de dimensions modestes.

[828] Elliott, 1958, p.11.
[829] Halsall, 1981 ; Findell, 2014, p.72-79.
[830] Halsall, 1981, p.96-103.
[831] *http://www.bbc.co.uk/news/uk-england-cambridgeshire-18580332*
[832] Halsall, 1981, pp.104-107.

Þorn. **Épine**. Il s'agit de la rune *þyrs* originale. Le nom de la rune a été altéré en Angleterre anglo-saxonne, pour devenir *þorn* « épine » en raison de sa forme, et reprise dans les manuscrits pour représenter le son /θ/, précédemment écrit « th »[833]. Le vers Vieil-Anglais est habilement écrit et peut faire écho à son sens d'origine, puisqu'il est possible de détecter des références indirectes à une sorte de créature maléfique, qui se nourrit des faiblesses humaines.

Ós. **Dieu**. Le poème vieil-anglais a contourné ce nom en insinuant qu'il s'agissait de l'homonyme *os* (bouche), tout en conservant une référence à Woden, le dieu associé à l'éloquence et à la prophétie, dans un vers astucieusement formulé[834]. La rune anglaise ᚩ se plaçait en quatrième position, bien que le caractère avec la forme d'origine (ᚨ) soit resté utilisé avec une différente valeur phonémique (/æ/). Cela suggère que les runes étaient plus retenues par leur nom et non par leur séquence de formes, et qu'*os* a continué d'occuper la position de son ancêtre **ansuz*, malgré le fait que cette rune revêt une autre forme et une autre valeur phonémique.

Rád. **Chevaucher, route**. Cette rune fait référence au fait de « chevaucher » et à « l'équitation »[835]. Elle peut avoir été utilisée comme un porte-bonheur au cours de voyages, ou pour accélérer la route des morts vers Hel. Plusieurs urnes funéraires anglo-saxonnes sont ornées de décorations qui pourraient cacher des séries de runes r.

Cen. **Torche** (?). Le nom vieil-anglais *cen* signifie « brandon », mais il ne semble pas avoir été un mot couramment utilisé[836]. Aucune autre source nous permet de tirer une conclusion définitive sur le nom d'origine, ni sur sa signification. Looijenga a suggéré que ce graphème en VHA peut être utilisé pour « ch » /kx/[837].

Gifu. **Cadeau, Offrir**. Cette rune a été tirée directement de la tradition du fuþark ancien et demeure inchangée. Offrir des cadeaux à ses égaux, à ceux d'autres rangs sociaux, et entre les hommes et les dieux, constituait un principe fondamental dans la structure sociale et la vie religieuse germaniques[838].

Wen. **Joie**. Le *PRVA* attribue le nom *wen* à cette rune, un terme ayant pour sens « espoir » ou « attente », mais le vers suivant et d'autres sources suggèrent le sens d'origine **wunjo* « joie »[839]. Le nom de rune a été adopté plus tard pour le caractère ƿ, utilisé dans les manuscrits durant des siècles après la période anglo-saxonne[840].

[833] Halsall, 1981, pp.107-109 ; Polomé, 1991, p.430. On a affirmé que le nom original de la rune pouvait être **Þunaraz* « Þunor (le dieu), tonnerre », mais il n'existe aucune preuve de cela.
[834] Halsall, 1981, p.109-111 ; Polomé, 1991, p.431.
[835] Halsall, 1981, p.111-113.
[836] Halsall, 1981, p.113-114.
[837] Looijenga, 2003, p.243, 270-271.
[838] Halsall, 1981, p.115-116.
[839] Halsall, 1981, p.116-119.
[840] Pollington, 2011, p.90.

Hægel. Grêle. La forme à double barres ᚺ est présente dans le manuscrit au même titre qu'une variante à barre unique ᚻ ; la forme à double barre est éventuellement devenue la forme standard. Dans la tradition du poème runique anglais, le vers de cette rune ouvre le second huitain de strophes et est plus long que les trois lignes standards, peut-être pour souligner cette transition. Cette rune et les deux suivantes sont perçues comme menaçantes et non favorables[841]. Griffiths a tenté de relier le nom de la rune aux traditions alphabétiques des Grecs, des Hébreux, des Romains et des Irlandais, afin de montrer que la référence à la « corne la plus blanche » est basée sur une association avec le caractère ogam *úath*[842] ; cette association semble forcée et est contredite par la présence de la lettre gotique nommée *hagal*.

Nýd. Besoin, mort. Le vers vieil-anglais décrit *nyd* comme *wyrda heardost*, « le plus dur des événements », et l'éventail de ses significations semble s'étendre à toutes les formes de privations physiques aux émotions négatives. Le poème vieil-anglais le présente comme une sorte d'adversité qui peut servir de test de courage moral. Sa position entre « grêle » et « glace » renforce l'association entre ce nom et l'hiver[843].

Ís. Glace. Le poème vieil-anglais met l'accent sur la beauté et la qualité merveilleuse de la glace, plutôt que sur ses aspects négatifs. La glace était le médium par lequel les géants ont vu le jour dans le mythe norrois et, de là, sont nés le monde et toutes les formes de vie. La glace peut donc avoir été considérée comme un contenant empli de possibilités[844].

Gér (?). An. Le nom original de la rune **jéra* signifie « an », c'est-à-dire « printemps ». La rune *gér* du poème vieil-anglais y fait écho, se situant juste après les runes d'hiver[845]. La rune apparaît comme ᛡ sur le seax de la Tamise [fig.41][846].

Eoh (?). If. C'est une variante de la rune saxonne occidentale plus commune *ih*, *iw* « if »[847]. Les sources anglaises suggèrent deux valeurs phonémiques distinctes pour ce graphème. Dans certains textes, la rune est une voyelle, peut-être /i:/, comme dans l'inscription *sᛇþæbæd* sur une urne cinéraire de Loveden Hill (Leics, [fig.7]), probablement un nom personnel *Sīþbæd* ou peut-être *Siþbald*, dans le texte *Gislheard* de Dover [*cf.* p.177], sur le coffret de Gandersheim[848], et dans le mot *raᛇhan* sur l'astragale utilisé comme une pièce de jeu de Caister-by-Norwich [*cf.*

[841] Halsall, 1981, p.119-120.
[842] Griffiths, 2006, p.88-93.
[843] Halsall, 1981, p.121-122.
[844] Halsall, 1981, p.122-124.
[845] Halsall, 1981, p.124-126.
[846] Elliott, 1958, p.34 ; Odenstedt, 1990, p.74 ; Page, 2006, p.221.
[847] Halsall, 1981, p.126-128.
[848] McKinnell & Simek, 2004, p.112.

fig.28 p.147][849]. Ailleurs, un son /ç/ (une affriquée palatale non voisée) ou /x/ (une affriquée vélaire non voisée) est probable, comme à Ruthwell (Dumfriesshire), où l'on retrouve le mot *almeᛇttig* pour le mot (saxon occidental) *ealmihtig* « tout-puissant »[850]. Le *Codex de Vienne* donne la valeur *ih* pour cette rune, ce qui conforte ces deux interprétations[851]. Le nom de la rune signifie probablement « if ». L'if, qui était plus généralement appelé *íw* ou *éow* en vieil-anglais, était un arbre particulièrement relié à la protection et à la magie runique[852]. La référence à cet arbre comme *hyrde fýres* « gardien du feu » est énigmatique, elle pourrait se rapporter à son utilisation comme bois de chauffage, ce que suggère le *Poème runique norvégien*, où un contenant en if était peut-être utilisé pour transporter les braises (toujours est-il qu'un panier en écorce de bouleau était utilisé dans ce but, vers la fin de l'Âge du Bronze, comme le prouve la découverte d'Ötzi dans les Alpes). Alternativement, le feu que l'arbre garde ou protège peut être la vie de l'homme : dans l'*Edda* : un couple d'humains a survécu au déluge en grimpant dans l'Arbre du Monde, et en attendant que les eaux s'apaisent.

Peorþ. **Joie de la halle.** Le *Old English rune poem* mentionne quelque chose qui est un plaisir aux hommes de la halle, et les suggestions varient de la « boîte de dés » ou « échiquier » aux « relations sexuelles », mais aucune interprétation n'a été acceptée unanimement[853]. Une variante plus tardive ᛢ « q » *cweorþ* rime avec cette rune. *Peorþ* est devenue courante en Angleterre anglo-saxonne, mais généralement rejetée en Scandinavie, et elle apparaît sur l'inscription du seax de la Tamise [fig.41][854]. On retrouve cette rune sur le peigne de Whitby dans le mot *helipæ* « aide » (subjonctif 3e personne du singulier)[855], et sur plusieurs pièces de monnaie dans les noms *pada* et *epa*[856]. On la retrouve également sur le tombeau de saint Cuthbert. Sur la bourse de Watchfield [fig.30], le texte se lit ᚺᚨ-ᚱᛁᛒᛟᚲᛁ ᚹᚢᛋᚨ, c'est-à-dire *hæriboeki* et *wusæ*. Une lecture alternative proposée par Odenstedt se lit *pusæ* « sac, bourse », si ᚹ est lu comme une variante arrondie de ᛈ, similaire à ᛒ, alors que la forme parente ᛓ apparaît dans un texte continental (la fibule B de Bezenye (Hongrie), datée d'environ 550 ap. J.-C.), *arsipoda*, peut-être un nom personnel Lombard[857].

[849] Antonsen, 2002, p.44 montre que cette caractéristique est présente sur un bractéate du VIe siècle de Nebenstedt (Allemagne), sous la forme ᚷᛚᛇᚨᚢᚷᛁᛉᚢ (rétrograde et avec la dernière rune inversée), qui doit probablement se lire *gliaugizu* « yeux brillants » (*cf.* Looijenga, 2003, p.211 ; McKinnell & Simek, 2004, p.78 ; Beck, 2006, p.66).

[850] Beck, 2006, p.66.

[851] Waxenberger, 2006, examine les preuves des valeurs sonores proposées. La valeur *-h-* est limitée au nord-ouest et au fuþorc de Northumbrie. Mees, 2011, offre un aperçu complet de l'utilisation de la rune.

[852] Elliott, 1957 ; Elliott, 1958, p.41.

[853] Halsall, 1981, pp.128-129.

[854] Elliott, 1958, p.34 ; Odenstedt, 1990, pp.80-81.

[855] Looijenga, 2003, p.289 ; McKinnell & Simek, 2004, pp.110-111 ; Barnes, 2012, p.45.

[856] Looijenga, 2003, p.283.

[857] Odenstedt, 1990, p.80 ; Hines, 1991, p.74 ; Looijenga, 1996b, p.116.

Toutefois, une interprétation directe du texte dans son contexte anglo-saxon s'oriente vers le mot *wusæ*[858].

Eolhxsecg. **Roseau.** Le *Old English rune poem* fait référence à une sorte de roseau ou de carex La valeur phonémique d'origine était /z/ ou /ž/, des sons qui ne sont pas identifiés séparément en vieil-anglais, c'est-à-dire qu'il ne s'agit pas de phonèmes. Le PRVA a le nom *eolhx*[859]. La forme exacte *eolhsecg* n'apparaît pas dans la version imprimée du *PRVA*, où le texte se lit plutôt *eolx seccard hefp oftust on fenne*, généralement modifié pour *eolx secg eard hæfþ oftust on fenne*[860].

Dans les inscriptions en moyen saxon, la rune ᛉ était utilisée pour translittérer la lettre romaine « X »[861]. Elle apparaît fréquemment sur les pièces de monnaie runiques dans le mot ᚱᛖᛉ « rex », dans les titres de rois[862]. On la retrouve encore sur le tombeau de Saint Cuthbert dans la séquence ᛉᛈᛋ « xps », soit un christogramme, probablement l'utilisation la plus ancienne survivante qui a cette valeur[863] ; Cuthbert n'est mort qu'un siècle après la mission d'Augustin, donc l'intégration des traditions runiques et romaines en Northumbrie s'est accomplie rapidement[864]. La rune est peut-être aussi la source de l'idéogramme utilisée pour le mot *rex* sur certaines pièces. Dans un manuscrit (MS CCCC 41), la rune est utilisée pour « X » (10)[865]. Le vieil-anglais n'avait pas vraiment besoin d'un graphème pour le son /ks/, et sur la poignée en os de Brandon, le maître des runes a représenté le mot *wox*, « a poussé », par *wohs* /wo:xs/ sans difficulté[866].

Sigel. **Soleil.** L'on a proposé que le mot VA *sigel*, « soleil », et son presqu'homophone *swegel*, « ciel », se réfèrent à un culte solaire. Il ne peut y avoir que peu de doute sur le fait que le soleil jouait un rôle central dans la plupart des anciennes religions européennes. Il était parfois perçu comme un immense disque sur un chariot ou un vaisseau dans la voûte du paradis – d'où l'imagerie nautique du poème vieil-anglais[867]. La forme standard de cette rune en Angleterre est ᛋ, quoique la variante ᛊ apparaît parfois, comme sur le seax de la Tamise [fig.41], le tombeau de saint Cuthbert, la bague de Kingmoor [fig.25 vol.2], et peut-être aussi sur le fourreau

[858] Barnes, 1994, p.20 ; Page, 1995b, p.10-1 ; Page, 1996, p.133.

[859] Halsall, 1981, p.129-133 ; Page, 1995b, p.6 ; Barnes, 2012, p.21.

[860] Redbond, 1936 ; Halsall, 1981, p.126-128.

[861] Elliott, 1958, p.36 ; Hawkes & Page, 1967, p.9 ; Derolez, 1983, pp.83-84 ; Odenstedt, 1990, p.85 ; Page, 1995b, pp.5-6.

[862] Blackburn, 1991, pp.158-159. Le mot peut avoir été prononcé /res/, puisque l'orthographe alternative *REᛋᛋ* est aussi retrouvée sur les monnaies (Page, 1995b, p.6, 8).

[863] Barnes, 2012, p.46.

[864] Derolez, 1983, p.84.

[865] Page, 1995b, p.6.

[866] Page, 1995b, pp.6-7.

[867] Halsall, 1981, p.133-135. Griffiths, 2011, propose des références tirées de la mythologie hébraïque pour rendre compte des aspects maritimes du vers de la rune dans le PRVA, négligeant le terme vieil-anglais quasi-homonyme *segel* «voile».

de Chessell Down (île de Wight, [fig.31])[868]. Une variante inclinée ᛋ se trouve sur la bourse de Watchfield [fig.30] et sur l'urne cinéraire de Loveden Hill [fig.7]. Il est possible que ᚴ ,sur le seax de la Tamise du VIIIe siècle [fig.41], soit influencé par le graphème du « s long » contemporain, retrouvé dans les manuscrits, mais la même chose n'est pas possible pour le fourreau de Chessell Down, remontant au VIe siècle.

Tir. **Gloire**. Le vers vieil-anglais ne réfère pas à un dieu païen directement, mais à une constellation, bien que la religion germanique ait eu une dimension astrologique, tout comme les religions romaines et grecques[869]. Hawkes et Page voient le terme *tir* dans le poème comme une « corruption » du terme vieil-anglais *Tíw* « le mystérieux dieu germanique de la bataille et de la victoire »[870]. Nous ne disposons pas de preuve tangible qui permettrait de confirmer que *Tíw* (et le dieu scandinave *Týr*) ait été une divinité céleste dans la tradition germanique, mais le lien avec le terme PIE **deywos*, « brillant, divin », est certain[871]. La rune peut avoir été utilisée pour la victoire, et on la retrouve sur différentes armes, urnes funéraires, et amulettes avec une intention clairement apotropaïque. Les exemples incluent le pommeau de Gilton [fig.13 vol.2], la pointe de lance de Holborough [fig.15 vol.2], la pointe de lance de Wrotham–Pilgrim's Way [fig.16 vol.2], et d'autres encore[872]. Il est possible d'établir un lien avec le conseil donné dans le *Sigrdrífumál* (voir volume II : *Runes Viking et traditions runiques*), malgré la différence chronologique de plusieurs siècles[873].

Beorc. **Bouleau**. Le poème vieil-anglais décrit un arbre qui ressemble plus au tremble qu'au bouleau[874].

Éoh. **Cheval**. La rune a été reprise sans modification à partir du fuþark. Les chevaux étaient des animaux importants avec des fonctions économiques et divinatoires. Ils jouaient aussi un rôle fondamental dans l'art de la guerre germanique[875].

Mann. **Homme**. La strophe en vers vieil-anglais parle du rôle social d'un homme, ainsi que de ses faiblesses et de sa mortalité, loin de la notion divine qui peut être suggérée en faisant un lien avec **Mannuz*, le géniteur de l'humanité[876]. Le vers renvoie à la mortalité humaine de façon assez sombre, mettant l'emphase sur le fait qu'au final, tous les hommes doivent se faillir entre eux.

[868] Blackburn, 1991, p.162. Page, 1995b, p.13 suggère que la rune *s*- sur le seax de la Tamise (fig.41) a été omis, et a dû être forcé dans la rangée de runes dans l'espace qui restait.
[869] Halsall, 1981, p.135-137.
[870] Hawkes & Page, 1967, p.9.
[871] Polomé, 1991, p.431.
[872] Hawkes & Page, 1967, p.9.
[873] McKinnell & Simek, 2004, p.34.
[874] Halsall, 1981, pp.138-139.
[875] Halsall, 1981, pp.139-141.
[876] Halsall, 1981, pp.141-143.

Lagu. **Eau.** L'importance de l'eau et de la navigation dans la vie des anciens Anglo-Saxons est mise en évidence par les funérailles en mer de Scyld Scefing au début de *Beowulf*, ainsi que dans les découvertes archéologiques de tombes à bateaux sur les terres de Sutton Hoo et de Snape. L'eau est aussi le repaire du prédateur Grendel et de sa mère. Une attitude ambivalente d'affection et de respect est évidente dans la strophe vieil-anglaise[877].

Ing. **Ingwe.** Un héro divin et probablement le consort de la déesse-mère; Ingwe était particulièrement révéré par les Angles[878].

Œþel. **Patrie.** En vieil-anglais, la rune a continué d'être utilisée comme un idéogramme pour son nom, le mot *œþel* « patrie ». Sur le seax de la Tamise [fig.41], l'allographe unique ᛟ est utilisé, avec les deux tiges combinées en une seule, alors que, sur le coffret d'Auzon, elle a la forme plus affinée ᛟ[879].

Dæg. **Jour.** La forme ancienne de cette rune est parfois exécutée à mi-hauteur, mais la plupart des versions anglaises présentent les lignes verticales étendues à pleine hauteur ᛞ. La variante ᛞ est parfois retrouvée sur les monnaies (comme sur la série *pada*), et on retrouve ᛞ sur le seax de la Tamise [*cf.* p.194][880].

Ác. **Chêne.** La rune est dérivée de la rune germanique ᚨ /a/, qui en est venue à désigner /æ/ en vieil-anglais (et en vieux français). Elle est décrite de façon énigmatique dans le *PRVA*[881].

Æsc. **Frêne.** La rune d'origine /a/ a conservé sa forme, mais très tôt sa valeur a changé pour /æ/ en vieil-anglais. La rune apparaît isolée sur un pommeau de Faversham (Kent). Son vers dans le *PRVA* partage certains traits stylistiques avec le vers *ác* précédent[882].

Ýr. **Arc d'if.** Le son /y/ était produit par l'action /i/ sur /u/, et la rune est une combinaison des deux caractères. Le nom *ýr* n'est pas un mot commun en vieil-anglais, et il peut avoir été emprunté à une source scandinave[883], qu'elle partage avec la rune vieil-anglaise *éoh*, qui signifie également « if ». La rune est une innovation que l'on ne retrouve pas en dehors de l'Angleterre anglo-saxonne.

Iar. Probablement un nom dérivé du terme vieux norrois **jára*, se référant à la rune ᛃ, ou à une variante de *gér*.[884]

[877] Halsall, 1981, pp.143-145.
[878] Halsall, 1981, pp.146-8 ; North, 1997.
[879] Elliott, 1958, p.34ff ; Halsall, 1981, pp.148-150.
[880] Elliott, 1958, p.36 ; Halsall, 1981, pp.150-152.
[881] Halsall, 1981, pp.152-154.
[882] Halsall, 1981, pp.154-155.
[883] Elliott, 1958, p.35 ; Halsall, 1981, pp.155-157.
[884] Halsall, 1981, pp.157-160.

Ear. Mer. (?) Le nom *ear* reste énigmatique, puisqu'il existe plusieurs homonymes avec cette forme, qui signifient « mer, vagues », « terre, tombe » et « oreille de corne » – voir volume II : *Runes Viking et traditions runiques*[885]. La rune peut avoir fait partie du remodelage anglo-frison, bien qu'il existe certaines inscriptions où elle serait attendue mais n'apparaît pas (par exemple, *pada* pour *Peada* sur certaines séries de monnaies)[886]. Il s'agit de la seule rune qui représente une diphtongue[887].

La nature exacte des diphtongues du vieil-anglais telles que -*ea*- et -*eo*- est débattue, et les digrammes romains utilisés pour les documenter ne sont pas clairs. Toutefois, l'utilisation d'une seule rune, basée sur la rune –*a* originale, a indiqué que les Anglo-Saxons étaient au courant de la nature distincte du son et des malentendus potentiels[888]. Certains ont avancé que la rune *ear* est un développement tardif, qui n'est apparu qu'au VIIe siècle[889], mais la présence de cette rune sur un pommeau (Fréthun 2, tombe 65, [fig.11 vol.2]), indique qu'elle a dû être utilisée avant 540 ap. J.-C. dans le nord du royaume franc, ainsi que probablement dans le Kent[890]. Curieusement, la séquence /ea/ a été écrite plus tard sur certaines pièces du VIIIe siècle, par une rune de liaison rattachant *e* et *ea* comme sur la fig.40.

Fig.40 Rune de liaison utilisée pour l'initiale d'Eadnoþ sur les pièces de monnaie d'East Anglia.

[885] Halsall, 1981, pp.160-163.

[876] Page, (1961) 1995.

[887] Barnes, 2012, pp.39-40.

[888] Quirk, 1968, pp.38-69 ; Seebold, 1991, pp.531-535. Antonsen, 2002, pp.340-341 cite la suggestion de Derolez, comme quoi la rune dérive des utilisations occasionnelles de ᛖᚨ *ea* comme runes de liaison, par exemple dans le nom *ea db ald* dans un graffiti sur une fresque de Saint Luc, dans le Cimitero di Commodilla, à Rome.

[889] Nielsen, 2000, p.119.

[890] Fischer, 2008, pp.75-78. Parsons (1999) et Elliott (1958 p.35) ont placé le développement de la rune plus tard, vers 700 ap.J.-C., mais la preuve du pommeau contredit cela. Cependant, si le nom pada sur certaines pièces de Mercie est vraiment le même nom que celui du roi Peada de Mercie (mort en 657), alors la rune peut ne pas avoir été universellement adoptée, puisque le son / æa / orthographié *-a-* par Bede est écrit avec la rune ᚨ. Le lien entre le mot runique *pada* et le *Peada* de Bède n'est plus considéré comme complètement sûr. (Page (1961), 1995, pp.54-55).

La croix de Ruthwell

La croix de pierre se trouvant de nos jours dans l'église de Ruthwell (Dumfriesshire, Écosse) est généralement datée du VIIIe siècle, en se basant sur les décorations gravées, bien qu'ait fait remarquer que la disposition des runes (sur les bordures de l'un des longs côtés) est très peu pratique pour le lecteur, et semble avoir été réfléchie après-coup[891]. À l'origine formée de deux pierres taillées, elle a été reconstruite à partir de six fragments survivants de la période anglo-saxonne, auxquels se sont ajoutés des éléments modernes[892]. Elle fait 5,5 m de haut et est richement travaillée sur les quatre faces. Elle se tenait ailleurs dans le village, mais on a ordonné sa destruction en tant que monument idolâtre durant la ferveur puritaine du début du XVIIe [893]. Au XIXe siècle, les morceaux ont été retrouvés et la croix ré-érigée, puis déplacée dans l'église en 1887 pour la protéger des éléments[894]. On suspecte fortement que le haut de la croix ne provienne pas du même monument que sa base, ce qui implique qu'à l'origine il s'est trouvé deux ou plusieurs croix dans la région[895].

La croix est unique parmi les monuments runiques anglo-saxons (survivants), en affichant un texte en vers extensif ; il est peu probable qu'il s'agisse du seul monument de ce type, et sa survie est due en grande partie à son histoire particulière[896]. Selon Elliott, l'inscription est « ornementale », pour décorder la bordure de la croix, et aurait été conçue pour impressionner mais pas pour être lue[897]. Ceci étant dit, le graveur s'est donné beaucoup de peine pour créer une inscription fonctionnelle dans laquelle certains détails phonétiques ont été fidèlement représentés dans la plus longue rangée de runes. Le texte est une version locale northumbrienne d'un poème vieil-anglais qui nous est aussi parvenu sous forme manuscrite, que l'on connaît comme *The Dream of the Rood* (Le rêve de la Croix)[898]. Les quatre textes discrets commencent tous avec une demi ligne non supportée (*ongeredæ hinæ*; *ahof ic riicnæ kyniæc*; *Krist wæs on rodi*; *miþ strelum giwundad*), ce qui est inhabituel et qui implique qu'ils sont des extraits du poème plus long ; la disposition des quatre bordures verticales maintient la lisibilité[899].

[891] Cité dans Bammesberger, 1994, p.139.

[892] Forbes & Dickins, 1915 ; Page (1959), 1995 ; Barnes, 2012, p.48.

[893] Page, 1991, p.31. Le monument était intact vers 1600, quand Bainbrigg en a réalisé le premier dessin ; il a été brisé quelques années plus tard. Ball (1991, p.109, 123) cite la date du 27 juillet 1642, lorsque l'Assemblée des covenantaires écossais à St. Andrews résolut de poursuivre *« l'abolition de ces monuments »* qualifiés de *« monuments idolâtres de Ruthwell »*.

[894] Elliott, 1958, pp.90-96.

[895] Ball, 1991, p.108.

[896] Ball, 1991, pp.107-108.

[897] Elliott, 1958, p.62 ; Ball, 1991, p.109.

[898] Antonsen, 2002, p.37 ; Findell, 2014, p.41.

[899] Ball, 1991, pp.112-113

La langue de l'inscription est généralement considérée comme datant du VIIIe siècle, bien que certains chercheurs trouvent qu'elle est archaïsante et qu'elle a peut-être été ajoutée à une date ultérieure avant que la tradition runique ne s'éteigne dans cette partie de Northumbrie. Bien qu'il y ait certaines formes orthographiques inattendues (par exemple, *ondgeredæ* alors qu'on s'attendrait à *on(d)gerdæ)*, l'inscription de la croix a été défendue comme étant un bon exemple de la langue northumbrienne avant que les voyelles finales *-æ*, *-e* et *-i* ne tombent pour devenir *-e*, dans l'orthographe plus tardive[900]. La suppression du *–n* final sur certains verbes infinitifs est typique de la langue northumbrienne (et de plusieurs langues nord-germaniques), comme dans *gistiga* « grimper », *hælda* « tenir », etc., bien qu'il reste présent dans certaines formes actives comme *alegdun*, « s'est couché », *gistoddun*, « s'est levé »[901].

La croix de Bewcastle

La croix de Bewcastle se dresse sur le sol de l'église paroissiale de Bewcastle (Cumbria) ; elle est dans un très mauvais état de conservation, puisqu'elle se tient probablement là depuis son érection au VIIe ou au VIIIe siècle[902]. Plusieurs textes séparés peuvent être identifiés sur la pierre :

(1) *[+]g[e]ssus/kristus*
« Jésus Christ »

(2) *+þissigb[.]c[.]/[..]settonh/wætred[..] þ/gæra[.]w[.] wo[.]/ [.]ft [.]cfri/m [.]ngu[.] [.]cb[....]u /[.]gebid[.]/[..]so[.]o*
Þis sigbecun þun setton Hwætred, Woþgær, Olwowolþu æft alcfriþum an kuni eac oswiu + gebiddaþ hine sauulo
« Ce mince flambeau de la victoire s'est dressé pour Hwætred, Woþgar, Olwowolþu[903] après Alcfriþ, un roi, aussi fils d'Oswiu. Priez pour son âme ».

(3) *[.]ssūs*
« Jésus »

(4) *kynibur[.]g*
"Cyneburg"

(5) une ligne érodée, où seuls l et c sont visibles

(6) une ligne érodée, où seule la syllabe [.]*ge*[.] est visible

On estime que la croix a été érigée à la mémoire du roi Alcfrith, le fils du roi Oswiu de Northumbrie, dont on lit les noms dans le texte, ainsi

[900] Bammesberger, 1994, p.141 ; *cf.* Ball, 1991, pp.120-121

[901] Ball, 1991, pp.119-120. La suppression peut masquer une série de voyelles nasalisées non accentuées (/ ã / etc.), pour lesquelles l'orthographe runique n'avait pas de marqueurs adéquats, mais une situation similaire persiste dans l'orthographe des manuscrits, par exemple l'*énigme de Leiden*.

[902] Nicholson, 1685 ; Forbes & Dickins, 1915 ; Page (1960), 1995 ; Barnes, 2012, p.47 ; Findell, 2014, p.41

[903] Page (1960), 1995, p.65 note que ce nom ressemble peu à un nom connu de personne anglo-saxon. Ce peut être une mauvaise lecture d'un début de nom**Ælf-*, par exemple *Ælfwald.

que le nom féminin **Kyniburug*, pour Cyneburg, la fille du roi King Penda de Mercie, qu'Alcfrith avait épousée[904]. Le texte présente plusieurs runes de liaisons, ce qui est un trait inhabituel qu'on ne retrouve généralement pas sur les croix runiques. À titre d'exemple, il n'y a qu'une seule rune de liaison dans le texte extensif de la croix de Ruthwell[905].

Le coffret de Mortain

Le coffret de Mortain se trouve dans l'église collégiale Saint-Evroult, à Mortain, dans le département français de la Manche. Il a été identifié comme un artefact ancien par Moulin en 1864, mais nous ne connaissons pas son histoire avant cette date. On suppose souvent qu'il a été saisi dans une église ou une abbaye anglaise par les Normands, et donné à un établissement ecclésiastique, mais il existe d'autres hypothèses, comme une donation directe ou un échange de cadeaux entre les clercs d'Angleterre et de Francie. Il a la forme d'un reliquaire, mais il est trop petit pour contenir les reliques humaines que de tels objets renferment habituellement.

Il comprend un corps rectangulaire en bois et un couvercle à charnières articulé avec des feuilles de bronze doré à l'extérieur, certaines décorées avec des détails en repoussé. La croix et les boucles d'extrémité sont considérées comme des ajouts plus récents, et la sangle à charnière semble également être plus tardive que le récipient, daté du VIIIe siècle. Une ouverture rectangulaire a été incisée bien plus tard dans le couvercle, au XIXe siècle (elle n'apparaît pas dans la publication de 1864, mais a été réalisée avant 1899) pour des raisons inconnues. La majeure partie de la surface en bronze doré n'est pas décorée, mais le couvercle présente un visage auréolé en repoussé avec des ailes sur les côtés, des oiseaux, et la base affiche les demi-figures du Christ et des saints Michel et Gabriel, identifiés par les légendes « *SCS MIH* » et « *SCS GAB* ». Le but de ce coffret a été identifié provisoirement comme un « chrismale », un récipient pour les hosties consacrées utilisées pendant l'eucharistie. Cela corrobore avec la petite taille et le nom explicite du texte runique, qui apparaît en trois lignes au dos du couvercle:

+goodhelpæ : ææadan / þiiosneciismeel / gewarahtæ
God helpe Æadan [þe] þisne cismel gewarhtæ
« Puisse Dieu aider Eada [qui] a fait ce "cismel" » [906]

[900] Bammesberger, 1994, p.141 ; *cf.* Ball, 1991, pp.120-121

[901] Ball, 1991, pp.119-120. La suppression peut masquer une série de voyelles nasalisées non accentuées (/ ã / etc.), pour lesquelles l'orthographe runique n'avait pas de marqueurs adéquats, mais une situation similaire persiste dans l'orthographe des manuscrits, par exemple l'*énigme de Leiden*.

[902] Nicholson, 1685 ; Forbes & Dickins, 1915 ; Page (1960), 1995 ; Barnes, 2012, p.47 ; Findell, 2014, p.41

[903] Page (1960), 1995, p.65 note que ce nom ressemble peu à un nom connu de personne anglo-saxon. Ce peut être une mauvaise lecture d'un début de nom**Ælf-*, par exemple *Ælfwald.

[904] Elliott, 1958, p.96 ; Page, 1991, p.32

[905] Elliott, 1958, p.93

[906] McKinnell & Simek, 2004, p.111 ; Barnes, 2012, p.45

Le mot *cismel* (*ciismeel*) est par ailleurs inconnu en vieil-anglais, mais il peut être considéré comme une erreur d'orthographe de *crismel* ou d'une forme similaire, dérivée du latin médiéval *crismale/crismarium*, signifiant « reliquaire ». Les runes sont inscrites nettement, mais elles sont inégalement gravées et espacées. Elles sont clairement de forme anglo-saxonne, et la langue est de l'angle, probablement un dialecte de vieil-anglais de Mercie.[907]

Le coffret d'Auzon

Le coffret d'Auzon, aussi appelé le « coffret des Francs », est probablement l'objet runique le plus connu des anglophones. Son imagerie vive et parfois énigmatique évoque un monde qui a appris à faire face à la culture romaine et à la religion chrétienne, mais qui intègre tout de même des éléments des mythes et légendes germaniques[908]. Sur ses panneaux, « l'enfant prodigue » est assis à côté de Welund, le forgeron légendaire. Le nom « coffret d'Auzon » fait référence au lieu qui l'a fait connaître, alors qu'il appartenait à une famille bourgeoise auvergnate. Il a été démonté par le fils et les fermoirs en argent ont été retirés. Les panneaux en os sculptés ont été vendus à un brocanteur parisien, mais un panneau portant des runes mystérieuses s'est retrouvé au Museo Nazionale del Bargello de Florence, en Italie. Un plâtre de ce panneau a été créé pour compléter l'ensemble, afin de permettre au coffret d'être exposé au British Museum. Le coffret des Francs (*Franks casket* en anglais) ne doit pas son nom au peuple historique, mais plutôt au collectionneur qui l'a offert au British Museum en 1867 : Sir Augustus Wollaston Franks. Trois plaques en os sont arrivées entre les mains du professeur Mathieu de Clermont-Ferrand, ainsi l'appelle-t-on également parfois le « coffret de Clermont ». Il est possible que l'objet ait à un moment appartenu à l'église Saint-Julien de Brioude, près d'Auzon, et qu'il ait été volé à l'église, ou pillé durant la Révolution. Il peut avoir été emmené à Brioude depuis l'Angleterre par le savant franc du Xe siècle, Frithegod[909].

Le coffret comprend actuellement quatre panneaux en os de baleine, et un fragment du couvercle. Les gravures représentent des scènes bibliques et des scènes légendaires, avec des textes runiques autour des bordures. Les runes sont étroites, et élégamment présentées à l'intérieur de bordures régulières. La langue est angle, probablement de Northumbrie, et les runes sont une bonne représentation du fuþorc utilisé *in extenso* par un artisan clairement habitué à graver des lettres en anglais et en latin. L'un des panneaux affiche un ensemble inhabituel de runes cryptées, qui semblent être liées à l'histoire d'un guerrier légendaire[910].

[907] Webster & Backhouse, 1991, pp.175-176.
[908] Becker, 1973 ; McKinnell & Simek, 2004, p105 ; Barnes, 2012, p.46 ; Findell, 2014, p.41ff.
[909] Webster & Backhouse, 1991, p.103.
[910] Becker, 1973 ; McKinnell & Simek, 2004, p.105.

Le contexte est clairement très « savant » ; ce qui suggère que les artistes (et le public auquel l'objet était destiné) avaient reçu une éducation monastique[911].

Sur le couvercle, on retrouve un archer défendant une maison contre des guerriers. L'unique texte comprend cinq runes, ægili, le nom du frère du forgeron Welund (qui apparaît sous l'appellation d'*Egill* en Scandinavie). Le panneau frontal montre deux scènes parallèles du forgeron Welund, travaillant dans sa forge à côté d'une scène représentant la nativité du Christ. Le texte runique sur les bordures se lit :

fisc.flodu.ahofonferg / enberig / warþga:sricgrornþærheongreutgiswom / hronæsban

fisc flod ahof on fergenbyrig, wearþ gasric grorn þær he on greote geswom : hrones ban

« Le courant a amené le poisson sur la falaise, la baleine est devenue triste quand elle a nagé sur les galets, os de la baleine ».

Il s'agit d'une référence à la baleine échouée dont les os ont servi à créer le coffret, et n'a pas de lien avec les scènes montrées. L'orthographe flodu est évidemment une forme ancienne qui conserve le *–u* après une syllabe lourde (/flo:d/ avec une voyelle longue). Le retrait de la voyelle finale non accentuée en vieil anglais n'était pas encore arrivé, lorsque les textes les plus anciens ont été créés. A titre d'exemple, le mot medu d'Undley est un parent du mot saxon occidental *méd,* « récompense », et non *meodu* « hydromel »[912]. Quant à lui, le panneau arrière représente des scènes de la prise de Jérusalem par l'armée romaine, et comprend, en bas à gauche, un procès accompagné du mot dom « jugement », et en bas à droite un groupe de prisonniers accompagné du mot *gisl* « otages ». L'inscription autour de la bordure se lit en runes :

herfegtaþ / titusendgiuþeasu
her feohtaþ Titus and Giuþeas
« Ici se battent Titus et les Juifs »

et en latin, en écriture romaine :

HIC FUGIANT HIERUSALIM
« ici [ils] fuient Jérusalem »

et en runes :
afitatores (pour *habitatores*)
« habitants »

Nous ne savons pas pourquoi le texte est en anglais et en latin, ni pourquoi seulement trois mots sont en lettres romaines. Certains chercheurs ont suggéré que l'artisan a pu travailler à partir d'un modèle en langue et en lettres latines, mais cela ne permet pas d'expliquer pour-

[911] Page, 1971, p.96-108.

quoi ce dernier ne les a utilisées que pour une partie du texte. Si d'occasionnels mots latins apparaissent dans certains textes runiques chrétiens, ils sont très rares.

Le côté gauche du coffret présente deux garçons tétant une louve, plus deux hommes en armes observant la scène, et un second loup au-dessus. Le texte runique se lit :

Romwalusandreumwalustwœgen / gibroþær /afœddæhiæwylifin romæcæstri /oþlæunneg

Romwalus one Reumwalus, twegen gebroþer, afedde hie wylf in Romceastre eþle unneah

« Romulus et Rem[ul]us deux frères, une louve les a nourri dans la ville de Rome, loin de leur] terre natale ».

L'histoire de la louve nourricière de deux garçons était populaire en Angleterre anglo-saxonne, et apparaît dans les insignes royaux des rois d'East Anglia. Le côté droit présente le panneau manquant, actuellement à Florence. Les runes sur les bordures sont partiellement cryptées, alors que les trois panneaux à l'intérieur sont de forme standard. Ces runes sont *bita* « mordant, animal sauvage », *risci* « se rue » et *wudu* « boisé ». Le code ne touche que les voyelles, où les formes inhabituelles sont remplacées par les runes standard. La translittération généralement acceptée se lit :

her hos sitæþ on hærmberge aglac drigiþ swa hiri ertae gisgraf særden sorgæ and sefa tornæ

Le texte est souvent normalisé : *her Hos sitteþ on hearmbyrig, aglac driegþ swa hire Ertæ gescræf sardenu sorge ond sefan torne* « Ici Hos s'assoit sur le tertre du mal, endure la détresse(?) comme Ertæ a décrété pour elle une vallée douloureuse de tourment(?) de l'esprit ». Il faut mentionner que même la division des mots n'est pas certaine, certains chercheurs regroupent même les six premières runes en un seul mot, *herhos*, c'est-à-dire *hearh-os* « dieu de la herse »[913]. Il n'y a pas de consensus sur le sens du texte, sur les références à un mythe ou une légende, ni sur le sens de la scène gravée.

Le seax de la Tamise

Une forme de fuþorc anglo-saxon apparaît sur le seax de la Tamise, où vingt-neuf caractères apparaissent [fig.41][914]. L'arme a été retirée du fleuve en 1857. Les caractères représentent probablement un fuþorc utilisé dans la région sud ou sud-est de l'Angleterre ; ils n'ont aucune des caractéristiques spécifiques des formes northumbriennes trouvées

[912] Nielsen, 2000, p.101.

[913] Becker, 1973.

[914] Elliott, 1958, p.34, 79 ; Krause, 1993, pp.16-17 ; Page (1964), 1995, p.120 ; Looijenga, 2003, p.198 (certaines runes ont été reproduites incorrectement) ; McKinnell & Simek, 2004, p.103 ; Page, 2006, p.218 ; Barnes, 2012, p.49 ; Findell, 2014, p.37.

à Ruthwell, Bewcastle, et ailleurs. La finalité de ce texte a été sujette à débats, et puisqu'il ne semble pas avoir de but pratique, l'on a spéculé sur une intention peut-être magique[915]. Toutefois, les runes peuvent avoir été ajoutées dans un but décoratif et pour augmenter la beauté, le prestige de l'objet.

Il s'agit du seul exemple connu d'une inscription anglo-saxonne authentique sur la lame d'une arme – ailleurs, on retrouve parfois des runes sur la poignée (ex. [fig.14a vol.2]). Sur le continent, les textes incrustés sont en lettres romaines majuscules, comme par exemple les marques *INGELRII* sur les épées de la période Viking. Nous avons également retrouvé des runes sur des pointes de lances. Il est évidemment possible que des runes étaient traditionnellement gravées au cœur de l'épée, mais qu'elles n'aient pas été détectées à la surface.

Fig.41 Le seax de la Tamise et le nom du fabricant ou du propriétaire, *Beagnoþ* (encadré) ainsi que son texte (agrandi). L. Kerr.

Les runes de Germanie continentale et les runes « marcomanes »

Les traditions runiques de Germanie centrale et du sud n'ont pas reçu beaucoup d'attention de la part des chercheurs, principalement en raison du petit nombre de sources épigraphiques. La tradition manuscrite était évidemment très présente et a duré longtemps[916]. Le traitement des diphtongues du PGmc dans les textes continentaux a été étudié par Findell, mais le corpus est vraiment trop petit pour donner des résultats assurés ; nous pouvons dire qu'il n'y a que peu de variations détectées dans les textes disponibles avant 600 ap. J.-C., ce qui peut indiquer une *koine* runique[917].

La région germanique du sud n'a évidemment pas conservé de lien culturel fort avec l'espace de la mer du Nord, ni avec le sud de la Suède. Elle a développé une tradition runique qui lui était propre, avant d'être éclipsée par le christianisme et l'alphabétisation latine[918]. Il y a des bien

[915] Barnes, 2012, p.49.
[916] Nedoma, 2006, p.109.
[917] Findell, 2009 ; Bauer, 2015 ; Losquiño, 2015, p.104.
[918] Fischer, 2000.

corrélations avec la tradition runique de Frise, où l'utilisation des runes était là aussi restreinte au niveau géographique, et a été supprimée de force avec l'arrivée d'ecclésiastiques lettrés[919]. Le plus vieil exemple de h à double barre a été retrouvé dans une tombe alémanique à Weimar, qui date du VIe siècle; cette forme est principalement retrouvée en Frise et en Angleterre anglo-saxonne[920]. Un groupe de quatre broches d'argent avec des plaques en losange datées du début du VIe siècle (à Mertingen, Aschheim, Donzdorf et Kirchheim-unter-Teck) affichent des textes runiques sur le revers, mais les broches sont de type scandinave et faisaient probablement partie de costumes féminins d'immigrantes – probablement par mariage – sur le territoire thuringien[921]. La boucle de Donzdorf affiche le texte *eho*, commenté plus loin [fig.30 vol.2]. La paire de broches retrouvées à Aschheim porte la triple rune ᛞ ᛞ ᛞ sur le revers, avec d'autres ornements géométriques qui peuvent être runiques (ex. ᛟ). La broche de Kirchheim-unter-Teck affiche ce qui pourrait être un christogramme, avec le texte ***badahal[i]*** et des marques supplémentaires qui sont peut-être des runes. Ces dernières sont toutes exécutées dans ce que l'on considère comme étant la langue locale, avec par exemple ᚻ pour ᚺ, et ᛒ pour ᛒ. Il n'y a pas de formes scandinaves évidentes dans les textes, ce qui suggère une inscription locale.

Le second changement de sonorités a affecté le vieil haut allemand et les langues lombardes. Il y a certaines preuves du second changement de sonorités dans les sources épigraphiques, par exemple le nom personnel ***amelkud*** « Amelkund » de Stetten (Allemagne), où le deutérothème est le PGmc **-gunþ-*, « guerre », avec des consonnes modifiées[922]. Une inscription sur une pointe de lance de Wurmlingen (Allemagne) apparaît comme ᛉ *dorih*, qui peut avoir voulu épeler le nom *Þeodorih*, c'est-à-dire Théodoric[923]. Bien qu'il ne s'agisse pas d'une rune, nous disposons d'exemples de pièces de monnaie anglo-saxonnes avec le symbole ⅄ utilisé pour signifier *rex* ou *cyning*, « roi ». L'orthographe –rih /ri:ç/, ou encore /ri:x/ pour /ri:k/, peut être une preuve du second changement de sonorités[924].

Il y a eu un bref renouvellement d'intérêt vers la fin du VIe siècle pour l'écriture runique en Alémanie, la région sud-est du royaume mérovingien, en même temps que l'adoption d'un style artistique germain, plutôt que classique (c'est-à-dire les styles Salin I et II)[925]. Il ne semble pas y avoir ici de corrélation entre l'alphabétisation runique et le rang social. On constate plutôt qu'elles sont un héritage, transmis dans les

[919] Giliberto, 1998, pp.166-168.

[920] Menghin, 1997, p.105 ; Giliberto, 1998, p.167 ; Losquiño, 2015, p.99.

[921] Bauer, 2015 ; Gutsmiedl-Schümann, 2015 ; Siegmund, 2015.

[922] Nedoma, 2006, p.137.

[923] Paulsen, 1967, p.111 ; Looijenga, 2003, p.263 ; Pollington, Kerr & Hammond, 2010, p.466 ; Flowers, 2010, p.181 ; Losquiño, 2015, p.172. McLeod & Mees, 2006, p.80 préfère voir le premier caractère comme /i/, et lit le texte comme le nom personnel Idorih.

[924] Nedoma, 2006, pp.138-139.

[925] Fischer, 2005, p.162, 169 ; Bauer, *n.d.*

familles individuelles[926]. Le renouveau de la tradition runique a été considéré comme dû aux contacts renouvelés avec la Scandinavie, mais il est plus probable qu'il représente une tradition locale, peut-être renforcée par le contact avec un groupe de Germains orientaux qui se sont établis dans la région face à des pressions exercées par les Avars dans les années 560 ; aucun des développements des Phases II/III, que l'on retrouve dans le nord, ne sont retrouvés dans l'espace alémanique[927]. Les inscriptions germaniques du sud apparaissent principalement sur le mobilier funéraire, sur des objets associés à la noblesse féminine. Elles documentent souvent des noms personnels ou des phrases courtes qui peuvent être difficiles à interpréter[928].

Des textes épigraphiques sud-germaniques présentent quelques variantes de formes, y compris ^ pour /k/, ᛃ for /j/, ᛈ for /p/ et ᛒ pour /b/[929]. La rune ᚺ à barre simple et la forme à double barres ᚻ pour /h/ sont toutes deux présentes (la dernière étant peut-être due aux missionnaires anglo-saxons), tout comme les variantes ᛊ ᛋ ᛊ pour /s/.

Une broche de Nordendorf (Bavière, sud-est de l'Allemagne), datant de la fin VIe-VIIe siècle, porte deux textes runiques intéressants gravés sur leur revers[930] :

logaþore / wodan / wigiþonar
awa leubwini

La première inscription a beaucoup attiré l'attention. La langue utilisée est le germanique occidental (et non pas du proto-norrois), mais date d'avant le HVA (c'est-à-dire avant le second changement de sonorités qui donnerait **wuotan*, **-donar*)[931]. Le second mot est évidemment le nom de divinité *wodan* (Wuotan, Wóden, Óðinn, etc.), et il pourrait s'agir de la plus ancienne apparition de ce mot (bien que cela dépende de la date de composition des listes de rois anglo-saxonnes, dont plusieurs nomment Wóden comme ancêtre). Le troisième mot est généralement vu comme un mot composé, avec *–þonar* pour deutérothème (Þunor, Donar, Þórr), dont le premier élément serait soit « bataille », soit « sanctificateur ». Le premier mot est plus débattu, et certains cher-

[926] Fischer, 2005, p.168.

[927] Fischer, 2005, pp.173-174.

[928] Barnes, 2012, p.33 ; Bauer, 2015.

[929] Nedoma, 2006, p.115.

[930] Schwab, 1981, p.38 suggère la date du VIe siècle, alors que d'autres l'ont daté du VIIe et même du VIIIe siècle. La broche a été extraite d'une tombe en 1843 – ce qui devrait exclure une date plus tardive que la fin du VIe ou le tout début du VIIe siècle, quand l'utilisation de mobilier funéraire a cessé. Stylistiquement, une date autour du début du VIe siècle semblerait correcte (Nedoma, 2015, p.311, se prononce pour avant ou vers 550), mais la broche est réparée et était probablement plus ancienne au moment du dépôt (*cf.* Roth, 1981, p.64).

[931] Nedoma, 2006, p.140-1 insinue que la rune ᛞ ne représentait plus /d/, mais avait nécessairement changé pour /t/ après le second changement de sonorités, puisque son nom avait évolué pour *tag* <**dagaz*. La forme *Vodan* (pré-VHA) apparaît dans la *Vita Columbani* de Jonas de Bobbio, ou Columbanus est mort vers 615 ap. J.-C., mais le manuscrit existant ne date pas d'avant le IXe siècle. Le texte donne aussi le mot alaman *cupa* pour un récipient à bière, dans sa forme pré-VHA qui apparaît plus tard sous le terme *chufa* /xu:fa/ à Notker.

cheurs y voient un terme proche de « sorciers, trompeurs, fripons », alors que d'autres y voient plutôt une référence au dieu norrois Loki, ou encore au dieu mystérieux Lóðurr[932]. On retrouve un comparatif attrayant dans le mot vieil-anglais *logþor*, *logeþer*, trouvé dans des glossaires où il est traduit en grec par *kakomikanos* « espièglerie, manigance », ainsi qu'une fois en latin (*Cotton MS Cleopatra A III*) par *marsius* « charmeur de serpent, sorcier »[933]. Le mot *Logaþore* a aussi été interprété comme un nom personnel dithématique, relié d'une certaine façon au second texte de deux autres noms : *Awa* (f.) et *Leubwini* (m.)[934]. Les trois noms ensemble peuvent être tenus pour une « trinité divine » (Woden, Þunor, Logaþore), qui s'opposerait à la Trinité chrétienne. Une seconde broche provenant du même cimetière présentait elle aussi un court texte runique *[.]irl[.]ioel[.]*, pour lequel nous n'avons toujours pas trouvé d'interprétation satisfaisante[935]. Ensemble, les broches indiquent un degré de connaissance des runes dans cette partie de l'Allemagne au milieu du VIe siècle, mais on ne peut pas exclure la possibilité que ces objets aient fait partie de dots de riches mariées provenant d'ailleurs pour s'installer dans le royaume alémanique, avec des runes déjà inscrites...[936]

Durant l'été 2012, une découverte incroyable de textes runiques très anciens a été faite à Frienstedt, en Thuringe (centre de l'Allemagne), dans une région où l'on croyait jusqu'alors les runes absentes[937]. Il s'agit d'un peigne avec le texte *kaba* légèrement gravé sur sa surface. Avec la suppression de la nasale homorganique, le mot inscrit doit être **kamba* « peigne »[938]. La découverte a été datée vers 300 ap. J.-C., et compte parmi les trouvailles runiques les plus anciennes, Scandinavie mise à part. Ce peigne a été déposé dans une structure que l'on a interprété comme un puits sacrificiel, parmi de nombreuses autres offrandes. Ce peigne runique a permis de disposer de la théorie précédente, selon laquelle la propagation du savoir runique de la Scandinavie vers les Alamans, donc vers le sud, était entravée par le royaume de Thuringe au nord. Il

[932] Schwab, 1981, pp.42-44 ; Antonsen, 2002, p.38 ; Looijenga, 2003, pp.249-251 ; Fischer, 2005, p.174. Si *logaþore* signifie « fripons », la formule peut être interprétée comme un rejet des dieux païens, alors que ceux qui voient une troisième divinité dans le texte supposent que les runes étaient cachées dans le contexte de changement de religion du VIIe siècle, lorsque le christianisme a été adopté et accepté socialement. Il semble néanmoins peu probable qu'un chrétien nomme trois dieux païens... (McKinnell & Simek, 2004, pp. 48-49).

[933] Schwab, 1981, p.42. Looijenga (2003, p.250) lie la référence *marsi* au vieil anglais VA *wyrmgaleras* « charmeurs de serpents », et y voit une référence à Loki. Pourtant, plusieurs dieux sont liés au serpent dans la tradition germanique ancienne, y compris Wóden (qui tue le serpent dans le *Nine Herbs Charm* vieil-anglais – Sort de neuf mots) et Þunor – Þórr, qui est *orms einbani* (le seul tueur du serpent) dans la tradition norroise.

[934] Schwab, 1981, p.45.

[935] Looijenga, 2003, p.251.

[936] Roth, 1981, p.64 note que les broches runiques appartiennent aux femmes adultes de la classe socio-économique supérieure. Cela peut vouloir dire que celles qui les portaient n'étaient pas typiques de la société hôte (d'accueil), et que la connaissance des runes a été importée avec les objets eux-mêmes.

[937] mentionné sur *www.zbsa.eu/aktuelles/News/die-aelteste-schrift-mitteldeutschlands.*

[938] Nedoma, 2006, p.120.

semble maintenant plus probable que le peigne représente un exemple d'une tradition runique locale (mais pré-thuringienne), qui est soudainement devenue en vogue et a été maintenue pendant un siècle à peu près[939]. La dernière découverte runique de cette région remonte au plus tard au VII[e] siècle.

La forme *ka[m]ba* est inhabituelle, parce qu'elle conserve la finale en *a*, qui était généralement supprimée en germanique occidental et en germanique du nord, mais conservée en germanique oriental. Cela peut signifier que le dialecte local était plus proche du gotique dans sa morphologie que ce que l'on croyait précédemment, ou alors que le peigne dénote l'intrusion d'un locuteur de langue gotique dans la zone où l'on parlait la langue de Frienstedt. On suppose que le peigne était de fabrication locale, puisque le commerce de l'os et de la corne ne se faisait pas sur de longues distances, mais cela néglige la possibilité d'un mariage exogame, dans le cadre duquel une mariée parlant une langue gotique aurait emmené ses effets personnels avec elle pour rejoindre le foyer de son mari. Des associations entre les Thuringiens historiques et des groupes plus anciens tels que *Warni* et *Tervingi* ont longtemps été suggérées, et l'identité thuringienne ne devient apparente qu'en 376 – soit trois générations ou plus après le dépôt du peigne dans le puits.

Un torque de la région d'Aalen (sud de la Germanie) nous est parvenu à la mort du trouveur[940]. Il fait partie d'une classe de tels ornements datant du IIIe au Ve siècle, connus dans la région, et qui ressemble aux torques visibles sur les images romaines représentant des gardes du corps impériaux. Un court texte apparaît sur la surface intérieure de la partie carrée, légèrement incisé avec un couteau ou une pointe à une date ultérieure, peut-être au VIe siècle : ᚾᛟᚱᚢ *noru*[941]. Le mot peut être interprété comme un nom propre masculin, avec une racine en *-u*, qui est une variante de la racine en *-i nori-*, que l'on retrouve dans des noms comme Norigand, Noriher, etc., et qui signifie « vaillant, viril »[942]. Il est tout aussi possible que ce soit une variante d'une racine masculine en *-a *noro*, dans un dialecte pré-VHA[943]. De la même façon, il pourrait s'agir d'une racine féminine en *-o* au datif singulier. Etant donné que le texte a été ajouté au torque après que la dorure d'origine ait commencé à s'effacer, il est possible que le texte documente un cadeau de l'objet destiné à une femme s'appelant **Nora*[944]. Comme le texte est isolé, nous ne pouvons pas être certains de sa signification. Un autre torque

[939] Bauer, *n.d.*, note que parce que cette région était conventionnellement supposée comme analphabète, mais il n'y a pas eu beaucoup de recherches pour déterminer si de tels textes existent.

[940] Düwel, 1991, p.282 ; Wamers, 2000 ; Looijenga, 2003, p.226 ; Losquiño, 2015, pp.110-112.

[941] Nedoma, 2006, p.129.

[942] Düwel, 2000, p.22 lie ce mot à la racine PIE **ner-t-* >PGmc **nerþ-* et Tacite documente le nom de déesse germanique *Nerthus*.

[943] Losquiño, 2015, p.110. La langue est parfois identifiée comme alamanique.

[944] Nedoma, 2000, pp.27-28.

datant des IVe-Ve siècles a été retrouvé à Strårup (Danemark) avec le texte *leþro*, gravé, que l'on interprète souvent comme « coriace »[945]. Il est généralement considéré comme un nom féminin, et donc se référant à un objet de parure féminin... Cependant, si le texte a été réalisé en dehors de la zone linguistique nord-germanique, il pourrait s'agir d'un nom masculin.

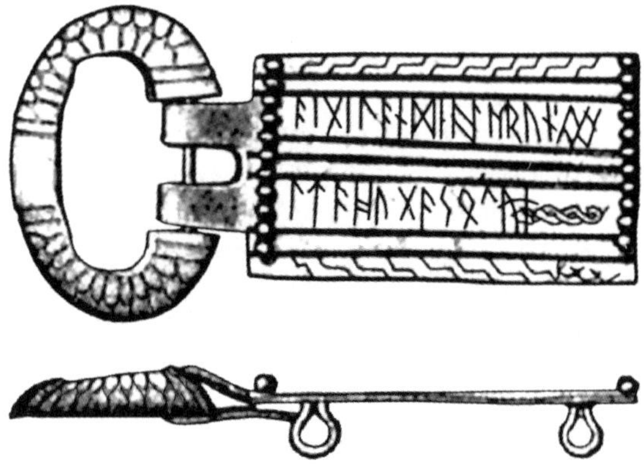

Fig.42 La boucle de Pforzen (selon Babucke).

La boucle de Pforzen était l'un de trois objets runiques trouvés dans une nécropole de Souabe; elle a peut-être été fabriquée par un groupe franc au Ve siècle. Elle a été exhumée dans la tombe 239, une sépulture masculine datant d'environ 565-600 de notre ère, présentant des liens culturels avec les Lombards ou les Gépides de Hongrie (et plus tard d'Italie)[946]. Bien que le texte soit assez extensif (25 runes sur deux rangées), il ne pouvait pas être lu avec certitude, jusqu'à ce que Piper discerne les diviseurs de morphèmes et le translittère comme *ai.gil.andi. all. run./ltahu.gasokun.* La finale verbale probablement plurielle *–un* dans *gasokun*, rend fort probable le fait que la séquence suivante andi doive être lue comme le « et » (vieux suédois *endi*, vieil-anglais *and*), et que le sujet soit une paire de noms (les noms propres *Aigil* et *Allrun*) reliés par cette conjonction[947]. La forme allrun semble inexacte, et devrait peut-être se lire *alerun*, avec une rune de liaison semblable à celles sur les bagues anglo-saxonnes [fig.25 vol.2]. De même, la seconde ligne commençant avec *lta-* est improbable au niveau phonologique, et pourrait plutôt se lire *ealu* ou *eatu*.

[945] Losquiño, 2015, p.47-9 ; Nielsen, 2015, p.48. Un texte partiel sur un umbo de Gudme-Lundeborg *[.]eþro* peut être le même nom.

[946] Looijenga, 2003, pp.253-235 ; McKinnell & Simek, 2004, pp. 57-59 ; Fischer. 2005, pp.174-178.

[947] Nedoma, 2006, pp.111-112 suggère une origine germanique orientale pour le texte, en notant les difficultés de morphologie et de vocabulaire.

L'utilisation de runes dans la région germanique du sud ne s'est pas prolongée. Peut-être sous l'influence de l'Église et sa préférence pour l'écriture carolingienne dérivée de l'alphabet latin (la minuscule caroline), les inscriptions runiques sud-germaniques ont cessé durant le VIIe siècle, bien que la connaissance des runes ait continué à jouer un rôle important dans l'alphabétisation[948]. Salzbourg et Saint-Amand étaient des centres de production de manuscrits où des runes apparaissent parfois[949]. Un manuscrit ([CLM. 13067], conservé dans la Staatsbibliothek de Munich, précédemment entre les mains du monastère Saint-Jean de Ratisbone, en Bavière) contient une scène de crucifixion avec un texte runique qui apparaît à côté de textes latins et grecs – un exemple unique de texte fuþark utilisé pour une phrase en latin *Jhesus Nazarenus, Rex Iudaeorum* « Jésus de Nazareth, roi des Juifs »[950].

Les runes marcomanes

Une œuvre datant probablement du VIIIe siècle, attribuée à Hrabanus Maurus, *De Inventione Litterarum* (*De la découverte des Lettres*), documente une écriture runique qui contient des éléments du fuþorc anglo-saxon avec des noms provenant probablement de la tradition locale[951]. La poignée de manuscrits où l'on retrouve cette information provient des régions d'Alémanie et de Bavière. Les runes sont attribuées aux *Marcomanni, quos nos Nordmannos vocamus* « Marcomans, que nous appelons Normands », ce qui insinue une origine scandinave, mais les runes elles-mêmes ne présentent pas de telles caractéristiques[952]. Elles peuvent plus probablement être attribuées à un moine (Hrabanus, ou un autre) et à l'influence des missionnaires anglo-saxons en Allemagne du Sud sous les Carolingiens. Les runes n'ont pas de liens connus avec la tribu antique des *Marcomanni*, et ont probablement été nommées ainsi pour ajouter du charme et « un air d'Antiquité » à l'écriture. Dans certains monastères du sud de l'Allemagne, les moines utilisaient assez fréquemment l'écriture runique. Le document du IXe siècle que l'on appelle le *Tract d'Isruna* a été conservé à la Stiftsbibliothek Sankt Gallen[953]; il montre le principe de cryptage (voir volume II : *Runes Vikings et traditions runiques*)[954]. Sur un document du VIIIe siècle, le *Galaterbrief*, un

[948] Odenstedt, 1990, p.12 ; Fischer, 2005, p.182.

[949] Derolez, 1991, p.95.

[950] Selmer, 1938.

[951] Grimm, 1821 (2009), ch.18 ; Nielsen, 2000, pp.40-41. Grimm a reconnu entre la tradition runique anglo-saxonne, mais a essayé d'argumenter qu'il s'agissait de l'alphabet runique d'origine des Saxons du nord de l'Elbe, emporté en Bretagne par ces Saxons, et qui se serait développé une fois là-bas. La connexion de Hrabanus avec la cryptographie runique est brièvement discutée dans Derolez, 1991, p.91.

[952] Derolez, 1983, p.89.

[953] Erhart *et al.*, 2008, pp.52-53. Le tract présente des exemples du principe d'*isruna*, ainsi que *lagoruna, hahalruna* et *stofruna* et des exemples de runes anglo-saxonnes.

[954] McKinnell & Simek, 2004, p.29 ; Birkhan, 2006, p.81 note que la tentative pour lier le principe d'*isruna* au système d'ogham n'a pas été une réussite.

scribe a écrit des notes en runes pour souligner certains passages dans le manuscrit, et à un endroit on retrouve le mot VHA *keruni* (parent avec le mot vieil-anglais VA *geryne* « secret ») au-dessus du mot latin « allégorie, sens secret »[955]. Ces commentaires runiques n'ont seulement été découverts que durant la période moderne, parce que les moines les ont écrits avec la pointe du stylus sans encre, ne faisant que rayer légèrement le parchemin. Ces marques étaient donc invisibles, sauf pour ceux qui connaissaient la technique et qui savaient quoi observer pour les remarquer. Nous ne savons pas si ces runes « secrètes » ont été utilisées pour annoter le texte sans en perturber l'apparence, ou si le commentaire était destiné à quelqu'un d'autre que le scribe. Si certains auteurs ont attribué à cette pratique une tradition ésotérique ou occulte, elle semble avoir été assez répandue et devrait probablement être associée à la révérence monastique envers les textes, ainsi qu'au besoin de créer un « méta-texte » pour des raisons pédagogiques[956].

L'*Abecedarium Nordmannicum*

Il s'agit du poème runique survivant le plus ancien, que l'on retrouve dans un manuscrit du début du IXe siècle réalisé par Hrabanus Maurus. Il documente les noms de seize runes (*cf.* le fuþark récent) dans un dialecte qui semble mélanger les formes de haut et de bas-allemand[957]. Il n'est pas considéré comme une continuation de la tradition runique locale, mais plutôt comme une adaptation de la pratique runique anglo-saxonne introduite par les missionnaires anglais qui travaillaient dans les *scriptoria* continentaux.

[955] Erhart et al., 2008, pp.54-55 ; pour plus d'information sur *geryne*, voir Fell, 1991, p.197.
[956] Derolez, 1991, pp.97-98.
[957] Elliott, 1958, p.46 ; Halsall, 1981, p.34 ; Derolez, 1991, p.103 ; Pollington, 1995, pp.51-52.

CONCLUSION

Nous avons résumé les débuts de l'histoire de l'écriture runique, et avons évoqués en détail ses origines possibles. Bien que nous ne puissions donner avec certitude les dates et lieux de création des runes parmi les peuples germaniques, l'alphabétisation des Germains est déjà visible dans les sources archéologiques du milieu du IIe siècle ap.J.-C. dans le Jutland.

L'utilisation de cette écriture s'est répandue rapidement, ce qui montre qu'elle répondait à un besoin social existant. L'écriture est demeurée assez stable durant environ trois siècles. Le contexte dans lequel l'utilisation d'une écriture vernaculaire a été adoptée peut donc être interprétée comme étant à petite échelle (c'est-à-dire avec peu d'utilisateurs actifs) et dans un but restreint. Les raisons en seront examinées dans le second volume. De futures découvertes archéologiques (ou peut-être la découverte d'un manuscrit oublié) pourront nous donner plus de détails, mais la trajectoire globale de l'adoption des runes apparaît clair. Le besoin de l'élite d'un moyen de communication sur de longues distances était déjà présent, et la familiarité avec l'écriture romaine a probablement été le moteur de sa création parmi les forces militaires. L'élite (rois, voyantes, prêtres, marchands, guerriers) peut avoir gardé le secret de l'écriture durant des siècles. Toutefois, les bouleversements sociaux des VIIIe et IXe siècles en Scandinavie ont donné naissance à une nouvelle tendance : les anciennes hiérarchies ont été renversées, avec une centralisation accrue du pouvoir politique entre les mains des rois du Danemark. Le retrait forcé des familles dirigeantes locales a laissé un grand nombre de jeunes hommes avec peu de compétences autres que le commerce et la guerre – et ce sont ces jeunes-là qui ont déclenché la prochaine vague d'expansion scandinave que nous appelons la période viking, en réalité une continuation des processus qui étaient à l'œuvre depuis l'Âge du Fer.

L'écriture runique en Scandinavie a par la suite suivi une trajectoire différente, favorisant moins de caractères et des formes plus simples. La tendance de l'Europe occidentale à saisir davantage d'informations linguistiques (par la ponctuation et d'autres caractéristiques orthographiques) s'est inversée dans le nord. Les utilisateurs des runes en l'Angleterre anglo-saxonne connaissaient trente-trois runes à la fois, alors que ceux de Scandinavie devaient travailler avec seulement seize runes ! Parallèlement à l'histoire plus tardive de l'écriture, nous examinerons dans le deuxième volume les preuves des traditions de formation et d'orthographe, qui nous mèneront plus les domaines de la mythologie que de la philologie. Les runes sont restées en usage en Scandinavie pendant la période post-médiévale, alors qu'en Europe continentale, elles ont été supprimées ou n'ont tout simplement pas réussi à concurrencer l'écriture romaine. En Angleterre, les runes ont coexisté avec l'écriture romaine pendant des siècles. Il y a donc plusieurs histoires à raconter en ce qui concerne le destin des runes.▮

ANNEXE I
L'ALPHABET GOTIQUE ET LE FUÞARK

L'ensemble des sources écrites en gotique ne compte que quelques manuscrits dans une écriture unique basée pour la plupart sur des modèles grecs contemporains, ainsi que quelques découvertes récentes[958]. Le créateur de cette écriture, l'évêque Wulfila, était un clerc arien qui voulait un système d'écriture pour sa communauté gotique[959]. Les goths utilisaient probablement déjà les runes à cette époque, mais l'évêque voulait une méthode plus inspirée du grec pour copier la bible et les autres textes religieux[960]. Wulfila n'était pas le premier officiant chrétien parmi les Goths, mais son adhésion à l'arianisme l'a persuadé de créer un état séparé en Moésie (Bulgarie) pour ses co-religionnaires qui étaient appelés ailleurs les *Gothi Minores* « Goths inférieurs » ; cette décision semble avoir été faite pour des motifs plus politiques que doctrinaux. L'arianisme – une doctrine qui ne voyait pas le Christ comme une partie de La Trinité mais comme un être à part créé par Dieu – était la « religion ethnique » des Goths durant la création de leur royaume en Italie et en Espagne, et était utilisé pour marquer une distance avec leurs voisins catholiques. Il n'y a pas de textes écrits en gotiques qui ne sont pas reliés à la connaissance biblique[962]. Nous avons des exemples d'écriture gotique sur autre chose que le vélin, comme c'est le cas pour un lingot de plomb provenant d'une tombe féminine de Hács-Béndekpuszta (Tombe 5) qui contient une portion du

[958] Rauch, 2003, pp.4-7 ; dans un article non daté de Vinogradov et Korobov intitulé « Graffiti gotiques de la Basilique de Mangupsky ».
[959] Wolfram, 2013, p.31 suggère que la conception de l'écriture était en partie un produit de la situation politique délicate du IVe siècle, dans laquelle il était utile pour les Goths ariens de se distinguer des Romains catholiques.
[960] Anderson, 2005, p.5 ; Wolfram, 2013.
[961] Fischer, 2013, p.101.

texte de la bible de Wulfila[962]. Il est probable que le lingot de plomb ait été choisi parce qu'il était plus durable que le parchemin ou le vélin, et qu'il pouvait mieux résister aux rigueurs du transport.

Il y a vingt-sept lettres dans l'alphabet gotique, dont dix-neuf sont directement tirées du grec (et peut-être cinq autres d'influence romaine)[963]. Quelques caractères gotiques semblent avoir été influencés par le fuþark -𐌾 pour /j/, le ᛃ runique est une possibilité, et 𐍈 pour /θ/, le ᚦ runique et sa variante 𐌸[964], de même 𐍉 pour /o:/, le ᛟ runique et 𐌿 pour /u/, le ᚢ runique[965]. L'orthographe comprend certaines caractéristiques du grec, comme *-gg* pour le son /ŋ/. Les noms de lettres gotiques sont apparemment dérivés du même système que le fuþark (ils peuvent représenter une continuation des noms de runes), bien que leur attestation la plus ancienne se trouve dans le *Codex* de Vienne, un manuscrit du VIIIe siècle, qui ne doit pas refléter la pratique du IVe siècle[966].

𐍆	𐌿	𐌸	𐌰	𐍂	𐌺	𐌲	𐍅
fe	*uraz*	*thyth*	*aza*	*reda*	*chozma*	*geuua*	*uuinne*
𐌷	𐌽	𐌹	𐌾	𐍈	𐍀	𐌶	𐍃
haal	*noicz*	*iiz*	*gaar*	*uuaer*	*pertra*	*ezec*	*sugil*
𐍄	𐌱	𐌴	𐌼	𐌻	𐍇	𐍉	𐌳
tyz	*bercna*	*eyz*	*manna*	*laaz*	*enguz*	*utal*	*daaz*
𐌵	𐍊						
quertra	–						

Chaque lettre a une valeur numérique, un peu comme le système des chiffres romains avec I pour 1, V pour 5 et ainsi de suite. La dernière lettre 𐍊 n'est utilisée que pour le nombre 900. Cela signifie que la connaissance de l'écriture gotique servait aussi comme la base de notation mathématique[967]. La ressemblance entre ces noms gotiques et les noms des runes anglo-saxonnes que l'on retrouve dans les manuscrits est frappante ; le lien avec les runes scandinaves est plus difficile à déterminer puisqu'elles sont devenues moins nombreuses, mais là encore les noms correspondent pour les seize runes du fuþark. Le nom du treizième caractère, *uuaer*, reflète probablement une innovation, par

[962] Harmatta, 1996.

[963] Rauch, 2003, p.5 ; *cf.* discussion de la phonologie gotique d'un point de vue PGmc dans Nielsen, 2015, p.47.

[964] Il est plus probable que le Φ grec ait été la source.

[965] Mees, 2002 ; Rauch, 2003, p.5. Ebbinghaus, l'expert en gotique, a rejeté toute influence du fuþark dans l'écriture gotique, mais d'autres chercheurs ont réfuté les arguments de ce rejet. Krause, le célèbre runologue, était prêt à accepter une part d'influence runique . La source des noms de lettres gotiques semble dériver de la tradition runique, bien que les sources de ces noms de runes soient tardives.

[966] Elliott, 1958, p.45 ; Mees, 2002 ; Birkhan, 2006, p.96.

[967] Fischer, 2013, p.99.

exemple /ƕ/ n'était pas écrit avec un graphème séparé avant que Wulfila n'attribue le caractère et le nom *hwer* « chaudron » en utilisant le principe acrophonique[968]. L'écriture runique apparaît sous deux formes – Le type 1, présenté ci-haut, et une variante en italique inclinée à 30-45 degrés, le type 2, qui est plus adapté à l'écriture informelle[969]. Les deux écritures ont développé la convention d'une barre en exposant au lieu d'une nasale. La séquence de lettres commence en suivant le modèle grec, mais la lettre 𐌿 est insérée entre 𐌴 et 𐌶 pour créer un nouvel ordre[970]. Les lettres soulignées ci-dessous sont des voyelles ; dans le gotique, 𐍅 W peut être considérée comme une voyelle à part entière, puisqu'elle peut être utilisée entre des consonnes, par exemple le mot gotique 𐌻 𐍅 𐍃 𐍄 𐍂 𐍅 𐍃 = *Lustrois* en grec.

A B G D E Q Z H Þ I K L M. N J U P R S T W F X ƕ O
𐌰 𐌱 𐌲 𐌳 𐌴 𐌿 𐌶 𐌷 𐌸 𐌹 𐌺 𐌻 𐌼 𐌽 𐌾 𐌿 𐍀 𐍂 𐍃 𐍄 𐍅 𐍆 𐍇 𐍈 𐍉

La distribution des voyelles (V) parmi les consonnes (x) se fait ainsi : *Vxxx Vxxxx Vxxxxx Vxxxx Vxxx V* avec des consonnes à une fréquence de 3 h 4 mn 5 s:4 h 3 entre les voyelles. Il est probable que l'alphabet ait été conçu de cette façon pour recréer certains aspects de l'alphabet grec, sans l'imiter complètement. L'alphabet gotique manque de symboles pour les voyelles (/o/ doit s'écrire *au*, par exemple *waurd* pour *word* (mot)), et a une consonne superflue « x ». L'alphabet semble avoir été compilé avec des notions de symétrie et d'esthétique, plutôt qu'avec la notion pratique de recréer la phonologie[971]. Il est possible que Wulfila ait adopté ce système en créant son alphabet gotique après avoir examiné le fuþark où l'on peut discerner une structure sous-jacente (en utilisant l'ordre trouvé dans les textes de Grumpan et de Vadstena [fig.14], plutôt que celui de la pierre de Kylver [fig.20]) dans la distribution des consonnes (C) et des voyelles (V)[972] :

fuþ	*ark*	*gwh*	*nij*	*æpz*	*stb*	*eml*	*nod*
CVC	*VCC*	*CCC*	*CVC*	*VCC*	*CCC*	*VCC*	*CVC*

L'ordre CVC apparaît dans les groupes 1, 4, 8 ; l'ordre VCC apparaît dans les groupes 2, 5, 7 ; et l'ordre CCC apparaît dans les groupes 3 et 6. Un principe d'arrangement harmonieux semble être à l'œuvre ici, ce qui peut avoir inspiré Wulfila à produire un alphabet avec une distribution interne symmétrique[973]. Lazarova a suggéré que l'alphabet gotique

[968] Mees, 2011, p.64.
[969] Mees, 2002, p.67.
[970] Jensen, 1969, p.134.
[971] Jensen, 1969, pp.138-139.
[972] McKinnell & Simek, 2004, p.70.
[973] Ensen, 1969, p.142. Jensen applique ce modèle numérique à la séquence fuþark et à quelques inscriptions courtes (par exemple *tuwatuwa* à Vadstena) afin d'établir un principe harmonique dans la distribution des runes en fonction de leur position numérotée dans la séquence (Antonsen, [...]

a peut-être contribué au développement de l'alphabet cyrillique et à son implantation pour remplacer le glagolitique en Europe de l'est[974]. Le mot slave pour savant, *bukar*, est généralement accepté comme un dérivé du mot gotique *bokareis* « homme de lettres, écrivain ». ▮

[973 suite] 2002, pp.176-180, Looijenga, 2003, p.221). Bien qu'intéressants, les principes semblent plutôt difficiles à extraire et à appliquer.
[974] Lazarova, 2013.

ANNEXE II
LES TEXTES « FUÞARK » PRIMITIFS

Il existe plusieurs textes fuþark complets ou partiels, exécutés sur différents supports. La liste suivante est basée sur les travaux de Düwel & Heizmann et de Looijenga[975]. La rune ᛇ est ici translittérée par /æ/ et non par /ï/, et ᛉ par /z/ et non /r/. La datation des bractéates est discutéee ailleurs, mais ici les dates fournies par Düwel & Heizmann sont retenues.

Aquincum (Budapest, Hongrie). Broche circulaire en argent plaqué. Vers 530 ap. J.-C. Texte : (1) Seulement le premier *ætt fuþarkgw* et (2) deux mots additionnels *jlain* : *kŋia*. Le dernier mot a été relié au mot *VIc kinga* « broche, ornement de poitrine » mais n'est pas connu ailleurs dans les sources du VIe siècle. Le premier mot contient une séquence de phonèmes impossible, ce qui a mené Grønvik à substituer ᚲ /k/ pour ᛃ /j/ pour lire *klain* « bien, joli »[976].

Beuchte (Bavière, Allemagne). Broche circulaire en argent plaqué. Milieu du VIe siècle. Texte : (1) *fuþarzj* et (2) *buirso*. Les cinq premières runes du premier ætt et deux du second. Le second texte a été interprété comme un nom personnel, Buriso[977]. La broche a aussi un motif géométrique rectangulaire complexe qui pourrait cacher des formes runiques[978]. Les runes étaient fraîches au moment du dépôt, mais la broche était usée, ce qui suggère que les runes ont été inscrites lors d'un rite funéraire [fig.5 vol.2].

[975] Looijenga, 2003 ; Düwel & Heizmann, 2006.

[976] McKinnell & Simek, 2004, p.88 ; Nedoma, 2015, p.307.

[977] Losquiño, 2015, pp.115-117 plaide pour l'orthographe buirso pour tenter de capturer la qualité du *i*- muté *–u-*.

[978] Looijenga, 2003, pp.229-230 ; McKinnell & Simek, 2004, pp.88-89 ; Düwel & Heizmann, 2006, p.20 ; Nedoma, 2006, p.132 ; Losquiño, 2015, pp.112-119.

Breza (Bosnie). Fragment d'un pilier en calcaire provenant d'un temple, réutilisé. Vers 535. Texte : *fuþarkgwhnijæpzstem*[...], les trois dernières runes sont perdues à cause des dommages. La rune ᛒ semble avoir été omise par le graveur, à moins qu'elle ait été ajoutée après-coup dans la séquence qui est maintenant perdue. Un alphabet romain a aussi été inscrit sur une autre pierre de ce site[979]. Le pilier peut être une preuve que les Lombards, qui étaient dominants dans cette région au début du VIe siècle, utilisaient toujours les runes à cette période.

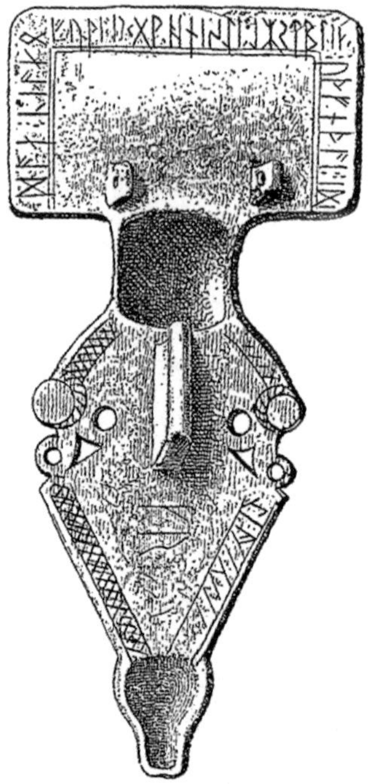

Fig.43 La fibule de Charnay avec le fuþark et d'autres inscriptions sur le revers.

Charnay (France). Broche en argent plaqué. Fin du VIe siècle. Texte : (1) *fuþarkgwhnijæpzstbem / ufnþai : id / dan : liano* et les deux textes séparés (2) *sr* et (3) *æia*. Le texte (1) texte est divisé par son inscription radiale autour de la bordure arrière extérieure de la tête de la broche, et il manque les quatre dernières runes. La séquence qui suit le fuþark a été interprété comme **unþfinþai Iddan Liano* « puisse Liano trouver Idda », bien que des alternatives aient été proposées ; cette interprétation sous-entend un contexte linguistique germanique oriental[980]. Le ᛊ du texte (2) a la forme problématique ᚴ qui devrait peut-être se lire ᚲ bien

[979] McKinnell & Simek, 2004, p.87 ; Düwel & Heizmann, 2006, pp.21-22.

[980] Looijenga, 2003, pp.235-237 ; McKinnell & Simek, 2004, p.87 ; Losquiño, 2015, pp. 124-125. Düwel & Heizmann, 2006, p.18 suggère la magie amoureuse renforcée par la proximité de la rangée de runes complète.

que cela n'aide pas à l'interpréter. La rune ᚺ a une barre double[981]. [fig.1 vol.2]

Grumpan (Västergötland, Suède). Bractéate en or (Grumpan-C). 475-500 ap. J.-C. Texte : *fuþarkgw.. hnijæp*[...] .. *tbemlŋod*. Un fuþark complet, mais avec trois (?) runes obscurcies par l'attache. Les runes sont séparées en ættir par des groupes de points (8, peut-être 7, et 6)[982].

Gudme (Fyn, Danemark). Bractéate en or (Gudme-II-C). 475-500 AD. Texte : *fuþar*. Trois exemplaires provenant de la même matrice avec seulement les cinq premières runes (*cf.* Beuchte [fig.32 vol.2] avec ces cinq-là et deux autres).

Herbrechtingen (Baden-Württemberg, Allemagne). Broche circulaire en argent plaqué. Vers 575. Texte : *fþae* sur la partie inférieure de la plaque de base. Une séquence imprononçable qui devrait probablement être interprétée comme un texte fuþark abrégé[983].

Kongsvad Å (Danemark). Bractéate en or (Kongsvad Å-A). 475-500 ap. J.-C. Texte : *foslau*. Le texte ne se qualifie comme une rangée de rune parce que le premier et le vingt-quatrième caractère sont présents (*fo*) de la même façon que α et ω sont utilisés dans l'antiquité classique. Les quatre caractères restants sont associés au mot cultuel *salu* « cadeau, offrande »[984].

Kylver (Gotland, Suède). Bloc de calcaire utilisé dans la construction d'une ciste (mais qui avait probablement déjà été gravé de runes avant un tel remploi)[985]. Début du Ve siècle de notre ère. Texte : (1) *fuþarkgwhnijpæzstbemlŋ*do suivi par une *hahalrún* ; (2) *sueus*. Nous ne sommes plus certains si le texte a été placé sur la face intérieure ou extérieure de la tombe, mais il constitue une rangée de runes complètes. La *hahalrún* [*cf.* chap. *Runes secrètes*, vol.2] a six branches sur la gauche et huit sur la droite, ce qui a mené à certaines spéculations numérologiques (ex. 6x8= 48= 2x24 rangées de runes)[986]. [fig.20]

Lindkær (Jutland, Danemark). Bractéate en or (Lindkær-C). 475-500 ap. J.-C. Texte : *fuþarkgwhnelatb ? suao ? u.* Le fuþark est inhabituel, mais s'inscrit dans la tradition des runes de bractéates à formes particulières ᚲ, ᛒ, ᛚ, ᛟ et deux autres runes : après ᛒ on retrouve une tige verticale avec un « bulbe » en-dessous, et après ŋ une tige avec trois branches sur un côté ᚠ (que l'on prend pour ᛟ)[987]. [fig.44]

[981] Losquiño, 2015, p.124.
[982] McKinnell & Simek, 2004, p.70.
[983] Düwel & Heizmann, 2006, pp.18-19.
[984] McKinnell & Simek, 2004, p.80.
[985] Antonsen, 1988, p.44. Plusieurs pierres runiques ont été démontées, brisées et réutilisées.
[986] MacLeod, 2002, p.117 ; McKinnell & Simek, 2004, p.86.
[987] McKinnell & Simek, 2004, p.71.

Fig.44 Le bractéate de Lindkær.

Overhornbæk (Jutland, Danemark). Bractéate en or (Overhornbæk-II-A). 475-500 ap. J.-C. Texte : *þrkgwhagelaalaasulo ? h* (Looijenga) ou *?uþaþit?ih?ilaldt?uiuu?tw?* (Düwel & Heizmann), lectures à partir de différentes extrémités du texte. Les variantes de formes runiques sont inhabituelles mais pas sans précédent, bien que la séquence normale soit interrompue et qu'il y a trop de barres verticales sans additions. La première rune est une tige avec trois branches à gauche plutôt que ᚠ avec deux à droites ; la cinquième est la rune *thurs* avec un triangle additionnel attaché à la tige dans l'arc (ᚱ?); un trait droit s'interpose entre ᚱ et la rune suivante k ↓ qui est un t inversé ; la huitième rune est la rune ᚾ standard, mais avec la barre transversale brisée, décalée et étendue à la base et à la ligne du haut respectivement ; la onzième est faite en « v » suspendu de la ligne du haut ; la treizième et la quinzième sont une tige avec un bras descendant ᚽ ; la quatorzième est similaire mais avec deux bras ᚼ ; la seizième présente une paire de bras descendants ᛉ ; la dix-septième montre un bras qui pointe vers le haut et l'autre vers le bas ; la dix-huitième est une forme de ᚴ renversée ; la vingtième et la vingt et unième sont des runes ᚢ ᚢ inversées et renversées ; la vingt-deuxième est en forme de *vesica piscis*, peut-être une variante arrondie de ᚱ ; vient ensuite une seconde rune ᛉ et un second exemplaire de la première rune renversée. Il y a eu plusieurs interprétations fantaisistes du texte, mais la plupart n'ont pas compris que le texte est une rangée de runes très modifiée. Trois des objets dans le champ derrière la tête ont une apparence runique. [fig.45]

Fig.45 Le bractéate d'Overhornbæk II-A.

Overhornbæk (Jutland, Danemark). Bractéate en or (Overhornbæk-III-C). 475-500 ap. J.-C. Texte : *þrkgwhnela ? azsulofh*. Avec des runes de forme similaire à celles de son partenaire d'Overhornbæk ci-dessus, le texte est une rangée de runes raccourcie (commençant þrk …) de vingt caractères, y compris une rune de liaison et certaines formes modifiées[988]. [fig.45]

Fig.46 Le bractéate d'Overhornbæk III-AC.

[988] Looijenga, 2003, p.212 ; McKinnell & Simek, 2004, p.71.

Skåne (Suède). Bractéate en or (Schonen-II-C). 475-500 ap. J.-C. Texte : *fuþr* (ou *fuþi* avec le dernier caractère formant une partie du cadre). Une autre rangée de runes abrégée, comme sur le bractéate de Gudme[989]. [fig.46]

Fig.47 Le bractéate de Skåne.

Fig.48 Le bractéate de Skrydstrup.

Vej (Danemark). Bractéate en or (Vej-C). 475-500 ap. J.-C. Texte : (1) *fuþr?k* (2) *nh ? w ? ? ?*. La rune ᚠ rune est renversée et les bras pointent vers le bas ᛟ mais le caractère reste néanmoins facile à interpréter. Un motif triangulaire est inséré entre R et <, mais il n'est peut-

[989] McKinnell & Simek, 2004, pp.71-72.

être pas une rune. Le texte est donc une rangée de runes abrégée de cinq caractères. Le second texte apparaît au-dessus de la figure, et souffre d'être en partie hors de la face du bractéate, mais les runes ᚾ et ᚺ sont clairement identifiables et ᚹ est la rune ᛩ renversée.

Vadstena (Östergötland, Suède). Bractéate en or (Vadstena-C). 475-500 ap. J.-C. Texte : *tuwatuwa. fuþarkgw : hnijæbzs : tbemlŋo.* Le bras sur le côté du premier ᛏ est caché derrière l'attache, donc la première rune semble être rune ᛚ. La rangée de runes présente deux fois la rune ᛒ, et l'une d'entre elle remplace clairement la rune ᛈ. La dernière rune ᛞ n'est pas visible, elle aussi cachée par l'attache[990]. [fig.14] ∎

[990] McKinnell & Simek, 2004, p.70.

ANNEXE III
LES BATAVES

Il a été mentionné ci-dessus que la « révolte batave » de 69 ap. J.-C. coïncide plus ou moins avec la date probable de l'adoption des lettres vernaculaires dans le monde germanique. La révolte fut un tournant important des relations germaniques avec Rome, et montre aussi pour la première fois certains aspects des procédures pour faire un roi, ainsi que les attentes du peuple envers ce dernier.

La décision des Bataves d'organiser une rébellion contre le pouvoir romain n'était pas la première démonstration d'autonomie du monde germanique envers Rome. Le *Clades Variana* ou « désastre de Varus » de 9 ap. J.-C. est probablement l'exemple le plus connu; c'est la campagne menée par Arminius qui aboutit à l'anéantissement de trois légions et de leurs troupes de soutien dans la forêt de Teutobourg, et à l'abandon des ambitions romaines de régner à l'est du Rhin. Il est certain qu'Arminius était familier avec l'écriture romaine : il avait été pris en otage à Rome pendant son enfance et a probablement servi pendant un certain temps comme commandant militaire romain en Pannonie. Qu'il ait pu utiliser sa connaissance de l'écriture romaine pour créer une écriture germanique ou non est moins certain : sa carrière post-rébellion a duré à peine plus d'une décennie et a provoqué une résistance considérable au sein de sa propre tribu (les *Cherusci*) et parmi ses alliés potentiels (ex. les *Marcomanni*). La promotion des lettres vernaculaires n'a peut-être pas été sa première préoccupation dans une telle situation.

La relation entre les Bataves et Rome est relativement bien documentée, en partie grâce aux écrits de Tacite (les *Historiae*) et en partie avec les sources épigraphiques (épitaphes, inscriptions votives, diplômes militaires)[991]. Le centre politique de la tribu était la *civitas Batavorum*, la ville de Nijmegen actuelle, et ses domaines satellites, remplaçant le centre

[991] Roymans, 2004 ; Nicolay, 2007.

cultuel et commercial précédent de Kessel[992]. Nous savons, à partir des pierres tombales et d'autres sources, que certains peuples du bas Rhin s'identifiaient comme *Batavi* du Ier siècle av. J.-C. au IIIe siècle de notre ère[993]. Nous ne pouvons pas discuter ici de l'étendue à laquelle cette identité était une construction romaine[994], mais l'utilisation du nom Batave dans des contextes romains et non-romains indique que la « tribu » était une unité sociale viable qui conférait une identité ethnique à ses membres. Le culte d'Hercule Magusanus peut avoir été crucial à ce processus, donnant une forme d'expression religieuse commune aux *Batavi* ainsi que des « places centrales » avec les temples et sanctuaires au dieu.

Les sociétés qui sont plus tard devenues les Bataves ont commencé à devenir formellement plus complexes, plus hiérarchiques, et plus ouverts à la spécialisation à partir de la fin de l'Âge du Fer, c'est-à-dire vers 150 av. J.-C. Ce même procédé peut avoir eu lieu dans d'autres régions du bas Rhin, résultant en de plus grands groupes « tribaux » nommés par César, comme les *Menapii*, *Eburones*, *Tencteri*, *Usipetes* et *Sugambri*. Ces tribus étaient dirigées par des « rois » (*reges*) ou par des « chefs » (*principes*) ainsi que par un conseil d'anciens qui gardait un œil sur le pouvoir des dirigeants. Une structure sociale et militaire commune (les troupes de *comitati* et les combattants à cheval) a permis la coopération intertribale et une certaine cohésion politique, et a promu le développement de la structure sociale hiérarchique[995]. Ces tribus ont été dans la plupart des cas des confédérations de plus petites unités politiques, rassemblées pour l'aide mutuelle et la protection, mais qui ont conservé leurs identités sociales et religieuses séparées[996]. Une hiérarchie d'identités qui se chevauchent serait le résultat naturel de ce processus, l'appartenance étant négociée à chaque changement de règne. Ces « tribus » avaient donc une appartenance éphémère, peut-être basée sur la loyauté personnelle des chefs individuels et sur la menace militaire posée d'abord par leurs voisins gaulois et ensuite par les Romains. À la lumière de cela, il est imprudent de supposer que les Bataves ont colonisé la région qui a plus tard porté leur nom (*Betuwe*) dans une migration de masse – malgré la déclaration de Tacite qu'ils ont migré de l'est, ayant précédemment fait partie des *Chatti*.

Roymans suggère qu'un petit déplacement a eu lieu où un *princeps* pro-romain d'un des sous-groupes des *Chatti* s'est déplacé avec sa maison et son *comitatus* afin de dominer les restes d'un des groupes identifiés précédemment comme *Eburones* : en d'autres termes, le dirigeant

[992] Roymans, 2004, p.16, 146-148.

[993] Roymans, 2004, p.5.

[994] Roymans, 2004, pp.3-7, 23-29, 223. Les romains ont catégorisé les *Batavi* comme des Germani, mais la tribu peut avoir fusionné en une unité politique et militaire uniquement en réaction aux incursions militaires romaines en Gaule et en Basse-Rhénanie. Les identités précédentes peuvent avoir été abandonnées ou détruites durant ce processus.

[995] Roymans, 2004, pp.18-22, 107-112.

[996] Roymans, 2004, pp.18-19.

a changé et avec lui la dénomination politique, mais la majeure partie de la population (clairsemée ?) n'a pas été perturbée[997].

La circulation de monnaies d'or dans la région a commencé aussi tôt que durant le IIe siècle av. J.-C. avec des types importés, substitués par des types de *triquetrum* produits localement à partir de 60 av. J.-C.[998]. Jusqu'à environ 30 av. J.-C., ces pièces étaient utilisées pour maintenir un réseau clientéliste parmi les dirigeants bataves (et par exemples les Eburones au sud)[999] et leurs groupes de *comitatus* basés sur l'équitation et le service militaire, banquetant et échangeant des objets prestigieux[1000]. Les séries d'argent et de bronze ont suivi à partir d'environ 15 av. J.-C., et des pièces de ce type sont retrouvées dans les colonies rurales et les camps militaires romains, ce qui implique que la société batave avait développé une économie monétisée et par conséquent une dépendance aux autorités qui produisaient ces pièces[1001]. Les *Batavi* et les *Ubii* étaient exemptés du tribut monétaire, en raison de leur entente avec l'armée romaine pour laquelle ils fournissaient des cavaliers[1002]. Des « lieux de cultes » à ciel ouvert sont apparus à partir du IIIe siècle av., qui étaient des lieux de rassemblement définis par des fossés, souvent accompagnés d'un cimetière, ce qui a amené les archéologues à spéculer sur un culte des ancêtres qui aurait eu une grande importance dans la religion de la région. Il existe des preuves de plus grands sanctuaires construits sur certains sites (Empel, Elst, Kessel), la plupart détruits lors de la période de construction de temples romains, mais qui étaient probablement des lieux de rassemblement à grande échelle dans les siècles précédents[1003]. Elst a fourni des preuves d'un culte qui se pratiquait avec l'abattage et la consommation publique d'un grand nombre de veaux, et des restes humains et animaux étaient présents sur un certain nombre de sites ainsi que des broches de type laténien et d'autres objets métalliques[1004]. Les bracelets en verre sont très courants dans les tombes

[997] Roymans, 2004, pp.26-27, 55-58.

[998] Roymans, 2004, pp.11-12, 31-53, 82-83.

[999] Roymans, 2004, pp.24-25 note que la confédération des Eburones (si elle en était une) par l'armée romaine a résulté en la création de nouvelles identités telles que les *Cugerni, Ubii, Cananefates, Sturii, Marsaci, Frisiavones, Texuandri* et *Tungri*. Il est possible que le retrait des *Eburones* en tant qu'entité politique ait permis à certains groupes préexistants d'étendre leur dominance, et ait facilité l'expansion de peuples précédemment confinés à l'est du Rhin dans les territoires limitrophes de *Gallia*. Cela a dû être permis, voire encouragé, par la politique romaine.

[1000] Roymans, 2004, p.20 note que l'adoption de l'or a eu deux effets : elle a permis à quelques individus d'acquérir de la richesse et de la montrer sur leur personne avec des torques, et elle a permis aux dirigeants de distribuer une quantité significative d'or à leurs sujets à travers la monnaie. Les deux usages étaient des démonstrations de relations sociales hiérarchiques.

[1001] Roymans, 2004, p.12.

[1002] Roymans, 2004, p.58. Puisque ces troupes servaient leurs propres commandants, elles peuvent avoir vu cette entente comme une extension du comitatus existant, où les services d'étrangers pouvaient être engagés temporairement.

[1003] Roymans, 2009, pp.231-233.

[1004] Roymans, 2004, pp.12-14, 20-21; Roymans, 2009, p.232. Le bosquet des Semnons décrit par Tacite (*Germania*, ch.39), dans lequel des délégués de tous les membres de cette confédération se rassemblaient dans un but religieux, est probablement un exemple de tradition similaire.

féminines de la région de batave, produits localement mais utilisant peut-être des matières premières importées[1005]. Tacite (*Germania*, ch.29) mentionne la vieille alliance (*antiqua societas*) qui existait entre Rome et les Bataves, qui remontait peut-être aussi loin que 12 av. J.-C. lorsque Drusus a utilisé le territoire batave pour lancer ses campagnes contre la *Germania Libera*[1006]. L'entité politique nouvellement créée a acquis et colonisé le territoire entre 50 et 12 av. J.-C. dans une zone sous-peuplée, presque certainement à la demande des autorités romaines. Si les Batavi étaient parmi les *Equites Germani* (cavaliers germaniques) que César employait dans ses guerres en Gaule et ailleurs, l'association militaire aurait pu commencer au milieu du Ier siècle av. J.-C[1007]. Leur savoir-faire pour traverser les rivières était bien connu, et ils faisaient partie des tribus d'où provenait la garde du corps impériale (avec les *Ubii*, et les *Baetasii*) jusqu'au IIe siècle ap. J.-C.; ils ont servi à travers l'Europe, en Egypte, et en Asie mineure[1008]. L'approvisionnement des plus brillants et des meilleurs de leurs guerriers pour servir directement l'empereur était peut-être une stipulation du foedus par lequel la tribu s'installait sur le limes romain. La vision romaine des peuples germaniques – Bataves inclus – les dépeint comme impulsifs, agressifs, instables, et dominés par leurs émotions – particulièrement l'avarice et le désir de migrer pour trouver une vie meilleure. Physiquement, ils étaient tous grands et musclés, et de longs cheveux teints en roux[1009]. Ils n'étaient pas considérés comme particulièrement intelligents, mais étaient reconnus pour leur courage et leur loyauté à ceux qui les récompensaient bien.

La royauté barbare

Tacite remarque que les Bataves étaient dirigés par une *Stirps regia* ou une famille royale, dont les membres principaux à l'époque de Néron avaient des noms romains, Julius Civilis et Julius Paulus. Les neveux qui figurent dans les écrits de Tacite incluent les chefs militaires Verax, Julius Briganticus et Claudius Victor. La famille avait reçu la citoyenneté romaine avant le règne de Néron, peut-être longtemps avant, une entente faisant partie du foedus qui officialisait les liens entre la tribu et l'empire[1010]. La notion d'une famille régnante s'accorde avec ce que Tacite dit ailleurs (*Germania*, ch.1) des *Germani*, qu'ils choisissent leurs rois par leur naissance et leurs chefs pour leur vertu (*Reges ex nobilitate, duces ex virtute sumunt*). La position de la famille dirigeante était renforcée par le fait qu'elle se réclamait descendante du dieu tutélaire, Hercule Magusanus. Mais un tel modèle de royauté n'est pas sans problèmes

[1005] Roymans, 2004, pp.16-18.
[1006] Roymans, 2004, p.58.
[1007] Roymans, 2004, p.56, 230.
[1008] Roymans, 2004, pp.226-227.
[1009] Roymans, 2004, p.225.
[1010] Roymans, 2004, p.63.

lorsqu'il s'applique aux dirigeants de tribus qui étaient devenues dépendantes de Rome pour la richesse et le prestige. Si les *Batavi* ont vu le jour en réaction aux conflits politiques des *Chatti*, comme le sous-entend Tacite, alors la *Stirps regia* batave devrait avoir été les chefs *de facto* de l'exode où ils se sont imposés comme les dirigeants d'une nouvelle nation. Cette nouvelle identité ethnique s'est appuyée sur un mythe pour légitimer la position de ses dirigeants et pour donner forme à la société, pour expliquer les liens d'amitié et d'hostilité envers d'autres groupes et pour replacer le contexte historique contemporain (Ier siècle ap. J.-C.) dans un contexte historique[1011]. Les dirigeants bataves étaient dans les faits des « rois clients » de Rome, dont l'autorité dépendait en partie ou complètement de leur relation avec les autorités romaines[1012]. Les Bataves eux-mêmes ne voyaient peut-être pas la relation de cette façon. Le principal moteur mythique de la construction de la société batave a été le dieu Hercule Magusanus. Le dieu romain (étrusque et grec) Hercule faisait l'objet du culte batave, sous une forme locale dénommée par le *cognomen* Magusanus. L'adoption d'Hercule est un exemple de l'*interpretatio Romana* par laquelle les dieux « indigènes » se fondaient avec les figures appropriées de la mythologie romaine[1013]. Les communautés dominées par Rome étaient obligées de forger des liens entre leurs propres entités divines et légendaires et le panthéon romain pour légitimer et expliquer leur relation avec l'autorité romaine. Les Bataves ont du devenir des cousins fictifs des romains. Les bases pour la sélection d'un dieu romain en contrepartie d'un dieu natif ne sont pas toujours évidentes, mais on remarque que parmi les peuples du nord de la Gaule et de basse Rhénanie, Hercule était un choix populaire pour représenter la divinité tutélaire (aux côtés de Mars en Gaule). Cela était probablement dû aux traditions gréco-romaines concernant les errances d'Hercule au-delà des frontières du monde connu, rappelées par Tacite (*Germania*, ch.3), où il a fréquemment vaincu des monstres et introduit la « civilisation ». Il a engendré des fils partout où il allait, qui sont devenus les chefs et les rois de leurs nations. Le dieu était ainsi le patron et le protecteur de ces pionniers romains qui ont introduit les modèles de vie civique méditerranéens dans les tribus au-delà de la frontière. Les chefs locaux qui ont promulgué de telles revendications – les descendants de la lignée d'Hercule – avaient donc une prétention raisonnable à partager la gloire de la *Romanitas*[1014]. Le clan Julien – la *Stirps regia* qui régnait sur les *Batavi* au moins à partir du début du Ier siècle ap. J.-C. – utilisait leur lien avec ce dieu pour légitimer leur pouvoir. Les jeunes hommes de cette famille ont dû être éduqués à Rome, où ils ont été envoyés comme

[1011] Roymans, 2009, p.219.
[1012] Roymans, 2004, p.62.
[1013] Roymans, 2009, pp.220-221.
[1014] Roymans, 2009, p.225.

otages pour s'assurer du bon comportement de leurs parents[1015]. Le gouvernement batave est ainsi devenu synonyme d'assimilation de la pratique et du modèle de pensée romains. Le système politique batave relativement stable allait souffrir de conflits sociaux qui ont nui à la lignée royale, particulièrement après la révolte. La colonisation d'un grand nombre de militaires romains dans la région du bas Rhin au Ier siècle et au début du IIe siècle de notre ère a causé des frictions avec les communautés locales établies, les *Ubii*, *Cugerni* et *Batavi*[1016]. Les nouveaux arrivants ne se sont pas tournés vers un dieu local tribal pour leur mythe fondateur, mais plutôt vers la dynastie impériale romaine : la colonie s'appelait *Colonia Claudia Ara Agrippinensium*. La lignée de roi batave, établie et légitimée par ses liens avec Hercule Magusanus, est devenue obsolète dans le contexte politique de la fin Ier siècle[1017]. Le commandement est passé à un *magistratus* élu des Bataves, parallèlement aux développements en Gaule où le *vergobret* (= *magistratus*) local est devenu le dirigeant de chaque unité tribale dans le début ou vers le milieu du Ier siècle ap. J.-C. En gardant en tête les dires de Tacite sur le rôle des rois (*reges*) et des chefs (*duces*), ce développement peut être vu comme une façon de supprimer les postes de pouvoir héréditaires, probablement encouragé par Rome.

Hercule Magusanus

Hercule Magusanas (ou Macusanus)[1018] était la divinité principale du peuple batave. Son nom apparaît sur plusieurs inscriptions, comme le dépôt votif romain d'Utrecht[1019] érigé par des cavaliers bataves. L'attestation la plus ancienne de Magusanus Hercules date du premier siècle ap. J.-C. à Ruimel, la seule hypostase « indigène » du dieu au nord des Alpes[1020]. Des offrandes aux dieux s'étendent aussi loin que Xanten, Cologne et Bonn, parmi toute la *Germania Inferior* dans le système administratif romain, mais principalement durant les IIe-IIIe siècles ; les premières attestations ne se trouvent que dans le territoire batave[1021]. Le nom *magusanus* ou *macusanus* est énigmatique en lui-même. Il est peut-être basé sur l'élément **mag-* « pouvoir, force, habileté »[1022] et sur un deutérothème non identifié (peut-être **swainaz* « jeunesse, jeune

[1015] Roymans, 2009, pp.228-229. Un *denarius* d'Auguste (RIC I 201a) montre spécifiquement un chef germanique tendant un enfant à un empereur assis.

[1016] Roymans, 2009, pp.234-235.

[1017] Roymans, 2004, pp.63-64.

[1018] La distinction graphémique formelle entre les vélaires voisées et non voisées a été introduite à la fin du IIIe siècle av.J.-C., avec le caractère original *C* modifié en *G* pour la forme voisée. Le graphème *C* n'était pas employé universellement même au Ier siècle ap.J.-C., comme sur la légende monétaire *C. CAESAR COS.TER* pour Gaius Julius Caesar sur les *aurei* (ex. le type S-1395), avec Gaius abbrévié par *C.*

[1019] Simek, 1993, *s.v.* Baldruus, Baldr ; North, 1997, p.127.

[1020] Roymans, 2009, p.226-230.

[1021] Roymans, 2009, p.234.

[1022] Orel, 2003, *s.v.* **maga*.

homme » ?). Le nom sur la pierre d'Utrecht se lit Hercules *macusano* (le puissant), *baldruo*, *lobbono*. Les termes du *cognomen* sont intéressants : *lobbono* est probablement parent avec le mot VA *lybb* « médicament », *lufu* « amour » et la divinité gauloise *Lobbonus*[1023]. L'association semble être avec l'acte sexuel récréatif, et marque cet Hercule – un dieu homme-fort brandissant une massue – comme un dieu puissant sexuellement qui pouvait transférer ses pouvoirs à ses fidèles si le besoin se faisait sentir. L'épithète *baldruo* est basé sur l'adjectif **balþs* « gonflé », qui a aussi les sens « fâchés » et « audacieux, téméraire, hardi » et donc « viril ». Cette triple désignation – puissant, lubrique, viril – suggère que la figure d'Hercule était appelée pour aider avec les problèmes de virilité, de protection, et de fertilité. Les associations militaires suggèrent que le dieu était puissant et ingénieux, alors que le rôle d'Hercule comme protecteur du bétail et des bergers le rendrait important pour les fermiers, éleveurs de chevaux et de bœufs qui étaient le pivot économique du delta du Rhin à cette époque[1024]. Une forme abrégée du nom divin apparaît sur une *armilla*, un brassard militaire, trouvé en 1992 à Wardenburg, dans le texte *HERMAGPACIVS* (Her[cules] Mag[usanus] et le nom personnel Pacius)[1025]. Le culte du dieu était symbolisé par une massue de forme grossière avec la pointe des branches toujours en place. Un nombre de figurines trouvées dans des contextes militaires partage les caractéristiques standards d'Hercule dans le monde gréco-romain : une peau de lion sur une épaule et une massue. Cerbère se tient parfois à côté de lui. Il semble peu probable que le culte du dieu ait pu être imposé sur une population réticente au Ier siècle ap. J.-C. Il est plus probable qu'il ait été adopté et que le culte se soit maintenu parce qu'il harmonisait les éléments du mythe d'Hercule avec les traditions indigènes.

Il est peut-être important de mentionner que l'une des caractéristiques du cycle d'histoires d'Hercule – les voyages du dieu dans les terres extérieures, engendrant des enfants et établissant des lignées royales – rappelle fortement le rôle d'*Heimdallr* dans le récit de *Rígsþulr*, où les ordres de société ont été créés[1026]. *Heimdallr/Rígr* était responsable de l'éducation et de l'initiation des membres des familles dirigeantes. Hercule, dans la tradition gréco-romaine, n'est généralement pas associé avec des actes aussi triviaux, mais il est tout de même possible que le dieu germanique Magusanus était lui-même une figure initiatique qui avait des fonctions dans la transmission du savoir et des lettres.

[1023] Simek, 1993, *s.v.* Lobbonnus doute de l'existence de ce terme, et lit le texte comme (Hercules) Alabuandus.
[1024] Roymans, 2009, p.231.
[1025] Bogaers & Haalebos, 1993.
[1026] Düwel, 2015, pp.270-271.

Les autres dieux

D'autres dieux des Bataves et de leurs collègues sont commémorés sur des inscriptions. Le plus souvent on retrouve des commémorations en l'honneur des *matronæ* ou de type « déesse-mère », souvent en groupes de trois, et accompagnées d'un symbole comme des fruits, un épi de blé et un chien. Une déesse nommée *Vagdavercustis* apparaît sur une inscription du IIe siècle sur un autel de Cologne, Allemagne, au-dessus d'une gravure de cinq figures masculines pratiquant un rituel[1027]. Le nom de la déesse est opaque et nous ne sommes pas certains si elle peut être interprétée comme d'origine germanique ou celtique. Son association avec les *Batavi* semble due à la proximité géographique de son autel. Les *Alaisiagae* sont un groupe de déesses auxquelles les soldats germains érigeaient des monuments dans le temple de Mars au fort d'Housesteads, sur le mur d'Hadrien[1028]. Elles s'appellent *Beda, Fimmilena*, *Boudihillia* et *Friagabis.* Beda est probablement basé sur la même racine que le verbe VA ***biddan*** « demander, prier »[1029]. Le nom *Fimmilena* semble parent avec le terme légal frison ***Fimelthing***, qui peut signifier « assemblée mobile »[130]. Le premier élément du nom *Baudihillia* est probablement parent avec le mot germanique **badwa*- VA ***beadu*** « bataille ». *Friagabis* est « celle qui donne librement » ou « celle qui donne avec amour »[1031]. Non loin de là, à Lanchester (County Durham) il y a une pierre dédiée à *Dea Garmangabis,* une autre déesse « donnant richement » vénérée par une unité de *Suebi*[1032]. Il existe d'autres figures de déesses sur les inscriptions qui ne semblent pas différentes des *matronæ* : elles incluent *Nehalennia* et *Aliagabæ* « qui donne tout ». Nous devrions également inclure ici la vénération d'une figure maternelle associée à la terre natale des soldats qui servent loin de leur patrie, comme les offrandes à *Terra Bataborum* « mère patrie des *Batavi* » sur une inscription du IIIe ou IVe siècle retrouvée à Carlisle où des troupes bataves étaient stationnées[1033]. Tacite (*Germania*, ch. 7.1) mentionne la coutume germanique d'emmener des images et des symboles tirés de leurs bois sacrés, qu'ils emmenaient au combat. On a assumé qu'il s'agissait des images de leurs dieux, mais il peut en fait s'agir des mêmes « images de bêtes sauvages prises des bois et des bosquets », qu'il mentionne en lien avec la révolte batave (*Histoires*, 4.22.2)[1034]. Les « images » peuvent ainsi être des représentations d'animaux et les « symboles » d'autres objets

[1027] Shaw, 2011, p.40.

[1028] Alcock, 1987, p.268 ; Simek, 1993, *s.v.* Alaisiagae, Mars Thingsus. Des unités de cavalerie frisonnes étaient stationnées sur le Mur, parmi d'autres troupes germaniques.

[1029] Simek, 1993, *s.v.* Beda.

[1030] Simek, 1993, *s.v.* Fimmilena.

[1031] Ellis Davidson, 1988, p.97 ; North, 1997, p.255.

[1032] Simek, 1993, *s.v.* Garmangabis.

[1033] Simek, 1993, *s.v.* Friagabis ; North, 1997, p.246.

[1034] Rives, 1999, p.151f.

– peut-être des bagues sacrées ou des bannières blasonnées avec des figures. Tacite (*Annales*, IV) mentionne également la déesse germanique *Baduhenna* vénérée dans un bosquet frison où des troupes romaines ont été massacrées en 28 ap. J.-C[1035]. Son nom est clairement **badwa-* « guerre » et un suffixe de déesse commun *-hen(n)* a qui peut signifier « chanteuse ». Un lien avec les « oiseaux de la bataille » (corbeau, aigle, etc.) semble une interprétation plausible du nom divin.

L'alphabétisation

La connaissance du latin et des lettres romaines était l'une des importations culturelles qui ont fourni aux *Batavi* un moyen de se distancer de leurs voisins (Gaulois et Germains) et qui les a identifié comme des membres à part entière du monde romain[1036]. La région batave tendait déjà à s'urbaniser durant le Ier siècle av. J.-C., et cette tendance s'est exprimée avec les biens culturels de type laténien comme les monnaies, les sanctuaires, et les *oppida*. Les dalles funéraires représentent souvent les défunts comme des cavaliers romains vainquant un ennemi « barbare ». Cela suggère qu'ils s'identifiaient avec les alliés de Rome contre les ennemis de l'empire[1037]. L'alphabétisation ne semble pas avoir été introduite chez les *Batavi* – et dans la région de basse Rhénanie en général – avant le développement des liens politiques et commerciaux avec Rome. La monnaie d'or statère adoptée par les Eburons et les *Batavi* au Ier siècle av. J.-C était de plusieurs sous-types de Scheers 31, avec un cheval sur une face à une face et une triquetra sur l'autre[1038]. Aucune de ces pièces ne présentait d'inscription. La familiarité des Bataves avec l'idée de l'écriture avant leur contact avec les envahisseurs romains est donc difficile à déterminer, mais était probablement minime.

Dans l'armée romaine, une connaissance de base des lettres était inévitable ; pour les officiers et les administrateurs, il s'agissait d'un accomplissement social important. Les Bataves faisaient parti des troupes stationnées sur la frontière nord en Bretagne, dans les forts du mur d'Hadrien et ailleurs. Leur retrait de l'Europe continentale a probablement suivi la révolte de *Civilis*, puisque *Cohors I Tungrorum* a rejoint *Cohors II Tungrorum* en Bretagne vers la fin du Ier siècle[1039]. Cela nous aiderait si les restes épigraphiques de la région du mur d'Hadrien montraient des traces d'expressions germaniques de ces *limitanii* autre que les noms de divinités. Il y a un ensemble de restes textuels assez étendus de la région, provenant environ de la même période que la présence

[1035] Simek, 1993, *s.v.* Baduhenna.

[1036] Roymans, 2004, pp.6-7. Le Bas-Rhin repose sur les frontières des territoires gaulois et germains dans le modèle politique romain, mais historiquement il faisait partie de la tendance à l'urbanisation enclenchée au moins un siècle avant l'invasion militaire romaine.

[1037] Roymans, 2004, pp.28-29.

[1038] Roymans, 2004, pp.31-53.

[1039] Nouwen, 1997 ; Nicolay, 2007.

batave. La langue des tablettes de *Vindolanda*, des documents écrits aux Ier-IIe siècles, a été soigneusement examinée, et est généralement considérée comme un latin informel de bon ordre indiquant que les auteurs étaient assez bien éduqués et conservaient quelques orthographes archaïques dans leurs compositions[1040]. *Vindolanda* était associée à la zone militarisée par les troupes Bataves et Tungriennes, de sorte que le latin utilisé pouvait refléter la langue parlée chez les hommes romanisés de *Gallia Belgica* et de *Germania Inferior* plutôt que de *Britannia* – l'un des auteurs s'est donné le nom *homo transmarinus* « homme d'outremer ». Mais les lettres n'étaient pas écrites par les officiers et les soldats eux-mêmes – elles étaient dictées à des scribes formés qui corrigeaient en silence toutes les erreurs. Les tablettes ne fournissent donc pas beaucoup d'aide pour établir les caractéristiques linguistiques de la langue batave, ni pour fournir une compréhension de l'alphabétisation batave. Dans le territoire Batave, il y a des stèles romaines et des plaques dédicatoires en bronze qui démontrent la familiarité avec l'écriture romaine dans son usage formel comme un moyen de documenter qui a érigé un monument, quand et pourquoi[1041]. Ces inscriptions étaient commanditées par le pouvoir en place, la *Stirps regia*, et elles étaient donc faites dans la tradition romaine ; elles étaient des déclarations publiques de loyauté à l'empereur.

Civilis et la révolte

Le système de recrutement militaire romain a cultivé un sentiment d'identité ethnique fort en basse Rhénanie chez les *Batavi*, *Tungri* et les autres communautés. Les faveurs accordées aux Bataves, qui combattaient dans des unités auxiliaires homogènes et qui formaient la garde impériale, ne pouvaient que renforcer cette identité[1042]. La relation spéciale dont jouissait la *Stirps regia* dépendait des relations favorables avec la famille impériale au pouvoir. Mais pour les auxiliaires servant avec les légions, les conditions n'étaient pas si favorables. Les troupes auxiliaires avaient des salaires moins élevés et moins de droits que les troupes régulières des légions. Les tensions résultant de cette disparité dans le statut et le traitement ont toujours dû être présentes, alimentées par la dépendance romaine envers les Bataves dans les grandes entreprises militaires, en particulier celles qui requièrent l'équitation et le franchissement des cours d'eau.

La carrière de Julius Civilis dans l'armée romaine a été distinguée : il a joué un rôle important dans l'invasion claudienne de la Bretagne, par exemple en 43 ap. J.-C. Les Bataves ont été retirés de la Bretagne en 66 ap. J.-C et Civilis et Paulus ont été arrêtés par le gouverneur de

[1040] Adams, 1995.
[1041] Roymans, 2004, p.219 ; Nicolay, 2007.
[1042] Roymans, 2004, pp.222-223.

Germania Inferior et accusés de trahison. Paulus a été exécuté et Civilis a été emmené à Rome pour être jugé par Néron. En tant que citoyen romain nominal, Civilis avait le droit à une audience avec l'empereur. Avant que le procès ne puisse avoir lieu, Néron a été renversé par une armée menée par le gouverneur d'*Hispania Tarraconensis*, Servius Sulpicius Galba. Néron s'est suicidé, et Galba a été proclamé empereur. Il a rejeté l'accusation de trahison contre Civilis et lui a permis de rentrer chez lui, mais a démantelé le régiment de la garde impériale en raison de leur loyauté envers Néron alors qu'il était encore empereur. Les huit cohortes d'auxiliaires bataves faisaient partie de la XIVe légion (*Legio XIV Gemina*), rappelée par Néron sur le continent dans le but de maintenir son emprise sur le pouvoir. Avec la mort de Néron et la lutte intestine qui s'ensuivit pour la suprématie, les Bataviens en transit ont été laissés sans objectif clair. Les *Historiae* de Tacite documentent bien la situation.

Les auxiliaires bataves (et la XIVe légion) faisaient partie de l'armée d'Aulus Vitellius, mais ils sont rapidement tombés en désaccord avec les commandants de cette force et ont utilisé leur influence à leur avantage. Civilis a été de nouveau arrêté, probablement à l'insistance des commandants légionnaires qui ne pouvaient pas tolérer l'arrogance des Bataves. L'insurrection au sein du commandement fut sévèrement punie par Valens, mais les Bataves croyaient apparemment qu'ils détenaient l'équilibre du pouvoir et ne tardèrent pas à le rappeler aux Romains. Les huit cohortes de cavalerie ont pris parti pour Julius Civilis quand il a plus tard organisé son soulèvement.

Cela a eu lieu en 69 ap. J.-C., l'année des quatre empereurs, provoquée par la disparition de la dynastie Julio-Claudienne qui était au pouvoir depuis un siècle et avait la loyauté de l'armée. Galba n'avait aucune base de pouvoir en dehors de ses propres disciples immédiats, et a invité l'inimitié des *Batavi* en renvoyant les gardes du corps. Othon, l'adjoint de Galba, s'est emparé du pouvoir et a fait tuer Galba. Othon fut ensuite tué par Vitellius avec l'aide des Bataves, qui reçurent l'ordre de retourner chez eux. Civilis et ses hommes étaient indignés par le manque de respect et le déshonneur que leur montraient les Romains, qui essayaient activement de recruter de nouvelles troupes bataves pour se battre dans la guerre civile. Civilis a incité la tribu côtière, les *Cananefates*, à se rebeller; le gouverneur romain Flaccus a envoyé des troupes du Rhin pour réprimer la rébellion, qui ont été sommairement vaincues. Flaccus envoya alors deux légions complètes avec une troupe de cavalerie batave dirigée par Claudius Labeo, un opposant de Civilis.

Les Bataves abandonnèrent la cause de Civilis et les légions romaines ont été vaincues près de Nijmegen. Distrait par leurs luttes internes, aucun prétendant au pouvoir impérial ne se sentait capable de faire face à la menace. Le noyau de l'armée batave était les cohortes de cavalerie qui avaient servi dans l'armée romaine pendant des décennies et connaissaient bien les méthodes romaines pour mener une campagne militaire. Civilis était rejoint par des sympathisants venus du nord, qui ne partageaient pas sa compréhension de la discipline et de l'ordre, ne voyant que l'occasion de piller. Des groupes voisins tels que les *Frisii* ont rejoint le soulèvement contre Rome.

Plutôt que de se contenter de sa victoire, Civilis entreprit de détruire les deux légions qui se dressaient contre lui. Après avoir prêté serment et ouvert la rébellion contre Rome, Civilis s'est laissé pousser les cheveux et les a teints en roux, refusant de les couper jusqu'à l'obtention de la victoire[1043]. *Castra Vetera* a été assiégée, une fortification romaine avec d'amples provisions, alors que Flaccus attendait de voir qui émergerait vainqueur de la lutte de pouvoir romaine. Vespasien a bénéficié de l'incapacité des deux légions assiégées à se joindre à la cause de Vitellius. Flaccus a mal interprété la situation et a été assassiné par ses propres hommes.

Le siège de *Castra Vetera* a été levé par Civilis afin que ses forces ne soient pas prises en tenaille entre le camp et une armée de relève, mais a repris en 70 ap. J.-C. La garnison s'est rendue et a consenti à quitter la forteresse en échange d'un passage sûr, mais les troupes qui sont sorties ont été prises en embuscade et massacrées, alors que les officiers ont été remis à Veleda, une voyante qui avait soutenu Civilis avec ses prophéties et conseils. La capture d'un navire amiral romain a provoqué une réponse sévère, et Civilis a commencé à perdre des supporteurs en dehors de sa patrie. Le Batave a sagement décidé qu'une négociation de paix était la meilleure solution possible pour lui, et a réussi à obtenir des termes favorables pour son peuple en échange d'un *foedus* renouvelé, mais avec des conditions de recrutement plus strictes. Civilis lui-même s'est effacé de l'histoire, et nous ne savons pas ce qui lui est arrivé par la suite.

Une origine batave pour le Fuþark ?

La révolte batave a-t-elle pu fournir l'impulsion qui a mené au développement du fuþark ? Il semble improbable de prime abord que l'instigateur d'une rébellion locale et ensuite régionale contre une puissance étrangère aurait eu comme but immédiat de développer une nouvelle écriture. Mais Civilis était très familier avec l'armée romaine – il a servi durant un quart de siècle dans des positions d'autorité – et il comprenait l'importance de la communication précise, de la collecte d'information et de la conservation d'archives. Atteindre ces buts dans un format qui ne serait pas déchiffrable par les occupants serait un grand atout pour organiser la révolte. Nous avons déjà mentionné plus

[1043] Roymans, 2004, p.226.

haut que certains aspects du fuþark semblent tirer leur origine d'un code militaire. Une origine parmi des militaires familiers avec l'écriture romaine est très probable, sans nier l'influence potentielle de d'autres systèmes d'écriture connus aux militaires et aux commerçants. Les exemples de textes runiques anciens des Pays-Bas ne sont pas nombreux, et ceux de la région de Betuwe sont encore moins abondants : le fourreau de Bergakker [fig.26] avec ses runes « chevrons » déviantes est le seul exemple connu, daté du Ve siècle en se basant sur la date probable du fourreau, mais qui continue peut-être une tradition plus ancienne[1044]. La même région est peut-être la source des runes utilisées dans le Kent, qui sont assez nombreuses au VIe siècle dans des contextes militaires, mais pas avant.

Un autre élément de preuve très révélateur est le statut des *Batavi* parmi leurs contemporains. Ils se considéraient comme exceptionnels, et étaient très sûrs d'eux dans leurs rapports avec Rome avant le soulèvement de Civilis, renforçant leur réputation et leur prestige en renforçant le rôle du *comitatus* comme pilier de leur société. Ils étaient, en effet, une société militarisée petite, mais agressive et très motivée, qui se fiaient sur le recrutement des plus habiles de leurs jeunes hommes pour le service militaire. Le récit de Veleda montre in parallèle intéressant chez leurs jeunes femmes, bien qu'il ne soit pas documenté en détail. L'initiation dans un culte militaire centré sur le dieu tribal Magusanus faisait partie d'un rite de passage important pour les jeunes hommes en âge de se battre ; il est très probable que de tels rites avaient aussi lieu pour les jeunes femmes.

Une origine batave pour l'écriture reste non prouvée, peut-être impossible à prouver, sinon totalement improbable. Mais l'impulsion vers le développement d'une écriture à laquelle les Romains n'auraient pas accès peut avoir été fournie par l'expérience batave et la courte rébellion de Julius Civilis. ▮

[1044] Looijenga, 1997, 1999.

BIBLIOGRAPHIE

Abbréviations

ABAG : *Amsterdamer Beiträge zur Älteren Germanistik.*
AJ : *Antiquaries' Journal.*
Arch. Cant. : *Archaeologia Cantiana.*
ASE : *Anglo-Saxon England.*
ASSAH : *Anglo-Saxon Studies in Archaeology & History.*
AWLSK : *Mededelingen van de Koninklijke Academie voor Wetenschappen, Letteren en Schone Kunsten van België.*
JEGP : *Journal of English and Germanic Philology.*
JIES : *Journal of Indo-European Studies.*
Med. Arch. : *Medieval Archaeology.*
NOWELE : *North-West European Language Evolution.*
PMLA : *Publications of the Modern Language Association.*
RGA : *Reallexikon der Germanischen Altertumskunde.*
STET : *Online postgraduate Journal of the English Department at King's College London.*
TPAPA : *Transactions and Proceedings of the American Philological Association.*

ABRAMSON T., *Sceattas. An Illustrated Guide. Anglo-Saxon Coins and Icons*, King's Lynn, 2006.

ADAMS J.N., "The Language of the Vindolanda Writing Tablets: An Interim Report" dans *The Journal of Roman Studies*, vol.85, 1995.

ADAMSEN C., Hansen U.L, Nielsen F.O. & Watt M., *Sorte Muld. Wealth, Power and Religion at an Iron Age Central Settlement on Bornholm*, Rønne, 2009.

AHLEN M., *Runstenar I Uppsala Län Berätar*, Uppsala, 2010.

ALCOCK L., *Economy, Society and Warfare Among the Britons and Saxons*, Cardiff, 1987.

ANDERSON C.E., *Formation and Resolution of Ideological Contrast in the Early History of Scandinavia*, thèse non publiée, soutenue en 1999.

ANDERSON C.E., *The Runic System as a Reinterpretation of Classical Influences and as an Expression of Scandinavian Cultural Affiliation*, thèse non publiée, soutenue en 2005.

ANTONSEN E.A., "On Defining Stages dans Prehistoric Germanic" dans *Language*, vol.41, 1965.

ANTONSEN E.A., "Toward a New Runic Grammar" dans *The Nordic Languages and Modern Linguistics*, Benediktsson (dir.), Reykjavik, 1970.

ANTONSEN E.A., "The Proto-Germanic Syllabics (Vowels)" dans *Towards a Grammar of Proto-Germanic*, van Coetsem F.&Kufner H.L. (dir.), Tübingen, 1972.

ANTONSEN E.A., *"On the Typology of the Older Runic Inscriptions"* dans *Scandinavian Studies* vol.52, 1980.

ANTONSEN E.A.,"On the Syntax of the Older Runic Inscriptions" dans *Proceedings of the First International Symposium on Runes and Runic Inscriptions*, Thompson, C.W. (dir.), *Michigan Germanic Studies* vol.VII n°1, 1981.

ANTONSEN E.A., *"On Reading Runic Inscriptions"* dans *NOWELE* vol.2, 1983.

ANTONSEN E.A., "The Mythological Interpretation of Runic Inscriptions in Languages and Cultures: Studies in Honor of Edgar C. Polomé, Trends" dans *Linguistics Studies and Monographs* 36, Jazayery M.A. & Winter W (dir.), New York, 1988.

ANTONSEN E.A., "The Runes: The Earliest Germanic Writing System" dans *The Origins of Writing*, Senner van Coetsem & Kufner (dir.), Nebraska, 1989.

ANTONSEN E.A., "Runes and Romans on the Rhine" dans *Frisian Runes and Neighbouring Traditions. Proceedings of the First International Symposium on Frisian Runes at the Fries Museum, Leeuwarden 26-29 January*, Looijenga, T. & Quak, A. (dir.), Amsterdam, 1996.

ANTONSEN E.A., *Runes and Germanic Linguistics*, New York, 2002.

ARNOLD M. & FINLAY A. (dir.), "Making History" dans *Fornaldarsögur, Viking Society for Northern Research*, Londres, 2010.

AUSENDA G. (dir.), *After Empire. Towards and Ethnology of Europe's Barbarians*, Woodbridge, 1995.

AUSENDA G., DELOGU P. & WICKHAM C. (dir.), *The Langobards Before the Frankish Conquest: An Ethnographic Perspective*, Woodbridge, 2009.

AUSTIN M., *Import, Imitate, Interpret: Patterns of Scandinavian Influence dans Anglo-Saxon Bracteates*, thèse non-publiée, disponible sur *www.academia.edu*.

AXBOE M., "Gudme and the Gold Bracteates" dans *The Archaeology of Gudme and Lundeborg*, Nielsen P.O., Randsborg K. & Thrane H. (dir.), communication présentée lors du colloque de Svendborg, octobre 1991, Copenhague, 1994.

AXBOE M., "The Chronology of the Scandinavian Gold Bracteates" dans *The Pace of Change: Studies in Early Medieval Chronology*, Hines J., Oxford, 1999.

AXBOE M., "The Year 536 and the Scandinavian Gold Hoards" dans *Med. Arch.*, vol. XLIII, 1999.

AXBOE M., "Amulet Pendants and a Darkened Sun: On the Function of the Gold Bracteates and a Possible Motivation for the Large Gold Hoards" dans *Roman Gold and the Development of the Early Germanic Kingdoms. Aspects of Technical, Socio-Political, Socio-Economic, Artistic and Intellectual Development A.D. 1-550*, Magnus B. (dir.) Stockholm, 2001.

AXBOE M., "Guld og Guder" dans *Ragnarok. Odins Verden*, Capelle, T. & Fischer, C. (dir.), Silkeborg, 2005.

AXBOE M., *Brakteatstudier*, København, 2007.

AXBOE M. & Appel P.W.U., *De Udødelige guldhorn*, Copenhague, 2005.

AXBOE M. & Källström M., "Guldbrakteater fra Trollhättan – 1844 og 2009" dans *Fornvännen*, 2013.

BAKKA E., "On the Beginnings of Salin's Style I" dans *England, Historisk-antikvarisk rekke* n°3, Bergen, 1958.

BAKKA E., "Scandinavian-Type Gold Bracteates in Kentish and Continental Grave Finds" dans *Angles, Saxons and Jutes, Evison* V.I. (dir.), présenté par J.N.L. Myres, Oxford, 1981.

BALL SIR C., "Inconsistencies in the Main Runic Inscriptions on the Ruthwell Cross" dans *Old English Runes and Their Continental Background*, Bammesberger A. (dir.), Heidelberg, 1991.

BALLESTER X., "The First Germanic Origin of the English Language" dans *Quaderni di Semantica*, vol.XXVI, 2005.

BAMMESBERGER A., "Three Old English Runic Inscriptions" dans *Old English Runes and Their Continental Background*, Bammesberger A. (dir.), Heidelberg, 1991.

BAMMESBERGER A., "On the Morphology of Old Frisian deda" dans *Old English Runes and Their Continental Background*, Bammesberger A. (dir.), Heidelberg, 1991.

BAMMESBERGER A., "Ingvaeonic Sound Changes and the Anglo-Frisian Runes" dans *Old English Runes and Their Continental Background*, Bammesberger A. (ed.), Heidelberg, 1991.

BAMMESBERGER A., "Notes on Medial and Final Vowels in the Ruthwell Cross Runic Inscription" dans *Proceedings of the Third International Symposium on Runes and Runic Inscriptions*, Knirk J.E. (dir.), Grindaheim, Norvège, 8-12 août 1990, *Runrön* vol.9, Uppsala, 1994.

BAMMESBERGER A., "Frisian and Anglo-Saxon Runes: From the Linguistic Angle" dans *Frisian Runes and Neighbouring Traditions. Proceedings of the First International Symposium on Frisian Runes at the Fries Museum,* Leeuwarden 26-29 janvier, Looijenga, T. & Quak, A. (dir.), Amsterdam, 1996.

BAMMESBERGER A., "The Brandon Antler Runic Inscription" dans *Neophilologus*, vol.86-1, 2002.

BAMMESBERGER A., "Das Futhark und seine Weiterentwicklung in der anglo-friesischen Überlieferung" dans *Old English Runes and Their Continental Background*, Bammesberger A. (ed.), Heidelberg, 1991.

BARNES M.P., "On Types of Argumentation in Runic Studies" dans *Proceedings of the Third International Symposium on Runes and Runic Inscriptions*, Knirk J.E. (dir.), Grindaheim, Norvège, 8-12 août 1990, *Runrön* vol. 9, Uppsala, 1994.

BARNES M.P., "The Hedeby Insacriptions, the Short-Twig Runes and the Question of Early Scandinavian Dialect Markers" dans *Von Thorsberg nach Schleswig*, Düwel K., Marold E. & Zimmermann C. (dir.), Berlin, 2000.

BARNES M.P., "Aspects of the Scandinavian Runes of the Brtitish Isles" dans *Roman, Runes and Ogham: Medieval Inscriptions in the Insular World and on the Continent*, Higgitt, Forsyth & Parsons (dir.).

BARNES M.P., "Standardized fuþarks: A Useful Tool or a Delusion?" dans *Runes and Their Secrets: Studies in Runology*, Stoklund M., Nielsen M.L., Holmberg B. & Fellows-Jensen, G. (dir.), Copenhague, 2006.

BARNES M.P., "What is runology and where does it stand today?" dans *Proceedings of the 7th International Runic Symposium*, Oslo, 2010.

BARNES M.P., *Runes. A Handbook*, Woodbridge, 2012.

BARNES M.P., "The Manx Runes and the Supposed Jæren Connection" dans *Futhark*, vol.3, Oslo, 2012.

BARNES M.P., "What Is Runology, and Where Does It Stand Today?" dans *Futhark*, vol.4, Oslo, 2013.

BARNES M., Hagland J.R. & Page R.I., *The Runic Inscriptions of Viking Age Dublin, Royal Irish Academy Medieval Dublin Excavations 1962-81*, vol.5, Dublin, 1997.

BAUER A., *Recent Finds from the Continent: Problems and Perspectives of the Alamannic "Runic Province"*, (sans date).

BAUER A., "Spiegelt sich das Fuþark in den Runengedichten? Die Wandlung des Fuþark in der handschriftlichen Überlieferungder Runengedichte" dans *Das Fuþark und seine Einzelsprachlichen Weiterentwicklungen*, Bammesberger, A. & Waxenberger, G. (dir.), *RGA* vol.51, Berlin, 2006.

BAUER A., "Jütländische Runenifibeln im südgermanischen Bereich: Runologisches Mit einem Exkurs zu den drei runenbeschrifteten Fibeln aus Aschheim" dans *Archäologie und Runen: Fallstudien zu Inschriften im älteren Futhark*, Grimm O. & Pesch A. (dir.) Hambourg, 2015.

BECK H., "A Runological and Iconographical Interpretation of North-Sea-Germanic Rune-Solidi" dans *Proceedings of the First International Symposium on Runes and Runic Inscriptions, Michigan Germanic Studies* vol.VII n°1, Thompson, C.W. (dir.), 1981.

BECK H., "Das Fuþark und Probleme der Verschriftung/Verschriftlichung" dans *Das Fuþark und seine Einzelsprachlichen Weiterentwicklungen*, Bammesberger, A. & Waxenberger, G. (dir.), *RGA* vol.51, Berlin, 2006.

BECK W. & Schuhmann R., "Die ältesten Runeninschriften im Kontext (sprach) wissenschaftlicher Editionen" dans *Futhark* vol.5, 2014.

BECKER A., "Franks Casket. Zu den Bildern und Inschriften des Runenkästchens von Auzon. Regensburger Arbeiten zur Anglistik und Amerikansitik" dans *Band 5*, Regensburg, 1973.

BEHR C., Pestell T. & Hines J., "The Bracteate Hoard from Binham. An Early Anglo-Saxon Central Place?" dans *Med. Arch.* vol.58, 2014.

BEMMANN G. & J., *Der Opferplatz von Nydam. Die Funde aus den alteren Grabungen: Nydam-I und Nydam-II*, Neumünster, 1998.

BIANCHI M., *Runor Som Resurs. Vikingatida skriftkultur i Uppland och Södermanland*, Uppsala, 2010.

BIRKETT T., "Unlocking Runes? Reading Anglo-Saxon Runic Abbreviations in Their Immediate Literary Context" dans *Futhark* vol.5, 2014.

BIRKHAN H., "Keltisches in Germanischen Runennamen?" dans *Das Fuþark und seine Einzelsprachlichen Weiterentwicklungen*, Bammesberger, A. & Waxenberger, G. (dir.), *RGA* vol.51, Berlin, 2006.

BISHOP, C.R. *Runic Magic*, actes de colloque non publié, University of Maryland, 2007.

BITTERLI D., *Say What I Am Called. The Old English Riddles of the Exeter Book and the Anglo-Latin Riddle Tradition*, Toronto, 2009.

BLACKBURN M., "A Survey of Anglo-Saxon and Frisian Coins with Runic Inscriptions" dans *Old English Runes and Their Continental Background*, Bammesberger A. (ed.), Heidelberg, 1991.

BLANKENFELDT R., "Die Herkunft der germanischen Fundgruppen aus dem Thorsberger Moor" dans *Archäologie und Runen: Fallstudien zu Inschriften im älteren Futhark*, Grimm O. & Pesch A. (dir.) Hambourg, 2015.

BOGAERS J.E. & HAALEBOS J.K., "Een armring voor Hercules Magusanus" dans *Westerheem*, vol.42, 1993.

BOLIN H., "Animal Magic: The Mythological Significance of Elks, Boats and Humans in North Swedish Rock Art" dans *Journal of Material Culture*, vol. 5(2), 2000.

BÓNA I., *The Dawn of the Dark Ages. The Gepids and the Lombards in the Carpathian Basin*, Budapest, 1976.

BORSTELMANN A., "Exkurs: Die Goldbrakteaten aus Blekinge" dans *Archäologie und Runen: Fallstudien zu Inschriften im älteren Futhark,* Grimm O. & Pesch A. (dir.) Hambourg, 2015.

BRANSTON B., *The Lost Gods of England,* London, 1957.

BREMMER R.H., "Hermes-Mercury and Woden-Odin as Inventors of Alphabets: A Neglected Parallel" dans *Old English Runes and Their Continental Background,* Bammesberger A. (ed.), Heidelberg, 1991.

BROWN G., OKASHA E., PAGE R. & PICKARD C., "A Middle-Saxon Runic Inscription from the National Portrait Gallery and an Inscribed Fossilised Echinoid from Exeter Street, London" dans *Med. Arch.*, vol. XLV, Londres, 2001.

BRUCE-MITFORD R., *Aspects of Anglo-Saxon Archaeology. Sutton Hoo and Other Discoveries,* Londres, 1974.

BRUCE-MITFORD R., *The Sutton Hoo Ship-Burial.* Volume 1. *Excavations, Background, The Ship, Dating and Inventory,* Londres, 1975.

BRUCE-MITFORD R., (ed) *Recent Archaeological Excavations in Europe,* Londres, 1975.

BRUCE-MITFORD R., *The Sutton Hoo Ship-Burial.* Volume 2. *Arms, Armour and Regalia,* Londres, 1978.

BRUCE-MITFORD R., *The Sutton Hoo Ship-Burial.* Volume 3. *Late Roman and Byzantine Silver, Hanging Bowls, Drinking Vessels, Cauldrons and Other Containers, Textiles, The Lyre, Pottery Bottle and Other Items,* Londres, 1983.

BRUNNING S., *The "Living" Sword in Early Medieval Northern Europe: An Interdisciplinary Study,* volume 1*: Thesis, Appendices and Bibliography,* thèse non publiée.

BUCHHOLZ P., "Perspectives for Historical Research in Germanic Religion" dans *History of Religion* vol.8, 1968.

BUCK C.D. "An ABC Inscribed in Old English Runes" dans *Modern Philology,* vol. 17, 1919.

BUNDGAARD RASMUSSEN B., "The Soldiers of the Roman Empire and the Roman Army" dans *The Spoils of Victory – The North in the Shadow of the Roman Empire,* Jørgensen L., Storgaard B. & Thomsen L.G. (dir.), Copenhague, 2003.

BURMEISTER S. & DERKS H., *2000 Jahre Varusschlacht Konflikt,* Stuttgart, 2009.

BURSCHE A., "Contact Between the Late Roman Empire and North-Central Europe" dans *A.J.* vol.76, 1996.

BURSCHE A., "Roman Gold Medallions as Power Symbols of the Germanic Elite" dans *Roman Gold and the Development of the Early Germanic Kingdoms. Aspects of Technical, Socio-Political, Socio-Economic, Artistic and Intellectual Development A.D. 1-550,* Magnus B. (dir.) Stockholm, 2001.

BURSCHE A., "Germanic Gold Bracteates from the Hoard in Zagórzyn near Kalisz" dans *Byzantine Coins in Central Europe between the 5th and 10th Century,* Wołoszyn M. (dir.), *Moravia Magna,* vol.V, Cracovie, 2008.

CALDER G., *The Scholar's Primer: Auraicept na n-Eces,* Edinbourg, 1917.

CAMPBELL A., *Old English Grammar,* Oxford, 1959.

CARSTENS L. & Grimm O., "Landscape and lordship – an archaeological-historical analysis of Blekinge's topography of power (1st to 15th century AD)" dans *Archäologie und Runen: Fallstudien zu Inschriften im älteren Futhark,* Grimm O. & Pesch A. (dir.) Hambourg, 2015.

CHANGIZI M.A. & SHIMOJO S., "Character Complexity and Redundancy in Writing Systems over Human History" dans *Proceedings of the Royal Society, Biological Sciences,* vol.272, 2005.

CHARLES-EDWARDS T., *After Rome,* Oxford, 2003 .

CLUNIES ROSS M., "The Anglo-Saxon and Norse Rune Poems: A Comparative Study" dans *ASE,* vol.19, 1990.

CONANT J.B., "Runic ALU – A New Conjecture" dans *JEGP,* vol.72, 1973.

DAHM M.K., "Roman Frontier Signalling and the Order of the Fuþark" dans *JIES,* vol.39, n°1-2, 2011.

DAY C.L., "Knots and Knot Lore" dans *Western Folklore,* vol.9, n°3, 1950.

DICKENS B., "Runic Rings and Old English Charms" dans *Archiv für das Studium der Neueren Sprachen,* vol.167, 1935.

DERKS T. & Roymans N., *Ethnic Constructs in Antiquity. The Role of Power and Tradition,* Amsterdam, 2009.

DEROLEZ R., "Epigraphical Versus Manuscript English Runes: One or Two Worlds" dans *AWLSK*, vol.45, 1983.

DEROLEZ R., "The Runic Inscriptions of Monte S. Angelo" dans *AWLSK*, vol.45, 1983.

DEROLEZ R., "Runica Manuscripta Revisited" dans *Old English Runes and Their Continental Background*, Bammesberger A. (dir.), Heidelberg, 1991.

DILLMANN F-X., "Le Maître-des-Runes : essai de détermination socio-anthropolgique : quelques reflexions méthodologiques" dans *Proceedings of the First International Symposium on Runes and Runic Inscriptions, Michigan Germanic Studies* vol.VII n°1, Thompson, C.W. (dir.), 1981.

DOBAT A.S., *Werkzeuge aus kaiserzeitlichen Heerausrüstungsopfern, Jernalderen in Nordeuropa*, Aarhus, 2008.

DRONKE U., *The Poetic Edda vol.II Mythological Poems*, Oxford, 1997.

DUMÉZIL G. (trad. D. Coltman), *From Myth to Fiction. The Saga of Hadingus*, Londres, 1973.

DÜWEL K., "The Meldorf Fibula and the Origins of Runic Writing" dans *Proceedings of the First International Symposium on Runes and Runic Inscriptions, Michigan Germanic Studies*, vol.VII n°1, Thompson, C.W. (dir.), 1981.

DÜWEL K., "Buchstabenmagie und Alphabetzauber. Zu den Inschriften der Goldbrakeatetn und Ihrer Funktion als Amulette," dans *Frühmittelalterliche Studien* vol.22, 1988 .

DÜWEL K., "Kontinentale Runeninschriften" dans *Old English Runes and Their Continental Background*, Bammesberger A. (dir.), Heidelberg, 1991.

DÜWEL K., *Zur Runeninschrift in Wamers* (ed.), 2000.

DÜWEL K., "Runenbekenntnis als Oberschichtenmerkmal (mit besonderer Berücksichtigung methodisher Aspekte)" dans *Archäologie und Runen: Fallstudien zu Inschriften im älteren Futhark*, Grimm O. & Pesch A. (dir.), Hambourg, 2015.

DÜWEL K. & HEIZMAAN W., "Das ältere Fuþark – Überlieferung und Wirkungsmöglichkeiten der Runenreihe" dans *Das Fuþark und seine Einzelsprachlichen Weiterentwicklungen*, Bammesberger, A. & Waxenberger, G. (dir.), *RGA*, vol.51, Berlin, 2006.

EBBINGHAUS E.A., "The Question ofVisigothic Runic Inscriptions Re-Examined" dans *General Linguistics*, vol.30, 1990.

EDBERG R. & ANDERSSON L., *Guide till Runricket*, Stockholm, 212.

EFFROS B., *Merovingian Mortuary Archaeology and the Making of the Early Middle Ages*, Berkeley, 2003.

EGELER M., "Textual Perspectives on Prehistoric Contacts: Some onsiderations on Female Death Demons, Heroic Ideologies and the Notion of Elite Travel in European Prehistory" dans *JIES*, vol.37/3-4, 2009.

EICHNER H., "Zu den Quellen und Übertragungswegen der Germanischen Runenschrift: Ein Diskussionsbeitrag" dans *Das Fuþark und seine Einzelsprachlichen Weiterentwicklungen*, Bammesberger, A. & Waxenberger, G. (dir.), *RGA*, vol.51, Berlin, 2006.

ELLIOTT R.W.V., "Runes, Yews, and Magic" dans *Speculum*, vol.32, n°2, 1957.

ELLIOTT R.W.V., *Runes. An Introduction*, Manchester, 1958.

ELLIOTT R.W.V., "Coming Back to Cynewulf" dans *Old English Runes and Their Continental Background*, Bammesberger A. (dir.), Heidelberg, 1991.

ELLIS DAVIDSON H.R., *The Sword in Anglo-Saxon England*, Woodbridge, 1962 (reprint 1994).

ELLIS DAVIDSON H.R., "The Finglesham Man: The Significance of the Man in the Horned Helmet" dans *Antiquity*, vol.34, 1965.

ELLIS DAVIDSON H.R., *Myths and Symbols in Pagan Europe*, New York, 1988.

ELLIS DAVIDSON H.R., "Myths and Symbols in Religion and Folklore" dans *Folklore*, vol.100, 1989.

ENGELHARDT C., *Sønderjyske og Fynske Mosefund, Bind I-III. Thorsbjerg Mosefund. Nydam Mosefund. Kragehul og Vimosefundene*, 1863.

ENRIGHT M.J., *Lady With a Mead Cup: Ritual, Prophecy and Lordship in the European Warband from La Tene to the Viking Age*, Dublin, 1996.

ERHART P. et alii, *Geheimnisse auf Pergament*, Saint-Gall, 2008.

ERIKSEN M.H., *Between the Real and Ideal. Ordering, Controlling and Utilising Space in Power Negotiations – Hall Buildings in Scandinavia, 250 1050 CE*, Oslo, 2010.

ERIKSEN M.H., PEDERSEN U., RUNDBERGET B., AXELSEN I. & BERG H.L., *Viking Worlds. Things, Spaces and Movement*, Oxford, 2015.

EVISON V.I., "An Anglo-Saxon Cemetery at Holborough, Kent" dans *Arch.Cant.* vol.LXX, 1956.

EVISON V.I., "Dover Buckland Anglo-Saxon Cemetery, Historic Buildings & Monuments" dans *Commission for England Archaeological* Report n°3, Londres, 1987.

EYTHÓRSSON Þ., "Variation in the Syntax of the Older Runic Inscriptions" dans *Futhark*, vol.2, 2011.

EYTHÓRSSON Þ., "Three Daughters and a Funeral: Re-reading the Tune Inscription" dans *Futhark*, vol.3, 2012.

EYTHÓRSSON Þ., "On Tune's sijostez Once Again: A Reply to Bernard Mees" dans *Futhark*, vol.4, 2013.

FAIRFAX E., "The twisting path of runes from the Greek alphabet" dans *NOWELE*, vol.67, 2014.

FELL B., "A New Bronze Age Alphabet from Gentofte" dans *Epigraphical Society Occasional Publications*, vol.14, San Diego, 1985.

FELL C.E., "Runes and Sematics" dans *Old English Runes and Their Continental Background*, Bammesberger A. (dir.), Heidelberg, 1991.

FELL C.E., "Anglo-Saxon England: A Three-Script Community?" dans *Proceedings of the Third International Symposium on Runes and Runic Inscriptions*, Knirk J.E. (dir.), Grindaheim, Norvège, 8-12 août 1990, *Runrön*, vol.9, Uppsala, 1994.

FERN C., "Early Anglo-Saxon Horse Burial of the Fifth to Seventh Centuries AD" dans *Anglo-Saxon Studies in Archaeology and History*, vol.14, Oxford, 2007.

FERN C., *Contextualising Metal-Detected Discoveries: Staffordshire Anglo-Saxon Hoard (Project 5892) Stage 2 Project Design Version 4*, West Bridgford, 2015.

FINDELL M., *Vocalism in the Continental Runic Inscriptions*, thèse non publiée, soutenue à l'Université de Nottingham en 2009.

FINDELL M., "The Germanic diphthongs in the Continental runic inscriptions" dans *Futhark*, vol.3, 2012.

FINDELL M., *Runes*, Londres, 2014.

FINDELL M., *East Germanic and West Germanic in contact* (sans date).

FISCHER O., VAN KEMENADE A., KOOPMAN W. & VAN DER WURFF W., *The Syntax of Early English*, Cambridge, 2004.

FISCHER S., *Runes, Latin and Christianity in Merovingian Gaul*, Uppsala, 2000.

FISCHER S., "Alemannia and the North: Early Runic Contexts Apart (400-800)" dans *RGA*, vol.43, 2003.

FISCHER S., *Roman Imperialism and Runic Literacy. The Westernization of Northern Europe (150-800 AD)*, Uppsala, 2005.

FISCHER S., "A Survey of Runic Inscriptions: The IRF-RIF Project 2006-2007, (Inscriptions Runiques de France)", *Association Française d'Archéologie Mérovingienne Bulletin de Liaison*, n°30, 2006.

FISCHER S., *Les Seigneurs des Anneaux*, 2e edition, Condé-sur-Noireau, 2008.

FISCHER S., "Brief Events and Long-Term Change : the Slow Impact of Foreign Influences in Valsgärde" dans *Valsgärde Studies: the Place and its People, Past and Present*, Nor. S., Uppsala, 2008a

FISCHER S., "Literacy and Text Production in the Age of Germanic Kleptocracy – The Elusive Case of Theoderic" dans *Wulfila 311–2011 International Symposium, Uppsala University June 15–18, 2011*, Kaliff A. & Munkhamarr L. (dir.) Uppsala, 2013.

FISCHER S. & SOULAT M., "Runic Swords & Raw Materials" dans *Anglo-Saxon Interaction with Northern Gaul, Proceedings of the 58th Sachsensymposium*, Trondheim, 2009.

FISCHER S., GRAF M. & SOULAT J., "Runes et Rivières: Typologie et repartition des inscriptions runiques d'époque mérovingienne le long de la Mer du Nord, du Rhin et du Danube" dans *Association Francaise d'Archéologie Mérovingienne Bulletin de Liaison*, n°36, 2012.

FISCHER S., GRAF M.H., FOSSURIER C., CHÂTELET M. & SOULAT J., "An Inscribed Silver Spoon from Ichtratzheim (Bas-Rhin)" dans *Journal of Archaeology and Ancient History*, n°1, 2014.

FISCHER S., LEJDEGÅRD H. & VICTOR H., "The Fall and Decline of the Roman Urban Mind" dans *The Urban Mind: Cultural and Environmental Dynamics*, Sinclair P.J.J., Nordquist G., Herschend F. & Isendahl C. (dir.), Uppsala, 2010.

FISCHER S., LÓPEZ SÁNCHEZ F, & VICTOR H., "The 5th CenturyHoard of Theodosian Solidi from Stora Brunneby, Öland, Sweden. A Result from the LEO Project" dans *Fornvännen*, vol.106, 2011.

FJELLHAMMER SEIM K., "Var futharken en magisk formel i middeladren? Testing av en hypotese mot innskrifter fra Bryggen i Bergen" dans *Proceedings of the Third International Symposium on Runes and Runic Inscriptions*, Knirk J.E. (dir.), Grindaheim, Norvège, 8-12 août August 1990, *Runrön*, vol.9, Uppsala, 1994.

FLOWERS S.E., "How to Do Things With Runes: A Semiotic Approach to Operative Communication" dans *Runes and Their Secrets: Studies in Runology*, Stoklund M., Nielsen M.L., Holmberg B. & Fellows-Jensen, G. (dir.), Copenhague, 2006.

FLOWERS S.E., *Runes and Magic. Magical Formulaic Elements in the Older Runic Tradition*, Smithville, 2010.

FORBES M. D. & DICKINS B., "The Ruthwell and Bewcastle Crosses" dans *The Modern Language Review*, vol.10, n°1, 1915.

FRANCESCHI G., JORN A. & MAGNUS B., *Ten Thousand Years of Folk Art in the North:* vol.1, *Men, Gods and Masks in Nordic Iron Age Art*, Köln, 2005.

FRANCESCHI G., JORN A. & MAGNUS B., *Ten Thousand Years of Folk Art in the North:* vol.2 *Bird, Beast and Man in Nordic Iron Age Art*, Köln, 2005.

GAIMSTER M., "Scandinavian Gold Bracteates in Britain. Money and Media in the Dark Ages" dans *Med. Arch.*, vol.XXXVI, 1992.

GAIMSTER M., "Vendel Period Bracteates on Gotland: On the Significance of Germanic Arté" dans *Acta Archaeologica Lundensia*, série en 8o n°27, Lund, 1998.

GAIMSTER M., "Gold Bracteates and Necklaces: Political Ideals in the 6th Century" dans *Roman Gold and the Development of the Early Germanic Kingdoms. Aspects of Technical, Socio-Political, Socio-Economic, Artistic and Intellectual Development A.D. 1-550*, Magnus B. (dir.) Stockholm, 2001.

GARMONSWAY G.N., *Ælfric's Colloquy*, Exeter, 1978.

GEAKE H., "The Use of Grave-Goods in Conversion Period England, c.600-850" dans *B.A.R. British Series*, n°261, Oxford, 1997.

GILIBERTO C., "The Criteria for the Formation of a Frisian Runic Corpus Revisited" dans *ABAG*, vol.49, 1998.

GLOB. P.V., *The Bog People. Iron Age Man Preserved*, Londres, 1969.

GLOSECKI S.O., *Shamanism and Old English Poetry*, New York, 1989.

GOSLING K., "Recent Finds from London" dans *Old English Runes and Their Continental Background*, Bammesberger A. (dir.), Heidelberg, 1991.

GREEN B., "The Grave Goods from the Cremations" dans *The Anglo-Saxon Cemeteries of Caistor-by-Norwich and Markshall Norfolk*, Myres J.N.L. & Green B (dir.), Londres, 1973.

GREEN D.H., *Language and History in the Early Germanic World*, Cambridge, 1998.

GRIFFITHS A., "Rune-names: the Irish Connexion" dans *Runes and Their Secrets: Studies in Runology*, Stoklund M., Nielsen M.L., Holmberg B. & Fellows-Jensen, G. (dir.), Copenhague, 2006.

GRIFFITHS A., "The Anglo-Saxon Name for the S-Rune: Sigel, A Precious Jewel" dans *Futhark*, vol.2, 2011.

GRIFFITHS A. & SALZMANN L., "An Anglo-Saxon Cemetery at Alfriston, Sussex" dans *Sussex Archaeological Collections*, vol. 56, 1914.

GRIMM W.C., *Über Deutsche Runen*, Göttingen, 1821 (réédition Leipzig, 2009).

GRØNVIK O., "Bøylenålene fra Udby pg Nøvling. To runeinnskrifter fra tidlig urnordisk tid" dans *Proceedings of the Third International Symposium on Runes and Runic Inscriptions*, Knirk J.E. (dir.), Grindaheim, Norvège, 8-12 août 1990, *Runrön*, vol.9, Uppsala, 1994.

GRØNVIK O., "Zur Deutung der Runeninschrift von Westeremden B" dans *Proceedings of the Third International Symposium on Runes and Runic Inscriptions*, Knirk J.E. (dir.), Grindaheim, Norvège, 8-12 août 1990, *Runrön*, vol.9, Uppsala, 1994.

GRØNVIK O., "Über die Bildung des Älteren und des jungeren Runenalphabets" dans *Osloer Beiträge zur Germanistik*, vol.29, Frankfurt-am-Main, 2001.

GUERRA L., *Inscriptions and Communication in Anglo-Saxon England AD 600-900*, thèse non publiée, soutenue à l'Université d'Utrecht en 2008.

GUSTAVSON H., "A Rune-Inscribed Gaming-Die from Vallentuna" dans *Vendel Period Studies*, Lamm J.P. & Nordström H.-Å. (dir.), *Transactions of the Boat-Grave Symposium in Stockholm, February 2-3, 1981*, Stockholm, 1983.

GUSTAVSON H., HAMILTON J. & ÅHFELDT L.K., "Fragmenten från Tomteboda. Runsten med bildframställning eller bildstenar med runinskrift" dans *Fornvännen*, vol. 101, 2006.

Gustavson H. & Swantesson J.O.H., "Strängnäs, Skramle och Tomteboda: tre urnordiska runinskrifter" dans *Fornvännen*, n°106, 2011.

Gutsmiedl-Schümann D., *Das Frühmittelalterliche Gräberfeld Aschheim Bajuwarenring*, Kallmünz, 2010.

Gutsmiedl-Schümann D., "Runenbechriftete Fibeln unnd Gräberfeld von Aschheim: Archäologie" dans *Archäologie und Runen: Fallstudien zu Inschriften im älteren Futhark*, Grimm O. & Pesch A. (dir.), Hambourg, 2015.

Hagen A., A *Handbook of Anglo-Saxon Food – Processing and Consumption*, Pinner, 1992.

Hagen A., *A Second Handbook of Anglo-Saxon Food & Drink – Production & Distribution*, Hockwold-cum-Wilton, 1995.

Hagen S.N., "The Skodborg Runic Inscription" dans *Acta Philologica Scandinavica*, vol.20, 1949.

Halsall M., *The Old English Rune Poem: A Critical Edition*, Toronto, 1981.

Harhiou R., "The Treasure from Pietroasa, Romania" dans *B.A.R. Supplementary Series* 24, 1977.

Harmatta J., "Fragments of Wulfila's Gothic Translation from Hács-Béndekpuszta" dans *Acta Antiqua Academia Scientiarium Hungaricae* 37, 1996-1997.

Hatch Wicker N.L., "Swedish-Anglian Contacts Antedating Sutton Hoo: The Testimony of the Scandinavian Gold Bracteates" dans *Sutton Hoo: Fifty Years After*, Farrell R. & Neuman de Vegvar C., Oxford, 1992.

Hattatt R., *Iron Age and Roman Brooches. A second selection of brooches from the author's collection*, Oxford, 1985.

Hatting T., "The Animal Bones from the Refuse Layer at Lundeborg" dans *The Archaeology of Gudme and Lundeborg*, Nielsen P.O., Randsborg K. & Thrane H. (dir.), communication présentée lors du colloque de Svendborg, Octobre 1991, Copenhague, 1994.

Hauck K., "Methodenfragen der Brakteatendeutung. Erprobung eines Interpretationsmusters für die Bildzeugnisse aus einer oralen Kultur (Zur Ikonologie der Goldbrakteaten, XXVI)" dans *Zum Problem der Deutung frühmittelalterlicher Bildinhalte*, Roth, (dir.), Sigmaringen, 1986.

Hauck K., "Gudme als Kultort und seine Rolle beim Austausch von Bildformularen der Goldbrakteaten (Zur Ikonologie der Goldbrakteaten, L)" dans *The Archaeology of Gudme and Lundeborg*, Nielsen P.O., Randsborg K. & Thrane H. (dir.), communication présentée lors du colloque de Svendborg, octobre 1991, Copenhagen, 1994 .

Hauck K. et al, *Die Goldbrakteaten der Völkerwanderungszeit*, vol.1.1 Einleitung, Munich, 1985.

Hauck K. et al, *Die Goldbrakteaten der Völkerwanderungszeit*, vol.1.2, *Ikonographischer Katalog*, Munich, 1985.

Hauck K. et al, *Die Goldbrakteaten der Völkerwanderungszeit*, vol.1.3, *Ikonographischer Katalog*, IK1-Tafeln, Munich, 1985.

Hauck K. et al, *Die Goldbrakteaten der Völkerwanderungszeit*, vol.2.1, *Ikonographischer Katalog*, IK1-Text, Munich, 1986.

Hauck K. et al, *Die Goldbrakteaten der Völkerwanderungszeit*, vol.2.2, *Ikonographischer Katalog*, IK2-Tafeln, Munich, 1986.

Hauck K. et al, *Die Goldbrakteaten der Völkerwanderungszeit*, vol.3.1, *Ikonographischer Katalog*, IK3-Text, Munich, 1989.

Hauck K. et al, *Die Goldbrakteaten der Völkerwanderungszeit*, vol.3.2, *Ikonographischer Katalog*, IK3-Tafeln, Munich, 1989.

Haughton C. & Powlesland D., *West Heslerton. The Anglian Cemetery. Volume I, The Excavation and Discussion of the Evidence*, Yedingham, 1999.

Haughton C. & Powlesland D., W*est Heslerton. The Anglian Cemetery. Volume II, Catalogue of the Anglian Graves and Associated Assemblages*, Yedingham, 1999a.

Hawkes S.C. & Page R.I., "Swords and Runes in South-East England » dans *AJ*, vol.47, 1967.

Hawkes J. & Mills S., *Northumbria's Golden Age*, Stroud, 1999.

Heanley R.M., "Lincolnshire Superstitions" dans *Folklore*, vol.9, 1898.

Hedeager L., "Kingdoms, Ethnicity and Material Culture" dans *The Age of Sutton Hoo: The Seventh Century in North-Western Europe*, Carver M.O.H. (dir.) , Woodbridge, 1992.

HEMPL G., "The Møjebro Runic Stone: and the Runic Ligature for 'ng'" in *PMLA*, vol.15, n°2, 1900.

HEMPL G., "The Variant Runes on the Franks Casket" dans *TPAPA*, vol.32, 1901.

HEMPL G., "The Runic Inscription on the Isle of Wight Sword" dans *PMLA*, vol.18(1), 1903.

HENSON D., *The Origins of the Anglo-Saxons*, Hockwold-cum-Wilton, 2006.

HERSCHEND F., *The Early Iron Age on South Scandinavia. Social Order in Settlement and Landscape*, Uppsala, 2009.

HERSCHEND F., *Mellan tal och skrift. Essäer om runinskrifter*, Uppsala, 2009a .

HILLS C., "A Runic Pot from Spong Hill, North Elmham, Norfolk" dans *AJ*, n°54, Londres, 1974.

HILLS C., *The Anglo-Saxon Cemetery at Spong Hill, North Elmham. Part I. Catalogue of Cremations nos. 20-64 and 1000-1690, East Anglian Archaeology Report* n°6, Gressenhall, 1977.

HILLS C., "The Anglo-Saxon Settlement of England" dans *The Northern World. The History and Heritage of Northern Europe. AD 400-1100*, Wilson D.M. (dir.) Londres, 1980.

HILLS C., "The Archaeological Context of Runic Finds" dans *Old English Runes and Their Continental Background*, Bammesberger A. (dir.), Heidelberg, 1991.

HILLS C., "Frisia and England: The Archaological Evidence for Contact" dans *Frisian Runes and Neighbouring Traditions. Proceedings of the First International Symposium on Frisian Runes at the Fries Museum, Leeuwarden 26-29 January*, Looijenga, T. & Quak, A. (dir.), Amsterdam, 1996.

HILLS C. & LUCY S., *Spong Hill Part X: Chronology & Synthesis*, Cambridge, 2013.

HINES J., "The Scandinavian Character of Anglian England in the pre-Viking Period" dans *B.A.R. British Series*, Oxford, 1984.

HINES J., "Ritual Hoarding in Migration-Period Scandinavia: A Review of Recent Interpretations" dans *Proceedings of the Prehistoric Society*, vol.55, 1989.

HINES J., "Philology, Archaeology and the Adventus Saxonum vel Anglorum" dans *Britain 400-600: Language and History*, Bammesberger A. & Wollmann A. (dir.), Anglistische Forschungen, Heft 205, Heidelberg, 1990.

HINES J., "The Scandinavian Character of Anglian England: An Update" dans *The Age of Sutton Hoo: The Seventh Century in North-Western Europe*, Carver M.O.H. (dir.), Woodbridge, 1992.

HINES J., *Clasps – Hektespenner – Agraffen. Anglo-Scandinavian Clasps of Classes A-C of the 3rd to 6th centuries A.D. Typology, Diffusion and Function*, Stockholm, 1993.

HINES J., "The Becoming of the English: Identity, Material Culture and Language in Early Anglo-Saxon England" dans *ASSAH*, vol.7, 1994.

HINES J., "Coins and Runes in England and Frisia in the Seventh Century" dans *Frisian Runes and Neighbouring Traditions. Proceedings of the First International Symposium on Frisian Runes at the Fries Museum, Leeuwarden 26-29 January*, Looijenga, T. & Quak, A. (dir.), Amsterdam, 1996.

HINES J., "Religion: The Limits of Knowledge" dans *The Anglo-Saxons From the Migration Period to the Eighth Century: An Ethnographic Perspective*, Hines J., Woodbridge, 1997.

HINES J., *A New Corpus of Anglo-Saxon Great Square-Headed Brooches*, Woodbridge, 1997.

HINES J., "The Sixth Century Transition in Anglian England: an Analysis of Female Graves from Cambridgeshire" dans *The Pace of Change: Studies in Early Medieval Chronology*, Hines J., Oxford, 1999.

HINES J., "Eclectic Art of the Early Anglo-Saxon Jewelry" dans *From Attila to Charlemagne: Arts of the Early Medieval Period in the Metropolitan Museum of Art*, Brown K.R., Kidd D. & Little C.T. (dir.), New York, 2000.

HINES J., "Angeln and the Angles" dans *Von Thorsberg nach Schleswig*, Düwel K., Marold E. & Zimmermann C. (dir.), Berlin, 2000.

HINES J., "The Early Runic Inscriptions from Kent and the Problem of Legibility" dans *Das Fuþark und seine Einzelsprachlichen Weiterentwicklungen*, Bammesberger, A. & Waxenberger, G. (dir.), *RGA*, vol.51, Berlin, 2006.

HINES J., "New light on Literacy in Eighth-Century East Anglia: a Runic Inscription from Baconsthorpe, Norfolk in Anglia" dans *Zeitschrift für englische Philologie* n°129 (2011).

HINES Z., "Swords that Speak and Runes that Fight: The Power of the Giant's Sword in Beowulf" dans *STET*, n°1, 2010.

HINTON D., *Catalogue of the Anglo-Saxon Ornamental Metalwork 700-1100 in the Department of Antiquities, Ashmolean Museum*, Oxford, 1974.

HINTON D., "The Fifth and Sixth Centuries: Reorganization Among the Ruins" dans *The Archaeology of Anglo-Saxon England: Basic Readings*, Karkov C.E. (dir.), Londres, 1999.

HINTON D., "A Smith in Lindsey. The Anglo-Saxon Grave at Tattershall Thorpe, Lincolnshire" dans *Society for Mediaeval Archaeology*, Monograph n°16, Londres, 2000.

HINTON D., *Gold and Gilt, Pots and Pins: Possessions and People in Medieval Britain*, Oxford, 2005.

HÖFLER O., *Die Runeninschriften im älteren Futhark*, Frankfurt am Main, 1970.

HOOPER N., "The Anglo-Saxons at War" dans Weapons and Warfare » dans *Anglo-Saxon England in Oxford University Committee for Archaeology* Monograph No.21, Chadwick Hawkes S. (dir.), Oxford, 1989.

HOOPER P.J., *The Syntax of the Simple Sentence in Proto-Germanic*, The Hague, 1975.

HOLMAN K., "Reading the Runes: Epigraphy and History in the Northern Isles" dans *Roman, Runes and Ogham: Medieval Inscriptions in the Insular World and on the Continent*, Higgitt, Forsyth & Parsons (dir.), Donington, 2001.

HOLTHAUSEN F., *Altenglisches Etymologisches Wörterbuch*, Heidelberg, 1974.

HOOD J., AGER B., WILLIAMS C., HARRINGTON S. & CARTWRIGHT C., "Investigating and interpreting an early-to-mid sixth-century Frankish style helmet" dans *British Museum Technical Research Bulletin* n°6, 2012.

HUPFAUF P.R., *Signs and symbols represented in Germanic, particularly early Scandinavian, iconography between the Migration Period and the end of the Viking Age*, (thèse doctorale), Sydney, 2003.

HUTTERER C.J., *Die Germanischen Sprachen: ihre Geschichte in Grundzügen*, Wiesbaden, 1975.

HYLLESTED A., "The Precursors of Celtic and Germanic" dans *Proceedings of the 21st Annual UCLA Indo-European Conference*, Jamieson S.W., Melchert H.C. & Vine B. (dir.), Brême, 2010.

ILKJÆR J., "Illerup Ådal. Die Lanzen und Speeren, Jutland" dans *Archaeological Society Publications*, XXV, vols.1&2, Højbjerg, 1990.

ILKJÆR J., "Runeindskrifter fra Mosefund i Danmark – Kontekst og Oprindelse" dans *Frisian Runes and Neighbouring Traditions. Proceedings of the First International Symposium on Frisian Runes at the Fries Museum, Leeuwarden 26-29 January*, Looijenga, T. & Quak, A. (dir.), Amsterdam, 1996.

ILKJÆR J., *Illerup Ådal – Archaeology as a Magic Mirror*, Moesgård, 2001.

IMER L.M., "Runes and Romans in the North" dans *Futhark*, vol.1, 2010.

IMER L.M., "The inscriptions from Thorsberg – Germanic inscriptionmaking as a reflection of Roman writing" dans *Archäologie und Runen: Fallstudien zu Inschriften im älteren Futhark*, Grimm O. & Pesch A. (dir.), Hambourg, 2015.

INSLEY J. -"The Scandinavian Runic Inscriptions of the Older Fuþark and Old English Personal Names " dans *Old English Runes and Their Continental Background*, Bammesberger A. (dir.), Heidelberg, 1991.

IVERSEN R.B., "Kragehul Mose. Ein Kriegsbeuteopfer auf Südwestfünen, Jernalderen" dans *Nordeuropa*, Moesgård, 2010.

JACKSON P., "The Merits and Limits of Comparative Philology. Old Norse Religious Vocabulary in a Long-Term Perspective" dans *More Than Mythology. Narratives, Ritual Practices and Regional Distribution in Pre-Christian Scandinavian Religions*, Raudvere C. & Schjødt J.P. (dir.), Lund, 2012.

JANSSON S.B.F., *Runes in Sweden*, Stockholm, 1987.

JAZAYERY M.A. & Winter W (dir.), "Languages and Cultures: Studies in Honor of Edgar C. Polomé, Trends" dans *Linguistics Studies and Monographs* 36, New York, 1988.

JENSEN H., *Sign, Symbol and Script*, Londres, 1970.

JENSEN J.J., "The Problem of the Runes in the Light of Some Other Alphabets" dans *Norsk Tidsskrift for Sprogvidenskap*, vol.XXIII, Oslo, 1969.

JESCH J., "Runic Inscription and Social History. Some Problems of Method " dans *Proceedings of the Third International Symposium on Runes and Runic Inscriptions*, Knirk J.E. (dir.), Grindaheim, Norvège, 8-12 août 1990, *Runrön* vol.9, Uppsala, 1994.

JESCH J., "Runes and Words: Runic Lexicography" dans *Context in Futhark*, vol.4, Oslo, 2013.

JØRGENSEN A.N., "Sea Defence in the Roman Iron Age" dans *Military Aspects of the Aristocracy in Barbaricum in the Roman and Early Migration Periods*, Storgaard B. (dir.), *Archaeology & History*, vol.5, Copenhague, 2001.

JØRGENSEN L., "The Find Material from the Settlement of Gudme II – Composition and Interpretation" dans *The Archaeology of Gudme and Lundeborg*, Nielsen P.O., Randsborg K. & Thrane H. (dir.), communication présentée lors du colloque de Svendborg, Octobre 1991, Copenhague, 1994.

JØRGENSEN L., "The "Warriors, Soldiers & Conscripts" of the Anthropology in Late Roman and Migration Period Archaeology"dans *Military Aspects of the Aristocracy in Barbaricum in the Roman and Early Migration Periods*, Storgaard B. (dir.), *Archaeology & History*, vol.5, Copenhague, 2001.

JØRGENSEN L., STORGAARD B. & THOMSEN L.G. (dir.), *The Spoils of Victory – The North in the Shadow of the Roman Empire*, Copenhague, 2003.

KARLSSON T., *Uthark: Nightside of the Runes*, Sundbyberg, 2002.

KAUL F., "The Bog – The Gateway to Another World" dans *The Spoils of Victory – The North in the Shadow of the Roman Empire*, Jørgensen L., Storgaard B. & Thomsen L.G. (dir.), Copenhague, 2003.

KELLER E., *Odins names in the Poetic Edda compared to Gods names in the Heliand*, Oslo, 2012.

KENNETT D.H., "Some Decorative Aspects of the Anglo-Saxon Shield in Bedfordshire" dans *AJ*, vol.9, Luton, 1974.

KENNETT D.H., *Anglo-Saxon Pottery*, Aylesbury, 1989.

KERSHAW K., "The One-Eyed God. Odin and the (Indo-)Germanic Männerbünde" dans *JIES* Monographie n°36, Washington, 2000.

Klevnäs A., "Whodunnit? Grave Robbery in Anglo-Saxon England and the Merovingian Kingdoms" dans *B.A.R. Internationals Series* 2582, Oxford, 2013.

KNIRK J.E., *Proceedings of the Third International Symposium on Runes and Runic Inscriptions*. Grindaheim, Norway, 8-12 August 1990, *Runrön* vol.9, Uppsala, 1994.

KNIRK J.E., *Runic inscription from Hogganvik, Mandal, Vest-Agder. Revised preliminary report*, 2009.

KNIRK J.E., "The Runic Inscription on the Eikeland Fibula" dans *Archäologie und Runen: Fallstudien zu Inschriften im älteren Futhark*, Grimm O. & Pesch A. (dir.) Hambourg, 2015.

KOKOWSKI A., "The Goths in ca. 311 AD" dans *Wulfila 311–2011 International Symposium, Uppsala University June 15–18, 2011*, Kaliff A. & Munkhamarr L. (dir.) Uppsala, 2013.

KORTLANDT F., *Studies in Germanic, Indo-European and Indo-Uralic*, Leiden, 2010.

KRAPP G.P. & VAN KIRK DOBBIE E. (dir.), *The Exeter Book, Anglo-Saxon Poetic Records*, vol. 3, New York, 1936.

KRAUSE W., "Untersuchungen zu den Runennamen I" dans *Nachrichten der Akadamie der Wissenschaften in Göttingen*, 1946.

KRAUSE W., Runen, 2e edition, Berlin, 1993.

KRISTOFFERSEN S., "Migration Period Prachtfibeln in Norway" dans *Archäologie und Runen: Fallstudien zu Inschriften im älteren Futhark,* Grimm O. & Pesch A. (dir.), Hambourg, 2015.

KRÜGER J., "Zu den Möglichkeiten einer Provenienzbestimmung der Runeninschriften von Thorsberg" dans *Archäologie und Runen: Fallstudien zu Inschriften im älteren Futhark,* Grimm O. & Pesch A. (dir.), Hambourg, 2015.

KVILHAUG M., "The Maiden with the Mead. A Goddess of Initiation in Norse Mythology" dans *M.A. dissertation*, Oslo, 2004.

LARRINGTON C., "Diet, Defecation and the Devil: Disgust and the Pagan Past" dans *Medieval Obscenities*, McDonald N. (dir.), York, 2006.

LARRINGTON C., "Awkward Adolescents: Male Maturation in Norse Literature" dans Making History. Essays on the *Fornaldarsögur*, Arnold M. & Finlay A. (dir.), *Viking Society for Northern Research*, Londres, 2010.

LASS R., *Old English: A Historical Linguistic Companion*, Cambridge, 1994.

LASSEN A., "Hoðr's Blindness and the Pledging of Óðinn's Eye: A Study of the Symbolic Value of the Eyes of Hoðr, Óðinn and Þórr" dans *Proceedings of the 11th Saga Conference*, Copenhague, 2000.

LÁSZLÓ G., *The Art of the Migration Period*, Londres, 1970.

LAUWERIER R.C.G.M. & DE KORT J.W., *Merovingers in een villa 2, Romeinse villa en Merovingisch grafveld Borgharen – Pasestraat Onderzoek 2012*, Amersfoort, 2014.

LAVELLE R., *Alfred's Wars. Sources and Interpretations of Anglo-Saxon Warfare in the Viking Age*, Woodbridge, 2010.

LAZAROVA S., "The Gothic Alphabet of Bishop Wulfila and the Cyrillic Alphabet Culture" dans *Wulfila 311–2011 International Symposium, Uppsala University June 15-18, 2011*, Kaliff A. & Munkhamarr L. (dir.), Uppsala, 2013.

LEAHY K., *Anglo-Saxon Crafts*, Stroud, 2003.

LEAHY K., "'Interrupting the Pots': The Excavation of Cleatham Anglo-Saxon Cemetery, North Lincolnshire" dans *CBA Reseach Report n°*115, York, 2007.

LEARY J., "Tatberht's Lundenwic: Archaeological Excavations in Middle Saxon London" dans *Pre-Construct Archaeology Monograph* n°2, Londres, 2004.

LEHMANN W.P., "Proto-Germanic Syntax" dans *Towards a Grammar of Proto-Germanic*, van Coetsem F. & Kufner H.L. (dir.), Tübingen, 1972.

LIESTØL A., "The Emergence of the Viking Runes" dans *Proceedings of the First International Symposium on Runes and Runic Inscriptions, Michigan Germanic Studies* vol. VII n°1, Thompson, C.W. (dir.), 1981.

LINCOLN B., *Death, War and Sacrifice. Studies in Ideology and Practice*, Chicago, 1991.

LINTNER-POTZ A., *Die Eruler, eine misslungene Ethnogenese*, M.A. thesis, Vienne, 2006.

LJUNGKVIST J., "Mistresses of the Cult – Evidence of Female Cult Leaders from an Archaeological Perspective" dans *Weibliche Eliten in der Frühgeschichte*, Quast D. (dir.), Mayence, 2011.

LOOIJENGA T., "Yew Wood and Runic Inscriptions in the Frisian Terp-Area" dans *Old English Runes and Their Continental Background*, Bammesberger A. (dir.), Heidelberg, 1991.

LOOIJENGA T., "Checklist of Frisian Runic Inscriptions" dans *Frisian Runes and Neighbouring Traditions. Proceedings of the First International Symposium on Frisian Runes at the Fries Museum, Leeuwarden 26-29 January*, Looijenga, T. & Quak, A. (dir.), Amsterdam, 1996.

LOOIJENGA T., "On the Origin of the Anglo-Frisian Runic Innovations" dans *Frisian Runes and Neighbouring Traditions. Proceedings of the First International Symposium on Frisian Runes at the Fries Museum, Leeuwarden 26-29 January*, Looijenga, T. & Quak, A. (dir.), Amsterdam, 1996.

LOOIJENGA T., *Runes around the North Sea and on the Continent, AD 150-700: Texts and Contexts*, Groningen, 1997.

Looijenga T., "The Bergakker Find and its Context in: Pforzen und Bergakker" dans *Neue Untersuchungen zu Runeninschriften*, Bammesberger A. (dir.), Göttingen 1999.

LOOIJENGA T., *Texts and Contexts of the Oldest Runic Inscriptions*, Leiden, 2003.

LOOIJENGA T. & QUAK A., "Frisian Runes and Neighbouring Traditions" dans *Proceedings of the First International Symposium on Frisian Runes at the Fries Museum, Leeuwarden 26-29 January, 1994*, Amsterdam, 1996.

LOSQUIÑO I. G., "The Early Runic Inscriptions. Their Western Features, Berkeley Insights" dans *Linguistics and Semiotics* n°92, New York, 2015.

LOUIS-JENSEN J., *The Norwegian Runic Poem as a Mnemonic Device: The Pictographic Principl*, (sans date).

LUCY S., *The Anglo-Saxon Way of Death. Burial Rites in Early England*, Stroud, 2000.

LÜHTI K., "South Germanic Runic Inscriptions as Testimonies of Early Literacy" dans *Runes and Their Secrets: Studies in Runology*, Stoklund M., Nielsen M.L., Holmberg B. & Fellows-Jensen, G. (dir.), Copenhague, 2006.

MAALØE C., "The Runic Bracteate from Skodborg" dans *Acta Philologica Scandinavica*, vol. 24, Copenhague, 1961.

MACGREGOR A. *et al.*, *A Summary Catalogue of the Continental Archaeological Collections* (Roman Iron Age, Migration Period, Early Medieval), Oxford, 1997.

MACGREGOR A. & BOLICK E., "A Summary Catalogue of the Anglo-Saxon Collections (Non-Ferrous Metals)" dans *B.A.R. British Series* 230, Oxford, 1993.

MACLEOD M., "Bind-Runes. An Investigation of Ligatures in Runic Epigraphy" dans *Runrön*, n°15, Uppsala, 2002 .

MACLEOD M., "Ligatures in Early Runic and Roman Inscriptions" dans *Runes and Their Secrets: Studies in Runology*, Stoklund M., Nielsen M.L., Holmberg B. & Fellows-Jensen, G. (dir.), Copenhague, 2006.

MacLeod M. & Mees B., *Runic Amulets and Magic Objects*, Woodbridge, 2006.

Madsen H.J., "The Iron Age 500B.C.-800 AD" dans *Danish Prehistory in Moesgård*, Damm, A. (dir.), Moesgård, 1988.

Magnus B., "The Firebed of the Serpent: Myth and Religion in the Migration Period Mirrored Through Some Golden Objects" dans *The Transformation of the Roman World AD 400-900*, Webster L. & Brown M. (dir.), Londres, 1997.

Magnus B., "Monsters and Birds of Prey. Some Reflections on Form and Style of the Migration Period in The Making of Kingdoms" dans *ASSAH*, vol.10, Oxford, 1999.

Magnus B., *Roman Gold and the Development of the Early Germanic Kingdoms. Aspects of Technical, Socio-Political, Socio-Economic, Artistic and Intellectual Development A.D. 1-550*, Magnus B. (dir.) Stockholm, 2001.

Magnus B., "The Enigmatic Brooches" dans *Roman Gold and the Development of the Early Germanic Kingdoms. Aspects of Technical, Socio-Political, Socio-Economic, Artistic and Intellectual Development A.D.1-550*, Magnus B. (dir.), Stockholm, 2001.

Makaev E.A. (trans. Meredig, J.), *The Language of the Oldest Runic Inscriptions. A Linguistic and Historical-Philological Analysis*, Stockholm, 1996.

Mallory J.P & Adams D.Q., *The Oxford Introduction to Proto-Indo-European and the Proto-Indo-European World*, Oxford, 2006.

Mallory J.P. & Mair V.H., *The Tarim Mummies. Ancient China and the Mystery of the Earliest Peoples from the West*, Londres, 2000.

Markey T., "A Tale of Two Helmets: The Negau A and B Inscriptions" dans *JIES*, vol.29, 2001.

Marold E., "Vers der Nicht Vers? Zum Metrischen Charakter von Runeninschriften im älteren Futhak" dans *Futhark* vol.2, 2011.

Marold E., "Die Inschrift von Tune als religionsgeschichtliches Zeugnis" dans *Archäologie und Runen: Fallstudien zu Inschriften im älteren Futhark*, Grimm O. & Pesch A. (dir.) Hambourg, 2015.

Martin J.S., "From Godan to Wotan: An Examination of Two Langobardic Mythological Texts" dans *The 11th International Saga Conference*, 2000.

Martin T., "Women, Knowledge and Power: the Iconography of Early Anglo-Saxon Cruciform Brooches" dans *ASSAH* vol.18, 2013.

Martin T., *The Cruciform Brooch and Anglo-Saxon England*, Woodbricge, 2014.

Matasovic R., *Etymological Dictionary of Proto-Celtic*, Leiden, 2009.

Matešić S., "Militaria im Thorsberger Moorfund – Zeugnisse römisch-germanischer Kontakte" dans *Aktuelle Forschungen zu Kriegsbeuteopfern und Fürstengräbern im Barbaricum*, Angelika Abegg-Wigg A. et Rau, A. (dir.), Neumünster 2008.

Matešić S., "Römische Militaria aus dem Thorsberger Moor – Zusammenstellung und Provenienz" dans *Archäologie und Runen: Fallstudien zu Inschriften im älteren Futhark*, Grimm O. & Pesch A. (dir.), Hambourg, 2015.

Matešić, S., "Runeinschriften und Runenähnlishes aus dem Thorsberger Moor – Neue archäologisch-materialkundliche Untersuchungen" dans *Archäologie und Runen: Fallstudien zu Inschriften im älteren Futhark*, Grimm O. & Pesch A. (dir.), Hambourg, 2015.

McKinnell J. & Simek R. (with Düwel, K.), "Runes, Magic and Religion: A Sourcebook" dans *Studia Medievalia Septentrionalia* vol.10, Vienne, 2004.

McKinney W.L., *Creating a Gens Anglorum: Social and Ethnic Identity in Anglo-Saxon England through the Lens of Bede's Historia Ecclesiastica*, York, 2011.

McNally M., *Teutoburg Forest AD 9 – The Destruction of Varus and his Legions*, Oxford, 2011.

Meaney A., "Woden in England: A Reconsideration of the Evidence" dans *Folklore*, vol.77, n°2, 1966.

Meaney A., «Women, Witchcraft and Magic in Anglo-Saxon England" dans *The Battle of Maldon*, Scragg D.G. (dir.), Manchester, 1981.

Mees B., "Runo-Gothica – The Runes and the Origin of Wulfila's Script", dans *Die Sprache. Zeitschrift für Sprachwissenchaft*, vol.43, 2002.

Mees B., « The Bergakker Inscription and the Beginnings of Dutch" dans *ABAG*, vol.56, 2002.

Mees B., "On Gaulish tau" dans *Studia Celtica* vol.36, 2002.

Mees B., "Runes in the First Century" dans *Runes and Their Secrets: Studies in Runology*,

Stoklund M., Nielsen M.L., Holmberg B. & Fellows-Jensen, G. (dir.), Copenhague, 2006.

MEES B., "Alu and Hail" dans *Journal of the Australian Early Medieval Association*, 2009.

MEES B., "Alu and Hail II: 'May Thor Bless' in Saga and East Scandinavia" dans *Papers of the 14th International Saga Conference Uppsala, 9th-15th August 2009*, Ney A., Williams H., & Ljungqvist F., (article du Département des Sciences humaines et sociales 14), Gävle, 2009.

MEES B., "The Yew Rune, Yogh and Yew" dans *Leeds Studies in English*, 2011.

MEES B., "Early Runic Metrics: A Linguistic Approach" dans *Futhark*, vol.3, 2012.

MEES B., "The Tune Memorial's asijostez" dans *Futhark*, vol.4, 2013.

MEID W., *Gaulish Inscriptions*, Budapest, 2014.

MEILLET A., *Caractères généraux des langues germaniques*, Paris, 1917.

MENGHIN W., *Das Schwert im Frühen Mittelalter*, Stuttgart, 1983.

MENGHIN W., *Les Francs, précurseurs de l'Europe*, Paris, 1997.

MENGHIN W., *The Merovingian Period. Europe Without Borders*, Berlin, 2007.

METZNER R., *The Well of Remembrance*, Boston, 1994.

MILLER A., "The Old English Rune Poem. Semantics, Structure and Symmetry" dans *JIES*, vol.34, 2006.

MITCHELL S.A., "The n-Rune and Nordic Charm Magic" dans *"Vi ska alla vara välkomna!" Nordiska studier tillägnade*, Magnúsdóttir A.G., Janson H., Johansson K.G., Malm M., Rogström L. (dir.), 2008.

MITCHELL S.A., "Heroic Legend and Onomastics: Hálfs saga, the Hildebrandslied and the Listerby Stones" dans *A virtual birthday gift presented to Gregory Nagy on turning seventy by his students, colleagues, and friends*, Washington, 2012.

MOLTKE E., "The Origins of the Runes" dans *Proceedings of the First International Symposium on Runes and Runic Inscriptions, Michigan Germanic Studies* vol.VII n°1, Thompson, C.W. (dir.), 1981.

MOLTKE E., "How to Investigate and Reproduce a Runic Inscription" dans *Proceedings of the First International Symposium on Runes and Runic Inscriptions, Michigan Germanic Studies* vol.VII n°1, Thompson, C.W. (dir.), 1981.

MOLTKE E., *Runes and Their Origin, Denmark and Elsewhere*, Copenhagen, 1985.

MORRIS R.L., "Runic and Mediterranean Epigraphy" dans *NOWELE*, supplément vol.4, Odense, 1988.

MORTIMER P., *The Sword in Anglo-Saxon England* (en attente de publication).

MORTIMER P. & POLLINGTON S., *Remaking the Sutton Hoo Stone: the Ansell-Roper Replica and its Context*, Ely, 2013.

MOULTON W.G., "The Proto-Germanic Non-Syllabics (Consonants)" dans *Towards a Grammar of Proto-Germanic*, van Coetsem F. & Kufner H.L. (dir.), Tübingen, 1972.

MUST G., "The Inscription on the Spearhead of Kovel" dans *Language*, vol.31, n°4, 1955.

Myres J.N.L., "Two Saxon Urns from Ickwell Bury, Beds., and the Saxon Penetration of the Eastern Midlands" dans *Antiquaries Journal*, vol. XXXIV, Oxford, 1954.

MYRES J.N.L., *Anglo-Saxon Pottery and the Settlement of England*, Oxford, 1969.

MYRES J.N.L., *A Corpus of Anglo-Saxon Pottery of the Pagan Period* (2 vols.), Cambridge, 1977.

NEDOMA R., *Runologische Deutung der Inschrift in Wamers* (ed.) 2000.

NEDOMA R., "Schrift und Sprache in den Südgermanischen Runeninschriften" dans *Das Fuþark und seine Einzelsprachlichen Weiterentwicklungen*, Bammesberger, A. & Waxenberger, G. (dir.), *RGA* vol.51, Berlin, 2006.

NEDOMA R., "Wege und Probleme der areal- und sozioonomastischen Auswertung von Personennamen in älteren Runeninschriften auf Fibeln" dans *Archäologie und Runen: Fallstudien zu Inschriften im älteren Futhark*, Grimm O. & Pesch A. (dir.) Hambourg, 2015.

NEUFFER E.M., *Der Reihengräberfriedhof von Donzdorf*, Stuttgart, 1972.

NEUMAN DE VEGVAR C., "The Travelling Twins: Romulus and Remus in Anglo-Saxon England" dans *Northumbria's Golden Age*, Hawkes J. & Mills S., Stroud, 1999.

NEUNER B., "Das Norwegische Runengedicht – was sich hinterden zweiten Zeilen verbirgt" dans *Runes and Their Secrets: Studies in Runology*, Stoklund M., Nielsen M.L., Holmberg B. & Fellows-Jensen, G. (dir.), Copenhague, 2006.

NICKEL H., "Tamgas and Runes, Magic Numbers and Magic Symbols" dans *Metropolitan Museum Journal*, vol.8, 1973.

NICOLAY J., *Armed Batavians. The Use and Significance of Weaponry and Horse Gear from Non-Military Contexts in the Rhine Delta (50 BC to AD 450)*, Amsterdam, 2007.

NICOLSON W. "Two Letters from Mr W. Nicolson, concerning Two Runic Inscriptions at Beaucastle and Bridekirk" dans *Philosophical Transactions (1683-1775)*, vol. 15, 1685.

NIELSEN H.F., *The Germanic Languages: Origins and Early Dialectal Interrelations*, Tuscaloosa, 1989.

NIELSEN H.F., "Unaccented Vowels in Runic Frisian and Ingvaeonic" dans *Old English Runes and Their Continental Background*, Bammesberger A. (dir.), Heidelberg, 1991.

NIELSEN H.F., "Developments in Frisian Runology: A Discussion of Düwel & Tempel's Runic Corpus from 1970" dans *Frisian Runes and Neighbouring Traditions. Proceedings of the First International Symposium on Frisian Runes at the Fries Museum, Leeuwarden 26-29 January*, Looijenga, T. & Quak, A. (dir.), Amsterdam, 1996.

NIELSEN H.F., "The Early Runic Language of Scandinavia" dans *Studies in Germanic Dialect Geography*, Heidelberg, 2000.

NIELSEN H.F., "The Dialectal Provenance of the Gallehus Inscription" dans *Von Thorsberg nach Schleswig*, Düwel K., Marold E. & Zimmermann C. (dir.), Berlin, 2000.

Nielsen H.F., *Guldhornsinskriften fra Gallehus: Runer, Sprog og Politik*, Odense, 2002.

NIELSEN H.F., "The Vocalism of the Undley Runes Viewed from a North-Sea Germanic Perspective" dans *Das Fuþark und seine Einzelsprachlichen Weiterentwicklungen*, Bammesberger, A. & Waxenberger, G. (dir.), *RGA* vol.51, Berlin, 2006.

NIELSEN H.F., "The Early Runic Inscriptions and Germanic Historical Linguistics" dans *Runes and Their Secrets: Studies in Runology*, Stoklund M., Nielsen M.L., Holmberg B. & Fellows-Jensen, G. (dir.), Copenhague, 2006.

NIELSEN H.F., "Gothic Runic Inscriptions in Scandinavia?" dans *Futhark* vol.2, 2011.

NIELSEN H.F., "The Gothic Language of Bishop Wulfila – Phonology, Typology and Purported Linguistic Purity " dans *Wulfila 311-2011 International Symposium, Uppsala University June 15-18, 2011*, Kaliff A. & Munkhamarr L. (dir.), Uppsala, 2013.

NIELSEN H.F., "The Grouping of the Germanic Languages and the dialectal provenance of the oldest runic inscriptions of Scandinavia" dans *Archäologie und Runen: Fallstudien zu Inschriften im älteren Futhark*, Grimm O. & Pesch A. (dir.), Hambourg, 2015.

NIELSEN M.L., "Swedish Influence in Danish Runic Inscription" dans *Von Thorsberg nach Schleswig*, Düwel K., Marold E. & Zimmermann C. (dir.), Berlin, 2000.

NIELSEN P.O., "The Gudme-Lundeborg Project – Interdisciplinary Research, 1988-91" dans *The Archaeology of Gudme and Lundeborg*, Nielsen P.O., Randsborg K. & Thrane H. (dir.), communication présentée lors du colloque de Svendborg, octobre 1991, Copenhague, 1994.

NIELSEN P.O., RANDSBORG K. & THRANE H. (dir.), *The Archaeology of Gudme and Lundeborg*, communication présentée lors du colloque de Svendborg, octobre 1991, Copenhague, 1994.

NORDBERG A., "Continuity, Change and Regional Variation in Old Norse Religion" dans *More Than Mythology. Narratives, Ritual Practices and Regional Distribution in Pre-Christian Scandinavian Religions*, Raudvere C. & Schjødt J.P. (dir.), Lund, 2012.

NORDBY K.J., "Rað Þat, If You Can!" dans *Futhark*, vol.3, 2012.

NORDBY K.J., "DR 415 Berlin: Yet Another ráð þat Inscription?" dans *Futhark*, vol.5, 2014.

NORR S., "To Rede and to Rown. Expressions of Early Scandinavian Kingship in Written Sources." dans *Archaeology 17*, Uppsala, 2e édition, 2008.

NORR S., *Valsgärde Studies: the Place and its People, Past and Present*, Uppsala, 2008.

NORTH R., "Heathen Gods in Old English Literature" dans *Cambridge Studies in Anglo-Saxon England*, 22, Cambridge, 1997.

NORTHCOTT K., "An Interpretation of the Second Merseburg Charm" dans *Modern Language Review*, vol.54, 1959.

NOUWEN R., "The Vexillationes of the Cohortes Tungrorum During the Second Century" dans *Roman Frontier Studies* 1995, Oxford, 1997.

ODENSTEDT B., "The Inscription on the Undley Bracteate and the Beginnings of English Runic Writing" dans *Umeå Papers in English* n°5, Umeå, 1983.

ODENSTEDT B., *On the Origin and Early History of the Runic Script. Typology and Graphic Variation in the Older Futhark*, Uppsala, 1990.

OLSEN H.R., *Reflections on Culture Connections Examining Connections Between South Scandinavia and the Sîntana De Mures/Cernjachov Culture from AD 270-410 (Periods C2 To D1)*, 2007.

OKASHA E., "Anglo-Saxon Inscribed Rings" dans *Leeds Studies in English*, vol.34, 2003.

OKASHA E., *An Inscribed Bone Fragment from Nassington*, 1999.

ONESTI N., "La lingua dei Longobardi, caratteristiche e problemi" thèse disponible sur *academia.edu/7008968/La_lingua_dei_Longobardi.*

ORCHARD A., *Pride and Prodigies. Studies in the Monsters of the Beowulf Manuscript*, Cambridge, 1995.

ORCHARD A., *A Critical Companion to Beowulf*, Cambridge, 2003.

OREL V., *A Handbook of Germanic Etymology*, Leiden, 2003.

OSBORN M., "'Hleotan' and the Purpose of the Old English 'Rune Poem'" dans *Folklore*, vol.92, 1981.

OSBORN M., "The Lid as Conclusion of the Syncretic Theme of the Franks Casket" dans *Old English Runes and Their Continental Background*, Bammesberger A. (dir.), Heidelberg, 1991.

OWEN F., "Alliteration in Runic Inscriptions" in *Modern Philology*, vol.25, 1928.

OWEN CROCKER G.R., *Dress in Anglo-Saxon England*, Woodbridge, 2004.

PAGE R.I., "An Early Drawing of the Ruthwell Cross (1959)" dans *Runes and Runic Inscriptions*, Page R.I. (dir.), Woodbridge, 1995.

PAGE R.I., "The Bewcastle Cross (1960)" dans *Runes and Runic Inscriptions*, Page R.I. (dir.), Woodbridge, 1995.

PAGE R.I., "The Old English Rune Ear (1961)" dans *Runes and Runic Inscriptions*, Page R.I. (dir.), Woodbridge, 1995.

PAGE R.I., "A Note on the Transliteration of Old English Runic Inscriptions (1962)" dans *Runes and Runic Inscriptions*, Page R.I. (dir.), Woodbridge, 1995.

PAGE R.I., "The Use of Doubled Runes in Old English Inscriptions (1962)" dans *Runes and Runic Inscriptions*, Page R.I. (dir.), Woodbridge, 1995.

PAGE R.I., "Anglo-Saxon Runes and Magic (1964)" dans *Runes and Runic Inscriptions*, Page R.I. (dir.), Woodbridge, 1995.

PAGE R.I., "The Old English Rune 'eoh, ih' 'Yew-Tree'" dans *Medium Ævum*, vol. XXXVII/2, 1968.

PAGE R.I., "More Thoughts on Manx Runes" dans *Proceedings of the First International Symposium on Runes and Runic Inscriptions, Michigan Germanic Studies* vol.VII no.1, Thompson, C.W. (dir.), 1981.

PAGE R.I., "Anglo-Saxon Runic Studies: The Way Ahead?" dans *Old English Runes and Their Continental Background*, Bammesberger A. (dir.), Heidelberg, 1991.

PAGE R.I., "Runes in East Anglia" dans *Proceedings of the Third International Symposium on Runes and Runic Inscriptions*, Knirk J.E. (dir.), Grindaheim, Norway, 8-12 August 1990, *Runrön* vol. 9, Uppsala, 1994.

PAGE R.I., *Quondam et Futurus in Page*, 1995b.

PAGE R.I., "On the Baffling Nature of Frisian Runes" dans *Frisian Runes and Neighbouring Traditions. Proceedings of the First International Symposium on Frisian Runes at the Fries Museum, Leeuwarden 26-29 January*, Looijenga, T. & Quak, A. (dir.), Amsterdam, 1996.

PAGE R.I., *Runes at the Royal Opera House, London in Nytt om Runor*, 1997.

PAGE R.I., *An Introduction to English Runes*, (2e édition), Woodbridge, 1999.

PAGE R.I., *The Icelandic Rune Poem*, Londres, 1999.

PAGE R.I., "Inscriptions and Archives" dans *Roman, Runes and Ogham: Medieval Inscriptions in the Insular World and on the Continent*, Higgitt, Forsyth & Parsons (dir.), 2001.

PAGE R.I., "Rune Rows: Epigraphical and Manuscript" dans *Das Fuþark und seine Einzelsprachlichen Weiterentwicklungen*, Bammesberger, A. & Waxenberger, G. (dir.), *RGA* vol.51, Berlin, 2006.

PAGE R.I., "Anglo-Saxon Runes: Some Statistical Problems" dans *Runes and Their Secrets: Studies in Runology*, Stoklund M., Nielsen M.L., Holmberg B. & Fellows-Jensen, G. (dir.), Copenhague, 2006.

PARESYS C. & TRUC M-C., "Trois riches tombes du VIe siècle sur le site de « La Tuilerie » à Saint-Dizier (Haute-Marne)" dans *Inhumations de prestige ou prestige de l'inhumation ? Expressions du pouvoir dans l'au-delà (IVe-XVe siècles)*, Alduc-Le Bagousse Armelle (Dir.), Tables rondes du CRAHM, 4, Caen, 2009.

PARKER PEARSON M., The Archaeology of Death and Burial, Stroud, 1999.

PARSONS D., "The Origins and Chronology of the 'Anglo-Frisian' Additional Runes" dans *Frisian Runes and Neighbouring Traditions. Proceedings of the First International Symposium on Frisian Runes at the Fries Museum, Leeuwarden 26-29 January*, Looijenga, T. & Quak, A. (dir.), Amsterdam, 1996.

PARSONS D., "Recasting the Runes. The Reform of the Anglo-Saxon Futhorc" dans *Runrön* vol.14, 1999.

PARTINGTON S.W., *Runes and Clog Almanacs*, Manchester, 1909.

PAULI-JENSEN X., "Preliminary Remarks on Roman Military Equipment from the war Booty Sacrifice of Vimose" dans *Beyond the Roman Frontier: Roman influences on the Northern Barbaricum*, Grane T. (dir.), Rome, 2007.

PAULI-JENSEN X., *Imitation and Transformation – Roman Militaria in South Scandinavian Grave Finds in Weapons and Military Equipment in a Funerary Context*, Zagreb, 2010.

PAULSEN P., *Alamannische Adelsgräber von Niederstotzingen (Kreis Heidenheim), Heft 12/I & II*, Stuttgart, 1967.

PEDERSEN A., "The Jelling Monuments – Ancient Royal Memorial and Modern World Heritage Site" dans *Runes and Their Secrets: Studies in Runology*, Stoklund M., Nielsen M.L., Holmberg B. & Fellows-Jensen, G. (dir.), Copenhague, 2006.

PENZL H., "The Horn of Gallehus and the Subgrouping of Germanic Languages" dans *Languages and Cultures: Studies in Honor of Edgar C. Polomé, Trends. Linguistics Studies and Monographs* 36, Jazayery M.A. & Winter W. (dir.), New York, 1988.

PESCH A., "Uppåkra im Licht der Formular-Familien der Völkerwanderungszeitlichen Goldbrakteaten" dans *Central Places in the Migration and the Merovingian Periods*, Hardh B. & Larsson L. (dir.) articles du Symposium de Sachs (Lund) en 2001 (Uppåkrastudier 6), 2002.

PESCH A., "*Die Goldbrakteaten der Völkerwanderungszeit* – Thema und Variation" dans *RGA* vol. 36, Berlin, 2007.

PETERSON L., "The Graphemic System of the Staveless Runes" dans *Proceedings of the Third International Symposium on Runes and Runic Inscriptions*, Knirk J.E. (dir.), Grindaheim, Norway, 8-12 August 1990, *Runrön* vol.9, Uppsala, 1994.

PETERSON L., *Nordiskt runnamnslexikon Språk- och folkminnesinstitutet*, 2001.

PIEPER P., "Zum aktuellen Stand technologischer Möglichkeiten bei der mikroskopischen Dokumentation von Runeninschriften am Beispiel der Bügelfibel von Beuchte, Landkreis Wolfenbütel (Niedersachsen)" dans *Archäologie und Runen: Fallstudien zu Inschriften im älteren Futhark,* Grimm O. & Pesch A. (dir.), Hambourg, 2015.

POLLINGTON S., *Rudiments of Runelore*, Hockwold-cum-Wilton, 1995.

POLLINGTON S., *Leechcraft. Early English Charms, Plantlore and Healing*, Hockwold-cum-Wilton, 2000.

POLLINGTON S., *The English Warrior from Earliest Times till 1066*, 2e édition, Hockwold-cum-Wilton, 2002.

POLLINGTON S., *Anglo-Saxon Burial Mounds*, Swaffham, 2008.

POLLINGTON S., *The Mead-Hall. Feasting in Anglo-Saxon England*, Hockwold-cum-Wilton, 2003; 2e édition, Ely, 2010.

POLLINGTON S., *Elder Gods. The Otherworld in Early England*, Ely, 2011.

POLOMÉ E., "Germanic and the Other Indo-European Languages" dans *Towards a Grammar of Proto-Germanic*" dans *Towards a Grammar of Proto-Germanic*, Van Coetsem F. & Kufner H.L. (dir.) Tübingen, 1972.

POLOMÉ E., "Essays on Germanic Religion" dans *JIES* Monographie 6, Washington, 1989.

POLOMÉ E., "The Names of the Runes" dans *Old English Runes and Their Continental Background*, Bammesberger A. (dir.), Heidelberg, 1991.

POLOMÉ E., "Beer, Runes and Magic" dans *JIES* vol.24, 1996.

PRICE N., "The Viking Way. Religion and War in Late Iron Age Scandinavia" dans *AUN* n°31, Uppsala, 2003.

PRICE N., "Motif and Message in Viking Art" dans *Minerva*, vol.18, n°1, 2007.

PRICE N. & MORTIMER P., "An Eye for Odin? Divine Role-Playing in the Age of Sutton Hoo" dans *European Journal of Archaeology* n°17, 2014.

PROKOSCH E., *A Comparative Germanic Grammar*, Philadelphie, 1939.

PRZYBYŁA M.J., "Decorative fibulae with runic inscriptions in the Late Roman Period" dans *Archäologie und Runen: Fallstudien zu Inschriften im älteren Futhark,* Grimm O. & Pesch A. (dir.), Hambourg, 2015.

QUAK A., "Altfriesische und altenglische Runen" dans *Old English Runes and Their Continental Background*, Bammesberger A. (dir.), Heidelberg, 1991.

QUAK A., "Zur Inschrift von Westeremden B" dans *Proceedings of the Third International Symposium on Runes and Runic Inscriptions*, Knirk J.E. (dir.), Grindaheim, Norway, 8-12 August 1990, *Runrön* vol. n°9, Uppsala, 1994.

QUAK A., "Noch Einmal die Latein-These"dans *Frisian Runes and Neighbouring Traditions. Proceedings of the First International Symposium on Frisian Runes at the Fries Museum, Leeuwarden 26-29 January*, Looijenga, T. & Quak, A. (dir.), Amsterdam, 1996.

QUIRK R., *Essays on the English Language – Medieval and Modern*, Londres, 1968.

QUIRK, R. & WRENN, C.L., *An Old English Grammar*, Cambridge, 1955.

RAFNSSON M, *Tvær Galdraskræður*, Hólmavík, 2008.

RAU A., "Archäologische Forschungen zu den Opferungen von Heeresausrüstungen und Herkunftsbestimmung von Funden mit besonderen Hinblick auf runenbeschriebene Objekte" dans *Archäologie und Runen: Fallstudien zu Inschriften im älteren Futhark*, Grimm O. & Pesch A. (dir.), Hambourg, 2015.

RAUCH I., *The Gothic Language. Grammar, Genetic Provenance and Typology, Readings*, New York, 2003.

RAUDVERE C., "Fictive Rituals in Völuspá. Mythological Narration Between Agency and Structure in the Representation of Reality" dans *More Than Mythology. Narratives, Ritual Practices and Regional Distribution in Pre-Christian Scandinavian Religions*, Raudvere C. & Schjødt J.P. (dir.), Lund, 2012.

RAUSING G., "On the Origin of the Runes" dans *Fornvännen* vol.87, 1992.

RAVN M., "Death Ritual and Germanic Social Structure (c.AD 200-600)" dans *B.A.R. International Series 1164*, Oxford, 2003.

REDBOND W. J., "Notes on the Word 'Eolhx'" dans *The Modern Language Review*, Vol.31(1), 1936.

REDIN M., *Studies in Uncompounded Personal Names in Old English*, Uppsala, 1919.

REICHARDT K., "The Inscription on Helmet B of Negau" dans *Language*, Vol.29, n°3, 1953.

RICHARDS J.D., "The Significance of Form and Decoration of Anglo-Saxon Cremation Urne" dans *B.A.R. British Series* 166, Oxford, 1987.

RICHARDS J.D., "Anglo-Saxon Symbolism" dans *The Age of Sutton Hoo: The Seventh Century in North-Western Europe*, Carver M.O.H. (dir.) , Woodbridge, 1992.

RIVES J.B. (trad.), *Tacitus, Germania*, Oxford, 1999.

RINGE D., *From Proto-Indo-European to Proto-Germanic. A Linguistic History of English*, vol.I, Oxford, 2006.

RINGE D. & Taylor A., *The Development of Old English. A Linguistic History of English*, vol.II, Oxford, 20014.

ROBERTSON J.H., *How the Germanic Futhark Came from Roman Alphabet in Futhark* vol.2, 2011.

ROBINSON O.W., *Old English and its Closest Relatives: A Survey of the Earliest Germanic Languages*, London, 1992.

ROYMANS N., *Ethnic Identity and Imperial Power. The Batavians in the Early Roman Empire*, Amsterdam, 2004.

ROYMANS N., "Hercules and the Construction of Batavian Identity in the Context of the Roman Empire" dans *Ethnic Constructs in Antiquity. The Role of Power and Tradition*, Derks T. & Roymans N., Amsterdam, 2009.

ROTH H., *Kunst der Völkerwanderungszeit*, Frankfurt-am-Main, 1979.

ROTH H., "New Chronological Aspects of Runic Inscriptions: The Archaeological Evidenc" dans *Proceedings of the First International Symposium on Runes and Runic Inscriptions*, *Michigan Germanic Studies* vol.VII n°1, Thompson, C.W. (dir.), 1981.

SALBERGER E., "An Ideographic Rune on the Skodborg Bracteate" dans *Acta Philologica Scandinavica*, vol.24, Copenhague, 1961.

SARANTIS A., "The Justinianic Herules: From Allied Barbarians to Roman Provincials" dans *Neglected Barbarians*, Curta F. (dir.), Turnhout, 2010.

SAWYER B., "Sigtuna – A Border Town" dans *Proceedings of the Third International Symposium on Runes and Runic Inscriptions*, Knirk J.E. (dir.), Grindaheim, Norway, 8-12 August 1990, *Runrön* vol. 9, Uppsala, 1994.

SAYERS W., "Irish Perspectives on Heimdallr" dans *Álvíssmal* vol.2, 1993.

SÆMUNDSSON M.V., *Galdur à Brennuöld*, Storð, 1996.

SCHRIJVER P., *Language Contact and the Origins of the Germanic Languages*, Londres, 2014.

SCHULTE M., "Älteres und jüngeres Fuþark – Phonologische Aspekte der Reduktion des Runenalphabets" dans *Das Fuþark und seine Einzelsprachlichen Weiterentwicklungen*, Bammesberger, A. & Waxenberger, G. (dir.), *RGA* vol.51, Berlin, 2006.

SCHULTE M., "Die Blekinger Inschriften als Status- und Machtembleme – Ein kulturhistorischer Syntheseversuch" dans *Archäologie und Runen: Fallstudien zu Inschriften im älteren Futhark*, Grimm O. & Pesch A. (dir.), Hambourg, 2015.

SCHULTE H., *Tools, Weapons and Ornaments. Germanic Material Culture in Pre-Carolingian Central Europe 400-750*, Leiden, 2001.

SCHWAB U., "The Inscription of the Nordendorf Brooch I: A Double Reading in Line III?" dans *Proceedings of the First International Symposium on Runes and Runic Inscriptions, Michigan Germanic Studies* vol.VII n°1, Thompson, C.W. (dir.), 1981.

SCHWAB U., "More Anglo-Saxon Runic Graffiti in Roman Catacombs" dans *Old English Newletter*, vol.37, 2003.

SCHWAB U., "faJhild und feha: Ein altenglischer Runenname aus Rom und ein alamannisches Runenwort aus Weingarten" dans *Das Fuþark und seine Einzelsprachlichen Weiterentwicklungen*, Bammesberger, A. & Waxenberger, G. (dir.), *RGA* vol.51, Berlin, 2006.

SCRAGG D.G., *Superstition and Popular Medicine in Anglo-Saxon England*, Manchester, 1989.

SCRAGG D.G., *The Battle of Maldon, AD 991*, Oxford, 1991.

SCULL C., "A Sixth Century Grave Containing a Balance and Weights from Watchfield, Oxfordshire, England" dans *Germania*, vol.65, 1986.

SEEBOLD E., "Die Stellung der Englischen Runen im Rahmen der Überlieferung des älteren Fuþark" dans *Old English Runes and Their Continental Background*, Bammesberger A. (dir.), Heidelberg, 1991.

SEEBOLD E., "Wie Friesisch ist der Brakteat von Wirt Hirtsum?" dans *Frisian Runes and Neighbouring Traditions. Proceedings of the First International Symposium on Frisian Runes at the Fries Museum, Leeuwarden 26-29 January*, Looijenga, T. & Quak, A. (dir.), Amsterdam, 1996.

Seebold E., "Das fuþark auf den Brakteaten-Inschriften" dans *Das Fuþark und seine Einzelsprachlichen Weiterentwicklungen*, Bammesberger, A. & Waxenberger, G. (dir.), *RGA* vol.51, Berlin, 2006.

SELMER C., "The Runic Inscription of Codex Latinus Monacensis 13067" dans *PMLA*, vol.53, n°3, 1938.

SERMON R., "The Hackness Cross Cryptic Inscriptions" dans *Yorkshire Archaeological Journal*, vol.68, 1996.

SHAW P., The Uses of Wodan – *The Development of his Cult and of Medieval Literary Responses to It*, (thèse doctorale), 2002.

SHAW P., "Orthographic Standardization and Seventh- and Eighth Century Coin Inscriptions" dans *Studies in Early Medieval Coinage 1: Two Decades of Discovery*, Abramson T. (dir.), Woodbridge, 2008.

SHAW P., *Pagan Goddesses in the Early Germanic World. Eostre, Hreda and the Cult of the Matrons*, Londres, 2011.

SHEPHERD C., "A Study of the Relationship Between Style I Art and Socio-Political Change in Early Mediaeval Europe" dans *B.A.R. International* Series 745, Oxford, 1998.

SIEGMUND F., "Jütländische" Bügelfibeln mit Runenritzungen im südgermanischen Bereich: Zeitstellung und Herkunft der Fibeln, soziale Einordnung der Grabinventare" dans *Archäologie und Runen: Fallstudien zu Inschriften im älteren Futhark*, Grimm O. & Pesch A. (dir.), Hambourg, 2015.

SILVA I.S., "The Names of the U-Rune" dans *Futhark* vol.1, 2010.

SIMEK R., *Dictionary of Northern Mythology*, Cambridge, 1993.

SIMEK R., "Germanic Religion and the Conversion to Christianity" dans *Early Germanic Literature and Culture*, vol.1, Murdoch B. & Read M. (dir.), Woodbridge, 2004.

SIMEK R., *Götter und Kulte der Germanen*, 2nd edition, Munich, 2006.

SIMPSON J., "Some Scandinavian Sacrifices" dans *Folklore*, vol.78. 1967.

SJÖSVÄRD L., VETEMARK M. & GUSTAVSON H., "A Vendel Warrior from Vallentuna" dans *Vendel Period Studies*, Lamm J.P. & Nordström H.-Å. (dir.), Transactions of the Boat-Grave Symposium in Stockholm, February 2-3, 1981, Stockholm, 1983.

SMITH R., "An Anglo-Saxon Cemetery at Uncleby, East Riding of Yorkshire" dans *Proc. Society of Antiquaries*, 1912.

SORRELL P., "Oaks, Ships, Riddles and the Old English Rune Poem" dans *ASE* vol. 19, 1990.

SØVSØ M., "Om dateringen af Ribe runehjerneskallen" dans *Futhark*, vol.4, Oslo, 2013.

SPEAKE G., *Anglo-Saxon Animal Art and its Germanic Background*, Oxford, 1980.

SPURKLAND T., "* and p: One Grapheme or Two?" dans *Proceedings of the Third International Symposium on Runes and Runic Inscriptions*, Knirk J.E. (dir.), Grindaheim, Norway, 8-12 August 1990, *Runrön* vol. 9, Uppsala, 1994.

SPURKLAND T., "Scandinavian Medieval Runic Inscriptions" dans *Roman, Runes and Ogham: Medieval Inscriptions in the Insular World and on the Continent*, Higgitt, Forsyth & Parsons (dir.),.

SPURKLAND T., *Norwegian Runes and Runic Inscriptions* (trad. B. van der Hoek), Woodbridge, 2005.

SPURKLAND T., "The Fuþark and Roman Script Literacy" dans *Futhark* 1, 2010.

STARK L., "Gender, Sexuality and the Supranormal. Finnish Oral-Traditional Sources" dans *More Than Mythology. Narratives, Ritual Practices and Regional Distribution in Pre-Christian Scandinavian Religions*, Raudvere C. & Schjødt J.P. (dir.), Lund, 2012.

STEINACHER R., "The Herules: Fragments of a History" dans *Neglected Barbarians*, Curta F. (dir.), Turnhout, 2010.

STEUER H., "Ränge, Runen und Rituale – Zusammenfassungen und generelle Gedanken zum Stand der Runenforschung aus der Sicht des Archäologen" dans *Archäologie und Runen: Fallstudien zu Inschriften im älteren Futhark,* Grimm O. & Pesch A. (dir.), Hambourg, 2015.

STILES P., "Older Runic Evidence for Northwest Germanic a-umlaut of u (and 'the converse of Polivanov's Law')" dans *Laws and Rules of Indo-European*, Probert P. & Willi A. (dir.), Oxford, 2012.

STOKLUND M., "Greenland Runic Inscriptions" dans *Proceedings of the First International Symposium on Runes and Runic Inscriptions, Michigan Germanic Studies* vol.VII no.1, Thompson, C.W. (dir.), 1981.

STOKLUND M., "The Ribe Cranium Inscription and the Scandinavian Transition to the Younger Reduced Futhark" dans *Frisian Runes and Neighbouring Traditions. Proceedings of the First International Symposium on Frisian Runes at the Fries Museum, Leeuwarden 26-29 January*, Looijenga, T. & Quak, A. (dir.), Amsterdam, 1996.

STOKLUND M., "Die Inschriften von Ribe, Hedeby und Schleswig und die Bedeutung der Schwedenherrscaft" dans *Von Thorsberg nach Schleswig*, Düwel K., Marold E. & Zimmermann C. (dir.), Berlin, 2000.

STOKLUND M., "The First Runes – the Literary Language of the Germani » dans *The Spoils of Victory – The North in the Shadow of the Roman Empire*, Jørgensen L., Storgaard B. & Thomsen L.G. (dir.), Copenhague, 2003.

STOODLEY N., *An Anglo-Saxon Cemetery on Pilgrim's Way, near Wrotham*, Kent, Salisbury, 2015.

STORGAARD B., "The Årslev Grave and Connections between Funen and the Continent at the End of the Later Roman Iron Age" dans *The Archaeology of Gudme and Lundeborg*, Nielsen P.O., Randsborg K. & Thrane H. (dir.), communication présentée lors du colloque de Svendborg, Octobre1991, Copenhague, 1994.

STORGAARD B., "Himlingøje: Barbarian Empire or Roman Implantation?" dans dans *Military aspects of the aristocracy in Barbaricum in the Roman and early Migration periods*, Storgaard B. (dir.), Copenhague, 2001.

STORGAARD B., "Cosmopolitan Aristocrats » dans *The Spoils of Victory – The North in the Shadow of the Roman Empire*, Jørgensen L., Storgaard B. & Thomsen L.G. (dir.), Copenhague, 2003.

STRASSMEIR A. & Gagelmann A. "Das Heer des Arminius" dans *Heere & Waffen* n°11, Berlin, 2009.

STRID J.P., "Retracing the Goths" dans *Wulfila 311–2011 International Symposium, Uppsala University June 15-18, 2011*, Kaliff A. & Munkhamarr L. (dir.) Uppsala, 2013.

STYLEGAR F.-A., "The Tune stone and its archaeological context" dans *Archäologie und Runen: Fallstudien zu Inschriften im älteren Futhark,* Grimm O. & Pesch A. (dir.), Hambourg, 2015.

SUNDQVIST O., "Religious Ruler Ideology" in Pre-Christian Scandinavia: A Contextual Approach" *dans More Than Mythology. Narratives, Ritual Practices and Regional Distribution in Pre-Christian Scandinavian Religions*, Raudvere C. & Schjødt J.P. (dir.), Lund, 2012.

SUNDQVIST O., " Contributions of the oldest runic inscriptions to the reconstruction of ancient Scandinavian religion: Some methodological reflections with reference to an example of the phenomenological category of "ritual specilaists" dans *Archäologie und Runen: Fallstudien zu Inschriften im älteren Futhark*, Grimm O. & Pesch A. (dir.), Hambourg, 2015.

SUZUKI S., *The Quoit Brooch Style and Anglo-Saxon Settlement – A Casting and Recasting of Cultural Identity Symbols*, Woodbridge, 2000.

SUZUKI S., "The Undley Bracteate Reconsidered: Archaeological, Linguistic and Runological Perspectives" dans *ASSAH*, vol.13, 2006.

SWEET H., (revu par Hoad, T.F.) *A Second Anglo-Saxon Reader: Archaic and Dialectal*, Oxford, 1978.

TANNER G.H., *Rune Stones and Magnate Farms: The Viking Age in Vadsbo Hundred*, Mémoire de Maîtrise, Université de Stockholm, 2011.

TAYLOR I., *Greeks and Goths: A Study on the Runes*, Londres, 1879.

TAYLOR M., "The Eymology of the Germanic Tribal Name Eruli" dans *General Linguistics*, vol.30, 1990.

THOMPSON C.W. (dir.), *Proceedings of the First International Symposium on Runes and Runic Inscriptions, Michigan Germanic Studies* vol.VII n°1, 1981.

THOMSEN P.O., "Lundeborg – An Early Port of Trade in South-East Funen" dans *The Archaeology of Gudme and Lundeborg*, Nielsen P.O., Randsborg K. & Thrane H. (dir.), communication présentée lors du colloque de Svendborg, Octobre1991, Copenhague, 1994.

THRANE H., *Guld, Guder og Godtfolk – at Magtcentrum fra Jernalderen ved Gudme og Lundeborg*, Copenhague, 1993.

THRANE H., "Gudme – A Focus of Archaeological Research 1833-1987" dans *The Archaeology of Gudme and Lundeborg*, Nielsen P.O., Randsborg K. & Thrane H. (dir.), communication présentée lors du colloque de Svendborg, octobre1991, Copenhague, 1994.

TODD M., *The Early Germans*, 2e édition, Oxford, 2004.

TOLLEY C., "Vörðr and Gandr: Helping Spirits in Norse Magic" dans *Arkiv för Nordisk Filologi*, vol.110, 1995.

TOLLEY C., *Shamanism in Norse Myth and Magic*, 2 vols, Helsinki, 2009.

TROENG J., "A Semitic Origin of Some Runes: An Influential Foreign Presence in Denmark ca. AD 200" dans *Fornvännen*, vol.98, 2003.

ULLÉN I., *Vikings*, Stockholm, 2012.

VAN DEN HOUT T., *The Elements of Hittite*, Cambridge, 2011.

VANG PETERSEN P., "Excavations at Sites of Treasure Trove Finds at Gudme" dans *The Archaeology of Gudme and Lundeborg*, Nielsen P.O., Randsborg K. & Thrane H. (dir.), communication présentée lors du colloque de Svendborg, octobre 1991, Copenhague, 1994.

VANG PETERSEN P., "Warrior Art, Religion and Symbolism » dans *The Spoils of Victory – The North in the Shadow of the Roman Empire*, Jørgensen L., Storgaard B. & Thomsen L.G. (dir.), Copenhague, 2003.

VENNEMANN T., "Origins of Runic Writing. A Comparison of Theories" dans *The Linguistic Roots of Europe*, Mailhammer R., Vennemann T. & Olsen B.A. (dir.), Copenhague, 2015.

VON SEE K., "Das Alter der Rígsþula" dans *Acta Philologica Scandinavica*, vol.24, Copenhague, 1961.

VOYLES J.B., *Early Germanic Grammar – Pre-, Proto- and Post-Germanic Languages*, Londres, 1992.

WALDISPÜHL M., "Germanic Inscriptions and the Notion of a "Literate" Epigraphic Culture" dans *Futhark* vol.5, 2014.

WALLIS, R.J., *Shamans and Neo-Shamans. Ecstasy, Alternative Archaeologies and Contemporary Pagans*, Londres, 2003.

WAMERS E. (dir.), "Der Runenreif aus Aalen" dans *Archäologische Reihe* 17, Frankfurt-am-Main, 2000.

WAMSER L., *Karfunkelstein und Seide. Neue Schätze aus Bayerns Frühzeit*, Munich, 2010.

WATKINS C., *How to Kill a Dragon. Aspects of Indo-European Poetics*, Oxford, 1995.

WAXENBERGER G., "The Yew-Rune and the Runes H, G, X and I in the Old English Corpus (Epigraphic Material)" dans *Runes and Their Secrets: Studies in Runology*, Stoklund M., Nielsen M.L., Holmberg B. & Fellows-Jensen, G. (dir.), Copenhague, 2006.

WAXENBERGER G., "The Representation of Vowels in Unstressed Syllables in the Old English Runic Corpus" dans *Das Fuþark und seine Einzelsprachlichen Weiterentwicklungen*, Bammesberger, A. & Waxenberger, G. (dir.), *RGA* vol. 51, Berlin, 2006.

WEBSTER L. & BACKHOUSE J., *The Making of England. Anglo-Saxon Art and Culture AD 600-900*, Londres, 1991.

WEST M.L., *Indo-European Poetry and Myth*, Oxford, 2007.

WICKELL R., "Runhällen i Skäleberg återfunnen: Sö 23 Skälby, Mörkö socken, Södermanland" dans *Fornvännen*, vol.107, 2012.

WICKER N.L., "Brateate Workshops and Runic Literacy. Testimony from the Distribution of Inscriptions" dans *Proceedings of the Third International Symposium on Runes and Runic Inscriptions*, Knirk J.E. (dir.), Grindaheim, Norvège, 8-12 août 1990, *Runrön* vol.9, Uppsala, 1994.

WICKER N.L., "Display of Scandinavian Migration Period Bracteates and Other Pendant Jewelry as a Reflection of Prestige and Identity» dans *De Re Metallica: The Uses of Metal in the Middle Ages, AVISTA Studies in the History of Medieval Technology*, Bork R. (dir.) *Science and Art*, vol. 4, Aldershot, 2005.

WICKER N.L., "Bracteate Inscriptions Through the Looking Glass: A Microscopic View of Manufacturung Techniques" dans *Runes and Their Secrets: Studies in Runology*, Stoklund M., Nielsen M.L., Holmberg B. & Fellows-Jensen, G. (dir.), Copenhague, 2006.

WICKER N.L., "Scandinavian Migration Period Bracteates found outside the Nordic Area. Import or Imitation?" dans *Schriften des Zentrums für Archäologie und Kulturgeschichte des Schwarzmeerraumes 11. Import and Imitation in Archaeology*, Langenweißbach, 2008.

WICKER N.L., *Context Analysis and Bracteate Inscriptions in Light of Alternative Iconographic Interpretations*, Oslo, 2010.

WICKER N.L., *"The Four Smiths" and the Replication of Bracteate Techniques in Arkæologi i Slesvig", Sonderband, Det 61. Internationale Sachsensymposion 2010 Haderslev, Danmark*, Neumünster, 2011.

WICKER N.L., "Bracteate Inscriptions and Context Analysis in the Light of Alternatives to Hauck's Iconographic Interpretations" dans *Futhark*, vol.5, 2014.

WILLEMSEN A., *Gouden Middeleeuwen. Nederland in de Merovingische Wereld, 400-700 na Chr.*, Leiden, 2014.

WILLIAMS H., "The Non-Representation of Nasals Before Obstuents: Spelling Convention of Phonetic Analysis?" dans *Proceedings of the Third International Symposium on Runes and Runic Inscriptions*, Knirk J.E. (dir.), Grindaheim, Norvège, 8-12 août 1990, *Runrön* vol.9, Uppsala, 1994.

WILLIAMS H., "The Origin of the Runes" dans *Frisian Runes and Neighbouring Traditions. Proceedings of the First International Symposium on Frisian Runes at the Fries Museum, Leeuwarden 26-29 January*, Looijenga, T. & Quak, A. (dir.), Amsterdam, 1996.

WILLIAMS H., "From Meldorf to Haithabu: Some Early Personal Names from Schleswig-Holstein" dans *Von Thorsberg nach Schleswig*, Düwel K., Marold E. & Zimmermann C. (dir.), Berlin, 2000.

WILLIAMS H., "Reasons for Runes" dans *The First Writing*, Houston S. (dir.), Cambridge, 2004.

WILLIAMSON, C. *A Feast of Creatures. Anglo-Saxon Riddle-Songs*, Londres, 1983.

WIMMER L.F.A., *Runeskriftens oprindelse og udvikling i norden*, Copenhague, 1887.

WOLFRAM H., "Vulfila pontifex ipseque primas Gothorum minorum" dans *Wulfila 311–2011 International Symposium, Uppsala University June 15-18, 2011*, Kaliff A. & Munkhamarr L. (dir.), Uppsala, 2013.

WOOD I., "Pagan Religions and Superstitions East of the Rhine From the Fifth to the Ninth Century" dans *After Empire. Towards and Ethnology of Europe's Barbarians*, Ausenda G. (dir.), Woodbridge, 1995.

WOODHOUSE R., "Sequence in the Older Futhark" dans *Arkiv för Nordisk Filologi*, vol.117, 202.

WRENN C.L., "Late Old English Rune Names" dans *Medium Aevum* vol.I, 1932.

WRENN C.L., "Magic in and Anglo-Saxon Cemetery" dans *English and Medieval Studies Presented to J.R.R. Tolkien*, Davis N. & Wrenn C.L. (dir.), London, 1962.

WRENN C.L., "Some Earliest Anglo-Saxon Cult Symbols" dans *Medieval and Linguistic Studies in Honor of Francis Peabody Magoun*, Bessinger J.B. & Creed R.P. (dir.), Londres, 1965.

WULF F., "Runenmeisternamen" dans *Proceedings of the Third International Symposium on Runes and Runic Inscriptions*, Knirk J.E. (dir.), Grindaheim, Norway, 8-12 August 1990, *Runrön* vol.9, Uppsala, 1994.

WYATT A.J. & Chambers R.W., *Beowulf with the Finnsburg Fragment*, Cambridge, 1920.

ZIMMERMANN C., "How to Do Things with Runes" dans *Futhark* vol.1, 2010.

ZIMMERMANN C., *Runeninschriften auf nordeuropäischen Fibeln der Kaiser- und Völkerwanderungszeit – Eine sprachlich-runologische Betractung unter sozialgeschichtlichen.*

ZIMMERMANN C., "Aspekten" dans *Archäologie und Runen: Fallstudien zu Inschriften im älteren Futhark,* Grimm O. & Pesch A. (dir.), Hambourg, 2015.

ZIMMERMAN U., "Bier, Runen und Macht: Ein Formelwort im Kontext" dans *Futhark* vol.5, 2014.

INDEX

Ouvrage conçu par Georges Bernage, éditeur.
Directeur de collection : Damien Bouet
Traduction : Carmen Lagares
DAO et iconographie : Bernard Paich & Damien Bouet
Maquette et mise en page : Harald Mourreau

Achevé d'imprimer sur les presses de Drukarnia Skleniarz (Pologne)
en janvier 2019 pour le compte des Éditions Heimdal (Damigny, Normandie).